강원택

현재 서울대학교 정치외교학부 교수이다. 서울대학교를 졸업하고 석사를 마친 후 영국 런던정경대학(LSE)에서 정치학 박사학위를 받았다. 한국정치학회 회장, 한국정당학회장을 역임했다. 『한국정치론』, 『한국의 선거 정치 2010-2020: 천안함 사건에서 코로나 사태까지』, 『한국 정치의 결정적 순간들』, 『대한민국 민주화 이야기』, 『통일 이후의 한국 민주주의』 등 다수의 책과 논문이 있다.

제5공화국

인사이트 학술총서 01
제5공화국

초판 1쇄 발행 2024년 5월 18일
초판 2쇄 발행 2024년 6월 15일

지은이 강원택
펴낸이 주혜숙

펴낸곳 역사공간
등록 2003년 7월 22일 제6-510호
주소 04000 서울특별시 마포구 동교로 19길 52-7 PS빌딩 4층
전화 02-725-8806 팩스 02-725-8801
이메일 jhs8807@hanmail.net 블로그 blog.naver.com/jgonggan

ISBN 979-11-5707-613-0 94300
　　　979-11-5707-612-3 (세트)

이 저서는 2021년 대한민국 교육부와 한국학중앙연구원
(한국학진흥사업단)의 한국학대형기획총서사업의 지원을 받아
수행된 연구임(AKS-2021-KSS-1120002).

제5공화국

강원택 지음

역사
공간

Call him Voldemort, Harry. Always use the proper name for things. Fear of a name increases fear of the thing itself.

J. K. Rowling, *Harry Potter and the Sorcerer's Stone*

책을 내면서

이 책은 제5공화국의 정치사적 의미를 찾아보고자 하는 시도이다. 제법 오랜 시간이 흘렀지만 제5공화국은 여전히 회색지대로 남아 있다. 많은 이들의 기억 속에 그 시기는 '흐리고 탁한 색채'로 그려져 있고, 학술적으로는 여전히 본격적인 평가 작업이 이뤄지지 못한 '사각지대'로 남아 있다. 제5공화국에 대한 나의 개인적 기억 역시 어둡다. 나는 1981년 대학에 입학했다. 입학식 다음 날인 1981년 3월 3일 전두환은 제5공화국 대통령으로 취임했다. 이처럼 나의 대학 생활은 제5공화국의 출범과 동시에 시작되었다. 대학에서의 낭만보다 시위와 진압, 최루탄 가스가 더 기억나는 시간이었다.

어두운 기억과 부정적인 평가가 많다고 해도, 제5공화국 7년 동안 우리 사회는 그 나름의 변화를 겪었다. 그리고 그 변화는 그 이후의 시대에 영향을 미쳤고, 오늘날 우리의 삶에도 흔적을 남기고 있다. 역사는 결코 단절적이지 않다. 제5공화국을 외면하거나 부인한다고 해서 그 시기 동안 이뤄진 정치적, 경제적, 사회적 변화는 사라지지 않는다. 이 책은 이런 문제의식에서 시작되었다. 특히 이 책에서는 제5공화국의 정치사적 의미가 무엇일까 하는 데 대한 답을 찾고자 했다. '과연 한국 정치에 제5공화국은 무엇을 남겼을까'라는 질문에 대한 답이 곧 제5공화국의 정치사적 의미가 될 것이다. 이 책에서는 제5공화국 시기가, 역설적이지만 한국 민주주의가 뿌리를 내리는 데 기여했다고 평가한다. 제5공화국을 거치고 나서야 한국은 군부 권위주의를 거부하고 민주주의를 유일한 통치의 원리로 받아들이게 되었다는 것이다. 그와 관련하여 이 책에서는 광주에서의 희생과 1985년 12대 국회의원 선거를 두 가지 핵심적 사건으로 여기고 있다.

사실 이 책을 쓰겠다고 처음 마음먹었을 때는 자료의 부족을 걱정했다. 이 시기를 다룬 기존 연구가 주로 정권의 폭압과 그에 대한 '저항의 역사'에 초점을 맞췄고, 통치나 당시 이뤄진 주요 정책을 평가한 자료는 많지 않았기 때문이다. 또한 그 당시의 주요 인사들은 이미 연로한 분이 많아서 인터뷰가 쉽지 않은 상황이었고, 유명을 달리하신 분도 적지 않았다. 그러나 예상과 달리 이 시기에 활동했거나 이 시기를 관찰했던 분들의 회고록, 관찰기 등을 '곳곳에서' 찾아낼 수 있었다. 검찰의 5·18 수사 기록도 많은 도움이 됐다.

이 책을 쓰면서 언론 기사로 남겨진 기록의 중요성도 새삼 깨달았다. 주요 사건에 대해서 당시 신문 자료도 많이 참조했는데, 정치적으로 어려운 상황에서도 사실을 전하고 비판의 목소리를 내고자 노력한 당시 언론인들의 분투를 행간 곳곳에서 읽을 수 있었다. 또한 부마항쟁, 광주항쟁 같은 격변의 현장을 직접 관찰하고 관련자를 인터뷰하여 기록을 남긴 언론인 조갑제의 저작들로부터도 많은 도움을 받았다. 이처럼 귀중한 기록을 남긴 모든 분께 감사의 말씀을 전하고 싶다. 또한 이 책 작업과 관련해서 많은 도움을 준 우리 대학원의 정진욱, 김수인 두 박사과정 학생에게도 고맙다는 인사를 전한다.

이 책 작업과 관련하여 특별하게 감사해야 할 분들이 있다. 우선 정대하 『한겨레신문』 광주 주재 기자께 깊은 감사의 인사를 전하고 싶다. 제법 오래전 정 기자는 보안사에서 작성한 『5공 전사(5共前史)』라는 자료가 존재한다는 사실을 밝혀 보도했다. 그 기사만 보고 무작정 그 자료를 구할 수 있는지 일면식도 없는 정 기자에게 문의했는데, 흔쾌히 그 자료를 보내주었다. 그 자료가 이 연구의 출발점이 되었다. 『5공 전사』와 관련해서는 『경향신문』 도재기 당시 문화 에디터께도 감사를 표한다. 그때까지 국방부가 공개를 거부하고 있던 『5공 전사』에 대해 『경향신문』은 2017년 2월 정보 공개 청구 소송을 냈고, 2018년 7월 조정안에 합의하면서 일반에 공개될 수 있었다. 『경향신문』은 2018년 10월 이를 분석하는 기획 기사를 연재했다. 그 기획에 서울대학교 국제대학원 박태균, 한정훈 교수와 함께 참여하면서 다시 한번 그 자료를 꼼꼼하게 살펴볼 수 있었다. 두 교수께도 감사의 인사를 전한다. 또한 이 시기에 관심을 갖게 된 데에는 민주화추진협의회 활동에 대한 연구 작업과도 관련이 있다. 좋은 연구 기회를 갖게 해준 김덕룡 이사장을 비롯한 민추협 관계자 분들께도 감사드린다.

오래전부터 이 시기를 본격적으로 다뤄보고 싶다는 생각을 해 왔지만, 여러 가지 이유로 선뜻 달려들지 못했다. 그런 와중에 한국학중앙연구원의 지원으로 이 작업을 본격화할 수 있었다. 귀중한 기회를 준 연구원과 꼼꼼하게 원고를 읽고 좋은 책으로 꾸며준 역사공간에 감사드린다.

여전히 정치적 논란에서 벗어나지 못한 시대를 연구한다는 것은 부담스러운 일이다. 그러나 누군가는 시작해야 할 일일 것이다. 이 책이 제5공화국을 되돌아봄으로써 오늘날 우리가 서 있는 자리를 더욱 잘 이해하는 데 도움이 되기를 기대한다.

2024년 4월 학송재(壑松齋)에서

차례

책을 내면서 _____ 7

여는글 **제5공화국은 한국 정치사에서 어떤 의미일까** _____ 14

제1장 **유신체제의 몰락과 남겨진 유산**
　　　유신체제의 붕괴: 혼돈 _____ 22
　　　유신 관료: 최규하와 신현확 _____ 37
　　　김종필과 민주공화당 _____ 58
　　　야당: 김영삼과 김대중 _____ 72

제2장 **신군부의 부상**
　　　군부 내 파벌 갈등 _____ 102
　　　12·12 사태 _____ 119
　　　김재규 재판 _____ 158
　　　전두환 중앙정보부장 서리 _____ 173
　　　5·17 계엄 확대와 군사정부의 구성 _____ 184
　　　최규하 대통령 _____ 214

제3장 **제5공화국의 출범과 정치제도**
　　　제5공화국 헌법의 제정 _____ 240
　　　국가보위입법회의 _____ 246
　　　정당 창당과 선거 _____ 259

제4장　제5공화국의 주요 정책

경제 ___ 274
외교 ___ 293
대북 관계 ___ 331

제5장　정치적 억압

언론 ___ 338
대학 ___ 349

제6장　광주항쟁

부마항쟁과 광주항쟁 ___ 360
광주항쟁의 정치적 결과 ___ 383

제7장　정치적 대안 세력의 등장

야당의 복원 ___ 398
제12대 국회의원 선거 ___ 403
사회경제적 변화와 중산층 ___ 435
분노의 폭발과 요구의 타결 ___ 451

제8장　'87년 체제'의 확립 ___ 473

맺는글　어떻게 평가할 것인가 ___ 494

미주 ___ 503
참고문헌 ___ 515
찾아보기 ___ 528

자료 목록

자료1 박정희 정권기 각료의 출신 지역별 분포 40
자료2 1979년 10·26 당시 장관의 출신지 43
자료3 역대 중앙정보부장과 출신지 43
자료4 박정희 시기 역대 청와대 비서실장과 출신지 45
자료5 박정희 시기 역대 육군참모총장과 출신지 45
자료6 민주공화당 당 의장과 출신지 45
자료7 수사 착수 건의 서류 139
자료8 국가보위비상대책위원회 위원 203
자료9 국가보위비상대책위원회 상임위원회 구성 205
자료10 1981년 제11대 국회의원 선거 결과 271
자료11 1981년 제11대 총선에서 강남 선거구 선거 결과 271
자료12 1976~1980년 경제지표 275
자료13 전두환 정권기 소비자물가 등락률 284
자료14 전두환 정권기 경제성장률 285
자료15 전두환 정권기 1인당 국민 소득 286
자료16 전두환 정권기 경상수지 287
자료17 1985년 제12대 국회의원 선거 당시 해금자의 출마 및 당선 416
자료18 제12대 총선 당시 야 3당의 선거 공약 417
자료19 제11대, 제12대 국회의원 선거에서 주요 정당별 의석수와 득표율 427
자료20 제11대, 제12대 총선 투표율 증감 428
자료21 제12대 총선 당시 신한민주당 지역별 득표율과 지역구 의석 점유율 428
자료22 제12대 총선 당시 지역 크기별 정당 득표율 429
자료23 신한민주당에 대한 지지 (선형회귀분석) 431
자료24 신한민주당과 다른 정당 간 득표율의 상관관계 432
자료25 제12대 국회의원 선거 당시 해금자의 정당별 출마 및 당선 433
자료26 제12대 총선 유권자의 연령별 비율 437
자료27 연도별 고등교육기관 학생 수 439
자료28 연도별 도시화율 변화 441
자료29 1985년 2·12 총선부터 1987년 6월 항쟁까지 주요 사건 470
자료30 헌법의 '대통령' 조항 비교 491

여는 글

제5공화국은 한국 정치사에서
어떤 의미일까

이 책은 1979년 10월 26일 박정희 대통령의 죽음으로부터 1988년 2월 제6공화국이 출범하기 직전까지의 시기를 다룬다. 그 시기 중에서도 제5공화국의 성립과 몰락이 이 책의 주요 연구 대상이다. 이 책은 "제5공화국은 한국 정치사에서 어떤 의미를 지닐까?"라는 질문에 대한 답을 찾고자 하는 것이다.

제5공화국이 소멸되고 민주화가 시작된 지 40년 가까운 세월이 흘렀지만, 여전히 제5공화국에 대해서는 부정하거나, 무시하거나, 외면하려는 경향이 존재한다. 1979년 10·26 사건 이후 민주주의의 복원을 기대했던 '서울의 봄'이 전두환이 이끄는 신군부로 인해 실패하고 말았다는 좌절감, 뒤이은 군부 권위주의의 억압, 그리고 무엇보다 광주에서의 비극은 제5공화국과 전두환 정권을 부정하도록 만들었다. 제5공화국 출범의 원천적 정당성을 인정하고 싶지 않은 것이다. 이처럼 제5공화국은 '잊고 싶은 역사'이거나 혹은 '인정하고 싶지 않은 역사'로 우리에게 남아 있었다.

실제로 제5공화국에 대한 학계의 평가는 매우 부정적이다.

"전두환의 군사정권이 수행해야 했고 또 할 수 있었던 역사적 기능은 아무것도 없었"기 때문에 "있어서는 안 될 잉여 군사정권"이었고, "태어나서는 안 될 정부"(김영명 2006:263-266)라는 평가를 받거나, "독재자 없는 독재체제" 혹은 "박정희 없는 유신체제"(손호철 2011:337), "신(新)유신체제"(이정복 1994:551)로 평가되었다. 혹은 "독재자 없는 권위주의"(임혁백 1994:266), "연장된 개발독재"(안철현 2009:184)로 간주되었다. 이처럼 제5공화국은 그 존재 자체가 특별한 의미를 갖지 않는 '역사적 잉여'이거나 '구체제의 잔해(殘骸)'처럼 평가되었다.

이런 이유로 그동안 제5공화국 시기에 대한 학문적 관심은 주로 시민적 저항 혹은 민주화운동에 집중되었다(민주화운동기념사업회 2010, 2017; 윤상철 1997; 정해구 2011; 조대엽 2003; 서중석 외 2017 등). 즉, 기존의 대다수 연구는 군부 권위주의 체제의 정치적 억압, 그리고 그에 대한 항거와 민주화운동에 초점을 맞춘 '저항의 역사'에 집중되었다. 제5공화국과 전두환 정권을 독립된 별도의 연구 주제로 삼은 것이 아니라, 저항과 타도의 대상이라는 관점에서 살펴본 것이다.

그러나 제5공화국은 그렇게만 보아서는 안 될 중요함을 갖는 시기이다. 이 책에서 주목하는 점은 제5공화국을 거치면서 한국은 민주화를 이뤘다는 사실이다. 민주적 전환뿐만 아니라 그 이후의 민주적 공고화도, 민주화의 '제3의 물결'을 함께 탔던 다른 신생 민주주의 국가와 비교할 때, 한국은 성공적으로 이뤄냈다. 그 직전 시기인 제5공화국 동안 우리 사회가 겪은 사건과 경험을 간과해서는 민주화뿐 아니라 공고화의 원인을 제대로 설명하기 어려울 것이다.

그런 점에서 이 책에서 밝혀보고자 하는 구체적 질문은 "왜 1979년에는 민주화를 이루지 못했고 1987년에는 민주화를 성취했을까?" 하는 것이다. 이 질문이 제5공화국의 정치사적 의미를 밝히는 데 핵심적인 것으로 생각된다. 이 책에서는 1979년에는 우리 사회가 아직 민주화를 수용할 만한 충분한 준비가 되어 있지 못했지만, 제5공화국을 거치면서 겪게 된 각종 사건과 충격, 또 사회경제적 변화를 통해 1987년 민주화를 이루게 되었다고 주장한다. 또한 민주화의 중요한 원인을 제5공화국 시기에 발생한 사건과 변화에서 찾고 있다. 특히 두 가지 사건을 핵심적인 것으로 주목하는데, 하나는 광주에서의 희생이고 또 다른 하나는 1985년 12대 국회의원 선거이다. 이 두 가지 사건이 제5공화국 시기에 민주화로 가는 여정에서 중요한 변곡점을 만들어냈다.

이런 관점은 한국 민주화의 전개와 관련하여 제5공화국이라는 암울했던 시대의 의미를 재발견할 수 있게 해준다. 유신체제는 외부적 압력과 저항에 의해 무너진 것이 아니었다. 이에 비해 제5공화국은 시민적 저항에 의해 무너졌다. 또한 박정희나 전두환 모두 군부에 기반했지만, 군부 지배에 대한 용인(容認)의 정도는 박정희 체제와 비교할 때 제5공화국 때가 훨씬 낮았다. 이 책에서는 제5공화국을 정치적으로 '취약한 체제'로 이해하고 있다. 제5공화국을 경험하면서 시민들은 본격적으로 군부 지배를 거부하기 시작했다. 우리 국민에게 민주화가 절박함으로 다가오게 된 것은 제5공화국을 경험하고 난 후였고, 이런 경험을 통해 한국의 민주화는 '되돌릴 수 없는(irreversible)' 것으로 굳건히 자리 잡게 되었다. 그런 점에서 제5공화국은 한국의 민주화라는 관점에서 볼 때, 역설적이기는 하지만, 중요한 의미를 갖는 시기이다.

또한 제5공화국을 살펴보게 되면, 오늘날 우리 정치 질서의 기반인 '87년 체제'의 특성을 이해하는 데도 도움을 준다. 한국의 민주화는 혁명적 전환이 아니라 권위주의 세력과 민주화 세력 간의 '타협'에 의해 이뤄졌다. 87년 체제를 만든 헌법 개정에는 김영삼, 김대중이 이끌던 통일민주당뿐만 아니라 당시 집권당이었던 민정당이 함께 참여했다. 즉, 제5공화국의 집권 세력 역시 87년 체제 확립에 한 축을 담당했다. 또한 전두환 대통령 역시 민정당의 헌법 개정안에 영향을 미칠 수 있는 위치였으며 실제로 일부 사안에 대해서 영향력을 행사했다(강원택 2017a). 그런 점에서 87년 체제는 제5공화국을 넘어서는 체제이지만 동시에 제5공화국과 일정한 연속성도 갖는다.

정치사적으로 중요한 의미를 갖지만, 제5공화국에 대한 연구는 그리 많지 않은 편이다. 최근 들어 이 시기의 사건이나 역사를 다룬 서적, 회고록 등이 나오고 있지만, 제5공화국을 본격적인 연구의 대상으로 삼은 학술적 결과물은 여전히 많은 편이 아니다. 이 책은 학술적 관점에서 제5공화국을 본격적으로 다룬다는 점에서 의미가 있다. 사실 이 책에서 다루는 시기는 결코 짧지 않다. 1979년 10·26 사건부터 전두환 대통령이 공식적으로 퇴임한 1988년 2월까지는 8년 4개월이나 된다. 이 짧지 않은 시간 동안 한국 사회는 당연히 다양한 형태로 변화해왔다. 제5공화국 시기에 우리 사회가 겪은 변화와 경험, 그리고 전두환 정권이 추진한 많은 정책의 결과는 오늘날에도 곳곳에 남아 있다. 어제가 없는 오늘이 없듯이 '잊고 싶거나 인정하고 싶지 않은' 어제였다고 해서 제5공화국 시기에 이뤄졌던 일들이 그저 사라져버리는 것이 아니라, 오늘을 사는 우리의 삶에 영향을 미치고 있다.

이런 이유로 이 책에서는 제5공화국 시기에 추진된 각종 정책이나 제도의 변화 등을 포함하는 '통치사'에 대해서도 살펴볼 것이다. 그동안의 관심이 '저항'에 모아졌다면 이 연구에서는 그간 상대적으로 소홀했던 '통치'의 측면도 들여다보고자 한다. 부정적으로만 기억되고 있지만, 사실 제5공화국이 기여한 바도 적지 않다. 1970년대 말 한국 사회가 직면했던 심각한 경제위기는 제5공화국이 들어선 이후 극복되었고, 물가안정, 경상수지 흑자, 실업률 하락과 같은 경제 성과로 이어졌다. 또한 전두환 정권이 유치에 성공한 올림픽 행사는 그 이후 민주화된 한국을 국제사회에 알리는 데 크게 기여했고, 또 노태우 정부의 북방외교와 같은 외교적 성과로 이어지는 발판을 마련했다.

제5공화국은, 긍정적이든 부정적이든, 그 이후의 한국 사회의 전개에 많은 영향을 미쳤다. 그런 점에서 제5공화국은 '잊어버린' 혹은 '잊고 싶은' 역사가 되어서는 안 될 것이다. 오늘날 민주화된 한국 사회의 모습을 보다 잘 이해하기 위해서라도 다양한 관점에서 제5공화국에 대해 꼼꼼하게 들여다볼 필요가 있다. 이 책은 그런 문제의식의 소산이다.

제1장

유신체제의 몰락과 남겨진 유산

유신체제의 붕괴: 혼돈

1979년 10월 26일 유신체제가 무너졌다. 유신체제는 박정희 1인의 종신 지배를 위한 독재체제였기 때문에 박정희의 죽음은 곧 그 체제의 몰락을 의미했다. 박정희를 정점으로 한 기존의 정치 질서가 무너져 내린 것이다. 기존 질서의 붕괴와 함께 혼돈(混沌)이 생겨났다. 1인 종신 지배체제에서는 예측 가능한 방식으로의 제도화된 권력 교체는 애당초 생각할 수 없는 것이다. 이런 상황에서 10·26 사건으로 갑자기 종신 집권자가 사라져버리게 된 것이다. 이 때문에 향후 정국의 전개 방향을 예상하기는 어려웠다. 박정희의 예기치 못한 죽음으로 인한 정치적 불확실성이 미래를 예측하기 어렵게 하는 혼돈의 상태로 이끌었다.

그런데 유신의 붕괴를 몰고 온 10·26 사건은 '궁정 내부'에서 일어난 권력 내부에서의 파열(implosion)의 결과일 뿐, 대중의 광범위한 저항과 강력한 체제 도전의 결과로 이뤄진 것은 아니었다. 즉, 유신체제는 외부적 힘에 의해서가 아니라 그 내부의 분열에 의해 몰락했다. 박정희 체제의 몰락을 이끈 직접적인 주도 세력은 없었으며, 따라서 그 이후의 혼란스러운 상황을 이끌어나갈 대안적 정치 주체가 마련되기도 어려웠다. 당시 김영삼 신민당 총재는 YH 사건, 야당 총재 제명, 부마항쟁, 10·26 사건에 이르는 과정에서 반독재 투쟁을 통해 유신체제를 무너뜨린 장본인이 자신과 신민당인 만큼, 10·26 이후의 대체 세력은 신민당이어야 하며 "신민당이 집권하는 것은 역사의 순리"라고 주장했다(김영삼 2000a: 184). 물론 김영삼 신민당 총재의 용기 있는 도전과 뒤이은 부마항쟁은 유신체제 몰락에 영향을 미친 중요한 사건이었지만, 그것은 상황적 요인을 제공했을 뿐 몰락을 이끈 직접적 요인은 아니었다.

기존 체제는 무너졌지만, 체제 붕괴 이후의 정국을 주도하고 새로운 질서를 이끌어갈 대안세력이 존재했던 것은 아니었다. 혼란과 당혹감이 사회를 지배했다. 1960년 4·19 혁명의 치명적 약점 역시 바로 혁명을 완수할 집단적, 조직적, 지속적인 운동 담당 세력의 부재였다(김수진 1996: 165). 그러나 10·26 이후는 4·19 때보다 상황이 더 심각했다. 최규하 대통령권한대행의 한 측근은 다음과 같이 당시의 분위기를 묘사했다.

저는 4·19 뒤보다도 상황이 더욱 모호하다고 생각했습니다. 4·19 때는 자유당 정권이 붕괴되었지만 민주당이라는 대체 세력이 있었고, 따라서 허정 과도내각의 임무는 민주당으로의 정권 중계라는 분명하고 제한된 성격을 갖게 됐습니다. 10·26 뒤는 어정쩡한 상황이었습니다. 박 대통령은 시해 사건으로 퇴장한 것이지 민중 봉기로 몰락한 것은 아니었고, 공화당, 유정회, 행정부, 군 등 정권의 하부구조는 그대로였습니다. 그러나 박 대통령 그분의 영향력이 너무나 컸었기 때문에 그분이 사라진 무대에서 유신체제라는 그분의 유산을 지켜나간다는 것은 누구에게도 무리로 보였습니다.
체제를 바꿔야 한다는 데는 누구나 같은 의견이었지만, 그 방법에 있어서는 입장에 따라 생각이 달랐습니다. 최 대통령권한대행이 이끄는 행정부는 공화당과 유정회를 여당으로만 설정할 수도 없고 그렇다고 신민당과 손잡을 수도 없었습니다(조갑제 1987b: 187).

유신체제는 박정희의 1인 개인 통치체제였기 때문에 그 개인이 사라짐과 함께 사라질 수밖에 없었고(김영명 1994:34), 누구도 그 자리를 대신할 수 없었다. 그가 없는 유신체제는 지속될 수가 없었다.

정상적인 상황이라면 권력의 공백은 집권당을 통해 메워져야 하겠지만, 유신체제하에서 민주공화당의 역할은 거의 없었다. 독재체제에서 의회나 정당과 같은 정치제도의 역할은 제한적일 수밖에 없다. 중요한 정책 결정이라고 해도 의회에서의 정치적 논의나 합의의 과정을 거치기보다 통치자 1인의 의지에 따라 이뤄지기 때문이다. 결국 유신체제에서 정치는 사실상 실종되었다. 야당은 말할 것도 없고 여당의 역할도 축소되었다. 국회는 대통령의 뜻이나 정부 정책을 입법화하는, 말 그대로 '통법부(通法府)'에 불과했다. 이처럼 유신체제는 정치를 실종시키고 행정과 공작(工作)이 그것을 대신하게 만들었다. 정당과 국회는 '장식품'으로 전락했다(김일영 2011: 302-303).

또한 당내에 잠재적 '차기 주자'도 존재할 수 없었다. 박정희는 집권 세력 내부의 2인자 파벌을 거세해나감으로써 자신을 정점으로 집중화된 권력구조를 만들어냈다(김영순 1998: 59-61). 1968년 국민복지회 사건, 그리고 3선 개헌 반대를 위해 권오병 문교부장관 해임건의안에 찬성한 1969년 4·8 항명 사건을 계기로 박정희의 유력한 후계자였던 김종필의 지지 세력이 당내에서 제거되었다. 김종필계 제거 후 당을 이끌어온 김성곤, 길재호, 백남억, 김진만 등의 반김종필계 '4인 체제'도 1971년 오치성 내무장관 해임결의안에 찬성표를 던진 10·2 항명 파동을 계기로 몰락했다.

이후 집권당에 대한 박정희의 직할 체제가 시작되었고, 공화당은 권력의 중심으로부터 소외되어갔다. 그 대신 대통령 비서실이나 중앙정보부와 같은 친위 세력의 영향력이 강화되어갔다. 이들 친위 세력은 국가안보에 관한 문제뿐만 아니라 정치, 경제, 외교 및 사회 통제 등 정부 모든 업무에 관여했고, 군 정보기관을 통해 군부 내 반대 세력을 통제했다. 이러한 대통령의 직할 체제는 유신체제 수립 후 더욱 강화되었고, 모든 권력은 대통령 1인에게 집중되었다.

대통령 선거가 무의미해지면서 대중의 지지를 동원해내는 정치조직으로서 당의 역할도 중요하지 않게 되었다. 유신헌법은 대통령과 국회의원 3분의 1을 선출할 권한을 통일주체국민회의에 부여했고, 이 때문에 통일주체국민회의를 '국민의 주권적 수임기관'(유신헌법 35조)이라고 규정했다. 통일주체국민회의 대의원은 일반 유권자의 선거를 통해 선출되는데, 사실상 의미 없는 선거였다.

그런데 여기에도 중앙정보부가 개입했다. 중앙정보부는 통일주체국민회의 대의원 선거에 출마할 후보자를 사전에 심사하고 선별하여 친여 성향의 인물만이 나설 수 있도록 했다(김일영 외 2001:327). 이후 이들 대의원들로 구성된 '주권적 수임기관'에서 대통령을 선출했다. 선출 방식도 후보 1인에 대해 토론 없이 무기명 투표로 선출하는 것이었다. 통일주체국민회의 대의원들은 서울의 장충체육관에 한데 모여 대통령을 선출했고 이 때문에 '체육관 선거'라는 비아냥을 받게 되었다.

또한 유신헌법은 국회의원 정수의 3분의 1을 대통령이 지명하도록 함으로써 민주공화당이 국회 내에서 차지하는 위상을 낮췄다. 이들 유정회 국회의원에게는 대통령에 대한 충성만이 임기를 보장해주는 것이었다. 유정회 의원의 임기는 일반 국회의원 임기의 절반인 3년이었기 때문에, 재선을 하려면 박 대통령의 눈에 들어야 했고 그만큼 의회 활동에서 대통령에 대한 충성심을 강하게 드러내야 했다. 국회의원의 나머지 3분의 2는 지역구 선거를 통해 선출하도록 했는데, 한 선거구에서 2명을 선출하도록 했다. 여기서 여야가 반반씩 차지한다고 해도, 대체적인 국회의 구성은 공화당 3분의 1, 신민당으로 대표되는 야당 3분의 1, 그리고 대통령이 지명하는 유신정우회(유정회) 3분의 1로 이뤄지는 것이었다. 여당이 국회 의석의 3분의 2를 차지하도록 설계된 것이지만, 민주공화당 입장에서는 여당 역할을 유정회와 나눠 갖게 된 것이다. 그만큼 그 정치적 위상도 낮아졌다.

제3공화국 기간 유력한 2인자였던 김종필 역시 유신체제 이후 존재감이 사라졌다. 이미 3선 개헌 이후 김종필은 정치적으로 어려운 입장에 놓여 있었다(강원택 2018:124-125). 유신 이전인 1971년 6월부터 유신체제 수립 이후인 1975년 12월까지 4년 6개월간 국무총리로 있었지만, 김종필은 훗날 자신은 국무총리 재직 중 내내 감시당했다고 할 정도로 정책 결정 과정에서 배제되어 있었다. 또한 국무총리로서의 역할도 다른 장차관, 정당 인사, 국회의원들과 마찬가지로 단지 서류에 결재하거나 대개는 박정희를 대신해서 대통령 비서실에서 나온 행정 명령을 실행하는 역할에 불과했다(김형아 2005:265). 10·26 사건 이후 '유신 잔당(殘黨)'으로 비판받기도 했지만, 정작 김종필은 유신체제 수립 과정에서 배제되어 있었고 발표 며칠 전에야 통보받았다. 김종필 자신도 대통령을 보좌하던 사람들이 자기를 멀리했고 자신은 권력에서 밀려나 있었다고 여기고 있었다(오효진 1987:320). 10·26 사건 당시 김종필은 별 역할이 없는 총재 상임고문에 불과했다(김종필 2016b:60).

김종필이 돌아온 공화당은 그가 산파역을 맡았던 옛날의 패기에 찬 정당이 아니었다. 유신체제 아래에서 공화당은 권력 핵심에서 소외되었고, 대야(對野) 문제에서까지도 정보부와 경호실의 조종을 받는 꼭두각시로 전락하고 말았다. 이런 체질의 정당을 인수한 김종필 총재는 박 대통령이 사라진 무대에서도 권력의 핵심과 손잡을 수 있는 조직이나 인맥을 갖지 못했던 것이다(조갑제 1987b:197).

이처럼 박정희 대통령 죽음 당시 공화당은 권력 계승에 주도적 역할을 할 만큼의 영향력을 갖고 있지 못했다. 유신정우회는 태생적으로 대통령 임명에 의한 국회의원 결집체이니만큼 자율성이 약했고, 더욱이 정당으로서 가장 기본이 되어야 할 대중적 지지 기반도 존재하지 않았다.

유신체제에서 통치에 보다 중요했던 집단은 당이 아니라, 경호실, 중앙정보부, 그리고 군부와 같은 대통령 친위 조직이었고, 또 한편으로는 비서실과 관료 집단이었다. 박정희 사후에도 그가 만들어놓은 유신의 제도, 인물, 작동 방식은 바뀌지 않은 채 그대로 유지되고 있었다. 경호실, 중앙정보부는 대통령 시해 사건으로 풍비박산(風飛雹散)이 났으나, 군부나 관료 집단은 온전했다. 이런 상황에서 그 이후의 정국을 이끌어나가는 힘도 역시 유신체제를 이끌어온 힘으로부터 이어져갈 수밖에 없었다.

이종찬(2015a:318-319)은 1979년 미국의 한국 전문가인 랠프 클러프(Ralph N. Clough)가 한국에서 박정희 대통령이 '제거(decapitate)'될 경우 어떤 사태가 일어날 것인지를 분석한 문건을 획득했다. 클러프는 박정희가 사라진다면 발생할 수 있는 상황을 다음과 같이 전망했다.

그 글 가운데 특히 나의 눈길을 끈 대목은 클러프가 'decapitate'라는 단어를 사용했다는 사실이었다. '목을 자른다'는 뜻의 이 말은 그냥 물러나는 것이 아니라, 강제로, 타율적으로 물러난다는 함의가 강했다. … 이어 클러프 박사는 그렇게 될 경우(박 대통령이 기능을 발휘하기 어려울 경우) 사후 수습을 할 수 있는 그룹이 네 개 있다고 보았다.

"한국에는 정세에 영향을 미치는 네 개의 기둥이 있다. 즉, 군(The Military), 관료 조직(The Government Bureaucracy), 기업가(The Business Men), 중앙정보부(KCIA) 등이 남한의 정치적 변혁에서 안전판 역할을 할 것이다."

매우 주목할 만한 내용이었다. 그런데 이상하게도 한국의 혼란을 진정시킬 네 개 집단을 거론하면서 정당이나 정치인은 꼽지 않았다. 그는 박 대통령이 물러날 경우 여당은 제 기능을 발휘하기 어려우며, 야당은 집권 능력이 없다고 판단했던 것이다.

클러프가 언급한 네 개 집단 가운데 대기업의 영향력은, 설사 강하다고 해도, 간접적일 것이다. 결국 남은 힘은 관료, 군, 중앙정보부라고 볼 수 있다. 그런데 박정희 시해 사건을 김재규가 일으키면서 중앙정보부의 힘과 위상은 사실상 몰락했다. 박정희 생존 때에는 또 다른 중요한 세력이었던 경호실장이나 청와대 비서실장 등 대통령의 친위 그룹 역시 10·26 사건과 함께 급격히 그 위세가 약화되었다.

결국 당장의 국정 운영과 관련해서는 최규하 총리와 신현확 부총리 등 관료 그룹의 중요성이 커졌다. 박정희 체제에서 '발전국가'를 이끌던 관료제는 유능하고 효율적으로 움직였다. 그러나 관료제의 역할은 근본적으로 수동적이고 도구적일 수밖에 없다. 박정희가 살아 있을 때 효과적으로 작동했던 관료제는 명령을 내리고 책임을 감당할 최고 지도자가 사라지면서 삐걱거리게 되었다. 아래의 사례는 10·26 직후 갈팡질팡하는 관료들의 모습을 잘 보여준다.

고 박정희 대통령 국장(國葬) 준비의 실무작업을 지휘하고 있던 최택원 총무처차관은 권력의 진공상태를 실감할 수 있었다. 국장의 식장에 정당 대표를 초청하는 데 신민당 대표를 누구로 할 것이냐가 문제로 대두되었다. 그때 법원은 김영삼 신민당 총재의 직무를 가처분 형식으로 정지시키고 정운갑 씨를 총재 직무대행으로 임명하여 놓고 있었다. 최 차관은 이 문제를 신현확 부총리와 상의하였다. 신 부총리는 최규하 권한대행이 결정할 문제라고 했다. 최 대행에게 보고했더니 부총리와 상의해서 결정하라는 것이었다. 애가 탄 최 차관은 정진우 법제처장에게 유권해석을 내려달라고 했다.
정 처장은 "이것은 법적인 문제가 아니라 정치적인 문제이므로 정치적으로 해결해야 하지 않을까"라는 태도였다. 그래서 유혁인 대통령 정무수석비서관에게 전화를 걸어 "이 문제에 대한 공화당과 유정회의 견해를 타진해 달라"고 했다. 유 수석은 "그것은 내각에서 결정할 문제이니 내각에서 알아서 하라"고 했다. 최 차관은 헌법상으로는 권력에 공백이 생긴 것도 아닌데 이런 사소한 문제에 대해서도 국정의 최고 엘리트들이 책임을 안 지려고 하는 게 몹시 안쓰러웠다고 한다. 최 차관은 다시 최규하 권한대행을 찾아가 의논했다. 최 대행은 자신의 생각을 밝히지 않았는데 옆에 있던 김성진 문공부장관이 "그런 문제라면 김영삼, 정운갑 두 사람을 다 부르면 되지 않겠는가"라고 했다. 그래서 정당 대표 문제는 전·현직을 다 초청하는 것으로 겨우 해결이 되었다(조갑제 2005: 58-59).

10·26 사건과 함께 '졸지(猝地)에' 대통령 직무대행이 된 최규하도 외교 관료 출신이었다. 신현확 등 주요 직책에 있던 이들도 모두 지시를 받아 실행하는 역할을 담당해온 관료 출신들이었다. 이렇게 10·26 사건 이후 주요 직책에 있던 이들이 모두 우왕좌왕하게 된 것은 이들이 박 대통령의 지시를 수행하는 심부름꾼이었기 때문이다. 전두환의 한 참모는 후일 "10·26 직후 각료들의 회의에 참석한 적이 있는데 방향 감각도 없이 갑론을박하는 것이 꼭 어린아이들 모아놓은 듯했다"고 회고했다(조갑제 2005: 59). 하지만 박정희 사후 정국 수습의 일차적 책임이 당시 총리, 부총리, 장관 등 내각을 구성하고 있던 이들에게 주어지게 되면서 불가피하게 이들의 역할이 중요해졌다.

박정희 사망 후 가장 중요한 집단은 역시 군이었다. 박정희의 권력 기반은 최종적으로는 군이었다. 박정희 생존 시에 군은 충성스러운 존재로 기능해왔다. 5·16 쿠데타 이후 여러 차례의 이른바 '반혁명 사건'을 거치면서 반대파가 원천적으로 제거되었다. 박 대통령의 후임 가능성을 언급했다고 해서 다수의 군 장교를 제거한 1973년 윤필용 사건이 보여주듯이 군에 대한 박정희의 지배는 강력했다(한용원 1993:317-326).

박정희는 정치적으로 곤경에 처할 때 군을 동원했다. 1964·1965년 한일협정 체결 반대 시위, 1971년 교련 반대 시위, 1972년 유신체제 수립, 1979년 부마항쟁 등 정치적 반대가 심할 때마다 계엄령 또는 위수령을 발동했다. 유신체제에서는 군이 직접 반대 세력 진압의 수단으로 동원되었다. 긴급조치 위반자는 비상군법회의에서 심판을 받도록 했고, 고려대학교 휴교를 명한 긴급조치 7호에서는 대학 교정을 군대가 점령했다. 유신체제 이후 박정희 체제의 기반으로서 군의 영향력은 더욱 커졌다. 10·26 사건 당시 부산과 마산 일대는 이미 계엄 상태에 놓여 있었고, 10·26 사건 직후 제주도를 제외한 전국으로 계엄이 확대되었다. 10·26 사건 이전부터 이미 군은 체제 유지와 치안을 위한 중요한 역할을 담당하고 있었다.

박정희 사후 김재규나 김계원, 차지철이 정치적으로 온존했다면 군의 독자성은 제한적이었을지도 모른다. 하지만 이들의 구속과 사망으로 군의 자율적 공간은 커졌다. 유신은 반공을 내세운 군인 출신 대통령의 지배체제였고 군을 핵심으로 하는 강제력에 기반한 권위주의 체제였다. 그런 만큼 군은 박정희 사후 가장 주목해야 할 집단일 수밖에 없었다. 미국 역시 그 점을 인식하고 있었다. 다음은 1979년 10월 28일 주한미국대사관이 국무부에 보낸 박정희 서거 직후의 한국 상황에 대한 분석이다.

박 대통령 암살이 사전 계획된 군사쿠데타인지 제한적인 '제거', 혹은 단순히 특이한 우발적 사건인지 여부를 떠나 우리는 한국에서 모든 것이 불확실한 새로운 상황을 맞고 있음, 핵심 인물들은 아직도 이전의 집권 세력, 특히 군부임, 그들에 대해 한층 민주화된 방향을 지향하도록 권장할 수는 있겠지만 그들은 독재적인 정치구조에 안주하면서 자신들의 입지 변화를 거부한 인물들임, 오래지 않아 현재의 부자연스러운 평온 상태로부터 정치 현장의 다양한 세력들이 자신들의 입장을 정리하고 세력 수단을 강구하면서 긴장 국면이 조성될 것임(Gleysteen 1999:288).

그런데 박정희 사후 군부는 그 이후의 정국 전개와 관련된 논의를 위한 집단적인 회합을 가졌다. 『뉴욕타임스』의 특파원 스토크스(Henry Scott Stokes)가 '군에 가까운 복수의 소식통'을 인용하여 송고한 1979년 11월 2일 자 한국 관련 기사이다.

오늘 군에 가까운 복수의 소식통들에 따르면, 한국의 고위 장성들이 이번 주 비밀리에 회합을 갖고 박정희 대통령에게 법적 기반을 제공했던 유신헌법을 폐기하기로 비공식적으로 결정했다고 한다. 장성들은 월요일(29일), 화요일(30일) 양일 밤에 국방부에서 회합을 가졌는데, 두 번째 모임에서는 50명이 넘는 최고위 장교들이 참석했다. 그들은 1972년 박 대통령에 의해 마련된 유신헌법이 지난주 금요일 그의 살해로 인해 더 이상 유지될 수 없다는 데 합의했다고 소식통들은 전했다. "이는 공식적인 결정은 아니지만 우리는 유신은 이제 끝났다는 것을 당연한 것으로 받아들인다"고 한 군 관계자(a military analyst)는 말했다. "그 모든 것은 국가 통치에 대한 일인 지배를 부여하기 위한 박정희만을 위한 맞춤형(tailor-made)이었다. 그리고 이 옷은 다른 사람에게는 절대 어울릴 수 없는 것이다."[1]

이 기사를 통해 몇 가지 중요한 사실을 알 수 있다. 우선 군부에서 유신체제 폐기에 동의했다는 것이다. 박정희 없는 유신이 유지될 수 없다는 것을 모두가 받아들인 셈이다. 그런데 더욱 놀라운 사실은 10·26 이후 불과 사흘 뒤에 군 고위 장성들이 비밀리에 모여 '지극히 정치적인' 사안을 논의했다는 점이다. 유신헌법 폐지 여부는 원칙적으로 본다면 공화당이나 혹은 최규하 대통령 임시 대행 체제에서 논의되어야 할 일이다. 유신체제의 중요한 힘의 기반이 군이었다는 점에서 이들의 회합은 매우 의미심장해 보인다. 유신체제의 또 다른 축이었던 중앙정보부가 김재규의 시해 사건으로 인해 영향력을 잃게 된 상황에서 군 고위 장성들의 '정치적 논의'는 그 이후의 사건 전개와 관련해서 주목할 만한 것이었다. 더욱이 그 회의가 이틀에 걸쳐 진행되었다는 사실을 생각하면 이 회의는 상당한 무게감을 갖고 이뤄진 것으로 보아야 할 것 같다.

그런데 『뉴욕타임스』의 이 기사에 따르면, 유신체제 청산과 관련하여 군 내부에서 이미 이견이 생겨났다.

계엄사령관인 53세의 육군참모총장 정승화의 지휘를 받는 한국 장성들은 언제 유신헌법을 폐기할 것인가에 대해서는 결정하지 않았다고 소식통들은 전했다. "그러나 그것은 폐기할 것인가 말 것인가의 문제가 아니라, 어떻게 폐기하고 언제 폐기할 것인가의 문제이다"라고 한 소식통은 말했다. 박정희 대통령에 충성스러운 일부 젊은 장성들은 그의 권력의 상징이 급격하게 폐기되는 것을 원하지 않았다. 그들은 그것이 상황을 더욱 악화시킬 수 있다고 느낀다는 것이다. 박정희 대통령 시해 사건을 조사하는 책임을 맡고 있고 박 대통령과 개인적으로 가까웠던 47세의 전두환 장군(Gen. Chon Too Huan)은 유신헌법의 조속한 폐기에 반대하는 군부 내 "강경파(hawks)" 중 하나이다.

10·26 직후의 군 장성 비밀회의에서 전두환을 필두로 한 젊은 장성들과 정승화로 대표되는 선배 장성들 간 유신헌법 폐기의 시기를 두고 입장 차이를 보였다는 점은 의미심장하다. 더욱이 이 기사에서 벌써 전두환의 이름이 거론되었고 또 군부 내 '강경파'로 표현되고 있다. 후일 '신군부'와 '구군부'로 구분되는 두 세력 간 시국 대책에 대한 입장의 차이가 이때 이미 드러났다. 이러한 회의 사실은 당시 계엄령하의 검열로 국내 언론에는 보도될 수 없었다.

그런 점에서 볼 때, 박정희 사후의 정국 전개와 관련하여 주목할 대상은 일차적으로 최규하, 신현확 등 관료 그룹, 그리고 군부였다. 하지만 이 두 집단은 모두 대중적 지지나 조직적 기반을 갖지 못했다. 이들은 대중적 지지의 토대 없이 정치적 상부구조만을 장악하고 있을 뿐이었다. 특히 일차적으로 정국 수습의 역할을 맡게 된 관료 집단이 헌법 개정 등 체제 전환을 진행하여 대중적 지지에 기반한 새로운 정치 지도자를 조속히 만들어내지 못한다면, "힘의 질서가 붕괴된 혼돈기에서는 가장 확실한 것, 즉 가장 현실적인 힘이 영향력을 행사"(조갑제 1987b : 187)하게 될 수밖에 없는 상황이었다.

유신 관료: 최규하와 신현확

군과 함께 유신체제를 이끈 세력은 관료였다. 군이 박정희 체제를 위협하는 정치적 반대를 억압하고 질서를 유지하는 역할을 했다면, 관료는 박정희 시대의 고도 경제성장을 실무적으로 이끌었다. 군이 사회질서의 최종적 담당자라면 관료는 성과(performance)를 담당했다. 박정희 시대는 정치적 토론과 합의보다 행정적 효율을 추구했다. 박정희 대통령은 경제성장과 조국 근대화를 위해 강한 행정력이 필요하다고 확신했으며, 행정의 효율성을 위해 일사불란한 질서유지를 강조했다.[2] 박정희 체제는 '발전국가(developmental state)'의 한 형태라고 할 수 있는데, 발전국가의 요체는 강력한 정치지도자의 리더십, 사회집단으로부터 독립적인 유능한 엘리트 관료조직, 그리고 이들에 의한 효율적인 사회적 통제와 자원의 동원이었다(문돈·정진영 2014: 135).

앞서 언급한 대로, 유신체제 수립 이후 공화당은 정치적으로 힘을 잃었고 그 대신 중앙정보부나 대통령 비서실의 영향력이 커졌다. 하지만 박정희 대통령은 경제정책 등에서는 관료를 보호했다. 박 대통령은 "경제 제일주의를 실천하는 경제부처 장관, 관료집단의 자율성을 보호하고, 독려하기 위해서 전면에 나서서 정치권, 사정기관, 군으로부터의 압력을 오히려 차단"했다. "부총리제도가 탄생했던 것도… 부총리가 예산권을 장악하고 역으로 군을 비롯한 권력기관에 영향력을 행사할 수 있도록 배려"한 때문이었다(김용환 2002:296-297).

공화당이 소외되면서 정책 결정 과정에서의 탈정치화를 도모하면서 비서실과 행정 각 부처의 실무자를 이용하여 자신이 관심이 있고 중요한 정책에 박 대통령은 직접 개입했다. 유능한 전문가와 관료를 선발해 비서실을 강화했고 그들을 통해 행정 각 부처의 업무 추진 상황을 수시로 점검, 조정, 평가했다(김일영 2011:303).

이런 상황에서 예기치 않은 박정희의 죽음, 그리고 그의 죽음의 과정은 이전까지 막강한 권력을 행사해온 차지철의 경호실, 김재규의 중앙정보부, 그리고 김계원의 대통령 비서실을 모두 무력하게 만들었다. 차지철은 26일 밤 그 현장에서 살해되었고, 김재규는 27일 새벽 체포되었고, 김계원 역시 29일 구속되었다.
이런 상황에서 우선 그 자리를 대신하게 된 것은 '유신 관료'였다. 그 이전까지 대통령 곁에서 주요 국가 정책의 향방을 논의하고 정무적 판단을 해온 중앙정보부, 경호실, 대통령 비서실의 핵심 인물이 모두 사라지면서, 이제 국정 운영은 내각이 직접 담당할 수밖에 없게 된 것이다. 총리였던 최규하가 대통령 유고로 대통령 권한대행이 되면서 10·26 사건으로 인한 권력의 공백은 최규하를 필두로 하는 유신 관료들이 메우게 되었다. 국정의 주요 현안은 10·26 사건 이후 거의 매일 열리는 비상시국대책회의에서 논의되었다. 이 회의는 법적으로 규정된 수권 기관은 아니었지만 행정부의 핵심 인물들이 참석했다. 참석자는 최규하 대통령 권한대행, 신현확 부총리, 박동진 외무장관, 구자춘 내무장관, 김치열 법무장관, 노재현 국방장관, 김성진 문공장관, 김종환 합참의장, 정승화 계엄사령관 등이었다. 이들은 모두 박정희 대통령으로부터 개인적 신임을 받은 사람들이었다. 이들은 정치권, 즉 유정회나 공화당과는 별로 깊은 관련이 없었으며, 이들이 중요한 결정을 내릴 때 공화당이나 유정회와는 상의도 하지 않았다(조갑제 1987b: 190-191).

그런데 10·26 시해 사건 발생 무렵은 공교롭게도 박정희와 동향인 이른바 대구-경북(TK) 출신이 정치적으로 크게 부상해 있던 시점이었다(이하 강원택 2018: 132-137). 〈자료 1〉은 1963년 대통령 선거 이후 박정희의 첫 내각 구성부터 1978년 12월에 행한 그의 마지막 개각까지 포함된 장관들의 출신 지역을 정리한 것이다. 박정희 집권 18년 동안 개각은 총 40회 이상이 있었지만, 여기서는 국무총리를 교체했거나 5개 부처 이상의 장관을 교체한 경우만을 개각의 기준으로 삼았다.

〈자료1〉에서 보듯이, TK 출신이 박정희 통치 기간 내내 다수를 차지한 것은 아니었다. 유신 직후까지도 TK 출신이 그 이

자료1 박정희 정권기 각료의 출신 지역별 분포

개각 시기	1963. 12	1964. 5	1967. 10	1968. 5	1969. 10
서울	31.3	25.0	17.6	23.5	5.6
경기	0.0	0.0	0.0	0.0	11.1
강원	0.0	0.0	5.9	11.8	5.6
충북	6.3	12.5	0.0	5.9	11.1
충남	6.3	0.0	0.0	0.0	0.0
전북	12.5	6.3	0.0	0.0	0.0
전남	0.0	0.0	5.9	5.9	16.7
경북	6.3	6.3	17.7	5.9	16.7
경남	12.5	12.5	17.6	11.8	11.1
제주	0.0	6.3	5.9	5.9	0.0
이북	18.8	18.8	23.5	23.5	16.7
외국	6.3	12.5	5.9	5.9	5.6
각료 수	16	16	17	17	18

무임소장관 제외. 지역별 대도시는 해당 지역에 포함시켰음

전부터 일관된 형태로 내각에서 다수를 차지하고 있지 않았다. 유신 전후인 1971년과 1973년의 경우 TK 비율은 11.1% 정도였다. 그러나 1975년 12월 개각부터 경북(대구 포함) 출신의 비율이 20% 이상을 넘어섰고, 1977년과 1978년에는 그 비율이 26~27%에 달하고 있다. 1977년 이후부터는 TK 출신이 그 수에 있어서 다른 지역 출신을 압도하고 있다. 박 대통령의 통치가 후반으로 가면서 TK 출신의 비율이 높아졌다.

하지만 김종필은 TK 세력의 부상이 3선 개헌 이후부터 시작된 것으로 보고 있다. TK 세력의 형성 과정과 관련하여 3선 개헌 이후 부상한 이른바 반(反)김종필계 4인 중 하나였던 김성곤에

1971.6	1973.12	1974.9	1975.12	1977.12	1978.12
11.1	0.0	5.6	0.0	5.6	10.5
5.6	5.6	5.6	11.1	11.1	0.0
0.0	0.0	5.6	11.1	16.7	15.8
0.0	5.6	5.6	5.6	0.0	0.0
22.2	5.6	11.1	11.1	5.6	5.3
0.0	0.0	0.0	0.0	0.0	5.3
11.1	11.1	16.7	5.6	5.6	0.0
11.1	11.1	16.7	22.2	27.8	26.3
22.2	27.8	16.7	11.1	16.7	10.5
0.0	0.0	0.0	0.0	0.0	5.3
16.7	27.8	16.7	22.2	11.1	21.1
0.0	5.6	0.0	0.0	0.0	0.0
18	18	18	18	18	19

게 특히 주목했다.

그(김성곤)를 포함해 백남억, 박준규 등 TK 출신 구정치인들은 1963년 공화당 창당 때부터 참여했다. 엄민영 내무부장관을 비롯한 이들은 대구고보(현 경북고) 선후배들을 중심으로 똘똘 뭉쳤다. (김성곤은 대구고보 퇴학 뒤 보성고보 졸업). 이들은 박정희 대통령과 출신 지역이 비슷해 유무형으로 친밀도가 높았다. 또 대통령을 돕는다는 이유로, 조금이라도 치고 올라오는 인물을 누르는 데 앞장섰다. 게다가 쌍용양회로 부를 쌓은 김성곤의 재력이 뒷받침됐다. 박 대통령 마음이 서서히 TK 쪽으로 움직였다. 한국 정치의 큰 파벌인 TK 세력은 이렇게 형성됐다. 박 대통령은 아마도 자신이 그 세력을 이용하고 있다고 생각하고 계셨을 거다. 하지만 내가 보기엔 경북 세력이 대통령을 이용해 힘을 키우고 있었다. 공화당 TK 세력은 나를 끌어내리려고 대통령 옆에서 자꾸 부추겼다(김종필 2016a: 324-325).

〈자료 1〉을 보면, 김종필의 지적대로 3선 개헌 직후인 1969년 10월 개각에서 TK 출신이 갑자기 약진한 것은 사실이다. 그러나 그 이후 지속적으로 각료 중에서 TK 출신이 압도적 다수를 차지하고 있다고 보기는 어렵다. 하지만 박정희 통치 후반기인 1975년 12월 개각 이후에는 상당한 변화가 감지된다. 1975년 12월 개각 이후 20% 이상으로 TK 출신의 비율이 높아졌고 이는 박정희 체제의 마지막 시기인 1977년, 1978년 개각에서는 26~28% 선으로 그 비율이 더욱 높아졌다. 이때가 되면 비로소 TK가 하나의 세력으로 영향력을 가질 수 있는 규모가 되었다고 말할 수 있을 것이다. 10·26 사건이 발생하던 시점에 TK는 전체 내각의 4분의 1 이상을 차지하고 있었다. 그런데 더욱 주목할 점은 TK 출신이 담당했던 내각에서의 직책이다.

〈자료 2〉에서 볼 수 있듯이, 1979년 박정희의 마지막 내각 구성원 중 5명이 TK 출신이었다. 이들은 경제부총리 신현확, 내무장관 구자춘, 외무장관 박동진, 법무장관 김치열, 그리고 총무처 장관 심의환이었다. 보직에서도 경제부총리, 내무, 외무, 법무 등 핵심 보직을 TK 세력이 장악했던 것이다. 더욱 중요한 사

자료2 1979년 10·26 당시 장관의 출신지

보직	이름	출신지
국무총리	최규하	강원 원주
경제부총리	신현확*	경북 칠곡
통일원	이용희	서울
외무	박동진*	대구
내무	구자춘*	경북 달성
재무	김원기	충남 당진
법무	김치열*	경북 달성
국방	노재현	경남 마산
문교	박찬현	부산
농수산	이희일	함남 신흥
상공	최각규	강원 강릉
동력자원	장예준	황해 봉산
건설	고재일	제주
보건사회	홍성철	황해 은율
교통	황인성	전북 무주
체신	이재설	서울
문공	김성진	황해 해주
총무	심의환*	경북 청송
과학기술	최종완	강원 강릉

무임소장관은 제외. * 표시는 TK 출신

자료3 역대 중앙정보부장과 출신지

기간	이름	출신지
1963.7~1969.10	김형욱	황해도 신천
1969.10~1970.12	김계원	경북 영주
1970.12~1973.12	이후락	경남 울산
1973.12~1976.12	신직수	충남 서천
1976.12~1979.10	김재규	경북 선산

실은 10·26 사건 이후의 국정 역시 이들에 의해 주도되어갔다는 점이다. 앞서 언급한 비상시국대책회의 참석자 9명 중 신현확 부총리, 박동진 외무장관, 구자춘 내무장관, 김치열 법무장관, 그리고 정승화 계엄사령관 등 5명이 TK 출신이었다. 신현확과 정승화를 중심으로 하는 TK 세력은 김종필을 매우 싫어했다. 이들은 비상시국대책회의를 통해 박정희 사후의 정국을 주도해갔다.

정승화의 경우에서 보듯이 박정희 재임 말기 TK의 약진은 비단 내각 각료에만 한정된 것이 아니었다. 〈자료3〉, 〈자료4〉, 〈자료5〉, 〈자료6〉에서 보듯이 박정희 통치 말기의 권력 실세들은 모두 TK 출신이었다. 경북 선산 출신인 김재규는 1976년 12월부터 막강한 권력의 중앙정보부장이 되었고, 경북 영주 출신인 김계원은 1978년 12월 개각 때 청와대 비서실장이 되었다. 9년 가까이 비서실장을 지낸 서울 출신 김정렴이 물러난 자리에 TK 출신 김계원을 임명한 것이다. 계엄사령관 정승화 역시 경북 김천 출신으로 1979년 2월 육군참모총장에 임명되었다. 유신 이후 정치적 영향력은 약화되었지만 민주공화당 당 의장 역시 경북 달성 출신의 박준규였다. 또한 10·26 사건 이후 결정적 역할을 담당하게 된 국군보안사령관은 경남 합천 출신이지만 대구에서 성장한 전두환이었다.

이처럼 10·26 사건이 발생하던 시점에 중앙정보부장, 청와대 비서실장, 육군참모총장, 보안사령관, 민주공화당 당 의장 등 핵심 보직을 공교롭게도 이른바 TK 출신이 모두 장악하고 있었다. 이와 함께, 앞에서 본 대로, 경제부총리 신현확, 내무장관 구자

자료4 박정희 시기 역대 청와대 비서실장과 출신지

기간	이름	출신지
1963.12~1969.10	이후락	경남 울산
1969.10~1978.12	김정렴	서울
1978.12~1979.10	김계원	경북 영주

자료5 박정희 시기 역대 육군참모총장과 출신지

기간	이름	출신지
1963.6~1965.3	민기식	충북 청원
1965.3~1966.9	김용배	서울
1966.9~1969.8	김계원	경북 영주
1969.9~1972.6	서종철	경남 양산
1972.6~1975.2	노재현	경남 마산
1975.3~1979.1	이세호	경기 개성
1979.2~1979.12	정승화	경북 김천

자료6 민주공화당 당 의장과 출신지

기간	이름	출신지
1963.5~1963.12	윤치영	서울
1963.12~1964.6	김종필	충남 부여
1964.6~1965.8	정구영	충북 옥천
1965.12~1968.5	김종필	충남 부여
1968.6~1970.12	윤치영	서울
1970.12~1972.7	백남억	경북 김천
1972.7~1973.3	정일권	함북 경원
1973.3~1979.2	이효상	대구
1979.2~1979.11	박준규	경북 달성

선출이 아니라 대통령에 의해 지명된 '당 의장 서리'도 포함

춘, 법무장관 김치열 등도 모두 TK였다. 박정희는 임기 말에 사실상 TK 출신에 의해 포위되었다고 할 만큼 권력의 핵심 지위에는 모두 대구-경북 출신 인사들로 채워져 있었다.

　흥미로운 점은 이러한 TK의 권력 집중이 1978년 말, 1979년 초 인사를 통해 더욱 강화되었다는 점이다. 정승화 육군참모총장이나 박준규 민주공화당 당 의장의 인선은 1979년 초에 이뤄졌고, 김계원 비서실장이나 내각의 개편은 1978년 말에 이뤄졌다. 전두환은 1979년 3월에 국군보안사령관으로 임명되었다. 즉, 10·26 시해 사건이 발생했던 시점에는 청와대, 군, 당, 정 모든 분야에 걸쳐 TK 세력이 권력을 사실상 '장악'하고 있었다고 말할 수 있을 만큼 강력한 세력으로 성장해 있었다. 하나의 정치세력으로 TK는 이렇게 만들어진 것이다. 김재규, 김계원은 10·26 사건을 통해 정치적으로 무력화되었지만, 박정희가 사라진 공간은 하나의 세력으로서 TK가 자리 잡게 된 것이다.

　이런 구조 위에서 최규하-신현확 체제가 만들어졌다. 어차피 관료 주도의 구조에서 대통령 권한대행인 최규하가 구심점이 될 수밖에 없었고, TK 주도의 상황에서 신현확의 정치적 존재감도 중요했다. 이들로 대표되는 유신 관료 집단은 박정희가 사라진 상황에서 유신체제를 유지하는 것이 불가능하다는 데에는 공감하고 있었다. 그들도 개헌을 통한 체제 전환의 필요성을 느끼고 있었다. 그러나 그러한 전환이 기존 체제에 위협이 되거나 기존 질서에 근본적 변화를 초래하는 수준으로까지 나아가는 것은 원하지 않았다. 이들은 자기들의 기존 이해관계와 기득권을 유지할 수 있는 방식으로의 체제 변화를 시도했다.

이 때문에 최규하-신현확 체제는 독자적인 개헌의 주도권을 갖고자 했다(이하 강원택 2018: 138-145). 1979년 12월 6일 통일주체국민회의에서 최규하가 대통령에 당선되었다. 최규하 정부는 유신체제에 대한 대안으로 이원정부제 개헌을 추진했다. 이 방식은 최규하와 신현확을 모두 만족시킬 수 있는 통치 형태였다. 외교 관료 출신인 최규하 대통령은 외교 등 대외 문제를 담당하고, 경제를 포함한 내치와 관련된 실질적 권력은 신현확 총리가 이끄는 TK 중심의 내각이 담당하는 것이었다.

그런데 사실 10·26 사건 이후 논의된 개헌의 방향은 유신 이전의 상태로 돌아가는 것이었다. 김종필, 김영삼, 김대중도 개헌은 당연하게 유신 이전의 제3공화국 헌법으로 돌아가는 것이라고 생각했다. 즉, 정부 형태는 직선 대통령제가 가장 우선시되는 대안이었다. 그런데 최규하 대통령이 정부 주도로 헌법 개정을 추진하고, 더욱이 이원정부제를 대안으로 고려한 것은 과도정부 수준을 넘어서는 다른 의도가 있음을 보여주는 것이었다.

최규하 대통령의 연설문을 보면 이들이 이원정부제 개헌을 염두에 두고 있음을 분명하게 확인할 수 있다. 최규하 대통령의 정치 일정과 헌법 개정에 대한 언급은 시간이 가면서 그 뉘앙스가 크게 달라진다. 10·26 직후 대통령 권한대행으로 최규하가 행한 특별 연설(1979.11.10)에서는 "새로 선출되는 대통령은 현행 헌법에 규정된 잔여 임기를 채우지 않고 현실적으로 가능한 빠른 기간 내에 각계각층의 의견을 광범위하게 들어 헌법을 개정하고, 그 헌법에 따라 선거를 실시해야 한다는 것입니다"(대통령 비서실 1980:42)라고 자신의 역할을 과도적인 것으로 분명하게 한정 짓고 있다. 그런데 한 달여 뒤 1979년 12월 21일 자신의 대통령 취임식 연설에서는 태도의 변화가 나타난다. 아래의 취임사에서는 국회의 개헌 논의와 무관하게 자신과 정부가 개헌을 주도할 의사가 있음을 시사하고 있다.

> 본인은 지난 11월 10일, 시국에 관한 특별 담화에서 헌법 개정을 포함한 정치적 발전 문제에 관하여 새로 선출되는 대통령은 현행 헌법에 규정된 잔여 임기를 채우지 않고, 현실적으로 가능한 빠른 기간 내에 각계각층의 의견을 광범하게 들어서, 헌법을 개정하고 그 헌법에 따라 선거를 실시해야 한다는 의견을 표명한 바 있습니다. …
> 한편, 본인은 헌법 제정 절차에 관하여도 이것이 어떤 정당이나 단체 등의 범주 안에서만 처리될 수 있다고는 생각하지 않으며, 또 어떤 이해관계자들 간의 편의적인 타협의 산물이 되어서도 바람직하지 못하다고 믿습니다. 현재, 국회를 위시하여 각계각층에서 헌법 문제에 관한 논의와 연구가 진행되고 있는 것을 알고 있습니다만, 훌륭한 구상과 방안이 나오기를 기대하여 마지않습니다. 국가의 최고 기본법을 제정함에 있어서, 본인은 중대한 책임을 지고 있기 때문에, 이미 천명한 바와 같이 정부로서도 앞으로 전국의, 각계각층의 의견을 광범위하게 들어가면서 적절한 시기에 구체적인 연구와 검토를 시작할 것입니다. … 여기서 한 가지 부언하

고 싶은 것은 현행 헌법의 시행에 있어 시대적 변천과 국민적 여망에 부응하는 운용의 필요성이 있다고 믿고 있으며, 적어도 본인은 앞으로 이러한 자세로 임할 방침임을 밝혀두고자 합니다(대통령비서실 1980 : 96).

최규하는 자신이 '잔여 임기를 채우지 않고' 헌법 개정 후 선거를 실시해야 한다는 의견에는 변함이 없다고 했다. 그런데 헌법 개정 절차에 대해 '어떤 정당이나 단체의 범주 안에서' 처리되어서는 안 되며 '국가 최고 기본법을 제정함에 있어서' 자신이 '중대한 책임을 지고 있기 때문에' 정부도 '각계각층의 의견을 광범위하게' 들어가며 1년 이내에 헌법을 마련하겠다고 밝혔다. 그 내용도 '시대적 변천과 국민적 여망에 부응하는 운용의 필요성'이 있어야 한다는 것이다. 한마디로, 과거 방식대로 따르지 않겠다는 것이다. 국회에서 헌법 개정 논의가 이뤄지고 있던 상황이었지만 최규하 대통령은 '정당이나 단체의 범주 안에서'가 아니라 정부가 직접 개헌에 나서겠다는 뜻을 밝힌 것이다. 또 다음과 같은 점을 지적했다.

8·15 해방 이후, 우리의 헌정사를 잠깐 회고해보건대, 국민 여러분이 잘 아시는 바와 같이, 여러 차례에 걸쳐 여러 가지 형태의 헌법을 제정, 또는 개정하여 시행하여왔습니다. 1952년 7월에는 1948년에 제정된 헌법에 따른 대통령 간선제를 직선제로 바꾸었으며, 4·19 후 1960년 6월에는 내각책임제의 헌법이 채택된 바 있

습니다. 이때 개정된 헌법은 당시의 정치적 사회적 불안도 있었고, 우리의 적응 능력도 미흡하여 이 제도의 기능이 충분히 발휘되지 못함으로써 정국의 불안정과 혼란이 거듭되고, 1년도 못 가서 결국 헌정의 중단을 초래하고 말았던 것입니다. 5·16 군사혁명 후, 1962년 12월에는 민정 이양을 위한 헌법 개정이 있었고, 1972년 12월에 현행 헌법이 채택되었습니다.
이 일련의 개헌을 거치는 동안, 우리는 한 번도 정부에 평화적인 이양을 실행하지 못하였으며, 또 경제적 사회적 성장과 정치적 성장 간에는 균형을 이루지 못하여 양자 간에 항상 괴리가 있었던 것입니다. 따라서 금후의 헌법 개정에 있어서는 이 같은 우리의 헌정사의 과오를 깊이 자성하고, 값비싼 경험을 치른 대가를 교훈으로 삼아, 국가적인 견지에서 장래에 후회를 남기지 않을, 또 지속성 있는 민주 발전의 기틀이 되는 그러한 내용이 되어야 할 것입니다 (대통령 비서실 1980:96).

과거의 헌정 경험을 언급하면서 최규하는 제1공화국의 대통령 직선제, 제2공화국의 내각제, 그리고 제3공화국 이후의 대통령제를 모두 '헌정사의 과오'이며 '값비싼 경험'이라고 평가했다. 최규하는 내각제나 대통령제처럼 과거에 경험한 형태가 아닌 새로운 제도적 대안을 고려하고 있음을 시사한 것이다.
이 이후 보다 구체적인 개헌의 방향에 대한 언급이 나타나기 시작한다. 1980년 1월 18일 연두 기자회견에서 최규하는 다음과 같이 말했다.

이번 헌법 개정에 있어서는 우리가 지난날의 과오를 되풀이하지 말아야 되겠습니다. 4·19 후 1960년 6월에 당시 이른바 정치적 바람에 휘말려서 서둘러 헌법을 개정하고 정부를 수립하였지만, 1년도 못 가서 정부는 붕괴되고 헌정의 중단을 초래하였던 것입니다. 우리는 이러한 비싼 대가를 치르고 얻은 경험을 살리고, 이를 값진 교훈으로 삼아서 후회 없는 헌법 개정을 해야 할 것으로 생각합니다. … 이러한 견지에서 정부는 이미 법제처 내에 헌법연구반을 구성해서 실무 수준에서의 학문적이며 실제적인 면에서의 연구와 검토에 착수했습니다. 이 연구반은 우리 헌정사를 면밀히 검토하는 한편 각국의 헌법도 장단점을 비교 연구하는 등 작업을 하게 될 것이라고 생각합니다. 이와 함께 본인은 국정의 기본에 관한 자문을 받기 위해 국정자문회의(가칭)를 오는 2월 중에 설치할 예정입니다. … 나로서도 앞서 말씀드린 헌법연구반의 작업이 진전되어감에 따라 3월 중순경까지는 대통령 직속하에 헌법개정심의위원회를 설치할 계획입니다. 이 헌법개정심의위원회는 정부와 각계각층의 대표 인사들이 참여하게 될 것입니다(대통령 비서실 1980: 119-120).

이 연설에서 흥미로운 점은 4·19 혁명 이후 마련된 헌법을 보다 분명한 어조로 비판하고 있다는 점이다. 최규하가 제2공화국 헌법을 비판한 것은 내각제에 대한 분명한 거부를 시사한 것이다. 이와 함께 이미 취임사에서 밝힌 대통령 주도의 헌법 개정 방식을 국정자문회의 설치, 헌법개정심의위원회 구성 등으로 보다 구체화하고 있다. 그런데 이 연두 기자회견에서는 주목할 만한 또 다른 언급을 찾아볼 수 있다. 다음 인용문은 대통령 중심제, 내각책임제, 또는 기타의 형태 가운데 어떤 것을 염두에 두고 있는지 묻는 기자에 대한 답변 일부이다.

내가 취임사에서 헌법 개정 문제에 대한 나의 소견을 몇 가지 피력한 것은 우리나라의 현실에 입각하여 국가를 유지하면서 발전을 추구해야 한다는 점을 강조하였던 것입니다. 그러기에 본인으로서는 국가의 계속성 유지와 안전보장, 정치권력의 남용과 부패의 방지, 극단적인 국론 분열과 사회 혼란 방지, 그리고 자유경제 체제의 유지 등 절실한 국가적 과제들과 관련해서 본인의 소견을 밝혔던 것입니다(대통령 비서실 1980 : 120-121).

여기서 주목할 표현은 '국가의 계속성'이다. 이 용어는 취임사에서 언급한 이래 그 이후 연설에서도 자주 등장한다.[3] 1980년 3월 14일의 헌법개정심의위원회 개회식 인사에서 최규하는 또 다른 의미심장한 발언을 했다.

이번 헌법 개정에서는 우리 헌정사의 명암 양면을 냉철히 반성하고 값비싼 대가를 치른 경험을 교훈으로 삼아, 지속성 있는 국가 발전의 토대를 마련해야 할 것이라는 전제 아래 첫째는 국가 계속성을 수호하고 국가의 보호를 확보할 수 있는 헌법이 되어야 한다는 것입니다. … 국가권력이 대통령에게 과중하게 집중된 정치제도하에서는, 대통령의 유고나 돌연한 궐위가 바로 국가적 위기에 직결되기 쉽고, 또 이로 인하여 파생되는 문제들이 국가의 계속성 유지에 중대한 영향을 미치게 한다는 점을 지적하지 않을 수 없습니다. … 우리들의 경험에 비춰볼 때 과열된 선거, 특히 대통령 선거는 정당, 간혹은 개인 간의 모든 것을 얻느냐, 아니면 잃느냐의 극단적인 대결과 경쟁을 필연적으로 수반한다고 해도 지나친 말은 아닐 것입니다. 또 이런 과열된 선거는 전 국민의 화합과 단결을 깨트림으로써 사회 혼란을 야기하고 나아가 국가의 안전에도 악영향을 끼칠 우려가 있는 것입니다. 솔직히 말하여 70년대 초에 있었던 대통령 선거의 부작용과 후유증이 우리 사회에서 최근까지도 완전히 가시지 않았다고 볼 수도 있을 것입니다(대통령 비서실 1980:162-163).

최규하는 흥미롭게도 "70년대 초에 있었던 대통령 선거의 부작용과 후유증"에 대해 말하고 있다. 1970년대 초의 대통령 선거는 물론 박정희와 김대중이 맞붙은 1971년 대통령 선거를 말하는 것이다. 그 이후에는 유신 선포로 대통령 선거라고 할 만한 것이 없었다. 1980년 3월에 행한 헌법개정심의위원회 개회 연설에서 최규하가 1970년대 초에 있었던 대통령 선거의 후유증을 말하는 것은 의미심장하다. 또한 "국가권력이 대통령에게 과도하게 집중된 정치제도" 역시 비판했다. 최규하는 대통령제로의 개헌도 원하지 않았던 것이다.

앞의 인용에서 본 대로, 최규하는 내각제도 비판했다. 결국 최규하는 내각제뿐만 아니라 대통령제에 대해서도 부정적인 입장을 분명히 했다. 대신 최규하는 "국가의 계속성 유지"를 여러 차례 강조하고 있다. 여기서 최규하가 의도했던 것은 대외적으로 국가를 대표하며 체제 지속의 상징이 될 국가원수로서의 대통령과, 일상적 정책 집행의 책임을 맡는 행정수반으로서의 총리를 구분하는, 이원정부제였다고 볼 수 있다. 그리고 이는 앞에서 지적한 대로, 최규하-신현확 체제에 꼭 알맞은 권력의 배분 체제이기도 했다. 김영삼, 김대중 모두 이러한 최규하-신현확 체제의 구상에 대해 우려했다.

11월 중순쯤에는 일각에서 '이원집정부제' 구상이 모락모락 피어났다. 누가 군불을 지피는지 알 수 없었다. 대통령이 외교와 국방 분야를 맡고, 국회에서 선출한 국무총리가 경제와 치안 등 내정을 전담한다는 내용이었다. 최 대통령 주변에서는 그를 정식 대통령으로 다시 뽑자는 움직임도 감지되었다. 이런 대통령의 우유부단한 처신과 욕심, 그리고 정치권의 낙관적인 움직임이 결국 훗날 불행을 불러왔다(김대중 2010a : 392).

최규하가 정치적 욕심을 부리는 모습도 보였다. 1980년 연두 기자회견에서 "개헌은 대통령이 발의, 국민투표에 붙인다"고 천명했던 최규하는 그 후 말을 바꾸어나갔다. 3월 13일 정부의 헌법개정심의위원회를 발족시킨 그는 다음 날에는 "새 헌법의 정부 형태로는 대통령 중심제와 의원내각제의 절충 형태가 바람직하다"는 견해를 시사하는가 하면, "나는 여야 정당이 개헌을 주도할 수는 없다고 본다"는 말을 하기도 했다(김영삼 2000b : 177).

전두환 역시 비슷한 점을 지적했다.

내가 내 나름의 직관력에 의지해서 얘기하자면 최 대통령은 학원 소요가 걷잡을 수 없이 악화되기 전까지인 최소한 4월까지는 이원집정부제 등 절충형 개헌이 이루어질 경우 자신이 외교, 안보를 맡는 새 공화국의 대통령이 되고자 하는 의지가 있었다고 나는 생각한다. 최 대통령이 재임 중 여러 차례의 성명 등을 통해 자신의 역사적 사명으로 가장 첫 대목에 내세운 것이 '국가의 계속성 견지'였다. 대통령이 시해되는 정변(政變)을 겪고 나서 새로 출범하는 정부의 국가적 계속성이 유지되고 있다는 사실을 보여줄 수 있는 인물로는 그 당시 집권을 노리던 3김씨들보다는 최 대통령 자신이 더 낫다고 판단했음직한 것이다. 또한 외교, 안보를 맡게 될 이원집정부제하의 대통령으로서는 외교 무대에서 성장해온 그 어른이 3김씨들보다는 적임자일 수도 있다. 경제 등 내정을 책임질 국무총리로는 최 대통령이 신임하는 신현확 총리가 있었다(전두환 2017a: 589).

이처럼 유신 관료들은 최규하, 신현확의 권력 분점을 통해 기존 체제를 외양만 손질하여 유지하고자 했다. 그런데 점차 최규하, 신현확 간 입장의 차이가 나타나기 시작했다. 정부 주도 개헌을 통해 권력을 공유하고자 했던 최규하-신현확 체제에 갈등이 생겨났다. 최규하가 대통령이었지만 실제로 당시 정국을 이끌어나가는 주도적 힘은 TK 세력을 대표했던 신현확에게 놓여 있었다고 할 수 있다. 신현확도 최규하가 필요했지만, 최규하는 신현확의 힘의 기반 위에서만 움직일 수 있었다. 실제로 신현확 주변에서는 최규하-신현확 체제를 폐기하고 신현확을 중심으로 새로운 정치 질서를 만들자는 주장도 제기되었다.

> 신현확[4]과 의논하면 매사가 쉽게 풀리니 장관들은 죄다 총리에게만 달려왔다. 대통령이 해야 할 일을 신현확이 대신한 것이다. 이러다 보니 정부 내에서 '모든 일을 신 총리가 한다'는 소문이 도는 것도 무리는 아니었다. 문제는 그 소문이 '신 총리가 틀림없이 실권 잡는다', '신 총리가 지금 전부 독재하고 있다'로 바뀌어갔다는 것이다. 몇몇 장관들은 말했다. "이럴 바에는 차라리 총리님이 맡으십시오. 헌법 개정과 문민 이양을 해내면 될 것 아닙니까?" 최규하 과도정부가 시국을 안정시키지 못하니 하야시키고 신현확 체제를 세우자는 논의가 다시 나온 것이다. 이번에는 신현확도 고뇌하지 않을 수 없었다(신철식 2017: 321-323).

이 인용문에서는 신현확 체제 옹립의 논의가 '다시' 나왔다고 말하고 있다. TK를 중심으로 한 신현확 주도 체제 확립에 대한 논의가 이미 오래되었음을 말해주는 것이다. TK를 중심으로 한 "친여 신당설이 나돌면서 '신당(新黨)'은 '신당(申黨)'이라는 얘기가 나온 것"(전두환 2017a: 589) 역시 신현확을 중심으로 한 새로운 정치 질서에 대한 구상이 있었음을 시사한다. 노태우 역시 신현확의 정치력을 높게 평가했다.

역사에 가정은 없다지만, 만일 신현확 당시 국무총리 같은 분이 대통령으로 있었다면 상황은 달라졌을 것이다. 군부가 나서지도 않고 나설 수도 없었을 것이다. 그분은 최 대통령의 단점을 보완하고도 남을 만큼의 능력과 결단력을 갖춘 인물이라고 나는 믿고 있다(노태우 2011:248-249).

이런 반응이나 움직임은 최규하에게는 결코 달갑지 않은 상황이었다. 최규하는 신현확이 TK 출신 주요 각료들과 함께 정국을 주도하는 것에 대해 불편함과 우려가 있었던 것으로 보인다. 그러나 최규하나 신현확 모두 독자적인 힘은 갖지 못했다. 대중적 지지 기반을 갖지 못한 최규하나 신현확 모두 애당초부터 권력의 기반이 안정적이었다고 보기는 어려운 상황이었다. 그동안 그 체제가 유지되었던 것은 구체제에서 충원된 궁정 내부의 통치 엘리트 간의 담합과 협력 때문이었다. 원하든 그렇지 않든 두 사람은 한배를 타고 있었다. 최규하는 대통령이었지만 정책 주도 역량도, 정치력도 갖추지 못했고, 신현확은 그런 역량을 가졌더라도 여전한 유신체제의 대통령이 임명한 총리였다. 신현확은 최규하라는 명분이 필요했고, 최규하는 신현확이라는 실리가 필요했다. 이러한 협력 관계를 제도화하려 했던 것이 이원정부제 개헌이었다. 무엇보다 불확실함으로 가득한 정국 속에서 두 사람은 함께 갈 수밖에 없는 처지였다.

김종필과 민주공화당

10·26 사건으로 권력의 공백이 생겨났을 때 유신 이전이었다면, 혹은 정당 정치가 제대로 작동하고 있었다면 권력의 승계와 관련해서는 그 누구보다도 김종필이 주목을 받았을 것이다. 김종필은 5·16 군사쿠데타의 기획자였고 제3공화국 정치 시스템의 핵심 설계자였다. 쿠데타가 성공한 직후 중앙정보부를 신설했고, 민주공화당의 창당을 주도했으며, 정당법 제정 등 정당을 통한 민정 이양 후 '혁명 세력'의 통치를 구상했던 인물이었다. 그는 제3공화국 내내 '2인자'의 지위를 유지했다. 앞서 언급한 대로, 1969년 3선 개헌 과정에서 권오병 문교부장관 해임건의안을 가결시킨 '4·8 항명'으로 친김종필 세력이 크게 약화되었다. 뒤이어 김성곤, 길재호, 김진만, 백남억 등 이른바 반김종필 '4인방'이 당을 이끌어가면서 김종필은 더욱 견제받았다. 그렇지만 김종필은 여전히 박정희를 뒤이을 잠재적 2인자로 남아 있었다.

그러나 유신체제가 수립되면서부터 김종필은 권력에서 사실상 완전히 배제되었다. 앞서 언급한 대로, 국무총리였지만 정책 결정 과정에 완전히 배제되어 있었다. 국무총리로 재임 중이었지만 김종필은 유신체제의 수립도 제대로 알지 못했다.[5]

10·26 사건 이후의 상황에서 가장 시급하고 중요한 일은 유고가 된 대통령 자리를 누군가 이어받는 것이었다. 유신헌법에서는 "대통령이 궐위되거나 사고로 인하여 직무를 수행할 수 없을 때에는 국무총리, 법률에 정한 국무위원의 순위로 그 권한을 대행"(48조)하도록 규정했지만, "대통령이 궐위된 때에는 통일주체국민회의는 3월 이내에 후임자를 선거"하도록 했다(45조 2항).[6] 최규하가 대통령 대행이 된다고 해도 1980년 1월까지는 후임 대통령을 선출해야만 했다. 유신헌법은 통일주체국민회의에서 토론 없이 대통령을 선출하도록 규정했다. 만약 김종필이 출마했다면 설사 최규하가 출마를 원했다고 하더라도 인지도나 영향력에서 앞서는 김종필의 당선이 유력했을 것이다. 통일주체국민회의를 통한 집권은, 향후 민주적 질서로 나아가는 과도정부라고 하더라도, 정치 일정이나 전개 방식을 김종필이 주도할 수 있는 매우 유리한 환경을 마련해주었을 것이다. 그리고 박정희 체제가 구축해놓은 막강한 관료제와 공안 기구, 그리고 다양한 국가 자원을 활용할 수 있는 기회를 가질 수 있었을 것이다. 여건이 되었다면 김종필은 무조건 출마했을 것이다. 실제로 민주공화당은 11월 15일 야간 중앙집행위원회와 당무회의를 열고 김종필을 통일주체국민회의가 선출하는 대통령 선거에 후보로

추대하는 결의를 했다.

그러나 김종필은 출마할 수 없었다. 외형상 김종필의 불출마는 본인 스스로 당의 권고를 거절했기 때문이다(한용원 1993: 365). 김종필은 "정당의 배경을 가진 사람이 과도정부의 대통령을 맡는 것은 객관성을 잃게 될 우려가 있다. 그럴 경우 여야 간 피투성이 싸움이 예상되고 국민의 인식도 좋지 않을 것"이기 때문에 대선 후보를 내지 말아야 한다고 자신의 회고록에서 밝혔다(김종필 2016b:62). 하지만 그 이전의 인터뷰에서는 그 당시 출마하지 못한 데 대한 아쉬움을 느낄 수 있다.

> 나는 80년에 국민들에게 당당하게 심판 받으라구 했습니다. 공화당에서 통대에서 선출되는 대통령 선거에 입후보하라고 했지만 난 처음부터 그런 생각이 없었습니다. 60년대와 70년대의 영도자가 세상을 떠난 다음에 이제 80년대에는 국민들에게 그들이 원하는 선택의 기회를 줘야 옳다고 생각한 겁니다. 그래서 어떤 사람들은 내가 잘못했다고 하지만 난 지금도 후회하지 않습니다. 유신헌법 가지고 뭘 한 것보다는 차라리 이렇게 된 게 훨씬 마음 편하지요(오효진 1987:319).

또 다른 인터뷰에서는 "박정희 대통령 서거 이후 온 국민이 차분하게 질서와 안정을 유지하는 가운데 하나의 국민적 합의가 이루어"졌기 때문에 "우리는 이러한 국민적 합의를 깨서는 안 된다"고 불출마의 변을 밝혔다(조갑제 1987:196). 이처럼 각 자료에서 나타나는 그 당시 출마하지 못한 이유에 대한 김종필의 변명은 일관성을 갖고 있지 않다.

그렇다면 왜 김종필은 통일주체국민회의를 통한 대통령 당선이라는 손쉬운 방식으로 권력 장악을 하지 못했을까? 그 까닭은 당시 정치적 실권을 갖고 있던 이들이 김종필의 등장을 달가워하지 않았기 때문이다. 아래의 인용문은 이와 관련하여 당시 상황에 대한 흥미로운 사실을 알려준다.

당시 당무위원이었던 김창근(金昌槿, 민추협 상임운영위원)은 이렇게 말한다. "나는 당무회의에서도 김 총재의 대통령 출마에 반대했었습니다. 지금부터는 페어플레이를 해야 한다는 국민적 합의가 이뤄져 있는데 여당의 프리미엄을 업고 대권을 가로챈다는 것은 명분론에도 어긋나는 일이었고, 무엇보다도 당시의 역학관계에서 될 일이 아니었습니다. 박 대통령의 서거 뒤 행정부와 군을 이끄는 사람들은 박 대통령의 친위 세력으로 볼 만한 이들이었고, 이들은 대체로 김종필 씨에 대해서 좋은 생각을 갖고 있지 않았습니다. 행정력과 물리력, 즉 현실적인 권력을 잡고 있는 이들이 김종필 씨를 따라올 리가 만무했습니다. 그런 상황에서 김 총재가 무리하게 일을 진행시켰다면 오히려 그때 당했을지도 모릅니다. 김 씨가 총재로 선출된 날 어느 장관이 저에게 전화를 걸어 '왜 그렇게 서두느냐'고 불만을 토로할 정도였으니 대통령 출마를 양해할 리가 있었겠습니까?"

정승화 계엄사령관도 공화당의 김 총재 대통령 후보 추대 결정에 불만을 표시했으며, 이 뜻이 김 총재 쪽에 전달되었다는 얘기도 있었다. 시국대책회의에서 유신헌법 개정 방침을 시국 담화문으로 발표하기 전에 이미 최규하 대행을 통대의 보궐선거에 추대한다는 묵계가 있었으므로 이것을 뒤엎은 공화당의 결정이 현실적으로 성공할 리가 없었던 것이다(조갑제 1987b: 196-197).

위의 인용문에 따르면, 박정희 사후에 남은 핵심 세력, 즉 관료와 군을 주도했던 박 대통령의 '친위 세력'들이 김종필에 대해 호감을 갖지 않았다는 것이다. 당시 정치적 '역학관계'에서 김종필은 열세였으며, '무리하게 일을 진행시켰다면 오히려 그때 당했을지도' 모르는 상황이었다. 당시 계엄사령관이었던 정승화 역시 김종필의 출마에 대해 적대적 태도를 취했다. 다음은 정승화의 인터뷰 내용이다.

15일 아침 시국대책회의가 있어 갔더니 신현확 부총리, 구자춘 내무, 김치열 법무장관 등이 낭패한 표정으로 앉아 이야기를 하고 있습디다. 공화당에서, 특히 오치성 씨 같은 사람들이 주동이 돼 가지고 김종필 총재를 대통령 후보로 밀기로 했다는 거예요. 이쪽에선 최 대행을 추대하기로 결정해놓았거든요. 저는 이렇게 돼선 안 되겠다고 생각하여 사무실로 돌아와 평소부터 잘 아는 길전식 공화당 전 사무총장을 전화로 불러내 물어보았지요. 길 의원은, 김 총재가 내일 대통령 출마 권고를 거절하기로 되어 있다고 말하더군요. 당에서는 그런 결의를 하고 총재는 이를 거절하여, 일종의 정치적 쇼로써 김 총재의 이미지를 높이려는 것 같았습니다. 저는 그런다고 해놓고 대통령 후보로 등록하면 큰일 나오,라고 했더니 길 의원은, 안심하라고 말하더군요. 이것 이상의 압력은 없었습니다(조갑제 1988:130).

15일이면 그날 저녁 민주공화당에서 김종필을 대통령 후보로 추대하는 결의를 하기로 한 날이다. 이 인터뷰에서 정승화는 "이렇게 돼선 안 되겠다고 생각"했고 "대통령 후보로 등록하면 큰일"날 것이라고 말했다. 정승화는 국무위원들의 부탁을 받고, 공화당이 김종필 총재를 통일주체국민회의에 대통령 후보로 내보려는 움직임을 보이는 데 대하여 반대 의사를 전달하는 '정치적 행동'을 보였다(조갑제 2005:64). 김종필에 대한 정승화의 분명한 거부감이 확인된다. 현직 계엄사령관의 반대 의사 표명은 김종필에게 상당한 부담이 되었을 것이다. 정승화뿐만 아니라 군부 내 여론도 김종필에게 부정적이었다. 이만섭(2004:249-250)의 회고이다.

국회에서 공화당사로 나서는데, 신(현확) 부총리가 내게 이런 말을 하는 것이었다. "이 의원, 절대로 김종필 씨가 통일주체국민회의 대통령 후보로 출마하지 않도록 얘기 좀 전해주시오. 왜냐하면 지금 군에서 심하게 반대하고 있소." … 그 후 신 부총리는 김종필 씨에게 그 얘기를 했다고 들었다. 사실 군에서는 김종필 씨를 부패한 정치인의 한 사람으로 보고 있어 나중에 직선 대통령으로 나오는 것조차 반대했다는 것이다. 그러한 군의 시각은 노재현 국방장관이나 정승화 육군참모총장 등 지휘부는 물론, 전두환, 노태우 등 육사 11기들도 마찬가지였다고 훗날 다른 여러 채널을 통해 들은 바 있다.

김종필은 자신에 대한 군부의 거부감을 알고 있었다.

박정희 대통령의 뒤를 이을 새 대통령을 선출하는 문제가 나라의 현안이었다. 당내 상당수 의견은 내가 후보로 나서야 한다는 것이었다. 하지만 나는 유신 대통령을 할 생각이 손톱만큼도 없었다. 그때 정치의 배후에서 실권을 행사하고 있던 군부도 나를 경계했다(김종필 2016b:61).

당시 미국대사관이 국무부에 보낸 전문에서도 군부 지도자들이 김종필의 출마를 반대하고 있었던 사실이 확인된다. 최규하 대통령 대행, 내각, 그리고 군이 최규하를 통일주체국민회의에서 대통령으로 선출하려는 계획을 갖고 있었고 김종필의 정치적 부상을 불편하게 생각했으며, 그런 움직임에 대해 군이 '다소 화가 났다(mildly angry)'고 적었다.[7] 전두환 역시 비슷한 점을 지적하고 있다.

정승화는 검찰 진술에서 스스로 밝혔듯이. … 통일주체국민회의에서 선출하는 대통령 선거에 김종필 민주공화당 총재가 출마하지 못하도록 공작하고, 그 대신 정치적 영향력이 미약한 최규하 대통령 권한대행을 밀었다(전두환 2017a : 256).

글라이스틴 미국대사의 회고록에도 김종필의 태도와 그에 대한 군부의 거부감이 확인된다.

어쩌면 박정희를 승계할 가장 강력한 후보였던 김종필이 최규하에 대항해 과도 대통령에 입후보하겠다고 위협해 찬물을 끼얹었다. 그는 이미 국회의 여당을 장악해 유신헌법에서 대통령으로 선출되면 개정 헌법에서도 대통령으로 다시 선출될 수 있는 유리한 고지를 점령할 수 있었다. 최 대통령을 에워싸고 있던 집단지도체제, 특히 군 고위층은 김종필이 그런 식으로 권력을 쟁취하는 것에 반대했고 그의 출마 결심을 철회시켰다. 12월 6일 최규하는 대통령으로 선출됐지만, 김종필은 최 대통령의 개혁 계획에 큰 부담으로 남아 있었다(Gleysteen 1999 : 112).

이처럼 김종필에 대한 거부감은 일차적으로 정승화 등 당시 군부에서 찾을 수 있다. 김종필이 군부와 멀어지게 된 것은 박정희 체제의 '제2인자'가 겪어야 하는 견제와 감시 때문이었을 것이다. 김종필 역시 "나는 공직 생활 중 군부와는 거리를 뒀다. 내가 군에 개입하는 것을 가장 싫어하고 경계한 사람이 바로 박정희 대통령이었다. 내가 군에 접근해서 너무 가까이 지내는 것은 아닌지 늘 신경을 썼다. 그런 오해를 사고 싶지 않아서 나 스스로 군을 멀리한 것이다"(김종필 2016b: 73-75).

군부의 거부감도 컸지만, 보다 직접적인 견제는 신현확 부총리로부터 왔다. 앞서 언급한 대로, 당시 주요 현안은 10·26 사건 이후 거의 매일 열리는 비상시국대책회의에서 논의되고 있었다. 앞서 언급한 대로, 최규하 대통령 권한대행, 신현확 부총리, 정승화 계엄사령관 및 외무, 내무, 법무, 국방, 문공장관과 합참의장이 그 대책회의의 구성원이었다. 비상시국대책회의에서는 대통령 권한대행 체제 대신 후임 대통령을 선출하기로 결정했다. 유신헌법에 따라 통일주체국민회의에서 대통령을 선출하지만, 그 대통령이 잔여 임기를 채우지 않고 새로 제정되는 헌법에 따라 선출되는 대통령에게 정부를 이양하도록 한다는 것이었다. 대통령 후보로는 최규하 권한대행을 내세우기로 했다. 그러나 최규하는 자신의 출마 제안에 강력히 반대했고 여러 차례 고사했지만,[8] 결국에는 이들에게 떠밀려 대통령 출마를 받아들였다(신철식 2017: 305-307). 이와 함께 신현확은 김종필의 출마를 막기 위해 직접 김종필을 만났다고 기록하고 있다(신철식 2017: 307-308).

(신현확)은 김종필 고문과 담판을 짓기 위해 단둘이 만났다.
"헌법을 고쳐 3김에게 공정한 기회를 보장하겠소. 공정하게 선거해서 이기면 되는 것 아니오?"
"지금 나가면 얼마든지 이길 수 있는데 내가 왜 기득권을 포기합니까? 일단 잡고 보자는 거예요. 내가 잡고 공화당이 재집권하면

부총리께서 펴고 싶은 정책 다 하게 해드릴 텐데 왜 그러십니까?
… 아니 부총리께서도 공화당원이신데 인간적으로 저를 밀어주셔야 되는 거 아닙니까?"
… 그러나 아무리 장시간 이야기해도 이견을 좁힐 수가 없었다.
"부총리께서 아무리 말리셔도 소용없습니다. 나는 내 마음대로 출마하겠습니다."
"김 고문이 마음대로 할 것 같으면 좋소! 나도 도리 없소! 국가 관리를 책임지고 있는 입장에서 나도 내 할 대로 하겠소."
"내 할 대로 하겠다는 것은 무슨 뜻입니까?"
"무슨 뜻인지는 두고 보시오. 내가 할 수 있는 일이 어디까진지 나도 해봐야 그 끝을 알지 않겠소?"

신현확의 증언대로라면 김종필은 출마를 고집했던 것이다. 그러나 이후 신현확은 박준규 당시 공화당 의장 서리를 김종필에게 보내 '시국 수습안에 합의해주면', 즉 통일주체국민회의에서의 대통령 선거 출마를 포기한다면, 총재 대행인 당 의장의 자리를 내놓겠다고 제안했다. 그리고 최종적으로 김종필이 이 제안을 받아들여 최규하가 12월 6일 통일주체국민회의에서 대통령으로 당선되었다고 설명하고 있다(신철식 2017:309). 최규하 대통령 출마를 둘러싸고 신현확과 김종필이 만난 사실은 다른 자료에서는 확인되지 않고 있다. 앞서 인용한 대로, "신(현확) 부총리는 김종필 씨에게 그 얘기를 했다고 들었다"는 이만섭(2004:249-250)의 간접 증언만을 찾아볼 수 있다. 김종필 역시 그 사실에 대해 언급을 하지 않았다. 하지만 최소한 신현확이 김종필의 대통령 출마에 대단히 부정적인 입장이었다는 점만은 분명해 보인다.

그런데 느닷없이 공화당의 김종필 고문이 대통령에 출마한다는 소문이 들렸다. 우려했던 사태가 벌어진 것이다. 유신 정치의 대표라 할 김 고문이 출마한다면 비상시국대책회의가 기껏 만들어놓은 시국수습안의 핵심 정신도 무너지고, 유신 정치 철폐를 바라는 국민들도 납득하지 못하고 나라에 혼란만 초래할 것이 분명했다(신철식 2017:307).

신현확은 유신체제하에서 철저히 소외되었던 김종필을 "유신 정치의 대표"라고 불렀다. 일반인이라면 그렇게 부를 수도 있었겠지만, 신현확은 유신체제의 핵심 관료 중 하나였다. 이 인용문은 그가 김종필을 얼마나 불편하게 생각했는지 잘 보여준다.

이처럼 김종필은 자의가 아니라 타의에 의해 출마를 하지 못했다.[9] 특히나 김종필의 집권은 그를 배제하면서 유신체제에서 확립된 기득권층에게는 위협적일 수밖에 없었다. 이 때문에 박정희의 죽음으로 권력의 공백이 생겨났을 때 오랫동안 박정희 체제의 '2인자'였던 김종필은 더 이상 그 이름만큼의 힘을 가질 수 없었다. 내각은 앞서 본 대로, 신현확을 중심으로 하는 TK가 주도했다. 신현확은 김종필을 용납하기 어려웠다. 김종필의 정치적 영향력이 커진다는 것은 그만큼 TK를 중심으로 하는 비상시국대책회의 그룹의 영향력 약화를 의미했다. 김종필 역시 그런 점을 인식하고 있었다.

TK 그룹은 박정희 대통령 생전에 그의 친위부대 역할을 자임했다. 그들은 나를 끊임없이 견제했고, 내가 총재나 대통령이 되면 자기들 기득권이 무너질 것이라고 지레 짐작했다. TK 세력 중 일부는 같은 대구 경북 출신인 신현확 경제부총리와 연계해 정국을 자기들이 주도해보겠다는 엉뚱한 발상을 하기도 했다(김종필 2016b : 63).

박정희 사후 TK 세력은 김종필을 누르고 최규하를 대통령으로 내세워 그 이후의 정국 전개에서 주도권을 행사하게 되었다. 김종필은 정승화의 구군부뿐만 아니라 전두환의 신군부 안에서도 우호적인 세력을 발견할 수가 없었다. 전두환 그룹은 김종필을 '부패한 정치인'으로 생각했다. 1980년 1월 하순경 최영희 전 유정회 의장이 김종필을 밀어주도록 설득하기 위해 전두환을 만났다. 박정희 대통령 시절 육군참모총장을 지낸 최영희는 전두환, 이순자의 결혼식 주례였다. 전두환의 장인 이규동의 부탁으로 주례를 섰다(김충식 2022a : 92).

"계엄 당국이 이렇게 시국을 끌고 가서는 안 된다. 빨리 가닥을 잡고 수습해야 하는데 유일한 대안이 김종필이다. 공화당 기반과 행정부, 군부가 김종필을 도와주면 아무리 야세(野勢)가 강해도 이

길 수 있다. 전 사령관이 나서서 김종필을 밀어달라"고 했더니 전 장군은 "국민들이 김종필을 그렇게 평가하지 않습니다. 부패 비리 등 흠이 많아요. 김종필뿐만 아니라 3김씨 모두 안 됩니다"라고 3김 불가론을 펴, "그렇다면 군이 택할 길은 두 가지뿐이지 않은가. 3김씨가 아닌 다른 누구를 옹립하든지 아니면 직접 나서든지 해야 하는데 어느 쪽인가. 당신이 직접 나서겠는가"라고 되물었더니, 전 장군이 "그래서 고민입니다. 여러 가지를 놓고 생각 중입니다"라고 대답해 직감적으로 전 장군의 집권욕을 읽었다(조선일보사 1999 : 168).

이때는 시기적으로 12·12 사태 이후로서 전두환의 권력에 대한 욕심이 생겨났을 무렵이다. 그렇다고 해도 김종필에 대한 전두환의 평가는 매우 부정적이다. 실제로 5·17 계엄 확대 이후 김종필은 부패 정치인으로 연행되었다.

한편, 위의 인용문은 12·12 사태 이후에도 김종필조차도 전두환의 집권욕을 제대로 읽고 있지 못했다는 사실을 보여준다. 최영희를 보내 전두환에게 의사를 타진하고 그 반응을 본 후에야 김종필은 '봄이 왔지만 봄 같지 않다(春來不似春)'라고 말했다(김충식 2022a : 91-92). 김종필은 1988년 봄에 이렇게 회고한 바 있다.

야권에서는 봄이 온 것처럼 여겼지만 그게 아니었습니다. 내가 그때 '춘래불사춘(春來不似春)'이란 말을 한 것도 이런 것(5·17 조치)를 예상해 했던 것입니다. 1980년 2월 25일 인촌기념관에서 김영삼, 김대중 씨를 만났을 때 '엉뚱한 힘에 의해 다 결딴난다'고 경고했습니다만 흘려듣더군요. 당할 줄 뻔히 알면서도 어쩔 수 없었어요. 힘이 없었으니…(조갑제 2005:149).

김종필은 유신체제를 거치면서 힘을 잃었다. 그사이 생겨난 새로운 힘이 김종필을 대신했고, 박정희 체제가 몰락하자 그 힘이 김종필을 밀어냈다.[10]

야당: 김영삼과 김대중

　박정희 체제의 몰락은 그동안 정치적 반대자로 억압을 받았던 김영삼, 김대중에게 정치적 희망으로 다가왔다. 그런데 야당 지도자였던 김영삼과 김대중은 유신체제가 몰락한 상황에서 과연 권력을 잡을 수 있었을까? 유신은 야당의 주도에 의한 대중의 저항에 의해 무너진 것이 아니었다. 이 때문에 박정희의 죽음에도 불구하고 유신체제를 지탱해온 구조와 시스템은 약화되거나 훼손되지 않은 온전한 상태 그대로였다. 김영삼, 김대중에 대한 거부감은 박정희만 가졌던 것이 아니라, 유신체제를 지탱해온 집권 세력 모두가 공유하고 있던 감정이었다. 더욱이 이들 중 누군가로의 정권교체는 기존 집권 세력의 기득권 상실로 이어지게 되는 것이었다. 박정희가 사라졌다고 해서 야당으로의 권력 교체가 자연스럽게 이뤄질 수 있는 상황은 아니었다.

　10·26 사건 이후 계엄령하에서 발생한 재야가 주도한 사실상 유일한 저항은 YWCA 위장 결혼식 사건이었다. 1979년 11월

24일 함석헌, 김병걸, 양순직, 백기완 등 재야 세력은 서울 명동의 YWCA 강당에서 결혼식을 위장한 모임을 갖고 통일주체국민회의를 통한 대통령 보궐선거 반대, 거국민주내각 구성 등을 촉구하는 정치 집회를 가졌다. 군부는 이들 재야인사들을 연행해서 고문하는 등 가혹하게 다뤘다. 정승화 계엄사령관이라고 해서 '기존 체제에 도전'하는 행동을 너그러이 용인했던 것은 아니었다.

또 한 가지 생각해봐야 할 점은 10·26 사건 이후 일반 국민은 얼마나 강하게 민주화를 원했을까 하는 점이다. 특히 야당으로의 정권교체를 얼마나 원했을까? 사실 10·26 사건까지 정국이 숨 가쁘게 이어져오는 데에는 김영삼 신민당 총재의 역할이 컸다. 1979년 5월 신민당 전당대회에서 선명 야당을 외친 김영삼이 예상 밖으로 이철승을 누르고 신민당 총재가 된 후, 정국의 긴장이 고조되어갔다. 8월에는 가발 수출업체인 YH무역의 여공들이 체불 임금 문제의 해결을 위해 신민당사에 진입해 농성을 했고 경찰은 야당 당사까지 진입해 이들을 강제해산시켰다. 그리고 박정희 정권은 당수 경선 과정의 문제점을 들어 김영삼의 총재직 정지 가처분 결정을 법원이 내리도록 했다. 10월에는 미국 『뉴욕타임스』와의 회견을 통해 김영삼은 "카터 행정부에 박정희 대통령이 이끄는 소수 독재 정권(minority dictatorial regime)에 대한 지지를 끝내라고 요구"했다.[11] 이에 대해 여권은 "김영삼 의원이 『뉴욕타임스』 회견 등으로 국헌을 위배하고 국회의원의 직분과 책무를 망각하고 국회 위신을 손상시키는 언동을 감행"(『동아일보』, 1979. 10. 4)했다는 이유로 현직 야당 총재인 김영삼의 의원직 제명을 강행했다. 그 후 두 주가 채 지나지 않은 10월 16일 부산에서 시위가 발생했고 19일에는 마산으로까지 시위가 확산되었다. 부마항쟁이 시작된 것이다. 김영삼의 정치적 기반이었던 부산과 마산에서의 시위는 총재직 직무 정지, 의원직 제명과 같은 그에 대한 정치적 탄압과 관련이 있었다. 김영삼의 야당 총재 당선부터 부마항쟁에 대한 정권의 대응은 김재규-차지철 간의 갈등을 더욱 격화시켰고 결과적으로는 10·26 사건을 촉발하는 한 요인이 되었다.

그런 점에서 김영삼이 10·26을 통한 정치적 변화를 이끈 역할을 강조하면서 자신이 새로운 정치 질서를 이끌어갈 적격자라고 이야기하는 것은 나름대로 일리가 있는 것이었다. 하지만 유신체제의 몰락은 김영삼이 주도한 대중적 저항의 결과가 아니었다. 앞서 지적한 대로, 유신체제는 내부에서의 폭발을 통해 무너져 내렸지만, 유신체제를 지탱해온 기존 질서와 세력은 별다른 영향을 받지 않은 채 유지되고 있었다. 기존 체제하에서 기득권을 누려온 관료, 군부 등 주요 세력들로서는, 김종필조차 거부하는 마당에, 야당 지도자에게로의 정권 교체를 원하지 않았다.

군부는, 김대중은 말할 것도 없고, 김영삼에 대해서 부정적 인식을 갖고 있었다. 당시 한미연합사령관이었던 위컴의 회고록에서는 김영삼에 대한 군부의 인식을 보여주고 있다.

김영삼 총재는 군부로부터 심각한 도전을 받고 있는 상태였다. 노(재현) 국방장관에 따르면 김 총재는 '한국전 당시 징병 기피자이며, 지난 몇 년간 경솔하고 무책임한 발언을 남발했고, 잔재주에 능한 인물'이란 평을 받고 있다고 했다(Wickham 1999:85).

김영삼 총재가 '남발'했다고 한 '지난 몇 년간 경솔하고 무책임한 발언'은 박정희 체제에 대한 도전과 비판을 의미하는 것이다. 박정희뿐만 아니라 군부 역시 김영삼의 체제 도전적 저항에 대해 부정적 입장이었다.

김영삼보다 군부가 더 부정적 시각을 가졌던 것은 김대중이었다. 정승화 계엄사령관은 언론인들을 만난 자리에서 공개적으로 김대중을 비난했다.

11월 말 정승화 계엄사령관은 언론인들과 만나 최초의 대외적인 정치적 발언을 했다. 그 대상은 김대중이었다. 당시 정승화 총장은 "우리가 가지고 있는 자료에 의하면 김대중이는 핑크다"는 투의 이야기를 했었다고 한다. … "공산 세력과 대치하고 있는 상황에서 이념에 하자가 있는 인물이 국가 지도자가가 되어서는 곤란하다는 소신을 이야기한 것뿐이었다"(조갑제 1987:207).

정승화 자신의 회고록에 이 말을 한 이유가 보다 상세히 설명되어 있다.

나는 김대중 씨에 대해 이전부터 약간의 의혹을 갖고 있었다. … 하루는 중앙정보부장 서리 이희성 중장이 정보부에서 조사 작성한 김대중 씨의 신상기록철을 읽어보라고 갖다주었다. 김대중 씨에 대해 궁금하던 것이 많던 참이었다. 그것을 두 번 세 번 읽어보면서 김대중 씨는 가히 신뢰가 가지 않는 인물이라고 생각하게 되었다. … 적을 앞에 두고 직접 적과 대결하는 지휘관이나 국군을 통솔하는 국가의 원수는 용공의 혐의가 있는 사람만은 피해야 한다고 생각한다. … 김대중 씨에 대한 나의 생각을 국민들에게 자연스럽게 알려서 국민 모두가 다시 생각해보는 계기를 만드는 것이 현 상황에서 당연한 나의 의무라 생각하게 됐다. … 아무래도 군복을 입은 내가 국군통수권자의 사상에 흠이 있어서는 안 된다고 말하는 것이 민간인 장관이 이야기하는 것보다 더 국민들에게 관심을 갖게 하는 결과가 될 것으로 판단했다. … 언론계 대표들을 만나 계엄사령관으로서 계엄의 기본 방침을 알리고 언론계의 협조에 감사도 표할 겸 이 같은 사실을 알리기로 작정했다. … 사장, 편집국장, 출입기자, 이렇게 세 부분으로 나누어 초대하기로 하였다(정승화 1987:136-138).

글라이스틴 대사의 회고록에서는 이렇게 적혀 있다.

정승화 장군은 기자들이 듣는 가운데 미국의 역할을 비판하면서 '공산주의자' 김대중이 정권을 잡으면 쿠데타를 일으키겠다고 위협적인 발언을 해 긴장이 한층 고조됐다(Gleysteen 1999:114).

실제로 정승화 계엄사령관이 정말 쿠데타를 일으키겠다는 말까지 했는지는 분명치 않다. 기자들 앞이라고 했지만 실제로 그런 기사를 찾을 수 없었다. 계엄 상황이라서 보도 통제가 되었는지는 알 수 없지만, 그런 경우라도 소문이나 정보 보고 등으로 야당 정치인들에게 그 말이 전달되었을 것이고, 후일이라도 이런 이야기가 회자되었을 것이다. 이에 대한 야당 지도자들의 반응도 없었다. 그런 정황을 고려하면 정승화가 쿠데타라는 표현을 실제로 사용한 것 같지는 않다. 그러나 글라이스틴 대사가 그렇게 해석할 수 있을 만큼 군이 김대중을 용납할 수 없는 기피 인물로 생각하고 있다는 점이 강조되었을 것이다.

이처럼 김영삼, 김대중에 대한 군부의 거부감은 컸다. '체제 내부자'인 김종필조차도 군의 거부감으로 통일주체국민회의 선거에 나설 수 없었던 상황에서, 김영삼과 김대중이 군의 강한 거부감을 누르고 집권하는 것은 사실 쉽지 않은 일이었다. 군부 권위주의와 유신체제의 수호자였던 군부의 정치적 영향력은 여전히 매우 강했다.

김영삼, 김대중으로의 정권교체가 가능하기 위해서는, 1987년 6월 항쟁처럼, 민주화에 대한 국민의 강렬한 열망과 요구가 강력하고 전면적으로 표출되어야 했다. 또한 군부 역시 그 저항을 물리력으로 억누르기보다 그러한 국민적 요구에 굴복해야 했다. 그러나 민주화 성취를 위한 이 두 가지 조건이 1979~1980년의 격동기에는 부재했다.

사실 10·26 사건 이후의 한국 사회는 대체로 조용했다. 예기치 못한 정치적 변화로 인해 큰 충격을 받았고 또 그 이후의 정치 상황을 불안하게 바라보는 이들이 적지 않았지만, 적어도 10·26 직후의 한국 사회는 권력의 공백으로 인한 심각한 사회 불안이나 혼란은 생겨나지 않았다. 다음은 10·26 사건 이틀 뒤인 1979년 10월 28일 사회 분위기를 그린 신문 기사이다.

박정희 대통령의 뜻밖의 급서(急逝)로 충격을 받은 전국은 평온과 질서가 유지되고 있는 가운데 '고인에 대한 조의', '사건 진상에 대한 궁금증', '정국 장래에 대한 기대' 등이 교차하는 표정이다. 일요(日曜) 평상 근무령이 내려진 28일 정부 당국은 박 대통령에 대한 국장(國葬) 준비와 국민의 불안감 해소에 온 힘을 기울이고 있고 정치인들은 정치 논쟁을 지양(止揚), 활동을 자제하고 있으며, 시장, 백화점 등의 경제 활동도 평상시와 다름없는 평온과 질서를 유지, 시민들은 비상사태 속에 당황하지 않고 난국을 헤쳐나가는 국민적 역량과 슬기를 보여주는 듯했으며 비상계엄 첫날인 27일 밤 시민들은 귀가와 철시(撤市)를 서둘렀다. 대학가는 문이 굳게 닫힌 채 학생들의 발걸음이 끊겼으며 시민들은 주말을 맞아 계획했던 행락과 관광을 취소, 경건한 분위기 속에 근신했고 통금 연장으로 열차 및 고속버스 등 국내 교통편의 시간 변경이 있었다(『동아일보』, 1979.10.28).

이처럼 박정희의 갑작스러운 죽음은 국민에게 큰 충격을 주었지만, 사회적으로는 대체로 차분한 분위기를 유지했다. "큰일 난 줄 알았는데 의외로 평온하다"는 것이 박정희 대통령 장례식 취재를 위해 입국한 외신의 반응이었고,『월스트리트 저널』은 "사태를 분석한 결과 투자 분위기에는 이상이 없다는 결론을 내렸으며 특히 외국의 대기업들은 아무런 동요 없이 정상 운영을 하고 있다"고 보도했다(『동아일보』, 1979. 10. 31). 안보와 관련해서는 미국의 분명한 공약 재확인으로 인해 불안감이 해소되었다. 당시 미국 국방장관이었던 헤럴드 브라운(Harold Brown)은 미국의 대(對)한국 안보 공약을 재확인했고, 공중경보통제기 2대, 항공모함을 포함한 해군 함정들을 한국 해역으로 이동시켰다(『동아일보』, 1979. 10. 29). 박정희 대통령 국장에 참석차 미국 장례사절단 단장으로 한국에 온 사이러스 밴스(Cyrus Vance) 국무장관 역시 한국에 대한 미국의 안보 공약을 재확인했다(『동아일보』, 1979. 11. 1). 글라이스틴 대사 역시 한국이 갖는 안보적 중요성을 강조했다.

> 1979~1980년 그 격동의 시기 우리의 안보 공약과 한국의 미국 군사력 유지는 북한의 잠재적 위협으로 인해 최우선 고려 사항이었다(Gleysteen 1999 : 273).

11월 3일 박정희 대통령의 장례식이 거행되었다. 그리고 다음 날인 4일에는 손기정 세계제패기념 제33회 전국마라톤선수권대회도 개최되었다. 이 행사가 시사하듯 10·26 사건 이후 한국 사회는 곧 일상으로 돌아갔다. 다음 기사 역시 평온을 되찾은 사회 모습을 잘 보여주고 있다.

유일하게 비상계엄지역에서 제외된 제주도는 요즘 예년과 마찬가지로 많은 내외 관광객들이 찾아들고 있다. 지난 1일부터 꿩 사냥이 시작된 제주 유료수렵장에는 5일 현재 일본인 수렵객 1백여 명이 찾아들어 꿩 사냥을 즐기고 있는데 해마다 이맘때면 찾아오는 이들은 한국의 비상계엄선포로 올가을 수렵관광계획을 취소하려다 다행히 제주도가 계엄지구에서 제외되었다는 소식을 듣고 찾아들었다는 것.

남국을 방불하게 기온도 평온한 제주도에는 이 밖에도 육지에서 하루 평균 1백 50여 쌍의 신혼부부와 부녀자들의 단체관광 등 비상계엄선포 이후에도 매일 2천 7백여 명씩의 관광객이 오고 있다. 이 때문에 5일 현재 제주 KAL호텔 3백 10개 객실과 제주 시내 30여 개 고급 여관 등에는 관광객들로 초만원을 이루고 있어 사전 예약 없이는 방을 얻을 수 없는 실정이다(『동아일보』, 1979.11.6).

계엄사령부는 10·26 사건 나흘 뒤인 10월 30일에는 면 단위 이하 지역에서는 통행금지 시간을 오후 10시에서 종전대로 자정으로 환원하는 조치를 취했고, 11월 8일에는 서울, 부산, 대구, 인천, 광주, 마산 지역은 11~4시로 한 시간 단축, 그 외 지역은 종전대로 12시~4시로 통행금지를 환원시켰다. 이처럼 10·26 사태 이후에도 사회는 큰 혼란 없이 차분함을 유지했다.

이렇게 차분한 상황이 유지되었다는 것은 10·26 사건에도 불구하고 대다수 국민은 그 사건으로 인한 급격한 변화를 기대했거나 예상했던 것은 아니라는 점을 시사해준다. 박정희 통치에 대한 광범위하고 강력한 불만과 분노가 사회적으로 팽배했기 때문에 10·26 사건이 곧바로 기존 체제에 대한 대중적 저항으로 폭발할 상황이 아니었다는 것이다. 이는 국가의 위기와 혼란을 명분으로 내세웠던 신군부의 주장이 그릇된 것임을 보여주는 것이기도 하지만, 동시에 정치적으로 상당한 변화를 감수하도록 국민을 설득해야 하는 야당으로의 정권 교체 역시 쉽지 않은 일이었음을 말해주는 것이다.

오히려 중산층을 중심으로 안정을 바라는 보수 회귀의 태도도 나타났다. 조갑제(1987b: 39-40)는 10·26 사건 열흘 전인 부마항쟁 당시 광복동 상인들의 태도 변화를 현장에서 다음과 같이 기록하고 있다.

17일 밤의 데모 현장이 16일의 광복동, 남포동에서 국제시장과 서구 및 동구로 옮겨짐에 따라 시민 호응의 양상도 조금은 바뀌었다. 영세상인, 노점상, 행상들이 적극적으로 데모대를 응원한 데 비해 광복동, 남포동의 부유한 상인들은 16일 밤의 열광적 응원에서 돌아서서 조금 냉담해졌다. 부산대학생 최현주는 이날 밤 광복동의 다방 종업원들 태도가 크게 달라진 것을 알았다. 최루개스에 쫓겨 어느 다방에 피해 들어갔다. 종업원은 "학생들 때문에 장사 못 하겠다"고 짜증을 내면서 현주 일행을 몰아냈다. 또 다른 다방에 갔더니 "경찰관을 불러 잡아가도록 해야겠다"고 주인이 신경질을 냈다. "대중은 역시 교활하다"고 현주는 생각했다.

유신체제하에서 사실상 유일한 대중 저항 사건이었던 부마항쟁에서도 중산층을 비롯한 '대중'은 항거에 대체로 부정적이었다. 글라이스틴 대사의 회고록에도 중산층의 보수적 입장을 다음과 묘사하고 있다.

당시 한국의 전체적 분위기는 최(규하) 대통령이 충분한 결의를 보이는 한 국민들은 그를 지지하는 것 같았다. 여당 성향을 지닌 것으로 알려진 농촌 사람들과 대부분의 노동자들도 독재적인 리더십에는 반감을 지니고 있어 민주화에 진정한 장애가 되지는 않았다. 그러나 많은 수의 학생과 노동운동가, 종교계 반정부 인사들의 요구 사항은 과격했고 그들은 수년에 걸친 투쟁으로 강경해져 있었다. 그러나 그들의 지나친 요구와 도전적인 태도로 국민들로부터 고립될 가능성이 많았다. 내 생각에 많은 도시 거주자들, 특히 늘어나고 있던 중산층은 최 대통령이 민주화 조치를 취할 경우 그를 지지할 것으로 여겨졌다(Gleysteen 1999:109-110).

폭압적인 유신체제는 폐기해야 한다는 데 당시 다수가 공감하고 있었지만, 그것이 현 상황에 대한 '급격한 변혁'이나 '전혀 새로운 질서'로의 전환이라는 데 대해서는 부정적인 입장이었다. 긴급조치와 같은 억압적 조치를 폐지해야 한다는 데도 많은 이들이 동의했다. 어차피 박정희 없는 유신체제는 지속될 수 없는 것이었으며, 앞서 본 대로, 유신 관료나 군부 지도자를 포함한 거의 모든 국민이 개헌을 불가피한 것으로 받아들였다. 개헌을 통한 체제 전환이 필요하다는 데에는 이처럼 폭넓은 사회적 공감대가 있었지만, 그것이 반드시 전면적이고 급진적인 민주화를 의미하는 것은 아니었다. 그런 점에서 '서울의 봄'이 왔다고 하지만, 대학생들과 재야인사 등을 비롯한 사회운동권, 야당 인사들을 제외하면, 대다수 시민은 대학생들의 시위에 동참하지 않았고 즉각적이고 전면적인 민주화를 외치지도 않았다.

박정희 체제는 억압적이고 폭력적이었지만, 또 다른 한편으로는 경제성장의 혜택이나 반공 이데올로기의 수용과 같은 체제를 지탱하는 요인이 강하게 영향을 미쳤다.

특히 한국의 경우 안보를 공고히 하고 경제발전을 이룩했으며, 부와 교육 기회의 공정 분배, 국민들의 사회적 역동성을 무시해서는 안 될 일이었다. 1977년 … 당시 한국의 농민들과 근로자들에게 이러한 업적들은, 규모는 작았지만 점차 세력이 확산되고 있던, 중산층이 추구하던 개인의 정치 권리보다 더욱 중요했다(Gleysteen 1999:62).

물론 유신체제는 매우 강압적 체제였다. 그러나 다음 글에서 주장하듯, 박정희 체제는 순전히 억압과 강제에 의해서만 유지된 것은 아니었다.

분단 상황과 반공주의는 폭압적 근대화를 합리화하는 가장 강력한 근거였으며, 또한 박정희의 영구집권 야욕을 정당화하는 가장 강력한 근거이기도 했다. 박정희는 온 나라를 병영으로 만들고, 모든 사람들을 반공투사로 만들고 싶어 했다. 어린이들은 교육을 통해, 어른들은 폭력을 통해 길들여졌다. 박정희는 자신이 어떤 일을 하건, 그것은 이 나라를 적으로부터 구하기 위해 하는 것이므로 반대해서는 안 된다는 생각을 모든 사람들의 머릿속에 심어놓으려 했다. 그리고 그 시도는 상당히 큰 성공을 거두었다. … 흔히 '한강의 기적'으로 불리곤 하는 박정희 정권의 고도성장 신화는 무엇보다 폭력적으로 이루어진 것이었다. 박정희는 폭력의 전문가였다. 그는 폭력을 잘 이용했으며, 그래서 오랫동안 권좌을 누릴 수 있었다. 모든 국민이 그 폭력의 대상이었다(홍성태 2003: 334-335).

박정희 시대, 특히 유신체제가 매우 폭력적이었다는 데는 이견이 없다. 그러나 오로지 폭력에 의해서 정권이 유지되어왔다고 볼 수는 없다. 무엇보다 박정희 시대는 경제성장이라는 분명한 '성과(performance)'를 보였다. 1963년부터 1979년까지 평균 10% 이상의 고도성장을 이뤄냈고, 경제성장으로 인해 그 혜택을 누리게 된 이들의 체제에 대한 만족감이 있었다.

한편, 임지현(2004: 17-55)은 서구의 나치즘, 파시즘, 스탈린주의, 동독이나 폴란드의 현실 사회주의 등과의 비교를 통해 '대중독재'의 개념을 제시하면서, 독재체제라고 해도 그것이 '폭력과 강제만으로 작동하는 체제'가 아니라는 점을 지적했다.

독재와 민주주의, 좌파 독재와 우파 독재를 불문하고 모든 체제의 성공 여부는 그 구성원들이 체제의 정통성을 부여하는 의식에 참여하도록 만드는 것에 달려 있다. … 두 차례의 세계대전과 총력전 체제의 경험은 사실상 대중의 자발적인 동원과 참여 정도가 그 체제의 힘과 효율성을 가늠하는 척도임을 보여주었다. … 대중에 대한 권력의 관심은 이들의 일상적 욕구를 충족시킨다는 단순한 배려의 차원을 넘어서는 것이었다. 그것은 국가의 동원 체제에 적극적, 자발적으로 참여하도록 이들의 욕망을 유도하고 만들어내는 다양한 장치들을 요구한다. 이를 통한 자발적 동원 체제의 작동 수준이 곧 그 국가 체제의 효율성과 총체적 국력을 규정하는 한 요인이 된다. '위로부터의 독재'가 '아래로부터의 독재'로 전환하는 것도 이 지점에서다(임지현 2004 : 19-20).

독재체제라고 하더라도 대중의 참여와 동의가 없다고 볼 수는 없는 것이다. 물론 체제에 대한 대중의 동의 정도는 다양할 수 있다. "체제의 헤게모니에 대한 대중의 수용 방식은 체제와 자신을 일체화하는 적극적이고 전면적인 동의에서부터 수동적 동의, 부분적, 선별적 수용, 타협적 순응, 무의식적 순응에 이르는 다층적인 모습을 나타"낼 수 있다(임지현 2004 : 22). 설사 전면적 동의가 아니더라도 박정희 체제의 지속에는, 수동적이든, 부분적이든, 선별적이든, 동의가 존재했다.

임지현은 타협적 순응, 혹은 무의식적 순응도 이야기했는데, 이와 관련하여 한배호와 어수영(1987 : 239-265)의 연구 결과가 흥미롭다. 이들의 연구는 '권력에 대한 순응'이라는 정치문화적 특성이 권위주의 체제 지속의 한 요인이었다는 점을 제시한다. 이들은 민주화 이전인 1984년 실시한 면접조사를 통해, 한국 국민의 정치문화를 조사했다. 연구 결과, 한국 국민의 30%가 전통적 태도를 갖고 있고 정치적 권위주의를 지지하는 묵종형(默從型) 문화의 특성을 보이는 것으로 나타났다. 또 다른 40%는 사회적 태도에서는 근대적 가치와 태도를 습득했지만 정치적 태도에 있어서는 민주적이기보다 그것을 부정적으로 보고 권위주의적 지배 형태를 보다 선호하는 수용형(受容型) 문화의 특성을 보인다고 분석했다. 그리고 나머지 30%만이 권위주의 정치체제에 대해 부정적이고 비판적인 길항형(拮抗型) 문화를 보인다고 주장했다. 이 조사에 따르면, 우리 사회의 70% 정도가 권위주의 지배체제를 지지하거나 수용적인 태도를 갖는다는 것이다. 특히 농촌 지역에서 묵종형은 43.5%, 수용형은 37.2%, 길항형이 19.4%로 전체 응답자의 80.7%가 체제 수용적인 태도를 갖는 것으로 나타났다. 즉, 박정희 사후 한국 사회가 차분할 수 있었던 데는, 유신체제의 폭압성에 대한 불만에도 불구하고, 성과에 대한 동의든, 정치문화의 요인이든, 전반적으로 그 체제에 대한 순응성이 높았다는 점도 한 원인으로 작용했다.

결국 10·26 사건 이후의 정치적 전환기에서 요구되었던 것은 '질서 있는 변화'였다. 유신체제가 더 이상 지속될 수 없게 되었다고 해서 하루아침에 기존 체제를 허물고 전면적인 민주화로 이행한다는 것은 쉽지 않은 일이었다. 박정희 집권은 18년 동안 유지되었고 유신체제도 7년 동안 지속되었다. 급격한 변화가 초래할 수도 있는 무질서에 대한 우려가 분명히 존재했다. '질서 있는 변화'를 위해서는 누구보다 전환기의 대통령이었던 최규하의 역할이 중요했다. 뒤에서 다시 논의하겠지만 최규하의 유약한 리더십과 잘못된 판단이 전환기적 상황에서 '질서 있는 변화'를 어렵게 만든 한 요인이었다.

그렇다면 '질서 있는 변화'가 가능했다면 김영삼이나 김대중은 권력을 잡을 수 있었을까? 10·26 직후 『뉴욕타임스』는 자유로운 선거가 실시된다면 김대중이나 김영삼의 당선 가능성이 크다고 보았다.

> 정보에 밝은 이곳의 서구 및 한국 관측통들에 따르면, 한국이 대통령과 국회의원 선출에서 자유선거로 회귀한다면, 1960년대 초 정보기관을 창설한 김종필, 그리고 전 국무총리 정일권 등 대통령 후보로 간주될 만한 보수적 유력 정치인들은 낙마(fall)할 가능성이 크다. 그들은 자유선거라면, 1973년 정보기관에 의해 일본에서 납치되었고 현재 서울에서 가택 연금을 받고 있는 과거 대통령 후보 김대중, 그리고 이번 달 초 박 대통령에 의해 국회에서 제명된 야당 지도자 김영삼의 승리 가능성이 더 높다고 말한다.[12]

정말 그랬을까? 설사 민주적 절차에 의해 대통령 직선제가 실시되었다고 해도 그것이 김영삼이나 김대중으로의 정권교체로 이어졌을 것이라고 단정하기 어렵다. 계엄사령관 정승화가 직접 언급한 대로, 무엇보다 김대중에 대한 군의 거부감은 매우 컸다. 이런 분위기 속에서는 설사 김대중이 당선되었다고 해도 그 선거 결과를 군이 수용하기는 어려웠을 것이다. 1979~1980년 시기에 정치에 대한 군의 영향력을 완전히 배제한다는 것은 불가능한 일이었다. 군의 정치적 영향력이 통제되기 시작한 것은 민주화 이후 김영삼이 대통령에 취임하고 난 1993년 이후의 일이다. 김대중에 대한 군의 거부감은 심지어 1987년 민주화 이후의 대통령 선거를 앞두고서도 분명하게 드러났다. 당시 군 고위층은 김대중에 대한 분명한 비토 입장을 밝혔다.

> 필자가 김대중의 자택을 찾아가기 며칠 전 박희도 육군참모총장은 김대중의 대통령 출마에 반대한다는 군부의 의견을 공개적으로 선언했다. 따라서 김대중이 선거에서 승리한다 해도 군 지도부가 그를 대통령으로 용납할 것인가에 대한 우려감이 팽배했으며 군부에서 김대중 암살을 기도할지도 모른다고 생각하는 사람들도 적지 않았다(Oberdorfer and Carlin 2014: 279).

민주화 이행기였던 1987년에도 김대중에 대한 비토를 분명히 할 정도로 정치적 영향력이 강했던 군부가 1979~1980년 상황에서 자신들이 거부하는 인물이 권력을 잡는 것을 용납하기는 어려웠을 것이다. 10·26 사건 이후의 정치 상황에서 군은 분명한 이해관계와 정치적 선호를 갖는 막강한 비토 세력이었다. 앞서 살펴본 대로, 1979~1980년 군부는 물론 유신 관료들도 김대중뿐만 아니라 김영삼, 김종필도 거부했다.

설사 군이 개입하지 않고 자유로운 선거가 실시되었더라도 정권교체가 이뤄졌을지는 의문이다. 정치적 합의에 의해 개헌이 이뤄졌다면, 신민당, 공화당을 막론하고 정치권에서 선호한 개헌 방식인 제3공화국 형태의 대통령제로 선거가 실시되었을 것이다. 이 선거에는 김영삼, 김대중뿐만 아니라 김종필도 출마했을 테고, 3인의 경합이었다면 김종필의 당선 가능성이 가장 높았을 것이다. 3인 간 경쟁이라면 김종필은 기존 지배 세력의 지원을 받았을 것이기 때문이다. 야권의 지지 기반이 겹치는 김영삼, 김대중의 표가 분산되는 반면, 김종필은 전통적 여당 지지 기반에, 공무원 등 관(官)이나 기존 기득권층의 도움도 받았을 것이다.

그러나 보다 현실적인 가정은 이들 3김 이외에 유신체제 세력이 독자적인 후보를 내세우는 4인 경쟁 형태이다. 즉, 유신 관료 세력과 정승화가 이끄는 군은 김종필을 좋아하지 않았기 때문에 이들이 결집하여 신당 창당을 통한 새로운 인물을 후보로 내세웠을 가능성이 크다. 앞서 인용한 대로, 당시 신현확을 중심으로 하는 신당 창당의 소문도 돌았다. 3김과 유신체제 세력 후보 간의 4자 대결을 가상하면, 1987년 대통령 선거와 별로 다르지 않은 상황이 된다. 1980년 당시에도 김영삼, 김대중은 이미 분열되어 있었다.

김영삼과 그의 진영에선 1979년에 김영삼을 중심으로 하여 일어난 일련의 정치 사건과 그의 선명한 대여 투쟁이 10·26을 결과했다고 믿고 있었다. 따라서 10·26 이후의 정치 해빙에 가장 큰 공로자는 김영삼이라는 의식이 강했다. 이 의식은 개헌 뒤의 야당 대통령 후보는 김영삼 총재라야 한다는 논리로 발전하고 있었다. 김영삼 측의 이런 자신만만함에 대해 김대중 쪽에서는 거부감을 느꼈고, 이것이 두 사람의 갈라짐에도 영향을 끼쳤다. 김대중 쪽에 선 박 정권의 붕괴에 가장 큰 요인을 만든 것은 김 씨의 일관된 투쟁이었다는 태도였다. 특히 김대중 납치 사건은 박 정권을 짓누른 멍에가 됐다는 풀이였다(조갑제 1987:209).

당시 김대중은 자신의 당선 가능성을 높게 보고 신민당 입당을 포기했다.

김상현, 박정훈을 주축으로 한 한국정치문화연구소는 김대중의 지시에 따라 조직원 2명씩으로 구성된 20개 팀을 각 시도에 보내 '3김 지지도'에 관한 조사를 벌였다. 그 결과 지역 및 계층 간에 차이가 있긴 했지만 종합적으로 판단할 때 3김 지지도는 김대중, 김영삼, 김종필 순이었고, 김대중과 김영삼의 격차는 7% 내외로 나타났다. 만족할 만한 조사 내용이었다. 그리고 그 며칠 뒤인 4월 7일 김대중은 신민당 입당 포기를 전격 선언했다(박정태 1996:35).

입당 포기를 선언한 4월 7일 이후 자유로운 선거가 실시되었다고 해도 두 사람의 단일화 확률은 사실상 영(零)이었다. 김영삼, 김대중의 단일화 가능성은 1987년만큼이나 1980년에도 낮았다. 당시 대통령 선거가 실시되었더라도 1987년에 보았던 것처럼 야권은 분열했을 것이다.

어쩌면 군부와 관료 세력이 김종필을 강제로 눌러앉히고 유신체제 세력을 대표하는 후보만을 내세워 김영삼, 김대중과 3자 경쟁을 했을 수도 있다. 이 경우에도 김영삼, 김대중보다는 기존 체제를 대표하는 후보의 당선 가능성이 더 커 보인다. 앞서 지적한 대로, 이들은 박정희 체제가 남겨놓은 조직과 자원을 가지고 있었다.

그렇다고 하더라도 김영삼, 김대중 양김(兩金) 중 한 명이 당선될 가능성은 생각해볼 수 없을까? 양김 중 한 사람의 당선 가능성을 논의해보기 위해 1985년 제5공화국 두 번째 국회의원 선거 결과를 생각해보자. 김영삼, 김대중이 만든 '선명 야당' 신한민주당이 '관제 야당' 민주한국당, 한국국민당 등과 맞붙은 1985년 12대 국회의원 선거에서 신한민주당의 득표율은 29.3%였다. 민주정의당은 35.2%를 얻었다. 민주한국당은 19.7%, 국민당은 9.2%를 얻었다. 만약 신한민주당과 민한당 표를 모두 야당 지지로 간주하면 49%가 된다. 두 정당 지지표를 야당에 대한 지지로 간주하면 민정당의 35.2%보다 높다. 하지만 과거 신민당 출신이 주축이 되었다고 해도, 권력에 의해 만들어졌고 체제 수용적인 야당인 민한당에 대한 표를 모두 야당 표라고만 간주하기는 어렵다.

그런데 흥미로운 점은 민정당의 득표율 35.2%이다. 1987년 민주화 이후 첫 대통령 선거에서 민정당 노태우 후보가 얻은 득표율이 36.6%였다. 또한 1981년 제5공화국 첫 국회의원 선거에서 민정당이 얻은 득표율은 35.6%였다. 그런 점에서 대략 35~36%는 권위주의 체제의 집권 정당에 대한 안정적 지지로 볼 수 있다. 1987년 6월 항쟁 이후 민주화 정초 선거에서 김영삼, 김대중이 얻은 득표율은 김영삼이 28.04%, 김대중이 27.05%로 이 둘의 득표를 합치면 55.1%였다. 이들의 표를 합치면 과반 득표이기는 하지만 압도적 지지는 아니라는 점에 주목할 필요가 있다. 민주화 열기가 최고조였던 시기에 양김씨가 얻은 득표가 55%였다면, 1980년의 상황에서라면 아마도 이들이 얻을 수 있는 득표율은 더 낮을 가능성이 크다. 앞서 언급한 대로, 1979~1980년은 1987년보다 일반 대중의 민주화에 대한 열기가 강하지 않았다는 점을 감안하면, 양김의 득표력은 1987년보다 약했을 것이다. 더욱이 박정희의 죽음에도 불구하고 건재한 관권은 이전에도 그랬던 것처럼 선거에 깊이 개입했을 것이다. 당시에는 공무원의 선거 개입이나 금품 살포 등이 횡행했고 여당 후보를 지원하는 관변단체의 역할도 컸다. 거미줄처럼 유신체제의 행정 및 공안 통제가 작동하고 있었고, 지역마다 관변단체가 촘촘히 조직되어 지역민을 동원하던 시절이었다. 선거가 실시되었다고 해도 야권의 분열 속에 노골적인 관권 개입 선거가 되었을 것이고, 구체제를 대표하는 후보가 보다 유리한 입장에 놓여 있었을 것이다. 이런 상황은 4자 대결은 말할 것도 없고, 김종필을 수용할 수 없었던 기득권 세력이 그의 출마를 막고 3자 대결로 선거를 치렀을 때, 야권이 분열된 상황에서 양김 누구도 현실적으로 당선되기는 어려웠을 것이다.

그렇다면 김영삼, 김대중이 단일화했다면 승리할 수 있었을까? 1985년 국회의원 선거에서 민한당, 신한민주당의 득표의 합은 49%였다. 앞서 살펴본 대로, 1987년 대통령 선거에서 양김의 표를 합치면 55%였다. 1985년과 1987년 상황을 보면, 단일 후보를 만들었다면 과반 득표의 가능성이 존재한다. 그러나 자유로운 선거가 치러졌고 또 설사 양김의 단일화가 이뤄졌다고 해도 실제로 야당 후보가 당선되었을지는 여전히 알 수 없다. 김영삼, 김대중이 단일화를 이뤘다고 해도 각 후보를 지지했던 표가 모두 합쳐진다는 보장은 없기 때문이다. 이와 관련하여 1987년 대통령 선거 결과를 두고 이갑윤과 문용직(1995:226-227)은 다음과 같은 흥미로운 견해를 제시한다.

양김씨에 의한 야권 분열이 노태우 후보자의 승리를 용이하게 하였다고 해서 곧 야권 통합이 야당의 승리를 보장할 수 있었다고 할 수는 없다. 왜냐하면 김대중 후보로의 통합은 김 후보에 대한 비호남인의 낮은 지지 때문에 노태우 후보의 일방적인 승리로 귀결되었을 것이며, 김영삼 후보로의 통합의 경우는 그 결과를 점치기가 어려울 만큼 김 후보와 노 후보의 득표율이 매우 비슷하였을 것이기 때문이다.

야권 단일화에 의한 승리는 단일화된 한 후보에게 상대방 후보의 모든 표가 이전된다는 가정에 기반한 것이지만, 위의 인용문에서 지적한 대로, 단일화 경쟁에서 탈락한 후보의 표가 한곳으로 몰리지 않고 여러 후보에게 분산된다면 예상한 결과가 생겨나지 않을 수 있다.

그런데 김영삼, 김대중 모두 12·12 사태 이후에도 정국 전개에 대해 정확한 정보를 갖지 못했다. 두 사람 모두 1980년 5월이 되기까지 상황에 대해 대체로 낙관적이었다. 이들 모두 정치 상황의 전개와 관련해서 제대로 된 정보 소식통을 갖지 못했다는 말이고, 특히 군과의 실질적인 커넥션을 갖지 못했다는 것이다.

대부분의 기존 정치지도자들은 12·12의 여파에 대해 생각보다 덜 걱정하는 듯했다. 그것은 몇 개월 후 그들을 감싸게 될 분위기와는 전혀 딴판이었다. 특히 김대중은 신군부 세력과 정치 상황에 대해 놀라울 정도로 낙관적인 것으로 보였다. 박 정권의 최대 희생자였던 그는 박 대통령의 암살로 인한 구세력들의 몰락과 전두환의 권력 장악에 눈물을 흘리지는 않았다. 그는 겨울 몇 개월 동안 은밀히 사람 만나는 일을 계속했다. 그도 다른 정치인들과 마찬가지로 계엄령이 조속히 해제되지 않는 것에 실망하고 있었으며 자신을 회의적인 눈초리로 바라보는 시선이 당혹스러웠다. 그러나 최 대통령이 제시한 정치 일정을 그 정도면 '괜찮은' 것으로 받아들이면서 정부가 민주 발전 과정을 진행시키는 동안은 국민들, 특히 학생들도 인내심을 발휘할 것으로 생각했다. 여당인 공화당의 김종필 총재와 김영삼 신민당 총재는 12·12 사태에 대한 우려를 표명하면서도 80년 2월 중순 들어서는 정부가 개혁 작업을 차질없이 진행시킨다면 학생과 노동자들의 동요는 막을 수 있을 것으로 생각했다. 3김(金) 모두 자신들이 차기 대통령이 될 전망을 점치기에 바빴다(Gleysteen 1999:148).

김영삼과 김대중이 단합했다면 민주적 변화를 향한 보다 큰 지지를 결집할 수 있었겠지만, 그 가능성은 크지 않았다. 설사 단합했다고 하더라도 굳건한 기존 체제를 하루아침에 바꿔낼 힘을 만들어낼 수 있었다고 보기는 어렵다. 국민은 폭력적이고 억압적인 유신체제로부터 민주화된 환경을 원했지만, 그것이 기존 질서나 안정을 흔드는 무질서나 불안정으로 이어지는 것을 원하지 않았다. 학생들의 대규모 시위나 사북탄광 사태[13]와 같은 노동 투쟁은 오히려 중산층의 불안감을 자극했다. 최장집 (1985:49)은 1980년의 정치 상황을 다음과 같이 정리하고 있다.

민주화에 대한 학생들의 열망이 서울에 있는 중심적인 사회계층인 쁘띠 부르주아 및 신중산층의 호응을 받지 못하였다는, 즉 그것이 아마도 민주주의의 제도화에 어떤 단초적 계기를 마련하였을지도 모를 학생을 비롯한 반체제 집단과 중산층 및 공식, 비공식 부문의 사회 저변층의 연합이 형성되지 않았다.

즉, 당시에는 민주화를 향한 폭넓은 사회적 공감대가 형성되어 있지 않았다. 특히 중산층은 불확실한 정국을 불안하게 지켜봤다. 기왕이면 민주화가 되기를 원했지만, 그 과정에서 생겨날 수 있는 불확실성은 원하지 않았다. 중산층을 포함한 대다수 국민은 정국의 추이를 불안하게 방관하고 있었고, 1980년 '서울의 봄'은 학생운동과 재야 등 일부에 의해 주도되었다.

도시 중간계급은 정치적 전환기에서 민주주의의 강력한 지지가 되지는 못하고 오히려 안정과 경제적 혜택에 관심을 두고 있었다. 이러한 요인이 박정희 피살 이후 군부 통치가 지속되는 데 중요한 역할을 담당하기도 했다(김영명 1994: 27).

그런 점에서 중산층 혹은 중산계급은 전두환 정권 출범에 '암묵적인 동의'를 해주었다고도 볼 수 있다.

5공 정권이 아무리 폭력적이고 억압적이었다고 해도 폭력과 억압만이 5공 정권의 등장을 가져온 것은 아닙니다. 신군부가 그렇게 행동할 수 있었던 데에는 중산계급이 가지고 있는 대단히 이중적인 이기성이 밑바탕에 깔려 있었다고 봅니다. 다시 말하면 중산층은 도덕적으로나 윤리적으로나 드러내놓고 신군부를 지지할 수는 없었지만 80년도의 그런 혼란한 상황 속에서 정치적인 안정과 경제발전이라고 하는 문제에 집착했던 이기성 때문에 5공 정권의 등장을 묵인해주었다, 즉 암묵적인 동의를 해주었다고 설명할 수 있습니다(서진영 1994: 123).

아래의 인용문에서 말하는 '중산층의 지지에 의한 쿠데타'라는 표현 역시 이런 특성을 잘 짚어내고 있다.

1980년의 민주화 투쟁은 학생운동과 소수 재야 명망가들이 담당할 수밖에 없었으나 다수 민중이 동참하지 않은 상태에서 그 힘은 한계가 있을 수밖에 없었다. 또 이 점에서 1980년의 신군부의 집권은 … '중산층의 지지에 의한 쿠데타'에 가깝다 할 수 있다(손호철 1999:38).

사실 1980년 신군부에 의한 5·17 계엄 확대 조치 이후의 사회적 '평온함'에도 주목할 필요가 있다.

(계엄사령관) 이희성 장군이 한국 국민들은 정부의 강경 수단을 '수용'할 것이라고 한 말은 옳았다. 그들은 대학 캠퍼스와 공공건물, 그리고 거리 곳곳에 배치된 군, 경 병력을 바라보는 것 외에 아무것도 할 수 없었다. 광주를 제외한 전국이 평온했다. 대학의 문은 닫혔고, 김대중, 김종필, 김영삼은 '억류'돼 있었다. … 국민들이 자신들의 삶이 어떻게 바뀔지 점치는 동안 사회 분위기는 침울했다(Gleysteen 1999:180).

이런 정치적 배경 위에서 기존 체제에 기득권을 가진 관료와 군부는 정권교체나 기존 질서로부터의 급격한 변화를 거부했고, 기존 체제를 '부분적으로 고쳐' 활용하는 방안을 선호했다. 이는 중산층을 포함한 대중이 묵인할 수 있는 변화의 방향이기도 했다.

김영삼, 김대중, 김종필은 유신헌법 이전 상태로의 회귀, 즉 대통령 직선제 개헌을 요구했지만, 유신체제가 무너진 이후에도 실질적인 권력은 박정희를 보좌하며 그 체제를 이끌어온 관료집단이나 군의 수중에 놓여 있었다. 기존 체제에서 새로운 권력을 만들어내어야 할 집권당 민주공화당 역시 권력에서 배제되어 있었다. 유신 관료나 군은 이 정치인들을 신뢰하지 않았으며, 이들에게 권력이 넘어가는 것을 원하지 않았다. 박정희는 사라졌지만, 유신체제 속에서 확립된 기득권 구조를 지탱하고 유지해 가려는 힘이 강하게 존재했다. 군부는 김종필을 싫어했고, 관료집단도 대체로 마찬가지였다. 총재로 복귀했지만, 유신체제 출범 이후 공화당은 권력의 핵심에서 벗어나 있었고 그나마도 당내 정풍 운동 등에서 보듯이 확고하게 당을 장악하지 못했다.

전두환 정권이 탄생할 수 있었던 또 다른 배경은 최규하, 신현확 정부와 전두환 군부가 정권을 공화당이나 야당에게 넘겨줄 수 없다는 데 공감대를 갖고 있었고 중산층의 여론이, 학생시위에 의한 사회 혼란과 경제위기로 해서 안정 쪽으로 선회했다는 점이다 (조갑제 2005: 187).

유신 관료나 군은 자신의 기득권과 기존 질서를 지키고 싶어 했으며, 그러면서도 박정희 없이도 작동할 수 있는 체제를 원했다. 최규하 정부에서 이원정부제 개헌을 연구한 이유도 바로 여기에 있다. 김영삼, 김대중, 김종필과 같은 대중적 인지도가 높은 인물이 없는 상황에서 이원정부제는 기존 질서를 지속시킬 수 있는 좋은 방안이었을 것이다.

그러나 유신 관료나 온건파 군부가 원했던 방식의 체제 변화는 실현되지 못했다. 전두환이 이끄는 신군부는 유신 관료들이나 군부 내 온건파와 다른 방식의 변화를 통한 기존 체제의 지속을 원했고 그것은 매우 거칠고 폭력적인 방식으로만 관철될 수 있는 것이었다.

유신체제 이후의 정국 전개가 근본적인 체제 청산으로 이어지지 못한 것은, 체제의 몰락이 시민들의 거센 저항과 도전에 의해 이뤄진 것이 아니었기 때문이었다. 유신체제는 외부적 힘에 의해 붕괴된 것이 아니었다. 체제는 그 내부에서 스스로 무너져 내렸다. 그러나 그 체제를 유지해온 군부나 관료 집단의 영향력은 전혀 약화되지 않은 채 온존한 상태로 남겨져 있었다. 그 체제가 지탱해온 힘은 박정희가 사라진 후에도 그대로 유지되고 있었다. '서울의 봄'이 상징하는 정치 변화가 실현되기에는 그 배후에 있는 정치적 힘의 관계에 의미 있는 변화가 일어나지 않았다.

결국 그 이후의 질서를 이끌어갈 일차적 힘은 체제 내부에서 나올 수밖에 없었고, 그들 간의 경쟁 속에 10·26 사건 이후의 정치 질서가 만들어져갔다.

제2장

신군부의 부상

군부 내 파벌 갈등

박정희의 갑작스러운 죽음으로 군이 주목받게 되었다. 부마항쟁으로 내려진 계엄은 10·26 사건 때까지 유지되고 있었고, 그 사건과 함께 제주를 제외한 전국으로 확대되었다. 부분 계엄이었기 때문에 대통령 서리를 중심으로 한 기존 통치체계는 그대로 유지되었지만, 박정희가 사라진 공간에서 군의 영향력은 커질 수밖에 없었다.

계엄사령부 치안처장이 되었던 김진기 당시 헌병감(준장)은 "전시나 사변도 아니라서 행정조직이 번듯이 살아있는데도 계엄령이 선포되자 행정기관이 계엄사령부 눈치를 보기 시작하고 자신들이 알아서 처리해야 할 일도 일일이 계엄사의 허가를 받으려 하는 바람에 군이 저절로 국정의 중심을 잡게 되더라"고 했다.

김 씨는 또 "계엄령하에서는 대통령의 권위도 약화되는구나 하는 실감을 갖게 되었고, 군이 대통령의 권위를 세워주어야 한다는 생각에서 헌병 1개 소대를 보내 최 대행의 경호를 맡게 했었다"고 말했다(조갑제 2005:60).

"계엄령하에서는 대통령의 권위도 약화되는구나"라는 말에서 보듯이, 박 대통령이 사라지면서 군에 대한 외부의 통제권이 약화되었다. 이와 함께 군부 내부의 분열이 드러나기 시작했다. 박정희 대통령이 생존해 있었을 때 군부는 일사불란하게 움직였지만, 10·26 사건 이후 권력의 공백이 생겨나면서 군부 내에서는 세력 다툼의 조짐이 일어나고 있었다.

한국에 오랫동안 근무했던 미군 정보장교 하우스만(James Hausaman)은 자신의 회고록에서 10·26 사건 이틀 후인 10월 28일 청와대에 조문을 다녀오면서 "이미 정승화 육군총장과 전두환 보안사령관 사이에는 세력 다툼 양상이 벌어지고 있었다. 나는 이 사태를 좇지 않으면 안 됐다"(하우스만·정일화 1995: 26)라고 적었다. 이 증언대로라면 군부의 분열은 10·26 직후부터 감지되었다고 할 수 있다. 앞에서 인용한 대로, 『뉴욕타임스』는 10·26 직후 유신체제 폐기의 시점을 두고 성승화와 선두환으로 대표되는 군부 두 세력 간 입장의 차이가 있다고 보도한 바 있다. 군부 내 세력 갈등은 군을 장악했던 박정희의 사망과 함께 본격화된 것이다.

군부의 분열은 노장파와 소장파 간 대립으로 나타났다. 10·26 사건 이후, 군부는 계엄사령부 측과 합동수사본부 측으로 양분되었다. 계엄사령부는 정승화 참모총장을 비롯한 노장

그룹이었고, 합동수사본부는 육사 11기를 중심으로 하는 소장파 그룹이었다(운경재단 2002:431). 노장파는 정승화 육군 참모총장 겸 계엄사령관을 중심으로 하는 비정규 육사 출신, 육군종합학교 출신, 그리고 갑종간부후보생 등 6·25 전쟁 이전이나 전쟁 중 임관된 장교 집단이었다. 소장파는 전두환 보안사령관 겸 합동수사본부장을 중심으로 한 정규 육사 출신 중심의 장교 집단, 그중에서도 특히 하나회 출신 장교 집단이 중심이었다(강창성 1991:379). 그런데 10·26 사건이 발생한 무렵에는 군부 내 세대교체가 신중하게 검토되고 있던 시기였다. 승진과 보직 등 인사 문제를 두고 노장파, 소장파 간 갈등이 불거질 수 있는 매우 예민한 상황이었다.

당시 소장 계급인 장성은 육사 8기생 일부, 9기생, 10기생, 종합학교 출신 일부 선임자, 그리고 11기생 일부 선임자들이었다. 출신이 다양한 이들은 임관에 앞서 받은 교육 기간도 수개월에서 4년까지 다양하였던 관계로 이에 따라 임관 시기도 많이 달랐지만, 소장으로 임관한 후의 햇수는 1~3년에 불과하였다. 그런데 이러한 다양성은 소장에서 중장으로 진급하는 데 많은 영향을 주게 되었다. 10·26 사건 전 박정희 대통령은 육사 8기의 전성각 수도경비사령관 외 2명의 고참 소장을 중장으로 승진시킬 것을 계획하였으나 주저하였다. 3명의 소장이 모두 중장으로 진급할 경우 종합학교 출신이나 육사 11기 등의 중장 승진은 많은 곤란을 겪을 수밖에 없었다. 왜냐하면 계급별 정원이 제한되어 있는 데다 인사법상 계급정년, 연령정년, 근속정년 중 하나에 해당하게 되면 예편돼야 하기 때문이다(강창성 1991:379-380).

군부 내 인사 적체가 발생했고 이에 대해 전두환을 중심으로 하는 소장파는 상당한 불만을 갖고 있었다. 더욱이 이들은 선배 기수 장성들보다 우월하다는 강한 엘리트 의식을 품고 있었다.

한국 유일의 서구식 대학 교육을 받았다는 자부심, 그리고 육사가 사실상 육군의 최고 교육기관이라는 데 연유했다. 55년 4월 27일 육군본부 통첩에 의하여 육사 11기로 변경되기 전까지 육사 11기는 육사 1기로 지칭되었다. 그들은 융통성이 없는 '원칙 장교'로 불리었으며, 후배들로부터도 실질적인 최고 선배로 인식되었는데, 이런 엘리트 의식은 임관 후에까지 이어져 기성 장교들과 위화감 내지 긴장 관계를 자주 빚게 되는 원인이 되기도 하였다(강창성 1991:360).

이들 '육사 11기'는 일찍부터 큰 기대를 한 몸에 받았다. 신생국이었고 또 전쟁을 겪은 나라에서 정규 육사 과정이 만들어지면서 이들에 대해 통치자가 관심을 보이는 것이 놀라운 일은 아닐 것이다. 다만 그 결과로 이들은 일찍부터 '정치'에 관심을 갖게 되었다.

이러한 성향은 위로부터의 관심에 기인한 바 크다. 일찍이 이승만 대통령은 육사 11기생들의 재학 중 6차례나 육사를 방문하여 관심을 보인 바 있다. 또한 일선에 배치된 후에는 일부 사단장, 군단장 및 군사령관으로부터 지나친 우대를 받았으며, 후원자들로부터는 "선배는 무능하며 도둑놈이고, 너희들은 군의 참신한 등불"이라는 찬사를 받았다. 박정희 대통령도 군 재직 시절부터 이들을 중용했으며, 5·16 후엔 전두환, 손영길 등 영남 출신 장교들을 중심으로 하나회라는 사조직을 조직토록 해서 육성했(다)(강창성 1991:360).

전두환 역시 자신의 회고록에서 그들이 느끼는 엘리트 의식, 그리고 선배 기수에 대한 우월감을 다음과 같이 표현하고 있다.

사실 그즈음, 육군사관학교가 4년제로 전환하기 이전에 임관한 육사 출신과 비(非)육사 출신 고위 장성들은 4년제 정규교육을 받은 11기 이후의 엘리트 장교들이 치고 올라와 자신들이 자리에서 밀려나는 상황을 우려하고 있었다. 정규 육사 출신들은 창군 이래 6·25를 거치며 단기교육(短期敎育)만 받고 임관한 선배 장교들에 대해 상대적인 엘리트 의식을 갖고 있었고, 임관을 앞두고 '육사 1기'라는 기수(期數) 호칭 문제가 논란이 되면서 집단 의식화되기도 했다. 그러나 정규 육사 출신들이 동창회 조직으로 뭉치고 진급을 거듭해 중견 장교로 성장하게 되자, 보직과 진급을 놓고 경쟁 관계가 된 단기 육사 출신, 비육사 출신 장교들로부터 견제를 받게 되었다. 6·25 전장(戰場)에 투입됐던 선배 장교들은 전쟁 중 후방에서 국가의 혜택을 받으며 공부만 할 수 있었던 정규 육사 출신들이 특별한 대우를 받아야 할 이유가 없다는 것이다. 정규 육사 출신의 선두 주자들이 점차 장관급(將官級)으로 성장하자, 단기 육사 및 비육사 출신들은 자신들이 밀려나게 될 것이라는 우려를 노골적으로 드러냈다(전두환 2017a : 248-249).

사실 이들의 이러한 우월감, 엘리트 의식, 그리고 정치에 대한 관심은 이미 5·16 직후부터 표출되었다.

1963년 7월 공화당의 사전조직과 연관되어 제기되었던 4대 의혹 사건이 정확한 조사도 없이 유야무야 되었을 때였다. 초급장교에 불과하던 육사 11기들이 김종필 세력의 제거를 요구하는 탄원서를 제출한 적이 있었다. 당시에는 그들 핵심 인물 10여 명이 군복을 벗을 뻔했지만, 그러나 상황은 완전히 반전되어 있었다. 그때 초급장교에 불과했던 그들은 이미 당당히 제 목소리를 낼 수 있을 만큼 성장해 있었다. 이제 그들은 '신군부'로 통칭되는 정권의 떠오르는 핵이었던 것이다(운경재단 2002 : 431).

전두환은 5·16 직후 육사 생도들을 설득하여 '5·16 군사혁명'을 지지하는 시가행진을 하도록 했고 이는 상황을 관망하며 쿠데타에 대한 태도 표명을 유보해온 군 지도부가 5·16에 대한 지지로 돌아서게 하는 데 결정적 기여를 했다. 뿐만 아니라, 위의 글에서 보듯이, 이들은 군정 기간 당시 사회적으로 커다란 물의를 일으킨 민주공화당 창당 자금 마련을 위한 4대 의혹에 대해서 집단행동을 도모하기도 했다. 이들이 초급장교라고 할 수 있던 시절부터 '정치화'되었음을 알 수 있다.

이들이 이렇게 강한 결속력을 갖게 된 데에는, 다른 기수에 비해 긴 4년간의 육사 생활을 함께 하면서 고락을 나누었고 거기서 비롯된 강한 동료 의식이 있었다. 또한, 앞서 언급한 대로, 이들은 강한 엘리트 의식이 있었으며, 군 고위층은 물론 이승만, 박정희 대통령의 관심을 받았다. 특히 박정희 대통령은 군 재직 시절부터 이들을 중용했다. 이들은 인사나 보직에서도 상대적으로 혜택을 받았다.

> 하나회 간부들은 군의 요직을 장악, 그 회원을 정실에 치우친 인사 정책을 통해 보직에 특전을 주었다. 이에 따라 하나회 회원들은 주로 수경사, 보안사, 특전사, 대통령경호실, 중앙정보부 등에 배치돼 근무했다. 이처럼 후방과 본부 근무를 하면서 일선에서의 보직 경력이 필요할 때는 서울 근방의 9사단이나 1사단에서 단기간 복무한 후 다시 후방으로 복위하곤 했다. 그럼에도 불구하고 진급은 비회원 누구보다도 우선적으로 되곤 했다. 이들은 '우리 편' 의식이 심하게 배양되어 있었는데 이는 파벌 의식을 조장하는 큰 요인으로 작용하고 있었다(강창성 1991:364-365).

이러한 정규 육사 출신의 성장에 대해 미국도 주목했다. 조갑제(2005:56-57)는 한 미군 정보기관원의 말을 인용하여 다음과 같이 적고 있다.

우리는 정규 육사 출신 그룹을 예의 주시해왔었다. 육사 출신들이 한국의 리더십을 공급한 가장 큰 풀(pool)이기 때문이다. 우리는 정규 육사 출신 장교단과 선배 육사 출신 사이에는 단층선(fault line)이 있다고 보았다. 군부에 이런 단층선이 있을 때 외부적 환경이 조성되면 변란이 생길 수 있는데 이것이 5·16 혁명의 한 동기였다. 정승화 계엄사령관은 단층선 위에 있는 정규 육사 장교단이란 중추부를 컨트럴하지 못하고 있어 불완전한 상태였다. 우리는 권력 구조적인 입장에서 상황을 분석하고 있었는데 한국 정치인들은 민주화가 대세라든지 하는 식으로 피상적인 관찰을 하면서 낙관하고 있었다.

글라이스틴 당시 주한미국대사 역시 12·12 사태 후 신군부에 대해 비슷한 견해를 밝혔다.

그들(주동자 그룹에서도 핵심 9명)이, 전두환과 마찬가지로, 정승화 육군참모총장 겸 계엄사령관이 박 대통령의 암살 음모에 연루되어 있다고 생각했다 해도, 그들의 거사 계획이나 그들 중 몇 사람이 후에 내게 말한 것으로 미루어 일차적 동기는 '내부적' 반감과 자신들의 영달을 위한 야망 때문이었다고 생각한다(Gleysteen 1999:122).

군부 내 소장파와 노장파 간 갈등이 내재되어 있던 상황에서, 박정희 대통령의 죽음으로 권력의 공백이 생겨났고, 이와 함께 잠재되어 있던 갈등이 급속하게 부상하기 시작했다.

그런데 공교롭게도 대통령 시해 사건의 조사 책임을 맡게 된 보안사령관은 소장파의 리더 전두환 장군이었다. 전두환은 일찍부터 소장파의 리더였다. 전두환은 30경비대대장 시절 김신조 등 무장공비들의 청와대 습격을 격퇴했고, 1사단장 시절 북한의 땅굴을 발견했다. 전두환은 그동안 승승장구해왔고, 또 그러한 직위를 이용해서 자기 측근들의 인사도 챙겼다.

전 장군은 보안사령관 부임 이전에도 박 대통령과의 친위적 위치 또는 인사에 영향력을 행사할 수 있는 직위에서 계속 근무할 수 있었던 관계를 이용, 자신을 지지하는 세력을 암암리에 또는 공공연히 구축할 수 있었다. 그가 5·16 직후부터 보안사령관에 이르기까지 역임한 직책들을 살펴보면 그것이 가능했던 이유를 알 수 있다. 5·16의 소용돌이 속에서 혁명을 주도한 박정희 소장과 육본에서 단독 면담, 혁명의 취지에 공감한 뒤 육군사관학교 생도들로 하여금 서울 도심지에서 5·16 지지 행진을 하도록 하는 데 한몫을 했던 전두환 대위는 곧 국가재건최고회의의장 민원실 비서관을 필두로 중앙정보부 인사과장(1963년), 제1공수단부단장(1966년), 수경사 제30대대장(1967년), 육참총장 수석부관(1969년), 주월백마부대 제29연대장(1970년), 제1공수여단장(1971년), 대통령경호실 작전차장보(1976년), 제1사단장(1978년)을 역임했기 때문이다.

더군다나 1973년 윤(필용) 장군 사건으로 조직은 없어졌지만 그 인맥은 살아 있었던 하나회 멤버가 전방 사단장과 연대장의 상당수를 차지하고 있었다는 점도 간과할 수 없는 장점이었을 것 같다. 79년 말 당시 비공식 통계에 의하면 정규 육사 출신들이 일선 연대장의 3분의 2, 전방 사단장의 3분의 1을 차지하고 있었던 것이다(강창성 1991:382).

전두환이 군 내에서 이렇게 승승장구했다고 해도, 박정희 대통령이 1979년 3월 그를 보안사령관으로 임명한 것은 사실 매우 뜻밖의 일이었다.

1979년 3월 제1사단장 전두환 소장이 보안사령관으로 전격 등용되자 군은 물론, 청와대와 정치권에도 충격적인 인사로 비쳤다. 박정희 대통령의 총애를 받는 정규 육사 출신으로 잘 알려진 인물이긴 하지만, 사단장 경력 1년 3개월 만에 중장이 지휘하는 군단장급 직위에 보직된 데다 보안사령관의 실질적 권력 서열이 차지철 경호실장, 김계원 비서실장, 김재규 중앙정보부장에 이어 4위에 해당되기 때문이었다(김충립 2016).

이처럼 중장 보직인 보안사령관에 소장 전두환 임명은 '파격적인 것'이었다. 전두환은 노재현 국방장관이 추천했다. 전두환의 발탁은 권부 내 알력 때문이었다. 다음은 전두환의 검찰 진술이다.

당시 김재규, 차지철 사이의 관계가 좋지 않은 등 박 대통령 주변

인물 몇몇 분 사이에 권력 암투가 있었습니다. 김재규는 자신의 측근인 문홍구 장군을, 차지철은 자신의 측근인 이재전 경호실 차장을 천거했으며, 노재현 국방부장관은 저를 추천했는데, 박 대통령이 직접 저를 낙점한 것으로 알고 있습니다(조선일보사 1999:18).

노재현 국방장관은 박정희 대통령의 총애를 받는 전두환을 통해 차지철을 견제하고자 했다(김충식 2022a:35-36). 결과적으로 보면, 정치적으로 가장 중요한 시기를 앞두고 전두환은 보안사령관으로 임명되었다. 전두환 스스로 말한 대로, 그 인사는 '인생에 있어 운명적인 역할'을 했다(조선일보사 1999:18).

보안사령관은 '실질적 권력 서열 4위'일 뿐만 아니라, 보안사령부가 갖는 고유한 힘도 활용할 수 있었다. 특히 보안사 정보처가 핵심이었다. 전 보안사 정보과장이었던 한용원은 정보처의 임무에 대해 다음과 같이 말했다.

정치, 학원, 언론, 재야, 종교, 문화 등 전 분야에 걸쳐 정보를 수집, 분석해 대책을 수립하고, 군수업체와 국방부장관의 조정, 감독을 받는 기관에 대한 인원, 시설 및 문서 보안제도와 개선 자료 제공, 군수업체 및 국방부장관의 조정, 감독을 받는 기관의 파업, 선동 또는 파괴행위 예방 및 분쇄 등을 담당했습니다. 4개과로 구성되어 있었는데 정보 1과가 정치 분야, 정보 2과가 각 기관 및 언론 분야, 정보 3과가 경제 분야, 정보 4과가 종교, 학원 분야를 맡고 있었습니다(조선일보사 1999:230).

그러나 전두환이 부임했던 당시 보안사령부의 영향력은 약화되어 있었다. 보안사 정보처는 김재규 정보부장 시절에 대민간 사찰을 금지하면서 방위산업체의 보안 업무를 담당하는 방산보안처로 바뀌었다. 그러나 전두환이 보안사령관으로 오면서 대민간 사찰을 부활시켰고, 방산보안처를 정보처로 복귀시켰다(조갑제 2005:63-64).

보안사령관 전두환은 박정희 시해 사건을 조사하는 합동수사본부장이 되면서 본격적으로 정치적 영향력을 행사하기 시작했다. 박정희 생존 때 막강한 권력을 행사했던 중앙정보부는 김재규의 시해 주도로 인해 힘을 잃었고 이제 보안사가 중심적 역할을 담당하게 되었다. 그런데 전두환은 보안사에서 단지 수사만을 책임지는 것이 아니라 사실상 모든 수사, 정보기관을 다 묶어 합동수사본부를 구성하고 그것을 이끄는 합수본부장이었다.

합동수사본부라는 기구는 계엄법과 같은 법적 규정에 의한 것은 아니었다. 육군의 비상사태 조치 계획상의 규정에 근거한 것이었다. 합동수사본부라는 기구도 부마항쟁 처리를 위해 일시적으로 운영된 것이 처음이었다.[14]

합수본부의 조직에 관한 규정은 계엄법에 있는 것이 아니고 육군본부의 비상사태 조치 계획인 충무계획의 '합수본부를 둘 수 있다'는 단 한 줄의 규정에 근거를 두었다. 10·26 이후 이 간단한 규정을 근거로 삼아 전두환 장군은 보안사를 국내의 모든 수사·정보기관을 감독·조정하는 강력한 권력기관으로 변모시킨 것이었다.

합동수사본부의 조직과 권한을 제도화한 것은 10월 26일 밤에 비상소집돼 나온 보안사 법무 참모(소령)였다. 그는 1979년 여름에 전 사령관의 지시로 합동수사본부의 조직을 기안해본 경험자였다. 부마사태가 터지자 전 사령관은 그 조직안을 갖고 부산에 내려가 부산지구 계엄사령부 내에 합동수사단(단장 권정달 부산 보안부대장)을 설치, 운영함으로써 실험을 해본 셈이었다.

법무 참모는 이런 경험을 바탕으로 하여 아무런 자료도 참고하지 않고 육군본부 보안부대에서 즉석 기안을 했다. 그는 합동수사본부의 위치를 계엄사령관 직속으로 하고 정보부·경찰·보안사는 물론이고 헌병과 군 검찰까지 감독하에 두도록 해버렸다. 계엄사의 치안처장은 육군 헌병감이 맡도록 돼 있었는데 그의 부하들이 합동수사본부의 지휘하에 들어가버림으로써 치안처가 실질적으로는 합수본부의 영향권 안에 들게 되었다. 12·12 사태 때 헌병감의 두 직속 부하인 성환옥 기획처장과 이종민 육군본부 헌병대장은 합수본부 측에 가담, 정 총장 연행을 도왔다.

전두환 소장은 법무 참모가 기안한 조직안을 그날 밤 정 계엄사령관에게 들고 가 결재를 받아왔다. 하룻밤 사이에 이루어진 합수본부의 기안과 탄생은 몇 달 되지 않아 정권의 탄생으로 이어지게 된다(조갑제 2005 : 62-63).

이렇게 합수본부는 졸속이고 편의적으로 만들어졌지만 그 조직의 파워는 대단한 것이 되었다.

합수본부의 중앙조직은 감독관실, 본부분실, 기획조정실 등 3실, 안전처·정보처·총무처 등 3처, 1단(수사단)으로 돼 있었다. 인력은 보안사 출신 379명, 경찰 37명, 검찰 8명, 정보부 출신 6명 등 모두 497명이었다. … 정보요원들은 120여 명, 문관이 절반가량을 차지했다. 정보처는 기능이 부활되어도 그동안의 공백기로 해서 정보의 체계적인 수집·분석을 독자적으로 할 수가 없었다. 그래서 정보부와 경찰을 적극적으로 부리고 정보부와 경찰이 보존하고 있던 정보철을 가져와 이용하기도 하였다(조갑제 2005:63-64).

앞서 언급한 대로, 10·26 사건 당시에는 부마항쟁으로 인해 이미 계엄령이 부산, 마산 지역에 내려져 있었다. 전국을 대상으로 하는 전국 계엄일 때는 계엄사령관이 직접 대통령의 지시를 받지만, 전국 모든 지역을 포함하지 않는 부분 계엄일 때 계엄사령관은 국방장관을 통하여 지시를 받는다. 부산, 마산 지역에 내려진 계엄령은 10·26 사건 이후 사실상 전국으로 확대되었지만, 형식적으로는 제주도를 제외한 '부분 계엄'이었다. 10·26 직후 열린 비상국무회의에서 제주도를 제외한 채 계엄을 확대했는데, 그것은 노재현 국방장관의 요청에 의한 것이었다. 제주도가 제외되었기 때문에 부분 계엄이 유지되었고, 대통령-국방부장관 등 기존 지휘 계통의 틀 속에서 계엄사령관의 역할이 규정되었다.

그러나 현실적으로는 부분 계엄이라고 해도 계엄하에서는 계엄사령관이 주도적인 역할을 담당할 수밖에 없다. 더욱이 대통령이 유고 상태였고, 국방장관이라고 해도 실제로 계엄사령부를 감독하거나 조정할 수 있는 힘은 제한적이었다. 박정희 체제가 그런 독자적 권한을 국방장관에게 부여하지 않았다. 따라서 정승화 육군참모총장은 계엄사령관으로서 막강한 권력을 행사할 수 있는 위치에 놓여 있었다. 그러나 그는 권력의 중심이 되지 못했다. 전두환이 장악한 합동수사본부가 실질적 권력의 중심이 되었다.

우선 정승화 총장의 인품이 주어진 권력을 전폭적으로 행사하려는 유형이 아니었다. 그는 온건한 원칙주의자였고 군 본연의 임무를 입버릇처럼 강조하는 비정치적 야전군인이었다. 10·26 사건이 반란이었다면 정 총장은 과단성 있게 사태를 제압하여 자연스럽게 강자로 떠올랐을 것이다.

그러나 10·26은 살인사건이었고 그 수사 업무를 맡은 합동수사본부가 국내의 모든 수사·정보기관을 지휘하면서 계엄 업무의 중심적 부분을 수행하고 있었다. 그 우두머리는 정 총장과는 전혀 반대인 권력 지향적 인간형이었다. 정승화 계엄사령관은 야심만만한 전두환의 합수본부를 통제할 수 있는 수단을 갖지 못했다. 합수본부장이 총장 직속으로 돼 있어 헌병감실이나 군 검찰 등 다른 기관이나 참모를 이용하여 견제시킬 수도 없었다. 견제기구로 쓸 만한 헌법, 군 검찰, 정보부는 일찌감치 합수본부 지휘하에 들어가 있었다. 따라서 계엄사에 쏠린 권력의 대부분을 실제로 행사하게 된 것이 합수본부였다(조갑제 2005:61-62).

10월 27일 오전에 발표된 계엄공고 제5호는 합동수사본부의 업무 한계를 "모든 정보수사기관(검찰, 군 검찰, 중앙정보부, 경찰, 헌법, 보안)의 업무 조정 감독"이라고 규정했는데(조갑제 2005:40), 이로써 전두환은 군과 정부의 모든 공안, 정보 조직을 자신의 휘하에 두게 되었다. 이제 합수본부는 대통령뿐만 아니라, 청와대 비서실, 중앙정보부 등 기존의 권력기관의 영향력이 사라진 상황에서 막강한 권력을 행사하는 기구가 되었다. 계엄사령관이 10·26 이후의 질서 유지에 핵심이 되어야 했지만, 합수본부를 장악한 전두환이 은밀하게 권력의 핵으로 부상했다. 실제로 전두환은 합수본부장으로 '매우 정치적인' 결정을 일찍부터 내리고 있었다.

(1979년) 11월 1일 김대중 씨는 고 박 대통령의 빈소에 조문하고 싶다는 뜻을 기관에 전달했던 것 같다. 정보부와 경찰에선 이 뜻을 전두환 (합수)본부장에게 보고했다. 전 본부장은 "정치적 시위효과를 노리는 행동으로 판단되니 거절함이 좋겠다"고 했다. 전 본부장은 이미 수사 차원 이상의 정치적 행동을 취하고 있었다(조갑제 2005:48).

이로써 모든 권력은 전두환이 장악한 합동수사본부에 몰리게 되었다. 이렇게 되면서 군과 관료 집단이 전두환과 합동수사본부의 눈치를 보게 되었다. 당시 전두환의 한 핵심 측근은 그 당시의 분위기를 다음과 같이 평했다.

군 장성들의 기회주의적 성향이 나타나기 시작했습니다. 전방에서 외출 나온 일부 장성들은 육군본부와 합수본부 양쪽을 오가며 눈치를 보는 것이었습니다. 양쪽을 이간질시키는 말을 하고 다니기도 하고, 어느 쪽이든 확실히 소속돼야 하는데 그러지 못하니까 불안감과 소외감을 느끼는 것 같았습니다. 합수본부 비서실로는 세상이 어떻게 돌아가는지 정보를 얻으려고 기웃거리는 장교들이 모여들기도 했습니다. 관료들도 합수본부의 통제를 자청해 와서 우리는 본의 아니게 행정적인 일이나 정치적인 일에 간여하게 되었습니다. 경찰도 합수본부에 예속을 자원해 오고 있었습니다. 자석에 빨려들 듯 합수본부로 저절로 힘이 쏠리고 있었습니다. 나라가 이렇게 되면 망하는구나 하고 생각했습니다(조갑제 2005:59).

10·26 이후 권력의 갑작스러운 공백 속에 군의 영향력은 매우 커졌다. 그러나 그 힘은 외형적으로 한데 모여 있지 않았고, 계엄사령관 정승화와 합동수사본부장 전두환으로 양분되어 있었다. 제도상으로 최고의 지위는 정승화 계엄사령관이 차지하고 있었지만, 모든 수사, 정보기관을 장악한 전두환은 그것을 기반으로 점점 실질적인 권력을 확대해갔다. 두 힘 간의 충돌은 이제 불가피한 것이 되었다.

12·12 사태

10·26 이후 정치권력의 공백 속에서 가장 강력한 힘을 가진 군부는 이처럼 소장파와 노장파로 분열되어 있었다. 소장파의 우두머리 전두환은 모든 공안 조직을 장악하면서 권력을 확대해 갔다. 전두환의 권력 장악은 점차 군부 내 두 세력 간 충돌의 가능성을 높여갔다. 소장파의 입장에서 박정희의 사망은 그동안 자신들을 '아끼고 키워온' 보호자가 사라졌음을 의미하는 것이기도 했다. '보호자'가 사라진 상황에서 노장파의 리더인 계엄사령관은 보안사령관을 포함하여 모든 부대에 대한 지휘권과 인사권을 갖게 되었다. 계엄사령관이 결심하면 전두환의 힘의 원천인 합동수사본부장, 보안사령관직에서 그를 물러나게도 할 수 있는 것이었다. 정승화가 마음먹기에 따라서는 전두환뿐만 아니라 하나회 관련 장교들 다수를 전방이나 후방 부대로 발령 내어 분산시킬 수도 있었다.

실제로 정승화 계엄사령관은 전두환으로의 권력 집중을 견제할 필요성을 느꼈다. 정승화 총장은 군의 정치적 중립성을 강조했는데 이는 전두환에 대한 견제의 의미도 담고 있었다.

어떻든 정규 육사 출신의 대표적 주자로 권력을 강화하고 있던 전 본부장에 대해 잠재적 위험성을 느낀 정 총장은 기회 있을 적마다 군의 정치적 중립성을 강조함으로써 명분을 축적해가는 한편으로 전 장군 측에 대해선 일종의 견제구를 던졌다고도 볼 수 있다(강창성 1991 : 382).

보다 직접적인 견제 방안으로 정승화는 전두환을 보안사령관직에서 물러나게 하고 다른 부대로 전보 발령을 내리려고 했다. 노장파와 소장파로 군부가 분열되어 있는 상황에서 이러한 시도는 소장파에게 매우 심각한 도전으로 받아들여졌다.

이날은 일요일이었다. 정승화 총장은 태릉 골프장에서 노재현 국방장관과 함께 골프를 쳤다. 이 자리에서 그는 노 장관에게 이렇게 건의했다. "전두환 소장을 바꿔야겠습니다. 김재규 재판이 끝날 때까지 기다리려고 했는데 월권과 마찰이 심해서 아무래도 안 되겠습니다. 이에 대해 노 장관은 '좀 더 두고 생각해봅시다'고 했다(정승화 1987 : 150).

당시 항간에 보안사령관이 동해안경비사령관으로 전보될 것이라는 말이 나돌고 있었다(한용원 1993 : 370). 그런데 골프를

쳤다는 날이 일요일이면 12월 9일이다. 하지만 전두환을 다른 곳으로 발령 내려는 정승화의 의도는 전두환 쪽에 알려졌고[15] 이로 인해 이들이 서둘러 선제공격을 감행하도록 만들고 말았다. 즉, 전두환 등 신군부 세력은 자신들이 거세되기 전에 먼저 상대방을 쳐야겠다고 결심하게 되었다. '거사'가 성공한다면 노장파를 제거하고 자신들이 군의 요직을 차지할 수 있게 되는 것이었다. 12·12 군사 반란은 이런 상황 속에서 전격적으로 실행되었다.

그러나 전두환의 보직 이동과 관련된 정승화의 발언 이전에도 이미 이런 움직임은 시작되고 있었다. 정승화(1987:149-150)에 따르면, 12월 8일 전방에 있던 노태우 사단장이 전두환 합수본부장의 연락을 받고 보안사령부에 가서 10·26 사건 수사 내용에 관해 브리핑을 받았고, 서울에서 일부 사람들과 만나 여론을 들은 뒤 다시 보안사령부에 가서 논의한 뒤 12월 12일로 거사일을 잡았다고 보고 있다. 노태우 장군은 9일 황영시 1군단장을 만나 12월 12일의 '모임'에 오도록 청했고 응낙을 받았다고 한다. 이것이 사실이라면 정승화 계엄사령관이 전두환에 대한 인사 문제를 거론하기 이전에 이미 전두환과 신군부는 12·12 사건을 계획하고 있었던 것이 된다.

그보다 더 일찍부터 '거사 계획'이 진행되었다고 볼 만한 증언도 있다. 글라이스틴 미국대사에 따르면, 주한미군 위컴 사령관은 이미 12월 초 신군부 측의 '수상한 움직임'에 대해 알고 있었다.

위컴은 12월 초 육사 11기와 12기 출신 장성들 사이에 수상한 움직임이 있다는 보고를 받고 노재현 국방장관과 유병현 연합사 부사령관에게 알려주었지만, 그들은 단순한 소문으로 일축했다. 거의 동시에 미 정보통은 전두환 장군과 몇몇 군인들이 모종의 행동을 모의하고 있음을 포착했다(Gleysteen 1999:103).

12월 초에 그런 움직임을 알고 있었다는 것은 "정승화 장군의 체포 작전이 최소한 10일 간에 걸쳐 준비"(Gleysteen 1999:130)되었음을 시사해준다. 당시 합참본부장이었던 문홍구 중장은 다음과 같이 말했다(김충식 2022a:63).

12·12 거사 몇 주 전에, 8군 사령관 위컴 장군이 국방부장관과 나에게 '육사 출신 장군들 중심으로 심상치 않은 정치적 움직임이 있다'는 정보를 주었다. 그때 노재현 장관실에 들어가서 말했다. 그러자 노 장관은 '나도 전두환 장군을 불러 알아보았으나 그런 일은 절대 없을 것이라고, 안심하라'라고 말했다."

노재현 장관이 전두환을 불러 물어봤다고 하지만, 하극상을 꾀하는 자들이 그렇게 할 것이라고 미리 실토할 가능성은 없다. '거사 몇 주 전'이라면 군 내부에서는 '수상한 움직임'을 이미 11월 말부터, 아무리 늦어도 12월 초에는 알고 있었던 셈이다.

전두환은 정승화를 연행 조사하기로 결정한 시점을 1979년 12월 초라고 검찰 수사에서 밝혔다(조선일보사 1999:23). 그러나 그것을 위한 준비는 그보다 훨씬 이전부터 진행되었다. 전두환의 1989년 12월 31일 국회 증언 내용이다.

11월경 본인은 모든 상황을 노 국방장관에게 보고하고 정승화 총장의 연행 조사를 건의하였더니 "좀 더 두고 보자"고 했고, 그 후 최 대통령에게 건의 드렸더니 "국방장관과 상의하라"고 말씀하시어 본인으로서는 더욱 어려운 처지에 놓이게 되었습니다. … 이러한 뜻에서 본인은 정 총장을 수사할 적기를 포착하기 위해 정국의 추이를 주시하는 한편 군부 내의 여론을 수집하였습니다. 11월 중순경부터 중진 장성들과 접촉을 계속하였는데 그들은 하나같이 10·26 사태의 진상을 밝히기 위해선 어떤 고위층도 예외일 수 없으며 빨리 흑백을 가릴 필요가 있다는 것이었습니다. 특히 육군 최고 책임자의 관련 혐의는 군의 단결과 신뢰 회복을 위해서는 하루속히 결판을 내어야 한다는 것입니다. 본인은 본인의 신념과 군 전체의 총의가 일치된 것으로 느끼고 12월 초순 대통령 선거가 끝나고 내각이 새로 발족한 후 김재규 재판과의 관련으로 보아 정 총장에 대한 수사를 연기할 수가 없다고 판단하여 12월 12일 임무를 결행하기로 했던 것입니다(『조선일보』, 1990.1.1).

전두환은 11월 중순부터 정승화에 대한 중진 장성들의 의견을 구했다는 것이다. 『5공 전사』에서도 정승화 제거를 위한 군 내부의 협의를 한 것이 11월 중순이라고 적고 있다.

전 장군이 참모나 가까운 장성들과 정 총장 문제에 관해서 본격적으로 협의를 한 것은 김재규 일당에 대한 조사가 일단락된 11월 중순부터였다. 그러한 논의 대상이 되었던 후배 장교로는 우선 보안사 참모 중 비서실장 허화평 대령, 보안사 인사처장 겸 합수본부 조정통제국장 허삼수 대령, 조사과장 겸 합수본부 제1조사국장, 이학봉 중령, 수경사 30단장 장세동 대령, 33단장 김진영 대령이었다. 이들은 모두 전 장군의 정 총장에 대한 수사는 적당한 때에 반드시 행해져야만 박 대통령 시해 사건을 정당하고 완전하게 수사하는 것이라는 의사에 동감이었다. 또한 이들은 정 총장을 조사한다 하여도 그가 육군의 최고 지휘관으로서의 위신과 군의 안정을 위해서 명예롭게 용퇴하는 길을 열어주어야 한다고 생각하였다. … 선후배 장군들 가운데 전 장군이 접촉한 인물은 주로 제1군단장 황영시 중장, 제9사단장 노태우 소장, 20사단장 박준병 소장, 71훈련단장 백춘택 준장, 제1공수여단장 박희도 준장, 제3공수여단장 최세창 준장, 제5공수여단장 장기오 준장 등이었다(현대한국사연구회 1982:916-917).

전두환이 11월 중순 경부터 접촉한 군 장성들은 황영시, 차규헌, 유학성, 노태우 등이며 이들과 정 총장의 연행과 조사, 그리고 군 개혁 방안에 대해 논의했다(조선일보사 1999:23). 이들이 바로 12월 12일 '거사일'에 30단에 모였던 장성들이다. 즉, 11월 중순부터 정승화 퇴진과 신군부의 군권 장악에 대한 논의가 이뤄지고 있었던 것이다. 12·12 사태를 벌이기 거의 한 달 전부터 이를 위한 구체적 준비가 진행되고 있었다.

12·12 사태 이전의 정치 상황은 다음과 같다. 10·26 사건 이후의 권력 공백이 최규하 체제로 자리를 잡아 가고 있었다. 12월 6일 장충체육관에서 열린 통일주체국민회의에서 최규하 대통령 대행은 단독 출마하여 대통령에 당선되었다. 1972년, 1978년 두 차례 박정희를 당선시킨 통일주체국민회의는 박정희 사후에 세 번째로 또 다른 대통령을 선출했다. 최규하는 재적 대의원 2,560명 중 2,549명이 참여한 투표에서 2,465명의 찬성으로 10대 대통령에 당선되었다. 예전과 달리 무효표가 84표나 나왔지만, 찬성률은 여전히 압도적인 96.7%였다. 최규하는 12월 7일 하오 국무회의 의결을 거쳐 긴급조치 9호를 해제했고 관련자들도 석방했다. 김대중의 가택 연금 조치도 해제되었다. 긴급조치 해제는 12월 1일 국회가 제기한 긴급조치 해제 건의안을 최 대통령이 수용하는 형식으로 이뤄졌다. 최규하의 새 내각은 12월 13일 그 명단의 발표와 함께 출범할 예정이었다.

한편, 정승화 총장으로부터 군의 실권을 탈취하고 싶었던 신군부 세력은 정승화 총장이 10·26 사건 당시 사건의 현장에 있었다는 점을 약점으로 잡았다. 물론 김재규의 초대로 왔고 사전에 모의하지도 않았지만, 대통령 살해 사건의 현장에 있었다는 사실만으로도 정승화는 불편함을 느낄 수밖에 없었다. 더욱이 사건 직후 김재규와 함께 차를 타고 육군본부까지 동행했다는 사실 등으로 그의 행적에 대해 의구심을 가지려면 얼마든지 가능한 상황이었다.

정승화 총장은 10·26 사건 현장에 김재규의 초대로 와 있었다는 점 하나만으로도 의구심을 사기에 충분했다. 뒤에 가서야 김재규와의 사전모의가 전혀 없었음이 드러났지만, 세간에 퍼지기 시작한 의구심은 정승화 총장에게 상당한 심리적 압박감을 주었고, 전두환 장군과의 관계에서 그를 소극적으로 만든 것 같다. 그때 미국에서 살고 있던 정승화 씨의 아들도 국제전화를 걸어 "아버지, 정말 관련이 없습니까?" 하고 물을 정도였다. 정승화씨는 "평소에 아버지를 어떻게 봤길래 그따위 소리를 하느냐"고 역정을 냈다고 한다(정승화 1987 : 75).

정승화는 10·26 사건 이후의 사회질서를 책임질 계엄사령관이었지만, 그에 대한 이와 같은 세간의 의구심 때문에 심리적 부담을 느낄 수밖에 없었다. 정승화는 이 사건과 관련하여 수사관 앞에서 진술해야 했다. 정승화에게만 준 것은 아니었지만 1979년 추석 때 김재규로부터 '떡값'을 받았다는 사실 또한 의혹을 더 부추겼으며, 이런 요인들은 그의 행동반경을 알게 모르게 제약하는 저해 요인으로 작용했다(강창성 1991 : 381).

그런데 시해 현장에 없었다는 점이 다르기는 하지만, 사실 최규하 당시 총리의 행적도 문제를 삼으려면 삼을 만한 것이었다.

최규하 총리는 10월 26일 밤 8시께 김계원 대통령 비서실장의 연락을 받고 청와대로 갔었다. 여기서 김 실장으로부터 '김재규가 차지철을 쏜다는 것이 박 대통령을 잘못 맞춰 돌아가시게 했다'는 보고를 받았다. 국무위원들 가운데 김재규가 시해범이라는 것을 맨 처음 알게 된 최 총리는 김재규와 노재현 국방부장관이 김계원에게 요구한 대로 육본 벙커로 자리를 옮겼다. 대통령의 서거로 자신이 대통령 권한 대행이 됐다는 것을 알면서도 회의 장소를 청와대가 아닌 김재규가 있는 육본으로 옮긴 것이다. 최 총리는 육본이나 국방부에서도, 다른 국무위원들이 박 대통령의 생사 여부를 몰라 김재규에게 밝힐 것을 요구하고 있는데도 시종 침묵으로 일관했었다(정승화 1987:75).

최규하의 이런 행동은 10·26 사건의 검찰 기소장에 담겼다. 정승화 계엄사령관은 기소장 사본을 미리 읽고 최규하 권한 대행과 관련된 부분을 확인했다.

기소장엔 한 가지 마음에 걸리는 대목이 눈에 띄었다. 최 대통령 권한대행에 대해 언급한 부분이었다. 10·26 당일 밤 김계원 비서실장은 수도국군통합병원에서 박 대통령의 죽음을 확인한 후 청와대로 돌아와 최규하 국무총리와 몇몇 각료들을 청와대로 들어오게 한 뒤 최 국무총리에게 김재규와 차지철이 다투다가 총격이 벌어져 김재규의 총에 박 대통령이 사망했다고 보고하였다. 그것은 최 총리가 육군본부 벙커에 오기 전에 이미 김재규에 의해 박 대통령이 돌아가신 것을 알고 있었다는 결론이 된다. 그렇다면 대통령 유고시 권한 대행을 해야 할 총리로서는 더 적절한 조치를 취했어야 했었다는 생각이 들었다.

과도기이기는 하나 최 권한대행을 곧 차기 대통령으로 옹립하려
는 상황에서 이와 같은 과오가 국민에게 좋지 않은 영향을 줄 것
이 아닌가 염려됐다. … 그래서 나는 곧 국방장관 공관으로 노(재
현) 장관을 찾아갔다. 나는 그에게 자초지종을 이야기하고 최 권한
대행에게는 미안한 일이 되었다며 법률적으로 흠이 없다 하더라도
개운한 일은 못 된다고 말했다. 군 검찰과 나의 실수니 오해가 없도
록 그에게 잘 말씀드려달라고 부탁하였다(정승화 1987 : 124-125).

전두환은 1979년 12월 1일 "제가 육본의 전창렬 중령을 인솔
하고 가서 전 중령이 조사한 사실은 기억나고, 최 대통령이 김재
규를 범인인 줄 알고도 잡지 않았다는 혐의를 조사한 것으로 압
니다. 결국 최 대통령에 대한 의혹은 해소되었던 것으로 기억합
니다"(조선일보사 1999 : 28)라고 후일 검찰 조사에서 밝혔다. 전
두환은 대통령 권한대행까지도 수사 대상으로 삼을 만큼 합수본
부장으로서의 위세를 내세웠다.

최규하의 애매한 태도는 당시에 문제없이 넘어갔지만,[16] 이와
달리 정승화는 신군부의 타깃이 되었다. 신군부에게 당장 필요
한 건 군 권력을 차지하는 일이었다. 정승화가 장악하고 있는 군
권력을 빼앗아 와야 했다. 당시 군 고위 장성 인사는 정체되어
있었다.

당시 육군 인사가 정체되어 있었다. 특히 소장 계급에 있어서는 육
사 8기생 일부와 9기생, 종합학교 출신 선임자 일부, 그리고 11기

생으로 복잡하였다. 소장으로 승진한 연도도 1~3년의 차이는 있었지만 비슷하였다. 중장으로 승진할 수 있는 기회는 한두 번밖에 없는데 (박정희) 대통령께서 말씀하신 최고참이고 선임기들인 이들 3명을 모두 중장으로 승진시킨다면 다른 사람들의 승진 기회가 아주 좁아질 뿐만 아니라 특히 10기 이하 종합학교 출신 선임자들이나 육사 11기 등은 몇 사람을 빼고는 승진이 어렵게 될 형편이었다(정승화 1987:82).

이런 상황에서 정승화는 자신의 측근을 군 요직에 임명했다.

정승화가 참모총장에 오르는 데는 김재규의 강력한 추천이 있었다. 총장 자리에 오른 정승화는 군의 요직을 그의 추종 세력들로 채우고 있었다. 제3군 사령관 이건영, 특전사령관 정병주, 수도경비사령관 장태완 등이 그 중추적인 인물이었다. 이들은 소장 그룹으로서는 필히 넘어야 할 거대한 산들이었다(운경재단 2002:431).

전두환은 정승화가 1979년 11월 16일 장태완을 수도경비사령관으로 임명했을 때 이에 대한 반대 입장을 드러냈다.

인사를 앞두고 보안사령관 전두환 소장은 장태완 장군이 수도경비사령관으로 적합지 않다고 나에게 재고해주도록 요청하였다. … 전두환 장군은 장태완 장군이 자기에게 만만치 않은 상대가 되어 반대하는 것이 아닌가 생각되었다(정승화 1987:82-83).

당시 사단장의 3분의 1, 여단장의 2분의 1, 연대장의 3분의 2가 정규 육사 출신인 데다, 하나회 출신이 많았다. 특히 수도권 부대에는 하나회 출신이 더욱 집중적으로 배치되어 있었다(한용원 1993:370). 이른바 '정규 육사 출신'과 하나회가 보직에서 특혜를 누리고 있었다. 하지만 정승화는 자신의 측근을 요직에 임명하면서 그 기득권에 위협을 가했다. 다음은 신군부의 시각을 보여주는 『5공 전사』에 기록된 내용이다.

정승화 장군은 10·26 사태로 계엄사령관이 되자마자 이와 같은 수도권 부대에 영향력을 강화하기 시작한 것이다. 그러한 가장 뚜렷한 예가 충정부대의 핵심인 수도경비사령부의 사령관을 자기의 심복으로 교체한 사실이다. 즉, 정 총장은 10·26 이후인 79년 11월 16일 전 사령관 전성각 소장을 군단장으로 전보시키고 심복인 장태완 소장을 사령관에 임명한 것이다. …
장 장군을 수경사령관으로 임명한 후 정 총장은 수경사에 대한 자신의 영향력 강화를 위해 수경사 설치령의 재검토를 지시하였다. 당시 수경사설치령(대통령령 제9218호 78.12.19)은 유고시 수경사를 경호실장이 지휘하도록 되어 있었다. 정 총장은 수경사의 지휘권을 경호실장으로부터 참모총장으로 옮기는 수정 작업을 장태완 장군에게 지시하여 장 장군은 이에 대한 수정 작업을 실시하게 되었다. 이 작업에서의 주요 수정 내용은 수경사 임무 중 "국가원수경호 및 특정경비구역경비"에서 "국가원수"를 삭제하고 사령관 직능 중 "사령부 임무를 통합하여" 부문을 "사령관은 참모총장의 명을 받아"라고 수정한 것이다. 또한 "수경사 참모부서 설치는 국방부장관이 정하도록 한다"는 부문을 "육군참모총장이 정한다"고 개정하여 육군참모총장의 영향력이 강화되도록 수정하였다(현대한국사연구회 1982:899-901).

장태완의 수도경비사령관 임명 이외에도 정승화가 주도하는 군 인사에 대한 전두환 측의 불만은 컸다.

또한 10·26 사건과 관련한 청와대 경호실 고급 간부의 책임을 묻는 문제에 있어서 이재전 장군 외에도 처장급 이상의 간부는 모두 책임을 지고 사퇴하기로 되어 있었다. 따라서 그중 작전차장보 김복동 소장과 행정차관보 우종림 소장도 예편하게끔 상신되어 있었다. 그러나 정승화 장군은 이들 두 장군의 예편에 반대, 그들을 3군사령부와 2군사령부의 참모장직에 각각 전보케 하였다. 이는 당시 육본 인사참모부장 천주원 장군에 의하여 정책적인 배려로 순전히 정승화 총장이 취한 조치였던 것이다. 이와 같은 일련의 사실은 합수본부 측으로 볼 때에 혹시 정승화 총장이 후일 이들을 자기에게 유리하게 이용할 목적으로 이들에게 후의를 베푼 것이 아닌가 의심할 수도 있게 하였다. 여하튼 이와 같은 이재전 장군과 김, 우 양 장군에 대한 정 총장의 납득이 안 가는 처리는 합수본부로 하여금 정승화 총장에 대한 의심을 더욱 강화케 하는 계기가 되었던 것이다(현대한국사연구회 1982:892-893).

결국 이런 상황하에서는 신군부 장성들의 진급은 어려울 수밖에 없었다. 정승화 총장을 퇴임시켜야 국면을 전환하고 승진을 보장받을 수 있었다(한용원 1993:370). 전두환 측은 정승화를 몰아내는 '군 개혁'을 해야만 군 인사권을 장악할 수 있었다.

12·12 사태를 주도한 정규 육사 출신 장교들의 공감대는 '군 개혁'이었다. '군 개혁'에 관한 시나리오가 구체화된 것은 12·12 사태 열흘쯤 전인 1979년 12월 초였다. 황영시 당시 1군단장과 전두환 합수본부장 및 서울로 휴가 나와 있던 김윤호 광주보병학교장, 이 세 사람은 12·12 사태 뒤의 군 인사안까지 짰던 것이다. 이때 오고 간 이야기는 주로 군부 내의 기성세력을 물러나게 한다는 것이었다. 노재현 국방장관과 정승화 육군참모총장은 다른 자리를 만들어 용퇴시키고, 새 육군참모총장에는 황영시, 참모차장에는 전두환 장군이 들어가 군을 정규 육사 체제로 개혁한다는 것이었다(조갑제 2005:141).

12·12 사태 이후 신군부 측의 한 대령은 정승화 '거세'에 대해 다음과 같이 솔직한 심경을 밝혔다.

전두환 사령관이 노재현 국방부장관에게 정승화 체포를 3번이나 건의했다. 2번은 거절당하고, 3번째는 면박당했다. 그러는 사이 역으로 전두환 사령관을 동해방위사령관으로 내쫓는다는 소리가 들리고, 정승화가 12월 13일 개각에서 자기 세력 최세인, 박영수 장군

을 심으려고 해서 거사를 결심한 것이다. 누가 먼저 선수를 치느냐
는 피차 3, 4일 앞서고 뒤지는 차이밖에 없었다(김충식 2022a : 66).

이 증언은 12·12 사태가 군 인사권을 둘러싼 두 세력 간 다툼의 결과라는 것을 잘 보여주고 있다.

전두환은 합수본부장이라는 직책을 최대한 활용하여 정승화를 치기로 했다. 대통령 시해 현장에 있었다는 정승화의 약점을 명분으로 삼았다. 사실 정승화는 10월 28일 합수부의 중간수사 발표 이후 자신의 결백을 주장하기 위해 조사를 받겠다고 합수부의 조사를 자청했다. 이에 따라 1979년 10월 29일부터 11월 1일까지 4일 간 이학봉 대령, 정경식 검사, 최서락, 박원철 등 합동수사본부 수사관들이 육군참모총장실로 출두하여 사건 참고인으로 정 총장에 대한 조사를 실시하였다(현대한국사연구회 1982 : 873). 뒤에서 살펴보겠지만, 전두환은 10·26 사건 전모를 발표할 때는 정승화를 문제 삼지 않았다.

12월 12일 오후 6시 30분을 조금 넘긴 시각. 전두환은 이학봉 합수본부 수사국장을 대동하고 총리 공관에 가서 10·26 사건에 정승화 계엄사령관이 연루되어 있기 때문에 조사하도록 재가를 요청했다. 그 시간에 경복궁의 수경사 30단에는 10명의 고위 장교들이 모였다. 이른바 '생일집 잔치'이다. 여기에 모인 이들은 제1군단장 황영시 중장, 수도군단장 차규헌 중장, 국방부 군수차관보 유학성 중장, 제9사단장 노태우 소장, 제20사단장 박준병 소장, 제71사단장 백운택 준장, 제1공수여단장 박희도 준장,

제3공수여단장 최세창 준장, 제5공수여단장 장기오 준장, 30경비단장 장세동 대령, 33경비단장 김진영 대령 등이었다. 이들은 정승화 총장 연행에 대해 노재현 국방장관과 최규하 대통령을 설득하는 데 힘을 모으기로 했고, 연행 이후에는 군 인사 문제, 이른바 '군 개혁'에 대해 논의할 예정이었다.

최규하 대통령이 금방 결재해줄 것으로 예상했기 때문에, 전두환 자신은 대통령을 찾아 총리 공관으로 가면서 같은 시각에 정승화 연행을 위해 허삼수, 우경윤 두 대령을 총장 공관으로 보냈다. 전두환은 후일 검찰에서 다음과 같이 말했다.

> 합수본부장인 제가 박 대통령 시해 사건 수사와 관련하여 정 총장을 연행한다면 대부분의 사람들이 승복할 것으로 생각했기 때문에 상대편의 대응이 그렇게 커지리라고는 생각하지 않았습니다 (조선일보사 1999:25).

1988년 국회 증언에서 전두환은 "정승화 계엄사령관에 대한 수사 권한과 관련, '시해 사건에 대한 수사권은 대통령의 사전 결재를 받지 않아도 되는 합수부장의 포괄적인 고유 권한이었다'며 '당시 최규하 대통령에게 정 총장 연행 조사를 보고한 것은 그가 계엄사령관 및 참모총장직에서 물러나게 될 경우 그 공백을 대통령이 처리해야 하기 때문'이라고 말했다"(『조선일보』, 1990.1.1). 앞서 지적한 대로, 전두환은 합수본부장의 자격으로 최규하 당시 대통령 권한대행도 조사한 바 있다. 최규하도

조사한 마당에 정승화 연행도 같은 논리로 얼마든지 가능하다고 생각한 듯하다.

이렇게 정승화 연행 건이 쉽게 처리될 것으로 예상한 탓에, 정승화 측과 신군부 측 두 진영 간 군사적 충돌의 가능성은 그리 높게 생각하지는 않았던 것 같다. 만약 그런 상황까지 예상했다면 그 시간에 수도권 부대를 지휘하는 주요 지휘관들이 부대에서 이탈해서 경복궁에 한가하게 모여 있을 수는 없었다. 군사적 충돌을 예상했다면 그들은 자기 부대에서 출동 태세를 갖춘 채 만약의 사태에 대비해야 했을 것이다.

전두환은 검찰 조사에서 12·12 사건은 "정 총장을 조사시설이 되어 있는 보안사 서빙고 분실로 모셔 오는 과정에서 정 총장 측의 무력행사로 발생한 우발적인 충돌사건에 지나지 않을 뿐"(조선일보사 1999:21)이라고 말했다. 또한 1989년 12월 31일의 국회 증언에서는 '사전에 준비된 병력출동계획도 없는 쿠데타가 어디 있겠으며, 만약 쿠데타였다면 왜 본인이 그 직후 바로 권력을 장악하지 않았겠느냐'고 말했다(『조선일보』, 1990.1.1). 검찰 조사에서도 병력 동원을 하려고 사전에 계획한 것은 아니라고 밝혔다(조선일보사 1999:25).

물론 현직 계엄사령관 연행이 쉽지 않을 것으로는 예상했다. 이 때문에 치밀하게 연행 계획을 짰다.

정승화 참모총장을 연행, 조사하기로 결심한 전두환 합수본부장은 당시의 정 총장의 막강한 직위와 앞에서 언급한 바 있는 그의 세력 강화 조치 및 태도로 보아 그의 연행, 조사가 쉽지 않다는 것을 충분히 인식하고 있었다. 만일의 사태에 대비하여 치밀한 연행 계획 없이는 일의 성사는 어려운 것이었다(현대한국사연구회 1982:944).

전두환은 후일 1989년 12월 31일 5공 청문회에서 이런 사실을 밝혔다.

본인은 그날 밤 6시 30분 경복궁에 있던 30단으로 평소 정 총장과 가까운 관계인 군의 중진 장성들과 그 밖의 몇몇 장성들을 초청해 놓고 있었습니다. … 그렇게 신중을 기한 것은 정 총장이 일단 예편하기를 결심하였다가 혹시 울컥하는 감정으로 군을 동원하여 보안사를 공격하고 수사요원을 체포하여 하극상 사건으로 몰아 오히려 죄를 뒤집어씌우려 들 가능성을 배제할 수 없었기 때문에 그러한 사전 조치를 취했던 것입니다(『조선일보』, 1990.1.1).

전두환은 12월 9일 박희도 장군을 불러 다음과 같이 말했다.

지난번 수사 과정에서 정승화 총장의 혐의에 대한 수사가 미진했었는데 이번에 흑백을 밝히겠다. 총장을 연행, 조사해야 하는데 내 힘으로 잘 될른지 모르겠다. 1군단장 황영시 장군도 동의했고 9사단장 노태우 장군도 동의했다. 그러니 12월 12일 6시까지 30단에 오너라. 이는 대통령 각하에게 이러한 것이 보안사령관 한 사람의 뜻이 아니고 우리 군의 중견 간부들의 공통된 뜻이라는 것을 알리려는 것이다. 최광수 비서실장을 불러 우리의 뜻을 전하면 각하에게 결재받는 데 도움이 될 것이 아니냐? 그런데 30단에 올 때 속에는 군복을 입고 겉에는 사복을 입고 오너라(현대한국사연구회 1982:933-934).

전두환은 개인이 아니라 군부 지도자들의 뜻인 것처럼 내세워 정승화 연행을 관철시키려고 했다. 『5공 전사』는 "이 30단에서의 중견 장성들의 모임이 사실상 12·12 사태의 발단이요, 성공의 기반이었다"고 평하고 있다(현대한국사연구회 1982:918). 그러나 당시 30단에 모인 장성과 대령들 모두가 정승화 연행을 알고 있었던 것은 아니었다. 30단에 모인 이들에게 장세동은 다음과 같이 말했다.

여기 계신 분 가운데는 왜 여기 오시게 되었는지 아시는 분도 있고 모르시는 분도 계신 것 같은데 제가 간단히 설명해드리겠습니다. … 전두환 합수본부장은 정승화 대장 수사 문제에 대한 보고와 승인을 얻으려 18시 40분경 최규하 대통령에게 갔으며, 따라서 이 자리에 못 오셨다. 그리고 최 대통령으로부터 재가가 날 것으로 기대하고 19:00시를 기해서 정 총장을 연행할 계획으로 우경윤과 허삼수 대령이 총장 공관으로 출발했다. 그러니 장군님들께서는 일이 뜻대로 잘 안 되는 경우에 육군의 중견 장성으로서 합수본부장님의 조치가 옳다는 것을 측면에서 지원해주시면 됩니다(현대한국사연구회 1982:1026-1027).

30단에서의 집결 이외에도 만약의 사태에 정승화 구출을 위한 즉각적인 병력의 동원을 막기 위해 수경사 헌병단장 조홍 대령의 진급 축하를 명목으로 특전사령관 정병주 소장, 수경사령관 장태완 소장, 헌병감 김진기 준장을 연희동 요정에 초청해 저녁 자리를 가졌다. 보안사 참모장 우국일 준장으로 하여금 전두환은 대통령이 불러 총리 공관으로 갔는데 끝나는 대로 오기로 했다고 하고 대신 접대하겠다고 말하도록 했다. 이들이 연락을 받고 부대로 복귀하여 병력 출동 등의 조치를 취하는 것이 감청되면, 경복궁에 모인 장군들이 설득해보고 여의치 않으면 부대 출동을 통해 힘으로 대결하기로 했다(한용원 1993:372).

〈자료7〉은 보안사령부에서 만든 『5공 전사』 부록에 수록된 '수사 착수 건의' 서류이다. 이 서류에는 "고 박 대통(령) 각하 시해 사건에 관련된 것으로 판단되는 육군참모총장 대장 정승화, 3군사령관 중장 이건영 및 특전사령관 정병주를 연행, 수사코저 하오니 재가 바랍니다"라고 적혀 있다. 그 아래 별첨으로 "1. 총장 언동 분석 2. 중장 이건영 및 소장 정병주 관계사항"이라고 썼다. 결재 서명란은 장관과 대통령, 두 곳이다. 여기서 주목할 점은 수사 착수 건의가 정승화 총장 한 명만을 대상으로 한 것이 아니라는 점이다.

정승화는 신군부의 주장대로 시해 현장에 있었기 때문에 수사가 불가피하다고 하더라도, 이건영 3군사령관과 정병주 특전사령관은 왜 연행, 수사해야 한다고 했을까? 별첨으로 되어 있는 관련 사항에 대한 자료는 구할 수가 없어서 그 명분을 정확하게

자료7 수사 착수 건의 서류

搜査着手建議

故 朴大統閣下 弑害事件에 關聯된것으로
判斷되는 陸軍參謀總長 大將 鄭昇和,
3軍司令官 中將 李建榮 및 特戰司令官
鄭柄宙를 連行. 搜査코저 하오니 裁可
바랍니다.

別添 1 總長言動分析
  2. 中將 李建榮 및 少將 鄭柄宙
     關係事項

決裁	長官	大統領
	12/12	12/12

79. 12. 12.

알기는 어렵다. 그러나 그 이유를 짐작케 하는 설명을 『5공 전사』에서 찾아볼 수 있다.

대통령 시해 사건 범인이 김재규와 김계원으로 밝혀졌음에도 육군참모총장으로서 범인들의 군부 추종 세력이며 김재규로부터 시해 사건 직전 각각 800만 원 및 500만 원씩의 자금을 제공받은 사실이 있는 이건영 3군사령관과 정병주 특전사령관에 대하여 보직 해임의 고려 등 필요한 조치를 취하지 않고 이들에게 계속 같은 자리를 유지시켰음을 물론 오히려 그들과 긴밀한 접촉을 하고 있었다. 이러한 사실에 대하여 합동수사본부는 위의 장성들이 김재규와 과거 인과관계와 대통령 시해 사건 직전 그로부터 금품을 수수한 사실이 있었다는 보고와 함께 대전복적(對顚覆的) 견지에서 해임 조치할 것을 건의했음에도 정 총장은 그것을 무시하였던 것이다(현대한국사연구회 1982:894-895).

정승화 총장은 수도권에 위치한 육군의 최정예부대인 특전사령부의 지휘관인 특전사령관 정병주 장군과도 특별한 관계를 맺었다. 특히 정병주 장군은 10·26 사건의 주범 김재규의 심복으로 알려져 있었다. 그는 김재규와 안동농림학교 선후배 관계로서 김재규가 1964년 6사단장 시 그 밑에서 참모장을 했고 68년 이후 김재규가 안보사령관, 중정차장, 건설부장관, 중정부장을 역임할 때 수시로 접촉하였고 부인끼리도 자주 왕래하는 심복 관계였다(현대한국사연구회 1982:901-902).

수도권 외곽의 중요 야전군을 장악하고 있는 3군사령관 이건영 장군도 정병주 장군처럼 김재규의 심복으로 알려져 있었다. 그는 1961년 6월 육대(육군대학) 교관 당시 부총장으로 있던 김재규와 알게 된 후 우수한 장교로 인정되어 1977년 1월 김재규가 중정부장으로 부임한 직후 중정에 직접 호출, 자신을 보좌해줄 것을 요청하여 김재규 밑에서 중정 제1차장보(해외 담당), 제2차장보(국내 담당)을 역임하면서 78년 10월까지 1년 9개월간 김을 직접 보좌했고 1978년 10월 참모차장에 보직됨도 김재규의 강력한 추천에 의하여 되었으며 3군사령관직에는 정승화 장군이 육군참모총장이 된 후인 79년 2월 보직되었다. 그리고 그는 또한 김재규로부터 때때로 많은 금전을 받았다. 이러한 이건영 3군사령관의 위치는 10·26 이후 정 총장의 위치와 비슷한 바 있었다. 따라서 정 총장은 정병주 특전사령관과 같이 해임은커녕 그와 6~7차례 만나면서 친밀한 관계를 유지하였다(현대한국사연구회 1982:902-903).

위와 같이 정 총장이 10·26 사건 이후 수경사령관직에 심복 장태완 장군을 기용한 것과 김재규의 심복인 정병주 장군과 이건영 장군을 각각 특전사령관과 3군사령관과 같은 요직에 유지하면서 그들과 친밀한 관계를 맺고 있었던 것은 정 총장 자신의 불투명한 행동과 더불어 합수본부와 뜻이 있는 군 고급 간부들의 의혹을 더하지 않을 수 없었다(현대한국사연구회 1982:904).

결국 정승화뿐만 아니라 이건영, 정병주 장군이 김재규와 가까운 관계였다는 사실을 빌미로 하여 이들의 연행을 요구한 것이다. 정승화를 연행하려는 진짜 이유가 10·26 사건 때문이 아니라는 점을 여기서도 알 수 있다.

하지만 전두환의 예상과 달리 최규하 대통령은 결재를 미뤘다. 최 대통령은 결재에 앞서 국방장관의 의견을 듣겠다고 고집했다. 국무위원 인사 건을 상의하기 위해 최규하에게 들렀던 신현확은 최 대통령이 "조금 전에 전두환 장군이 다녀갔는데, 10·26 사건과 관련이 있다는 혐의로 정승화 계엄사령관을 연행해 조사하겠다면서 재가해달라 하기에 국방부장관 결재 없이는 재가할 수 없으니 절차를 밟아 오라고 했다"고 말했다고 증언했다(조선일보사 1999:79). 오후 8시 30분쯤 전두환이 30단에 모여 있던 황영시, 유학성, 차규헌, 백운택, 박희도 등과 함께 최 대통령을 찾아와 재가를 압박할 때도 다시 국방부장관을 찾아오라고 하면서 거절했다.

전두환은 박정희 대통령 재임 시의 박임항, 윤필용 사건 등 군 고위 장성 수사의 경우 보안사령관이 국방부장관을 경유하지 않고 바로 대통령에게 보고한 전례를 거론했다(조갑제 2005:100). 그러나 최규하는 계엄사령관은 경우가 다르다는 점을 지적했다.

"옛날에 박 대통령께서는 당시 수경사령관이었던 윤필용 장군도 그리고 5·16 혁명 때 1군이었던 이한림 장군도 막 잡아왔는데, 무슨 국방부장관의 배서가 필요합니까"…"아 이 사람아, 윤필용 장군은 육군 소장이고 하나는 육군 중장이고 뭐 그런 사람들 잡은 거야 글쎄 혐의가 있으면 그렇게 할 수도 있지만, 아까도 이야기했지만 그렇게 육군참모총장 겸 계엄사령관인 중요 직책을 맡고 있는 사람을 대통령이 혼자 그렇게 한다는 것은 이야기가 안 된다"(연세대학교 국가관리연구원 편 2014:76-77).

한편, 최규하 대통령이 결재의 명분으로 내세우며 견해를 듣겠다고 한 국방장관은 그때 총성이 들리자 공관으로부터 도망가서 숨어 있었다. 육군참모총장 공관에 접해 있는 국방장관 공관에 있던 노재현 국방장관은 옆집에서 총성이 들리자 담을 뛰어넘어 단국대학교로 일단 몸을 피했고, 육군본부 B-2벙커를 거쳐 연합사 지하벙커로 피신했다. 그리고 1공수여단이 국방부로 쳐들어오자 국방부 지하 계단으로 숨었다. 1공수여단 병력이 노 국방장관을 찾아낸 건 12월 13일 새벽 4시쯤이었다(조갑제 2005:102-119).

최 대통령이 결재를 미루는 사이 총장 공관에서는 연행 과정에서 사상자가 발생하는 충돌이 발생했다. 정 총장이 대통령 지시라는 체포조의 말을 확인하기 위해 총리 공관과의 전화 통화를 지시하자 부관실에 머물러 있던 사복조 요원이 총장 경호대장 김인선 대위와 총장 부관 이재천 소령에게 사격을 가했다. 이와 동시에 우경윤, 허삼수 대령이 강제로 총장을 끌고 나갔고 무장병이 총장을 총으로 위협하여 서빙고 분실로 압송했다(한용원 1993:372-372). 연행 과정에서 무장 충돌이 생기면서 신군부와 정 총장 세력 간의 무력 충돌이 발생했다.

윤성민 육군참모차장이 전국에 비상을 걸고 합수부에 정승화를 풀어줄 것을 요구했으나 거절당했다. 그리고 신군부 측의 1공수여단과 5공수여단 병력이 육군본부와 국방부를 점령했다. 국방부 진입 때 수경사 발칸포 대공부대의 사격으로 사상자도 발생했다. 또한 신군부의 30사단 90연대, 제1기갑여단 1개 대대, 9사단 1개 연대는 새벽 2시경 중앙청으로 진입했다(한용원 1993: 375-376). 정병주 특전사령관은 3공수여단에 의해 왼팔에 총상을 입은 채 연행되었고 비서실장 김오랑 소령은 사살되었다. 윤성민 참모차장, 장태완 수경사령관은 수경사 헌병단 병력에 의해 체포되었고, 이건영 3군사령관은 국방부장관의 호출 형식으로 13일 오전에 국방부에서 연행되었다. 이 밖에 문홍구 합참본부장도 서빙고 분실로 연행되었다. 반란군은 수도권 일대의 야전 지휘관들을 자기편으로 끌어들였고, 상황 발생 후 12시간이 채 못 되어 사실상 사태를 마무리했다. 이들은 수도경비사령부를 무력화했고 모든 터널과 한강 다리를 봉쇄했고 한미연합사의 지휘 체계를 무시하고 9사단 기갑연대 병력을 서울로 불러들였다. 12·12 사건 당시의 상황에 대해 미 8군 정보 관계자는 다음과 같이 말했다.

비정규 육사 출신 장성들이 육본을 지지하려고 해도 정규 육사 출신 대령들이 말을 듣지 않았다. 정규 육사 출신들은 상층부의 비정규 육사 출신들 때문에 진급이 늦어지고 있는 데 대해서 불만이 쌓여 있었고, 능력이 떨어지는 그들 밑에서 수모를 당해왔다는 의식이 팽배해 있었다(조갑제 2005:111).

한편, 노재현 국방장관이 국방부에서 총격전이 벌어져 총리 공관에 갈 수 없다고 하자 신현확 부총리는 이희성 중정부장 서리와 함께 직접 국방부로 가서 노 장관을 찾았고 공수부대원들이 건물을 뒤져 지하 계단 밑에 숨은 노 장관을 찾아냈다(조선일보사 1999:82). 새벽 4시경 노재현 장관이 최 대통령을 만나러 총리 공관으로 가는 도중, 전두환 측은 보안사 앞길에서 이들을 하차시켜 보안사로 데리고 갔다. 노 장관은 김용휴 국방부차관, 이희성 중앙정보부장 서리와 함께 보안사에 먼저 들러 전두환 합수본부장에게 사건 개요에 대해 설명을 들었다(현대한국사연구회 1982:1181; 조선일보사 1999:83). 그 뒤 최 대통령을 만난 노 장관은 정 총장 연행이 필요하다고 말했다. 노 장관은 대통령을 만나고 돌아가는 길에 다시 보안사에 들러 전두환과 10여 분간 대화를 하고 떠났다(김충식 2022a:75). 노재현 국방장관의 의견을 들은 뒤 최규하 대통령은 정승화 연행을 재가했다.

그러나 이미 정승화는 신군부에 의해 연행된 상태였다. 참모총장 겸 계엄사령관에 대한 합수부의 연행은 최규하 대통령의 결재 이전에 이뤄졌다. 신현확 총리는 최 대통령이 "노재현 장관이 이미 결재하여 가져온 재가 서류 내용을 대략 검토하신 후 일자와 시간을 기입하고 사인을 했습니다"라고 증언했고, 그 시간은 1979년 12월 13일 05시 10분이라고 했다. 일자와 시간을 기입한 이유에 대해서는 "그 이유는 제가 국무총리 재직 시에는 물론이고 12·12 사건 이후 여러 해가 지난 뒤 여러 차례 최 대통령으로부터 들은 사실이 있습니다. 최 대통령께서는 그 당시 사전 재가 없이 정 총장을 연행한 것은 불법이라고 생각했고, 12월 13일 새벽에 더 큰 혼란과 희생을 방지하기 위해 불가피하게 재가했지만, 사후에 재가를 했다는 점, 국방장관의 결재 등 정식 결재 절차를 거쳤다는 점, 장시간 고민 끝에 어쩔 수 없이 결재했다는 점 등을 서류상 명백히 하기 위해 그와 같은 방식으로 재가했다고 말씀하셨습니다"(조선일보사 1999:84).

그러나 〈자료7〉의 서류에는 '12·12'로 날짜만 표기되어 있고 시간은 보이지 않는다. 이 서류가 진본이라면, 신 총리가 여러 차례 언급한 것을 미루어볼 때, 사후적으로 시간을 지워버린 것으로 보인다. 결국 신군부는 대통령의 재가 이전에 계엄사령관을 연행했고, 또 병력 이동 역시 지휘 계통의 승인 없이 결행했다. 12월 12일 저녁 7시부터 13일 새벽 3시까지 총장 공관, 국방부 청사, 특전사령부, 수경사령부에서의 충돌로 사망 3명, 중상 4명, 경상 16명 등 23명의 사상자를 내고(한용원 1993:377), 신군부는 마침내 군권을 장악했다. 보안사나 서빙고 수사 분실로 연행된 장성은 3군사령관 이건영 중장, 합참본부장 문홍구 중장, 특전사령관 정병주 소장, 수경사령관 장태완 소장, 육군본부 작전참모부장 하소곤 소장이었다. 하소곤 소장 역시 정승화 총장의 측근이었다.

신군부의 군권 장악 직후 '장기 정체 장성 20명이 용퇴'했다 (현대한국사연구회 1982:1266). '용퇴'라기보다는 신군부가 이들을 강제로 물러나게 한 것이다. 40여 명의 비정규 육사 출신 군 고위직이 한꺼번에 군복을 벗자 군부 내에는 승진 바람이 불었다. 인사 침체로 불만이 많았던 정규 육사 출신들에게 숨통이 트인 것이다. 신군부는 인사 적체의 해소를 통해서 재빨리 군심(軍心)을 장악할 수 있었다(조갑제 2005:142).

13일 아침 일찍 합수본부에 모인 전두환·박희도·최세창·장기오·차규헌·노태우·황영시 장군, 이희성 중정부장 서리, 윤성민 참모차장, 50사단장 정호용 장군 등 10명이 군 인사에 대해 논의했다. 또 그날 아침에 "최광수 대통령 비서실장이 보안사령관실에 들러 전두환, 유학성, 황영시 등과 군 인사를 협의했다"(조선일보사 1999:85). 실제로는 협의보다는 군권을 장악한 이들이 자신들이 만든 군 인사 내용을 대통령에게 전달하는 자리였을 것이다.

황영시 중장은 군 개혁을 위한 인사안을 이때 만들어두었다가 12·12 사태 뒤 '6인 군사위'(가칭)에서 반영하였다. 약 70%가 그 인사안대로 되었다는 것이다. 12·12 사태 때 경복궁 30경비단장실에 참석하였던 황영시·유학성·차규헌 중장 중 유, 차 두 사람은 예비지식 없이 왔었다는 것이 정설로 되고 있다. 군의 개혁지침을 결정한 6인 군사위원회에서 김윤호 장군은 "우리 군은 지난 18년간 육사 8기에 의해 지배당했다. 꼭 필요한 사람만 남기고 육사 8기 출신은 물러나야 한다"고 주장했다(조갑제 2005:141).

"합수본부에 모인 장성들은 육군참모총장이 잠시라도 궐위되었으므로 이희성 중장을 신임 참모총장으로 추천, 국방장관의 재청을 얻어 대통령께 건의드림으로써 13일 09:00부로" 이희성이 신임 육군참모총장에 취임했다(현대한국사연구회 1982: 1266). 육군참모총장뿐만 아니라 다른 군 요직도 이제 신군부가 장악했다. 13일 군부 인사로 참모총장 이희성, 참모차장 황영시, 1군 사령관에 윤성민, 3군사령관 유학성, 2군사령관에 차규헌, 특전사령관 정호용, 수경사령관 노태우가 각각 임명되었다. 12·12 사건을 통해 정승화로 대표되는 구군부가 축출되고 그 자리에 전두환을 정점으로 하는 신군부가 들어섰다. 12·12 사태의 결과를 『5공 전사』에서는 다음과 같이 평하고 있다.

> 이와 같은 육군의 인사조치로 인하여 육군은 다시 신임 참모총장을 정점으로 일사분란한 지휘 체제를 확립할 수 있었으며, 과감한 신진대사를 단행하여 12·12 이전 정체되었던 군 인사가 저절로 숨통을 틈으로써 군 조직의 활성화를 기하고 침체되었던 장병의 사기를 높이고 결과적으로는 군의 전투력을 향상시키게 되었다. 따라서 12·12 사건은 한때 국가의 위기에까지 가까이 갔으나 그것이 잘 극복됨으로써 오히려 군의 안정과 단결, 그리고 강력한 조직화로 국방이 더욱 강고해지는 전화위복의 전기가 되었다(현대한국사연구회 1982: 1269).

이처럼 군 인사와 함께 신군부가 본격적으로 부상했다. 결국 12·12 사건은 군권을 장악하기 위한 신군부의 반란이었다. 전두환 측은 정승화의 10·26 연루설을 강조했지만, 군 인사권 장악이 실제 목적이었다는 것은 전두환의 증언에서도 확인할 수 있다.

> 정 총장이 시해 사건과 고의이건 아니건 관련이 있었던 것은 사실이니 군 내부의 분위기를 쇄신하는 뜻으로도 군 지휘 계통에서 물러나는 용단을 내리도록 허심탄회하게 건의토록 하기 위해서였습니다. 구체적으로 말하면 수사 결과, 예편 정도로 사건을 마무리 지을 수 있으면 좋겠다고 생각하고 30단에 모인 장성들이 총장 공관에까지 따라가서 조용히 예편하도록 권유하기 위해서였습니다(『조선일보』, 1990.1.1).

전두환 발언에서도 "고의이건 아니건 관련이 있었던 것은 사실"이라고 말한 부분에 주목할 필요가 있다. 전두환 측은 정 총장이 고의가 아닐 수도 있지만 그렇다고 해도 "군 내부 분위기 쇄신"을 위해 물러나기를 원했다는 것이다. 그 자리에서 물러나기만 한다면 조용히 마무리 지을 생각이었다는 것이다. 노태우의 발언은 보다 구체적이다.

> "정 총장이 사전에 내용을 몰랐다 하더라도 김재규의 초대를 받아 사건 현장에 가까이 있던 중에 일어난 사건인 만큼 도의적인 책임을 면할 수 없다. 조사를 받기에 앞서 참모총장(계엄사령관)직에서 물러나는 것이 우리가 존경해온 정 총장이 취해야 할 자세라고 본다. 정 총장이 능히 그럴 분이라고 생각한다. 우리의 진심을 말씀드리면 받아들이지 않겠나 … 군에 대해 미련을 버리지 못하

겠다면 합참의장으로 올라가시게 하는 것도 어려움을 푸는 실마리가 되지 않겠느냐"는 이야기도 했다(노태우 2011: 235-236).

『5공 전사』에서는 노태우의 이 발언을 다음과 같이 적고 있다.

개각하기 바로 전날 우리는 원래 정승화 총장을 모셔다가 혐의 사실을 밝히고 다음에 필요한 충고를 하려 했다. … 책임자로서 책임을 통감하고 육군참모총장과 계엄사령관직을 스스로 물러나고 이 사건과 관련이 없는 후배에게 총장 자리를 물려주는 것이 온당한 것이 아닌가 이렇게 건의하려 했다. 만약 정 총장이 그러한 제의에 응하면 다 좋아하는 사람들이니까 우리가 논의하여 '총장 대신 합참의장이라도 하십시오' 하려고 했다(현대한국사연구회 1982: 1024-1025).

정승화가 김재규의 죄명이었던 '내란죄'에 실제로 연루되었다고 신군부가 믿고 있었다면 위의 말은 나올 수 없는 것이다. 대통령을 살해하고 내란을 일으키려고 한 사건에 연루된 장군을 '조용히 예편'(전두환)시키거나 합참의장의 직을 맡기는 일(노태우)은 생각할 수 없는 일이기 때문이다. "이 사건과 관련이 없는 후배에게 총장 자리를 물려주는 것이 온당한 것"이라는 표현이 12·12 사건을 일으킨 신군부의 솔직한 심정이라고 볼 수 있다. 군 인사권을 가진 참모총장 자리에서 물러나도록 하는 것이 12·12 사건의 본질이었다.

그런데 왜 12월 12일이었을까?

그 무렵은 권력의 공백을 메우고 새로운 시대를 열기 위한 움직임이 본격화되던 때였다. 12일은 정식으로 최 정권의 체제가 짜이던 때였다. 이날 오후 신현확 부총리 겸 경제기획원장관이 국무총리로 임명됐다. 신민당 의원들이 불참한 가운데 국회는 본회의를 열어 최규하 대통령이 요청한 국무총리 임명동의안을 통과시켰다. 최 대통령은 신현확 총리와 함께 구상한 조각 명단을 조만간 발표할 예정이었다. 김영삼도 12일 신민당 총재로서 법적 지위가 원상 회복됐다. 김영삼을 상대로 제기된 집무집행정치 가처분 신청이 취하된 것이다. 하루 전 신현확의 예방을 받았던 김영삼은 "군은 현재 정치적 중립을 지키고 있으며 앞으로도 그럴 것을 확신한다"고 기자들에게 말했다. 국회는 유신헌법을 대체할 헌법 개정 작업에 나서고 있을 때였다. 그런 상황에서 12일 밤 전두환 본부장의 기습이 있었던 것이다(김종필 2016b: 70).

『5공 전사』의 기록은 날짜 선정도 매우 계산된 것이었음을 알게 한다.

10·26 사건 이후 정국 추이를 보면 11월 6일 시해 사건 수사 전모 발표, 12월 3일 헌법개정심의특별위원회 발족, 12월 6일 최규하가 통일주체국민회의에서 대통령으로 선출돼서 국내 정국은 상당한 정도로 안정을 되찾은 상황, 12월 12일은 부총리였던 신현확 씨가

국무총리에 내정되어 다음 날 13일에 국무회의가 열려 새로운 내각의 구성을 논의하게끔 되어 있었다. 따라서 전두환 장군은 개각 전날 정 총장을 연행, 조사하고 그 결과가 국무회의에 연결, 군의 인사에 반영된다면 10·26 사건 수사는 수사대로 완결되고 육군참모총장의 자연스런 교체가 가능하여 군의 신뢰와 단결을 가져올 수 있다고 판단했던 것이다(현대한국사연구회 1982:1021-1022).

13일로 예정된 국무회의에서 신군부 군권 장악을 내용으로 하는 군 인사 건을 통과시키기 위한 의도가 있었다는 것이다.

이처럼 12·12 군사 반란은 일차적으로는 군권을 장악하기 위한 목적에서 이뤄졌다. 하지만 12·12 당시에 전두환 세력이 대통령 권력 장악까지를 염두에 둔 장기적인 포석하에서 정승화 연행을 감행한 것으로 볼 수는 없을 것 같다. 조갑제(2005:144)는 1980년 3월까지만 해도 전두환 그룹에서 정권을 잡자는 확고한 결의가 아직까지 이루어지지 않고 있었다고 보았다. 그러나 그 당시에도 긴 안목에서 더 큰 그림을 그린 전두환의 참모도 있었다. 보안사령관 비서실장이었던 허화평이 그랬다.

10·26 이후 전두환 소장 중심의 신군부도 처음에는 박 대통령 시해 사건의 전모만을 조사하겠다는 마음이 강했을지도 모른다. 물론 신군부 일각에서는 10·26 직후 권력의 공백기에 정권을 잡기 위한 마스터플랜을 짰을 수도 있고, 이것을 추진해야 된다고 생각하는 사람들도 있었을 것 같다. 그러나 대체적인 경향은 민주화의

대세로 보아 어려운 만큼 정치 정세를 보아가면서 이를 추진하자는 쪽에 섰던 것으로 보인다. 그러나 수사가 진행됨에 따라 초급장교 시절부터 정치권에 맴돌던 이들 정치 장교들이 정치에 욕심이 생기기 시작했고, 급기야 수사 방향도 정권 장악의 계기를 모색하는 데로 선회한 것으로 전해지고 있다. 이러한 과정의 주도적 역할을 수행한 사람은 역시 하나회 출신의 당시 보안사령관 비서실장 허화평 대령(육사 17기, 포항 출신)이었다(강창성 1991 : 392).

위컴 한미연합사령관은 12·12 사태에 대한 보고서에서 이미 그 주도 세력을 '군복 입은 정치인'이라고 표현했다.

쿠데타 세력은 '군복 입은 정치인'이라고 표현할 수 있는 장성들로 이루어져 있습니다. 그들은 12월 12~13일 정치적으로 중대한 결정을 내렸습니다. 따라서 그들의 결정은 앞으로 계속 정치적 성격을 띨 것 같습니다. 그들이 지금의 자리에서 멈출 수 없습니다. 정치에 발을 들여놓으면 되돌릴 수 없는 법입니다(Wickham 1999 : 152).

12·12 사태를 통해 실질적으로 권력은 이제 전두환을 중심으로 한 신군부가 장악하게 되었다. 향후 정치적 전개는 이들의 동의 없이는 이뤄질 수 없는 것이었다. 권정달 당시 합수본부 정보처장 역시 다음과 같이 지적했다.

"군부는 5·17로 정권을 잡은 것이 아니라 12·12 사태로 이미 권력을 잡았다. 5·17 계엄 확대 조치는 그 뒤의 한 과정으로 봐야 한다"고 했다. 12·12 사태로 군권을 잡고 보니 "정치, 사회, 경제 등 모든 분야가 자석에 끌려오듯 군부 쪽으로 딸려 오는 것을 느낄 수 있었다"는 것이다. 그는 또 "군은 이미 계엄령하에서 행정과 사법을 통제하고 있었고, 3김씨로 대표되는 기성 정치세력이나 최 대통령도 군을 견제하지 못하고 있었으므로 우리는 시종일관 자신감을 갖고 있었다"(조갑제 2005 : 162).

주한미군의 한 정보 관계자는 "하룻밤 사이에 계엄사령관을 구속하고 국방장관을 바꿔버리고 대통령을 벌벌 떨게 했으니 그가 최강자가 아니면 누구란 말인가. 한국인들은 1980년 5·17조치로 그가 정권을 잡았다고 생각하는데 우리는 12월 13일로 본다"(조갑제 2005 : 127-128)고 말했다. 주한미국대사관은 다음과 같은 보고서를 보냈다.

우리는 사실상의 쿠데타를 겪고 있음. 민간 합헌 정부는 명목상 유지되고 있지만 모든 징후는 군의 중추기관들이 일단의 '야심적인 젊은' 장교들에 의한 치밀한 계획에 의해 장악됐음을 보여주고 있음. 보안기구 책임자라는 이점을 살린 전두환 소장이 박 대통령의 측근이었으며 대부분 안보 분야에 종사하는 거사 그룹 중 가장 중요한 인물인 것으로 보임. 여러 동기가 작용했던 것 같음. 박 대통령의 죽음에 대한 복수, 선배 장교들이 정치문제를 잘못 다루고 있다는 우려와 이런 문제들이 명쾌하게 처리되지 않으면 조만간 사회 불안이 폭발할 것이라는 두려움, 오래 지속돼온 경쟁, 의심할 바 없는 권력에 대한 욕망과 자신들이 선배들보다 낫다고 생각하는 일부 젊은 장교들의 오만 등. 오늘 CIA 지국장의 보고에 의하면 이들은 거사를 최소한 10일 전부터 계획했으며 전군의 젊은 장교들의 지지를 규합했음. 그들은 이미 군의 신규 보직 리스트를 준비하고 현 차관을 신임 국방장관에 앉히는 문제까지 생각했음(Gleysteen 1999: 294).

미국 국무부는 12·12 사건에 대해 10월의 박 대통령 암살 이후의 진행되어온 '질서 있는 이행(the orderly transition)'을 훼손하는 행위로 우려를 표명했다.[17] 『뉴욕타임스』는 12월 15일 기사에서 12·12 사건으로 "군부에서 온건파를 대표하는 것으로 알려져 있는 정승화 장군은 박정희 대통령 사후에 계엄 정부의 책임자였다. 정승화와 다른 7명의 장성들의 구속 결과로, 강경파로 알려져 있는 전두환 장군이 군부의 새로운 강자(strongman)로 부상하고 있는 것 같다"고 평가했다. 또한 군 관련 소식통을 인용해 한국의 31년 역사상 가장 충격적인 군 규율에 대한 침해(the most shocking breaches of Army discipline in the 31 year history of the young republic)가 생겨났다고 보도했다.[18]

10·26 이후 군부 내에서 은밀하게 이뤄져온 노장파와 소장파 세력 간 힘의 다툼은 12·12 사건을 고비로 종지부를 찍었다. 12·12 사건을 계기로 한국군 수뇌부의 세대교체가 일어났다. 전두환 장군을 구심점으로 하는 정규 육사 그룹이 군부를 완전히 장악하게 됐고, 단일화된 지휘체제 아래에서 군은 가장 강력

한 파워 그룹으로 등장했다. 이제 남은 문제는 군이 직접 정치의 전면에 나서느냐, 아니면 정치인들 중 누군가를 미느냐 하는 선택뿐이었다. 12·12로부터 5·17까지는 그런 선택의 시기였다(조갑제 1987:234).

한편, 결재를 미루며 버티기는 했지만 전두환을 중심으로 한 군부의 압력은 최규하 대통령에게 큰 부담이었다. 최규하는 김종필 공화당 총재에게 13일 아침 전화를 했다.

이튿날 13일 아침 국회는 휴회 중이었지만 나는 여의도 의사당의 공화당 총재실에 나가 있었다. 마침 최규하 대통령한테서 전화가 왔다. 그가 유신헌법의 통일주체국민회의에서 대통령으로 선출된 지 일주일이 지난 뒤였다. 그때까지 최 대통령은 청와대로 이사하지 않고 삼청동 총리 관저에 머무르고 있었다. 수화기를 드니 최 대통령이 상기된 목소리로 대뜸 "아. 총재님이십니까. 저, 어젯밤에 죽을 뻔했시유"라고 말했다. 뭔 소리인가 했다. 대통령이 죽을 뻔하다니. … 내가 "무슨 소립니까. 대체 어떤 놈이 대통령을 죽이려고 했다는 겁니까"라며 되물었다. 최 대통령은 "전두환 합수본부장을 비롯해 장군 여러 명이 몰려와 결재해달라고 난리를 쳤다"며 전날 밤에 있었던 일을 털어놨다(김종필 2016b:68-69).

불과 일주일 전인 12월 6일 정식 대통령으로 통일주체국민회의에서 선출되었지만 최규하는 이제 전두환과 신군부를 의식하지 않을 수 없는 입장이 되었다. 12월 14일 최규하 정부의 첫 내각 인사가 발표되었다.

국무총리 신현확, 부총리 이한빈, 외무 박동진, 내무 김종환, 재무 김원기, 법무 백상기, 국방 주영복, 문교 김옥길, 교통 유양수, 건설 최종완, 농수산 이재설, 상공 정재석, 체신 배상욱, 보사 진의종, 과기처 성좌경, 총무처 김용휴, 문교 이규호, 대통령 비서실장 최광수 등이었다.

원래 유임 예정이었던 노재현 국방장관은 공군참모총장 출신 주영복으로 교체되었다. 정승화 연행 결재가 미뤄지게 된 은신, 도피에 대한 책임을 물은 것 같다. 대신 육군 문제에 전혀 개입할 수 없는 공군참모총장 주영복을 국방부장관에 앉혔다. 그리고 정승화의 전두환 보직 이동 가능성 발언을 귀띔해준 국방차관 김용휴가 총무처장관이 되었다.

박정희 대통령 죽음 이후 육사 11기와 하나회는 결집되어 있었다. 더욱이 전두환은 수사, 정보 기능 모두를 장악한 합동수사본부장이었고, 대통령 암살은 모든 수사를 정당화할 만한 큰 사건이었다. 전두환과 신군부가 당시 가장 강력한 힘을 구축하고 있었다. 12·12 사태를 거치면서 그 힘이 이제 수면 위로 본격적으로 떠올랐다.

박 대통령의 암살 후에도 통치 권력은 그의 지지자들 수중에 그대로 있었고 전두환이 교활하게 정권을 잡은 것은 그들 내부에서였다. 1979~1980년 한국군이나 어느 정치세력도 전두환의 세력에 대항할 준비가 되어 있지 않았다(Gleysteen 1999:103).

김재규 재판

전두환의 권력 장악은 그가 박정희 대통령 시해 사건의 범인인 김재규를 조사하는 데서 시작되었다. 따라서 김재규 문제는 그가 권력을 휘두르는 데 있어 가장 중요한 명분이었다. 이 명분으로 수사, 정보기관을 자신의 휘하에 둘 수 있었고, 최규하 대통령 권한대행을 조사할 수 있었고, 그리고 무엇보다 계엄사령관인 정승화 육군참모총장을 연행할 수 있었다. 앞서 본 대로, 정승화뿐만 아니라 이건영 3군사령관이나 정병주 특전사령관 등 정승화 측근 세력을 함께 연행, 조사하겠다는 명분도 이들이 김재규와 가깝다는 것이었다.

그런데 김재규가 '순간 울컥하는 심정에' 박정희 대통령과 차지철 경호실장을 살해했다면 이는 단순 살인사건에 가깝다. 단순 살인사건 현장 근처에 있었다는 이유만으로 정승화 계엄사령관을 연행해서 조사하겠다고 나설 수는 없다. 김재규의 행위는 단순한 살인사건이 아니라 나라의 안정과 국가의 근간을 흔드는

'심각한 난리'를 초래한 것이 되어야 했다. 그래야만 전두환의 행동이 명분을 가질 수 있고, 더 나아가 군의 정치 개입도 정당화될 수 있다. 이 때문에 김재규 재판은 전두환에게는 매우 중요한 의미를 지니고 있었다. 무엇보다 12·12 사태의 정당성을 내세우기 위해서 김재규 재판은 중요했다.

1979년 11월 6일 계엄사령부 합동수사본부장 전두환은 10·26 사건에 대한 수사 결과를 발표했다. 그 주요 내용은 다음과 같다.

> 원흉 김재규는 이미 발표한 바와 같이 업무 수행 과정에서 무능이 드러나 대통령 각하로부터 수차례 걸쳐 힐책을 받아왔을 뿐 아니라 박 대통령 각하께 드리는 보고 건의가 차(지철) 경호실장에 의해 제동을 받아왔으며 또한 자신의 비위 사실 때문에 각하로부터 경고 친서를 받은 사실이 있어 근간 요직 개편설에 따라 현 시국과 관련, 자신의 인책 해임을 우려한 나머지 대통령과 경호실장을 살해하고 정권을 잡아보겠다는 망상으로 기회를 노려오던 중 …
> 특히 요직 개편설과 함께 부마 소요 사태와 관련, 자신에 대한 인책 해임설이 파다하여 불안하던 차에 현 정계 인물 중에서 대통령으로는 자기가 가장 적임자라는 망상이 사로잡혀 현직의 주요 인사와 군 지휘관은 자기 영향권 내에 있다고 오판하고 부마 사태를 오히려 대통령 제거의 계기로 역용하여 거사할 경우 중정부장의 막강한 권세와 방대한 조직력을 바탕으로 계엄군을 장악하면 사후 수습이 가능할 것이라는 판단 아래 시해 계획을 구상하게 된 것이다. …

특히 사후 대책으로 시해 현장에 육군참모총장과 김정섭 중정 제2차관보를 끌어들여 거사 가담 의식을 주고 이들을 장악하되 참모총장을 설득하여 이에 응하지 않을 때에는 협박 수단을 구사할 것으로 계획하였으며, 거사 후 즉각 각의를 소집, 계엄을 선포하며 자신의 기반 구축을 위해 각하 유고 사실을 3일 동안 보안을 유지하고 현장 상황은 중정 자체 건물임을 내세워 중정 조직원으로 하여금 조사 처리케 한 후 국민 애도의 농도에 따라 자신이 시해했다는 사실을 밝히거나 은폐하여 군부는 국가 방위 임무를 전담하고 중정은 정국 수습과 정책 수행 임무를 각각 전담하되 상황에 따라서 현 체제하에서 집권을 할 것인지 헌법을 개정해놓고 대통령에 출마할 것인지를 따로 계획한다는 등 음흉한 야욕 복안을 가지고 있었다.

수사 결론 본 사건은 군부 또는 여타 조직의 관련이나 외세의 조정이 개입된 사실이 전연 없으며 다만 과대망상증에 사로잡혀 대통령이 되겠다는 어처구니없는 허욕이 빚은 내란 목적의 살인사건이다(『동아일보』, 1979.11.6).

전두환 합수본부의 수사 결론에서 두 가지 주목할 점이 있다. 첫째는 김재규가 대통령이 되기 위해 박정희를 제거하고 스스로 대통령이 되려고 한 '내란 목적의 살인'이라는 점이다. 둘째, 군부 또는 여타 조직의 관련이나 외세의 조정이 개입되지 않았다고 발표한 점이다. 이 기사를 당시 보도한 『동아일보』 해당 일자의 헤드라인은 "김재규 단독 계획 범행"이었다.

합수본부 수사 결론의 핵심은 김재규가 내란을 도모했다는 점이다. 국가의 안정과 질서가 무너질 수 있는 행위를 했다고 해야만, 혼란을 극복하기 위한 군의 역할이나 자신의 행위가 의미를 가질 수 있다. 그런데 앞서 살펴본 대로, 사실 10·26 사태 이후 한국 사회는 매우 차분했다. 11월 3일의 장례식 다음 날 마라톤 대회가 정상적으로 개최되었고, 계엄사령부에서도 통금을 조기에 환원하는 조치를 취했다. 당시 군 지휘부도 혼란이나 흔들림 없이 제 역할을 수행하고 있었다.

위컴 사령관은 "한국군은 굳게 단결, 헌정 질서 유지를 위한 결의에 차 있으며 한국민들은 이런 군을 자랑스럽게 여겨야 할 것"이라고 말했다. … 위컴 사령관은 지난 28일 노재현 국방장관을 만난 것을 비롯, 김종환 합참의장, 정승화 계엄사령관, 유병현 한미연합사부사령관 등 한국군 고위 장성을 만났다고 밝히고 "그들이 모두 헌정 질서를 지키겠다는 굳은 결의에 차 있는 것을 엿볼 수 있었다"고 거듭 강조했다(『동아일보』, 1979.11.6).

10·26 사건을 내란이라고 하기에는 당시 한국 사회는 장기 집권한 독재자의 갑작스러운 죽음에도 불구하고 질서를 유지했고 차분했다.

수사 결과 발표에서 또 한 가지 주목할 점인 "군부 또는 여타 조직의 관련이나 외세의 조정이 개입된 사실이 전연 없"다고 한 것은 곧 정승화 육군참모총장 역시 이 사건과 무관하다는 의미로 이해할 수 있다. 그러나 그 이후 전두환은 입장을 바꿔 군부 장악을 위한 명분으로 정승화의 연루 가능성을 들고 나왔다.

한편, 김재규 재판은 10월 28일과 30일 두 차례 중간 수사 발표가 있었고 11월 6일 수사 결과 전모를 발표했고, 11월 7일에는 현장 검증을 언론에 공개했다. 합동수사본부는 11월 13일 내란 목적 살인 및 내란 미수 혐의로 김재규를 육군본부 계엄보통군법회의 검찰부로 송치했다. 그 이후 재판이 일사천리로 진행되었다. 11월 26일 육군본부 계엄보통군법회의에 기소되었고 12월 4일 첫 공판이 열렸다. 그 이후 12월 8일에 2차 공판, 10일 3차 공판, 11일 4차 공판, 13일로 예정되었던 5차 공판은 12·12 사태로 14일로 연기되었고 12월 18일 9차 결심 공판이 열렸다(안동일 2017:57-184, 273-275). 다른 재판과 달리 김재규 재판은 예외적이라고 할 만큼 매우 빠르게 진행되었음을 알 수 있다. 실제로 10·26 사건 이후 수사, 기소, 심리, 사형 구형까지 걸린 기간은 불과 54일이었다(안동일 2017:57). 전두환의 합수부가 이 사건 처리를 매우 서둘렀다는 것을 알 수 있다. 김재규의 변호인 중 한 명이었던 안동일 변호사는 이에 대해 다음과 같이 말했다.

12월 4일 제1차 공판이 시작된 지 2주일 만에 결심(結審) 공판에 이르렀다. 10·26 이후 54일 만이다. 이 나라 사법사상 유례가 드문 초고속 재판이었다. 일반 형사 사건의 경우 2주면 잘해야 겨우 1차 공판을 진행하게 된다. 더구나 대통령 살해 사건이라는 전무후무한 국가적 중대 사건을 이렇게 절차를 소홀히 하여 재판하는 것에 변호인들은 무척 분개하고 있었다. 모름지기 형사소송은 절차가 기본이다. 아무리 좋은 결과가 옳은 결정이라 하더라도 정당하고 적법한 절차가 보장되지 않고 이를 제대로 거치지 않는 것이라면, 그것은 이미 정의로운 재판이 아니다(안동일 2017: 274).

애당초 이 사건은 대법원 형사3부(재판장 안병수, 주심 유태흥, 배심 양병호 서윤홍 대법원 판사)가 심리를 맡기로 하여 4월 8일과 4월 9일 이틀에 걸쳐 이 사건에 대해 논의하였는데, 대법관들 사이에 의견이 갈렸다. 양병호 대법원 판사가 반대 의견을 강력히 주장했고, 다른 대법원 판사와 재판장도 일부 반대 의견을 내어 결국 이 사건은 대법원 전원합의체로 회부됐다(안동일 2017: 389-390).

한편, 김재규는 1980년 1월 28일 육군본부 계엄고등군법회의에 제출한 항소 이유 보충서에서 직접 다음과 같이 자신의 행동을 변호하고 있다.

본인이 결행한 이번 10·26 거사는 자유민주주의의 회복을 위한 혁명이었습니다. 5·16과 10월 유신을 거쳐 완전하게 말살시켜놓은 자유민주주의를 회복시켜놓기 위한 혁명이었습니다. 자유민주주의는 우리나라의 건국이념이며 국시입니다. 따라서 자유민주주의를 지키고 보전하는 일은 이 땅에 생을 누리고 있는 모든 국민의 제1차적이고 가장 중요한 의무에 속합니다. 국시인 자유민주주의가 완전히 말살되었을 때 그 압제와 말살의 원인을 제거하고 자유민주주의를 회복시키는 일 또한 우리 국민이 갖는 막중한 책무요, 그 고유한 천부의 권리라고 하지 않을 수 없습니다. 저항권 내지 혁명권이 바로 그것입니다. 10·26 민주 회복 국민혁명이 이 저항권 내지 혁명권의 행위였음을 말할 나위도 없습니다(안동일 2017:491).

박 대통령을 사살하는 그 자체가 바로 혁명이었습니다. 혁명이라고 하여 기본 룰이 있는 것은 아닙니다. 그 목적과 대상에 따라 그 방법이 결정되는 것입니다. 박 대통령은 자유민주주의를 말살한 유신체제를 출범시키고 이를 유지하여온 장본인입니다. 박 대통령이 바로 유신체제라고 보아도 좋을 것입니다. 따라서 유신체제를 깨기 위해서는 그 심장을 멈추게 할 수밖에 없었고 또 그것으로 충분하였습니다. 대통령이라 할지라도 자유민주주의를 수호하고 보전할 책임은 있을지언정 이를 말살할 아무런 권리도 없는 것이기 때문입니다(안동일 2017:495-496).

김재규는 '자유민주주의의 회복'을 위해 '유신의 심장'을 멈추게 해야 했으며, 따라서 이것은 '혁명'이라고 주장했다.
하지만 전두환의 입장에서 볼 때, 김재규는 반드시 내란죄로 죽어야 했다. 앞서 지적한 대로, 내란과 같은 혼란한 상황이어야만 군의 정치 개입에 명분을 찾을 수 있고, 합수본부장으로서 자신의 행위가 정당화된다. 무엇보다 정승화 계엄사령관을 체포한 12·12 사태를 정당화하기 위해서는 10·26 사건은 내란 행위가 되어야만 했다. 실제로 전두환이 합수본부장의 권한으로 현직 계엄사령관인 상관을 체포한 혐의는 내란 방조였다. 정승화가 김재규의 범행을 은폐하고 그의 체포를 지연시킴으로써 김재규의 내란 준비를 도와주었다는 것이다. 검찰의 공소 내용도 "김재규가 박정희 대통령을 시해했음을 알고도 김이 막강한 조직과 권력을 가진 현직 중앙정보부장이며 사건 배후에 방대한 추종 세력이 있을 것이며 대통령 시해 후 실권자가 될 것으로 판단, 이에 동조하는 것이 현명한 처사라고 믿은 나머지 김재규의 범행을 도왔다"(정승화 1987 : 256)는 것이다. 재판에서 정승화는 내란 방조죄로 유죄를 선고받았다. 김재규의 행위가 내란이 아니라면 자연인 박정희의 살해 현장 주변에 있었다는 사실만으로 현직 계엄사령관을 수사한다는 것은 정당화될 수 없는 일이다. 김재규가 한 행위가 내란을 목적으로 한 것이 아니라면, 12·12 사태는 군사 반란이 되는 것이다.

따라서 전두환 측은 재판 결과에 신경을 썼다. 항소심이 끝난 직후인 1980년 1월, 보안사 대공수사과장 이학봉 중령은 대법원에 찾아가 김재규 재판을 배당받을 것이 확실시되던 양병호 판사를 찾아가 피고인들의 상고를 기각해달라고 했다. 사실상 재판에 대한 압력을 행사한 것이다. 그러나 김재규의 행동에 대한 법적 해석을 두고 재판부 판사들의 견해는 갈렸다.

1980년 1월 28일 내려진 육군계엄고등군법회의 항소심 공판에서 김재규, 김계원, 박선호, 이기주, 유성옥, 김태원, 6명은 그대로 사형, 유석술은 3년을 선고받았다. 얼마 후 김계원 청와대 비서실장은 이희성 육군참모총장에 의해 무기징역으로 감형됐다.

1980년 5월 20일 10·26 사건에 대한 최종 판결이 대법원 전원합의체에서 내려졌다. 이영섭 대법원장, 유태흥 대법관, 주재황, 양병호, 임항준, 안병수, 김윤행, 이일규, 김용철, 정태원, 서윤홍, 11명이 참석했고, 민문기, 한환진, 나길조 등은 해외 출장으로 선고 공판에 불참했다(안동일 2017: 387). 상고심 선고 공판에서 김재규, 박선호, 이기주, 유성옥, 김태원, 피고인 5명에게 사형을, 김계원 피고인에게 무기징역, 유석술 피고인에게 징역 3년을 선고한 원심이 확정되었다. 선고 후 불과 나흘 뒤인 5월 24일 사형이 선고된 전원에 대해 형이 집행되었다.

그런데 대법원 판사 9명은 육군 계엄고등군법회의 의견대로 상고 기각 의견을 냈지만, 민문기, 양병호, 임항준, 김윤행, 정태원, 서윤홍, 6명의 대법관은 내란죄가 성립되지 않는다는 이유 등을 들어 파기환송 의견을 냈다. 소수의견을 낸 법관의 판단은 다음과 같았다.

민문기 대법관 이 사건 범행(1979.10.26)으로 희생되어 궐위된 대통령의 뒤를 이은 권한대행 최규하에 의하여 확인 선언(1979.11.10)된 바대로 새 헌법을 만드는 것이 전 국민적 합의라고 함은, 획기적 역사의 사실, 부인할 수 없는 정당성을 지닌 중대한 국민의 정치 결단, 국민의 법적 확신으로 뒷받침된 불문율, 시국을 지배하는 구속력이 있는 것이다. 그런데 이 합의는 유신체제와 상충됨이 그 본색을 이루니 그 체제를 넘어서지 않고서는 불가능한 일이 분명하므로 따라서 국민적 합의가 있다는 그 자체가 실질적으로 유신체제의 폐지를 의미하는 것(오늘의 정치 발전이 그 증거이다)이 되며, 이 합의는 고 박정희 대통령의 운명과 동시에 이뤄졌다고 아니 볼 수 없는 까닭에 유신체제는 고 박 대통령과 운명을 같이한 체제하고 할 법적 논리에 이른다(안동일 2017:593).

양병호 대법관 대저 국헌문란의 목적이라 함은 헌법 또는 법률의 기능을 불법으로 철폐 소멸시키고 국가의 기본조직인 통치기구 기타 헌법기관을 폭력으로 파괴 전복하는 것을 말하는 것이라 할 것인바 … '자유민주주의의 회복이라는 미명 아래' 대통령을 시해하여 폭력에 의하여 정부를 전복시켜 오직 정권을 탈취하려고 불법적으로 국가의 기본 통치기구를 파괴할 것을 목적으로 범행한 것이라고 사실을 인정하려면, 모름지기 이에 관한 정확한 증거의 적시가 있어야 할 것은 물론이거니와, 이 밖에 피고인이 그 판시대로 중앙정보부의 권한과 동부의 조직력을 이용하여 계엄군을 장악하려 하였다면 군사 단체가 아닌 중앙정보부로서 어떠한 권한 조직과 방법으로 계엄군을 장악하려 한 것인지를 밝혀야 하고, 또 무력으로 사태를 제압하고 입법, 사법, 행정권을 총괄하는 혁명위원회를 구성한다 함은 무력으로 국가의 각 기관이나 국민의 의사를 제지 억압하면서 기도한바, 정권을 잡을 방향으로 사태를 끌고 가려 했다거나 국회와 법원, 정부를 뒤엎어 없애고 혁명위원회 자체가 삼권을 모두 행사하려고 한 것인지 그 내용을 명백히 해야 할 것이고…(안동일 2017:598).

임항준 대법관　형법 제87조에는 "국토를 참절하거나 국헌을 문란할 목적으로 폭동한 자는…"라고 규정하여 폭동을 그 구성 요건으로 하고 있는바, 여기에 폭동이란 다수인이 결합하여 폭행이나 협박으로 한 지방의 평온을 해치는 정도가 되는 것을 말하는 것이어서 내란죄가 설립되려면 반드시 다수인의 결합을 필요로 한다고 할 것이다. 그러므로 내란죄는 소요죄와 더불어, 군집(群集) 범죄 또는 다중(多衆) 범죄 내지 집단 범죄라고 칭하고 있다. … 따라서 우선 내란죄가 성립되려면 반드시 다수인의 결합이 필요하다고 할 것이고, 여기에서 말하는 다수인이란 위와 같이 군집 의식, 군집 심리가 형성되어 그 구성원 개개인의 사고와 행위는 단순한 산수적 집계가 아닌 전연 별다른 맹목적인 감정이나 비합리적이고 파괴적인 행동이 촉발되어, 한 지방의 평온을 해치기에 충분하고 폭행, 협박을 하기에 족한 다수인이어야 할 것이므로, 10명 내외의 사람의 집합만으로는 위와 같은 군집 의식이나 군집 심리가 발생될 수 있는 다수인이라고 볼 수는 없다 할 것인바, 이 사건에 있어서는 김재규, 박흥주, 박선호 3인만이 대통령을 위시한 몇 사람을 저격한다는 것을 모의하였다는 것이고, 구체적으로 누가 누구를 무슨 이유로 살해하는지 그 이유를 모르고, 범행한 자를 전부 다 합치더라도 6, 7명에 불과하니 동 인원으로는 형법 87조 소정의 폭동을 할 만한 다수인이라고 볼 수 없어, 피고인들의 행위가 형법 87조에 해당할 수 없을 것임에도 불구하고, 이에 해당한다고 본 원심의 조치는 폭동에 관한 법리를 오해한 위법이 있다고 할 수 없다(안동일 2017:608-609).

즉, 이들 6명의 대법관의 의견은, 국헌문란과 내란이라고 하지만 실제로는 10·26 이후 정치 환경이 변화하면서 유신체제 극복을 위한 헌법 개정이 국민적 합의가 되었고, 내란을 모의했다는 정확한 증거가 없을 뿐만 아니라, 내란이라고 하기에는 한 지방의 평온을 해칠 정도의 혼란이 발생하지 않았고 그만한 인원도 존재하지 않았다는 것이다.[19]

이러한 소수의견을 낸 대법관들에 대해 신군부는 가혹하게 보복했다. 6명 중 민문기, 양병호, 임항준, 김윤행, 서윤홍, 5명의 대법관은 신군부의 압력에 못 이겨 1980년 8월 9일 사표를 내고 법원을 떠나야 했다. 사표 압력에서 일단 제외되었던 정태원 대법관도 1981년 4월 재임용에서 탈락했다. 그런데 이들 가운데 양병호 대법관은 대법원 선고 직후 보안사에 끌려가 사흘간 심한 고초를 겪었다. 끝내 사표를 내고 나온 후에도 양병호 대법관은 변호사 개업 때도 집권 세력의 방해는 계속되어 그의 이름으로는 법무부로부터 합동법률사무소의 허가를 받을 수조차 없었다(안동일 2017:390-391).

먼저 보안사의 요청에도 불구하고 소수의견을 주도한 양병호 판사가 사표를 종용받았다. 양병호가 사표 제출을 거부하자 보안사는 8월 초 악명 높은 서빙고분실로 그를 연행했다. 며칠 후 법원행정처장 서일교는 이영섭 대법원장에게 대법원장께서 수리해 주셔야만 양병호가 풀려날 수 있다면서 '친필' 사표를 내밀었다. 사표를 수리하자 한 시간 정도 만에 양병호 판사가 대법원장실에 나타났다. 양병호는 정말 아무 일도 없었다면서 커피를 마셨지만 커피는 입으로 들어가지 않고 가슴과 와이셔츠를 적셨다. 그런데도 양병호 판사는 그것을 모르고 있었다고 한다(한홍구 2016: 155-156).

신군부는 심지어 변호인들도 체포했다. 보안사 법무관의 사전 귀띔으로 다들 피신했지만 강신옥 변호사는 보안사에 끌려가 고초를 겪었다(안동일 2017: 390-391). 재판 이후에 이영섭 대법원장이 취임 인사를 가자 전두환은 다음과 같이 말했다.

"김재규 사건을 대법원에서 그렇게 늦게 처리하는 바람에 광주사태 같은 예상치 못한 국가적 소요 사태가 일어났다"며 힐난했다. 그는 대포 한 방으로 대법원을 날려버리자는 장군들을 자신이 말렸다면서 국사범에 소수의견이 가당키나 하냐고 퍼부었다(한홍구 2016:156).

사실 김재규는 어떤 명목으로든 사형 판결을 받을 가능성이 컸다. 소수 판결을 내렸던 양병호 변호사는 1993년 10월 『시사저널』 인터뷰에서 그때의 분위기를 다음과 같이 회고했다.

군부가 대법원에 압력을 행사하지 않고, 기록을 꼼꼼히 검토했더라면 군법회의의 판결이 깨져서 고등군법회의에 환송되어 내란을 입증할 조사를 다시 했든지 일반 살인으로 고쳐서 대법원 재판을 다시 했을 것이다. 김재규의 운명은 일반살인죄를 적용하더라도 당시 시국 분위기로 보아 사형으로 갔을 것이다(안동일 2017:391).

그러나 전두환에게 중요했던 점은, 앞서 지적한 대로 '국사범' 김재규가 내란죄를 저지른 것으로 판결이 내려지는 것이었다.

당시 전두환 장군은 김재규에 대한 대법원의 재판 진행 상황에 대해 대단히 관심을 기울이고 있었기 때문에, 김재규에 대한 대법원 재판이 끝난 후(1980년 5월 20일 이후)에 시국수습방안을 실행에 옮기려고 생각했으며, 핵심 참모들 생각도 동일했습니다(조선일보사 1999:206 권정달 증언).

이 점은 12·12사태를 정당화하기 위해 중요한 것이었다. 실제로 김재규가 내란죄로 판결을 받은 후 얼마 지나지 않아 정승화는 풀려난다. 정승화에 대한 재판을 앞두고 보안사의 이학봉 중령이 구치소로 정승화를 다시 찾았다.

그 요점은 내란방조죄는 유죄인 경우 최하형이 7년이며, 그 이하는 현행법에서는 길이 없어 부득이 7년이 선고되겠지만, 걱정하지 말라는 것이었다. 곧바로 형 집행정지를 할 것이고 이어서 사면하고 복권도 할 테니 안심하라고 하였다. 그리고 이것은 자기의 말이 아니고 상부의 뜻을 자기가 전하는 것이라고 했다. 내가 "그러면 대통령이 그렇게 하는 것이오" 하고 되물었다. 대통령은 물론, 국방장관이나 계엄사령관, 특히 전두환 소장이 누구보다 적극적으로 나서고 있다고 했다. 전 장군은 처음부터 나의 요구대로 불기소나 기소 각하로 하자고 주장하였으나 반대하는 사람이 많아 부득이 이렇게 되었는데 이번에는 전 장군이 꼭 그렇게 되도록 하겠다고 확약하는 것이라고 다짐을 하였다. … 그는 공개재판정에선 묻는 말에만 대답해줄 것을 다시 요구하고 자기의 말을 꼭 믿어달라는 부탁을 되풀이하였다"(정승화 1987: 249-250).

재판 후 이학봉이 다시 찾아와 정승화에게 항소하지 말도록 요청하면서 다음과 같이 말했다.

이학봉 중령이 항소 포기를 하는 조건으로 나에게 제시한 내용은 김재규에 대한 사형 집행이 끝나는 대로 나를 석방하고, 곧바로 사면 조치를 취하며, 적당한 시기에 복권까지 시켜준다는 것이었다(정승화 1987: 274).

신군부 입장에서는 이제 군권을 잃은 정승화를 굳이 감옥에 넣어둘 필요는 없는 일이었다. 내란죄로 김재규가 판결을 받았기 때문에 그들이 주장한 대로 정승화의 내란방조죄 역시 성립이 되는 것이었다. 이는 또한 그들 입장에서 볼 때, 12·12 사태가 정당한 것이었음을 입증하는 것이기도 했다. 1980년 5월 24일 김재규가 사형에 처해졌다. 그리고 정승화는 6월 12일 형집행정지로 석방되었다.

전두환 중앙정보부장 서리

보안사령관이면서 합동수사본부장인 전두환은 보안사뿐만 아니라 김재규로 인해 풍비박산 난 중앙정보부를 비롯하여 검찰, 경찰 등 모든 수사, 정보기관을 장악했다. 그런데 전두환은 최규하 대통령에게 중앙정보부장에 임명해달라고 요청했다. 당시 중앙정보부장은 김재규가 10·26 사건으로 구속된 이래 공석으로 남아 있었다. 이런 문제점은 신현확 총리도 느끼고 있었다.

1980년 2월 중순경, 신현확은 최규하 대통령에게 말했다. "지금 10·26 사건 이후 몇 달째 중앙정보부장이 공석인 상태입니다. 하루빨리 후임을 임명하셔야 합니다. 쑥대밭이 된 중앙정보부를 정비하지 않고 언제까지 저대로 두고 보시겠습니까. 중앙정보부장 자리가 장기간 비어 있어 보안사의 정보 독점이 우려되는 상황입니다. 국가안보를 위해서도 빨리 후임을 임명하셔야 합니다(신철식 2017: 321).

그런데 전두환이 중앙정보부장을 맡겠다고 나선 것이다. 전두환은 합수본부장으로 실질적으로는 이미 중앙정보부를 장악하고 있었다. 왜 전두환은 중앙정보부장직을 탐내었을까? 우선 중앙정보부장의 직위가 보안사령관보다 훨씬 높았다. 유신 수립 이후 중앙정보부 부장은 부총리급이 되었고 대통령 직속이었다. 중앙정보부장은 국무회의에도 참석했다. 중앙정보부장이 되면 군 내부의 위계 관계에서 벗어나 보다 자유롭게 활동할 수 있었다.

이희성 계엄사령관은 원래 전 장군과는 친밀한 사이가 아니었고 깐깐한 성격이어서 전 장군으로서는 월권적 행동을 하기가 좀 껄끄러운 상대였다. 정보부장 서리는 대통령 직속인 데다가 장관보다도 서열이 높기 때문에 군내 서열 관계에서 벗어날 수 있었던 것이다(조갑제 2005 : 148).

공석인 중앙정보부장에 자신에게 껄끄러운 사람이 임명되기라도 하면 보안사령관보다 형식적으로라도 상위 직책의 불편한 인물을 상대하게 되는 것이다.

또한 보안사는 기본적으로 군을 대상으로 하는 정보기관이지만, 중앙정보부는 신민당 전당대회 개입 등에서 보듯이, 국내 정치에 깊게 개입해왔던 만큼 전두환으로서는 민감한 시기에 국내 정치에 대한 자신의 영향력을 더욱 높일 수 있었다. 국무회의에 참석하여 국무위원들에게 자신의 존재감도 부각시킬 수 있었을 것이고, 중요한 국무 사안에 대해 자신의 주장을 개진할 수도 있게 될 터였다. 이희성 계엄사령관도 후일 검찰 조사에서 다음과 같이 말했다.

> 제가 알기로는 대통령, 중정부장, 안보 관계 장관, 각군 총장만이 참석하는 주요 회의가 있었던 것 같습니다. 물론 참석자들은 이미 전두환 측 사람들로 임명해놓았겠지만, 그래도 본인이 직접 참석해 회의를 주도할 필요성을 느꼈을 수도 있다는 말입니다(조선일보사 1999:241).

한편, 중앙정보부에는 별도의 회계 처리가 필요 없는 막대한 예산이 있었다. 전두환이 중앙정보부장직을 노렸을 때는 이미 정권 장악에 대한 결심이 선 후였다. 정권 장악을 위해서는 돈이 필요했다.

> 정권 장악을 위한 준비 작업에 들어가 자금 문제에 봉착하자 우선 중앙정보부가 사용해온 '통치 자금성' 예산을 끌어다 쓰기로 하고 국보위 창설 자금을 여기 가져다 썼다. 그렇게 중정 예산 120억 원을 끌어내 국보위 창설 자금으로 100억 원, 보안사령관실로 20억 원(합수부 사용)을 보냈다. 정보부 예산을 갖다 쓰려면 정보부장을 맡는 길밖에 없다(김충식 2022a:103-104).

민주정의당 창당 작업을 맡았던 권정달 역시 검찰 수사에서 돈 때문이라고 밝혔다.

문 전두환이 중정부장 서리를 겸직한 것도 역시 집권 계획의 일환으로 이루어진 것이 아닌가요.

답 그런 면도 없지는 않지만 당시 보안사령부는 사실상 중정을 장악하고 있었기 때문에 전두환이 무리하면서까지 중정부장 서리를 겸임할 필요성은 없었습니다. 주된 이유는 중정의 풍부한 예산 사용을 용이하게 하기 위한 것이었다고 생각합니다 (조선일보사 1999: 200).

그러나 이미 보안사령관으로 합동수사본부를 이끌었던 전두환이 중앙정보부장까지 맡는 것은 주요 정보기구를 독점하게 된다는 점에서 심각성이 있었다. 보안사 정보과장이었던 한용원은 검찰 조사에서 중앙정보부장 겸직은 중요 정보를 독점할 수 있다는 점을 지적했다.

전 장군이 중정부장을 겸직해 국가 정보기관을 완전히 장악함으로써 집권에 필요한 정보를 독점하여 정권 장악의 교두보를 확보한 것이지요. 정보 장악이 큰 의미를 갖는 것은 집권에 장애가 되는 정보는 대통령에게 보고하지 않고, 집권에 도움이 되는 정보만 보고함으로써 상황을 유리하게 이끌어나갈 수 있기 때문입니다 (조선일보사 1999: 241-242).

이 때문에 신현확 총리는 반대했다. 전두환은 신현확의 반대 입장을 잘 알고 있었고, 이 때문에 신현확을 찾아가 자신의 임명에 동의해달라고 요청했다(조선일보사 1999:31). 1980년 3월 말 전두환 보안사령관은 총리 공관으로 면회를 신청하여 중앙정보부장 겸임에 대한 양해를 구했고, 신현확은 이에 반대하는 입장을 밝혔다. 신현확은 검찰 조사에서 이에 대해 다음과 같이 말했다.

저는 10·26 사건 이후 중정부장 자리가 장기간 공석 중에 있어 중정의 업무 수행에 막대한 차질이 있다고 생각했습니다. 1980년 2월경 민간인 출신을 중정부장으로 임명하여 하루속히 중정 기능을 원상 회복시켜 보안사의 정보 독점을 지양하는 것이 국정 운영에 바람직하다고 최 대통령에게 건의했습니다. 최 대통령도 전적으로 공감이었습니다. 그로부터 며칠 후 전 장군이 저를 찾아와 중정부장을 겸직해 중정의 기능을 정상화시켰으면 좋겠다고 하기에 '국가의 중요 정보를 한 사람이 독점하는 것은 바람직하지 않다'면서 최 대통령도 저와 똑같이 생각하고 있다는 사실을 알려주었습니다(조선일보사 1999:85).

이희성 계엄사령관도 전두환의 중앙정보부장 겸직에 반대했다.

이희성 계엄사령관도 최광수 대통령 비서실장으로부터 전 장군이 중정 부장을 겸직하고자 하는데 어떻게 하면 좋겠느냐고 의견을 물어와 반대했습니다(조선일보사 1999:240).

앞의 신현확의 진술에서는 민간인 출신 임명에 대해 '최 대통령도 전적으로 공감'했다고 하지만, 결국 최규하는 신현확 총리나 이희성 계엄사령관의 반대 의견을 무릅쓰고 전두환을 중앙정보부장 서리에 임명했다.

"중앙정보부장은 절대 군인으로 임명하지 마시고 민간인으로 임명하십시오. 그래서 전두환 씨가 맡고 있는 보안사와 정보부를 양립시킨 다음 정보를 복수로 컨트롤하셔야 합니다." 최 대통령은 신현확의 말을 듣고도 묵묵부답이었다. … 신현확은 최 대통령에게 일주일 간격으로 똑같은 얘기를 두 차례나 더 했다. 그러자 미국의 시사주간지 『타임』에 기사가 실렸다. '최규하 대통령이 중앙정보부장을 군인으로 임명하려고 하는데, 신현확 총리가 민간인으로 해야 한다며 반대를 해서 임명이 늦어지고 있다.' "허!" 기가 막힐 노릇이었다. 청와대에서 배석자도 없이 대통령과 단둘이 이야기한 내용이 어떻게 저리도 정확하게 보도될 수가 있을까. '저쪽에서 일부러 흘리고 있구나…' … 이런 언론 플레이를 통해서 신현확을 누르고 견제하는 한편, 자신은 신군부에 한층 더 가깝게 다가가려는 목적으로밖에는 해석되지 않았다(신철식 2017: 321-323).

미국도 전두환의 중앙정보부장 임명에 반대했다. 미국 측은 전두환의 중앙정보부장 임명을 30분 전에야 통보받았다. 최규하는 미국 측의 반대도 예상했지만, 전두환을 그 자리에 앉히고 싶었던 것이다. 글라이스틴 대사는, 그것이 미국의 방해를 막기 위한 것으로 추측하면서, 이러한 전두환의 행동을 워싱턴에 다음과 같이 보고했다(Gleysteen 1999 : 158).

"역행 내지는 전혀 예측하지 못한" 조치로 스스로 대통령이나 막후 실세가 되려는 의중을 드러낸 것이라고 보고했다. "하룻밤 사이 그는 12·12 이후 쓰고 있던 가면을 벗어던지고 1면 뉴스로 등장하면서 자신을 서부 개척 시대의 영웅과 같은 고결한 인물로 묘사하고 있다."

글라이스틴은 최규하의 이런 조치를 이해할 수 없었다.

최 대통령은 전두환의 중정부장 서리 임명을 합리화해 학생들의 시위가 점차 확산되고 노동계가 불안한 상황에서 군부의 개입을 초래하지 않고 경찰력을 보강하기 위해 정보와 조직력 제공이 가능한 유능한 정보 책임자가 필요했다고 말했다. 그러나 그 설명은 수긍이 가지 않았다. … 여하간 최 대통령의 굴복은 전두환으로 하여금 무소불위의 막강한 권력기관 장악을 통해 민간 부분으로 진출할 수 있는 길을 열어준 것이었다(Gleysteen 1999 : 157-158).

미국 측은 전 장군의 정보부장 서리 겸직이 신군부의 정치 개입을 알리는 '확실한 신호'라고 판단하였다. 그때 정보부는 윤일균 차장이 대표하고 있었으나 실제로는 보안사가 감독관으로 파견한 허삼수 보안사 인사국장이 실권을 행사하고 있었다. 전 장군이 정보부를 직접 장악한다는 것은 여러 가지 의미를 내포하고 있었다. 정보부의 국내 정치 담당 부서를 활성화시켜 정권 인수 준비를 할 수 있을 뿐 아니라 정보부의 막대한 예산을 손에 넣을 수 있었다(조갑제 2005:147).

최규하는 주변의 반대 의견을 수용하지 않고 보안사령관 전두환을 1980년 4월 14일 중앙정보부장 서리에 임명했다. 왜 그랬을까? 최규하 대통령의 민원수석비서관이었던 이원홍의 5·18 수사 당시 증언에 의하면, "국무총리 등이 반대 의견을 개진했음에도 전두환 보안사령관을 중정부장 서리에 겸직 발령하게 된 경위와 배경은 무엇이냐"라는 검찰의 질문에 대해 "최규하 대통령께서는 그 당시 상황으로 보아 보안사에 의지하지 않고는 국정을 원활히 운영할 수 없다고 판단하여 나름대로 여러 가지 방안을 검토한 후 결정하지 않았나 생각합니다"(조선일보사 1999: 275)라고 답했다. 최규하는 의도적으로 전두환을 중앙정보부장 서리에 임명한 것이다.

당시는 신현확 총리에 사람들이 몰리고 신현확 신당 이야기까지 나오던 무렵이었다. 최규하는 신현확이 중앙정보부장직에 민간인을 임명하자고 세 번씩이나 말했을 때 최규하는 그것을 TK 세력이 그 요직까지 장악하려고 하는 것으로 간주했을 것이다. 즉, 신현확이 말하는 민간인은 또 다른 TK일 것이며 그것은 신현확의 세력을 더욱 강화시키는 것으로 해석했을 것이다.

최규하는 전두환을 활용하여 신현확과 TK 세력을 견제하려고 했다. 그러나 결과적으로 최규하는 전두환의 중앙정보부장 서리 겸직을 허용함으로써 호랑이를 불러들인 셈이 되었고, 곧 그 호랑이에게 잡아먹히고 말았다. 최규하는 전두환을 임명할 당시 신군부의 정치 개입 가능성을 전혀 우려하지 않았던 것으로 보인다. 최규하 대통령은 전두환을 중앙정보부장 서리로 임명한 4월 14일 직전에 육사 졸업식(4월 3일), 공사 졸업식(4월 4일), 전투 구축함 울산함 진수식(4월 8일), 해사 졸업식(4월 9일) 등에 참석하여 연설했지만, 그 어디서도 군의 정치 개입을 우려하거나 경고하는 메시지를 말하지 않았다.

이처럼 최규하는 군의 정치적 개입 문제를 심각하게 생각하지 않고 있었다. 하지만 세간에서는 전두환의 임명을 군의 개입으로 보기 시작했다. 중앙정보부장 서리 임명 후 가진 전두환의 기자회견에서도 그런 질문이 나왔다.

문 전 보안사령관의 중정부장 취임으로 군부가 정치에 개입할 것이라는 일부의 주장과 특히 정치 발전 일정에 어떤 영향을 줄 것이라는 우려에 대해 어떻게 보는가.

답 본인이 비록 중정부장직을 겸직하더라도 현재는 비상계엄하이기 때문에 합동수사본부가 수행하는 업무의 한계를 벗어나지 않을 것이다. 현시점에 있어서 법이나 포고령을 위반했을 시에는 정치인이든 정치인이 아니든 간에 직위고하를 막론하고 법에 따라 다스리게 되어 있다. 포고령이나 법에 위반되는 자를 다스리는 것을 정치 관여라고는 생각하지 않는다. 이것을 두고 정치 관여라고 생각하는 사람들이 있다면 어떻게 답변해야 될지 모르겠다. 본인의 겸직이 정치 발전 일정에 차질을 초래한다고 생각한다면 그것은 전혀 근거 없는 기우에 불과하다고 생각한다. …(『조선일보』, 1980. 4. 30).

그러나 중앙정보부장 서리에 임명된 이후 전두환과 신군부의 움직임은 더욱 활발해졌다.

4월 30일에는 중앙정보부장 서리가 된 전두환의 회견이, 다음 날에는 계엄사에서 열린 전군지휘관회의의 결의가 신문의 1면 톱에 등장하는 등 신군부가 정국의 전면에 나서려는 듯한 조짐이 나타나기 시작했다(김영삼 2000b : 192).

글라이스틴 대사는 그 이후의 정치적 전개의 중요한 전환점으로 전두환의 중앙정보부 장악을 지적했다.

5월 17일 밤이 지나면서 최 대통령이 좌우 진영의 도전을 물리치고 한국을 민주헌정체제로 이끌 수 있으리라는 희망은 사라졌다. 약 한 달 전 최 대통령은 학생, 노동자들의 시위가 과격해져 정도를 넘으면 보수 진영의 반발을 불러와 정치 자유화 전망은 무산될 것이라고 경고한 바 있었다. 예언적인 말이었지만 사정이 이렇게 악화된 것은 전두환의 중앙정보부 장악을 용인한 그 자신에게 책임이 있다는 것이 내 생각이었다(Gleysteen 1999 : 177).

한편, 위컴 사령관은 '중앙정보부장 서리' 전두환을 만나면서 이전과 달라진 그의 태도에 주목했다.

> 주로 이야기한 쪽은 전두환이었으며 그는 매우 자신감에 넘쳐 보였다. 그는 중앙정보부장 서리라는 새로운 위치에 상당히 만족하는 듯했다. 그는 군복이 아닌 비싸 보이는 민간인 차림을 하고 있었다. … 대화가 시작되기 전 몇 분 동안 사진사들이 우리의 모습을 사진에 담았다. 한국의 정부 각료들과도 여러 차례 모임을 가졌지만 이처럼 카메라가 사용된 적은 한 번도 없었다. 나는 문득 청와대를 방문하여 대통령과 면담하는 듯한 느낌이 들었다 (Wickham 1999 : 189).

전두환의 임명이 갖는 의미는 일차적으로 권력 찬탈의 과정에서 매우 중요한 요직을 장악했다는 것이지만, 동시에 그것은 10·26 이후 정국을 이끌어온 최규하-신현확 체제의 균열을 의미하는 것이기도 했다. 최규하-신현확 간의 미묘한 갈등 속에 자신의 지지 세력을 갖지 못했던 최규하는 전두환을 불러들인 것이다. 그것은 불안정하게 유지되어오던 궁정 내부 관료 엘리트 간 협력의 종식을 의미하는 것이었다. 최규하는 호랑이를 불러들였고 그 등 위에 탔다.

5·17 계엄 확대와
군사정부의 구성

보안사령부를 중심으로 한 합수본부장으로 수사, 정보 권력 장악, 12·12 사태를 통한 군권의 탈취, 그리고 중앙정보부장으로 정보의 독점과 막대한 자금의 확보까지 이뤄낸 전두환에게 이제 남은 것은 정권 장악뿐이었다. 이제 정권 탈취라는 전두환과 신군부의 권력욕이 노골적으로 드러나게 되었다.

이들은 언제부터 직접적인 권력 장악을 염두에 두기 시작했을까? 앞서 언급한 대로, 김종필은 최영희를 전두환에게 보내 자신을 밀어달라는 부탁을 했다. 그때 전두환이 했던 말이 "김종필뿐만 아니라 3김씨 모두 안 됩니다"라고 하면서 "그래서 고민입니다. 여러 가지를 놓고 생각 중입니다"라고 대답한 것이 1980년 1월 하순이었다(조선일보사 1999: 168).

또한 전두환은 1980년 2월 초 친구인 정호용 특전사령관에게 "묶여 있던 정치인들의 정치활동이 재개되면 시국이 어수선하고 복잡해진다"면서 "참모들(권정달, 허화평, 허삼수)이 정당을 만들려는 모양인데, 어디서 자금을 구할 수 있을지 알아봐"달라고 부탁했다(김충식 2022a : 100-101). 이런 점에서 볼 때 전두환은 1980년 1월 이후 집권을 위한 본격적인 활동에 돌입했다고 볼 수 있다. 12·12 사건으로 군권을 장악한 후 얼마 지나지 않아 권력 찬탈까지 욕심내게 된 것이다. 1980년 1월경에는 군부 집권 방안 검토가 시작됐고, 1980년 3월경에는 전두환 보안사령관을 중심으로 한 군부가 정권을 장악하기로 결론을 짓고, 그에 필요한 집권 시나리오 또는 집권 계획을 기획, 입안한 것으로 보인다(조선일보사 1999 : 169-170).

하지만 적어도 2월까지는 권력 탈취 야욕을 외부로 드러내지는 않았던 것 같다. 글라이스틴 대사는 이 무렵의 전두환을 다음과 같이 평했다.

12·12 직후 나는 전두환의 행동을 '사실상의 쿠데타'로 규정했지만 1월과 2월 사태가 호전되는 기미를 보이자 그가 최소한 잠시 동안만이라도 허약한 '천황'의 역할을 맡고 있는 대통령 뒤에서 '쇼군'의 역할을 하려는 것으로 만족할지도 모른다고 생각했다. 그리고 4월 중순이 되자 전두환이 보인 행동은 '쿠데타가 아직 진행 중'이라고 생각하게 했다(Gleysteen 1999 : 136).

그러나 전두환은 '쇼군'이 아니라 '천황'이 되고자 했다. 4월이 되면서 전두환은 노골적으로 정권 장악을 위한 움직임을 보였다.

전두환 장군은 1980년 4월 말 당시 이미 정치를 하고 있었다. 행정부와 군부를 컨트롤하고 있는 계엄사령부의 합수본부와 정부의 가장 중요한 정치공작 기관인 정보부의 장으로서 그는 합법적으로 정치를 하고 있었다. 그의 일상적 업무가 모두 정치와 연관돼 있었다(조갑제 2005 : 150).

전두환의 집권 계획은 보안사 내에서 "시국수습방안"으로 준비되었다. 권정달은 다음과 같이 증언했다.

1980년 3월 대학가가 개강하면서부터 학원 소요는 물론 노사분규가 많아 시국이 시끄러워졌습니다. 또한 1980년 4월 하순부터는 학내 문제에 국한됐던 대학가 시위가 '전두환 퇴진, 계엄 해제' 등 정치적 문제가 제기되기 시작했습니다. 시위 양상도 더 격화됐습니다. 이에 같은 달 말경 보안사 핵심 참모였던 허화평, 허삼수, 정도영, 이학봉과 저는 이런 시국 상황에서는 군부가 전면에 나서 강력히 정국을 장악하는 것이 필요하다는 데 인식을 같이했습니다. 그런 방안으로서 시국수습방안을 본격적으로 논의하게 됐습니다(조선일보사 1999 : 203-204).

전두환은 시국수습방안을 지시했고 5월 초 비상계엄 전국 확대, 국회 해산, 국가보위비상기구 설치를 주요 골자로 하는 시국수습방안 초안이 만들어졌다. 시국수습방안의 골격은 허화평, 허삼수, 이학봉, 정도영 등 보안사 참모들과 유학성, 황영시, 차규헌, 노태우, 정호용 등 신군부 핵심 세력들을 중심으로 한 군 지휘관들의 확대 모임에서 확정되었다(조선일보사 1999 : 209-211). 시국수습방안을 이처럼 세 가지로 결정한 이유에 대해서 권정달은 다음과 같이 증언했다.

당시는 지역 계엄이 선포된 상황이었지만 국민 대다수가 계엄 해제를 요구하고, 군부 실세였던 전두환 장군의 퇴진을 요구하는 등 시위가 끊이지 않았습니다. 지역 계엄은 '물계엄' 또는 '종이호랑이'로 비하되는 분위기였기 때문에 저와 보안사 참모들은 지역 계엄만으로는 군이 전면에 나서 정국을 장악하는 데 한계가 있다고 생각했습니다. 이에 따라 계엄 해제, 전두환 퇴진 등을 요구하는 시위와 저항을 강력히 제압하고 군부가 정국을 장악하기 위해서는 그 선행 조치로서 지역 계엄보다 한층 강화된 비상계엄의 전국 확대가 필수 불가결하다고 생각했습니다.
또한 최규하 정부는 과도정부적 성격을 띠고 있어 내각이 소극적 역할만 수행하고 있었습니다. 때문에 비상계엄을 전국으로 확대해 신군부가 국무총리와 국방부장관을 배제한 채 계엄사령관을 통해 대통령에게 직보할 수 있는 상황에서 내각을 조종, 통제하고 강력히 독려할 수 있는 국가보위비상기구 설치 방안이 허화평 비서실장, 허삼수 인사처장 등으로부터 자연스럽게 제기됐습니다. 비상계엄을 전국으로 확대하고 국가보위비상기구를 통해 내각을 조종, 통제하는 기능을 군부가 수행하는 과정에서 헌법상 계엄 해제 요구권을 가지고 있는 국회가 계엄 해제를 요구할 우려가 있었습니다. 당시는 김종필 공화당 총재마저 자신의 세력을 규합하면서 계엄 해제를 찬성할 움직임을 보이고 있었습니다. 이를 미연에 방지하고 신군부에 의한 정국 장악을 담보하기 위해서는 국회 해산 및 주요 정치인 연행 등 조치가 불가피하다고 판단했습니다. 이런 다각적인 고려하에 비상계엄 전국 확대, 국회 해산, 국가보위비상기구 설치라는 시국수습방안이 만장일치로 작성됐던 것입니다 (조선일보사 1999:203-204).

소위 '시국수습방안'의 요체는 계엄 전국 확대, 비상기구 수립, 그리고 국회 해산이었다. 군부의 정국 장악을 위해 만들어진 계획이었다. 내용만 봐도 이 수습 방안은 쿠데타라는 것을 금세 알 수 있다. 계엄 확대로 군이 사실상 직접 통치에 나서게 되고, 비상기구는 기존 행정부를 대체하게 되고, 국회 해산으로 정치 활동은 금지되는 것이었다.

하지만 군부가 나서기 위해서는 그것을 정당화할 만한 상황이 만들어져야 했다. 학원 소요나 사북 사태와 같은 노동 분규도 좋은 명분을 제공했지만, 이는 사실 경찰력으로도 해결할 수 있는 문제들이었다. 경찰력으로 막을 수 없을 정도의 혼란 상황이 생겨나거나, 특히 북한의 군사적 위협이 발생하면 신군부로서는 군의 개입에 좋은 명분이 될 수 있다. 신군부는 이 두 가지 조건을 모두 '만들어냈다.'

5월 들어 학생 시위가 가열되었다. 5월 14일에 시내에서 대규모 시위가 벌어졌는데, 주영복 국방부장관은 계엄사령관 이희성, 내무부장관 김종환 등과 시위 현장을 둘러봤다. 그 자리에서 내무부장관이 계엄사령관에게 "경찰력으로는 도저히 진압이 어려우니 군 병력의 지원이 있어야 하겠다"고 말했다(조선일보사 1999: 105). 경찰을 이끄는 내무부장관이 군 병력 지원을 이야기함으로써 군이 나설 수밖에 없는 명분을 제공했다.

또 한편으로는 북한의 군사 위협에 대한 정보를 '만들어냈다.' 주영복에 따르면, 1980년 5월 10일경 중앙정보부가 일본 내각조사실로부터 입수했는데, 그 정보는 5월 15일부터 5월 20일 사이에 북한 특수부대 요원이 우리나라 후방 지역으로 침투할 것이라는 내용이라는 것이었다. 그런 첩보가 국방장관과 신현확 총리에게 보고되고 신 총리가 국무회의 소집을 지시해 중정 담당 국장이 첩보 내용을 국무회의에 보고했다(조선일보사 1999: 104).

그러나 육군본부 정보참모부는 5월 10일, "북괴 군사 동향은 정상적인 활동 수준으로서 특히 전쟁 징후는 없음. 입수 첩보(5월 남침설 및 전방 병력 배치 완료설)는 신빙도가 희박하며, 이는 우리의 국내 정체 추이에 따른 북괴 남침 방책의 일반적 가능성을 추측한 것으로 평가됨"(조선일보사 1999: 342)이라고 북한 위협설을 부인했다.

중앙정보부에서 북한 남침 가능성을 보안사에 보고한 5월 10일 최규하 대통령은 중동 순방을 위해 출국했다. 남침 우려가 있다는 첩보에도 대통령이 출국했다는 사실은 그 정보가 거짓이라는 것을 말해준다. 사실 신군부 입장에서 북한의 군사적 위협에 대한 정보는 국무위원들과 일반 국민을 대상으로 한 것이었다. 한국군이나 미군, 그리고 최규하 대통령에게조차 그것이 사실이 아니어도 무방한 것이었다. 쿠데타를 정당화하기 위해 거짓 정보라고 해도 북한의 군사적 위협이 임박한 것처럼 꾸며야 했다.

5월 16일 밤 최규하 대통령이 중동 방문에서 귀국한 직후 그날 밤 11시에 청와대에서 시국 관련 대책회의가 열렸다. 국무총리, 내무, 국방, 계엄사령관, 중앙정보부장 서리, 청와대에서는 비서실장, 정무·민원 수석비서관이 참석했다. 여기서 최규하는 중동 방문 결과를 설명하면서 원유 안정 공급에 대해 사우디, 쿠웨이트 양국 국가원수의 확약을 받았다고 순방 성과를 설명했다. 총리가 국내 상황 전반에 대해 보고했고, 내무장관은 시위의 규모가 크고 지방에도 확산되어 경찰 인력만으로는 한계가 있다고 보고했다. 국방장관은 외국의 정보기관으로부터 국내 혼란 상태를 이용한 북한군 침공 가능성에 관한 첩보를 입수하여 그에 대한 대비책을 강구 중이라고 보고했고, 전두환 역시 국방장관과 같은 취지의 설명을 했다(조선일보사 1999: 276-277). 안보 관련 책임자들이 한자리에 모여 최규하 대통령에게 계엄 확대의 필요성을 사전 설명하는 성격의 모임을 가졌던 셈이다.

그다음 날 전군 주요 지휘관 회의가 열렸다. 군이 전면에 나서는 '시국수습방안'이 전두환 개인의 뜻이 아니라 '국가안보 위기'를 극복하려는 군 전체의 뜻이라는 모양새를 갖춰야 했기 때문이다. 전두환의 이런 뜻에 따라 주영복 국방부장관이 1980년 5월 17일 오전 11시 전군 주요 지휘관 회의를 개최했다. 후방은 관구

사령관급 이상, 전방은 군단장급 이상 43명이 참석했다. 시국수습방안 세 가지 모두에 대한 동의를 구하고자 했지만, 유병현 합참의장이 국회 해산과 비상기구 설치 문제는 전군 주요 지휘관 회의에서 논의하는 것이 부적절하다고 지적했고, 주영복 장관도 이에 동의하면서 계엄 확대에 대해서만 논의하기로 했다. 참석자 가운데 육군군수사령관인 안종훈 중장만이 계엄 확대는 국민의 여론을 듣고 결정해야 한다고 하면서 반대의 뜻을 표했다.

안종훈(군수기지사령관) (의식하는 눈초리와 고성으로 지명 없이) 군이 직접 개입한다는 것은 중요한 결과가 됩니다. 3천7백만 명 모두 똑같이 생각할 수 없습니다. 학생이 몇 명이 되는가, 지금까지는 군과 경찰이 잘했다, 국민들이 절대 호응하고 있다, 군이 개입하는 것은 마지막이다, 전체 여론이 그렇게 하기를 원할 때 국민합의에 의해서 해야 합니다. 국민의 합의, 총화를 가지고 그렇게 되기를 바랍니다. 회의는 그 대책을 마련하는 방식에 있어서 미리 결정해놓고 하면 의의가 없습니다(조선일보사 1999: 332).

그러나 안종훈 사령관의 발언은 곧 이어 정호용, 박준병, 노태우 등 신군부 측 장성들의 발언에 묻혔고, 최종적으로 전군 주요 지휘관들은 계엄 확대에 동의했다.

전군 주요 지휘관 회의 이후 주영복 국방장관은 신현확 총리, 전두환 보안사령관, 이희성 계엄사령관이 배석한 상태에서 최 대통령에게 비상계엄 전국 확대, 국가보위비상기구 설치, 국회 해산 등 시국수습방안을 보고했다. 전군 지휘관 회의에서는 계엄 확대만 결의했지만, 대통령에게는 국회 해산, 국가보위비상기구 설치 문제도 전군 지휘관 회의에서 의결된 사항으로 보고하면서 결재를 요구했다.

하지만 최 대통령은 "얼마 전에 긴급조치 9호를 해제했는데 또 다른 긴급조치권을 발동할 수 없다. 이런 일은 5·16 한 번으로 족하다"면서 비상계엄 전국 확대 이외의 나머지 두 가지 방안은 수용하지 않았다(조선일보사 1999:217). 전두환은 그 뒤 따로 남아 30~40분 정도 최 대통령에게 권력형 부정 축재자와 소요 배후 조정자들에 대한 조치 계획을 보고했다(조선일보사 1999:93). 최 대통령이 신현확 총리에게 임시국무회의를 소집하여 비상계엄 전국 확대 안건만 상정하여 의결하라고 지시했다. 이에 따라 5월 17일 밤 9시 45분경 제42회 임시국무회의가 개최되었다(조선일보사 1999:90). 국무회의는 살벌한 분위기에서 개최되었다.

노태우 수경사령관 지시에 의해 이현우 30경비단장은 1980년 5월 17일 17시경 340여 명의 병력을 출동시켜 광화문 앞에 전차 4대와 장갑차 등을 배치하여 중앙청을 에워싸고 외부인 출입을 통제했으며, 성환옥 헌병단장은 250여 명의 헌병을 출동시켜 중앙청 현관에서 국무회의장 입구까지 집총한 병력을 1m 간격으로 도열시키고, 2층으로 올라가는 계단에는 한 계단에 1명씩 집총한 헌병을 배치했다. 또한 중앙청 각 사무실을 수색해 일하던 공무원들을

5층에 있는 방에 감금하고, 외부에서 중앙청으로 연결되는 전화선을 절단하여 국무회의장을 완전히 차단했다(조선일보사 1999:55).

주영복 장관은 헌병단 병력이 워낙 삼엄하게 경비를 서고 있어 국방부장관인 자신이 들어가는데도 무서워서 다리가 떨렸다고 했다(조선일보사 1999:56). 당시 국무회의장의 살벌한 분위기를 알게 해준다. 이로써 제주를 제외한 지역을 대상으로 했던 부분 계엄이 전국으로 확대되었고, 이제 계엄사령관과 군은 총리 등 내각을 제치고 대통령과 직접 계엄 업무를 논의할 수 있게 되었다.

그런데 계엄 확대의 거사일을 5월 17일로 정한 것은 국회의 움직임과 관련이 있다. 원래 예정일은 5월 20일경이었다.

1980년 5월 15일 저녁 무렵 전두환 장군, 저를 비롯한 보안사 핵심 참모 5명이 신군부 측 황영시, 차규헌, 유학성, 노태우, 정호용 등과 협의해 1980년 5월 20일 이후 시행하려던 당초 계획을 갑자기 변경해 최규하 대통령이 중동 순방을 마치고 귀국하는 다음 날인 5월 17일 24시를 기해 시행하기로 결정했습니다. 시행 일자를 앞당긴 이유는 첫째, 5월 15일~16일경 이화여대에 모여 있던 전국 대학 총학생회장들이 5월 22일 이후 다시 전국 규모의 대규모 시위를 재개하려 한다는 정보가 있었습니다. 둘째, 여야 합의로 국회를 소집해 계엄 해제를 결의할 움직임이 있었는데, 그런 움직임이 있기 이전에 시국 수습 방안을 시행해야 했기 때문입니다(조선일보사 1999:206 권정달 증언).

유신헌법 54조 5항은 "국회가 재적의원 과반수의 찬성으로 계엄의 해제를 요구한 때에는 대통령은 이를 해제하여야 한다"라고 규정하고 있었다. 그런데 1980년 5월 14일 신민당 의원 66명이 비상계엄 해제 건의안을 국회에 제출했다.

신민당은 14일 이기택 의원 등 소속의원 66명의 이름으로 비상계엄 해제를 요구하는 비상계엄 해제 결의안을 국회에 제출했다. 신민당은 결의안 제출 이유로 헌법 54조와 계엄법 4조에 따르면 비상계엄은 전쟁이나 이에 준할 사변에 있어 적의 포위 공격 때문에 사회질서가 극도로 교란된 지역에 선포되는 것인데 더 이상 존속시킬 명분이 없으며, 국민 모두가 나름대로의 민주화 작업을 활발히 진행시키고 있는 마당에 법관의 영장 없이도 구속당할 수 있다는 것은 민주화 과정에 아무런 도움이 되지 않기 때문이라고 설명했다. 이 결의안은 또 국회는 현재 헌법의 민주적 개정을 서두르고 있고, 민주화에 대한 국민의 의혹과 불신은 정치와 사회의 불안 요인으로 크게 부각되고 있는 실정이므로 조속한 사회 안정을 위해서는 비상계엄은 시급히 해제되어야 한다고 주장했다(『조선일보』, 1980.5.15).

김영삼과 김대중은 16일 오전에 만나 계엄 해제에 공동보조를 취하기로 했다. 김종필 역시 계엄 해제에 뜻을 같이했다.

김영삼 신민당 총재와 김대중 씨는 16일 오전 비상계엄의 즉각 해제 등 6개항의 시국수습책에 합의, 이의 관철을 위해 공동보조를 취하기로 하고, 학생들은 질서와 평화 유지를 위해 최대한의 자제력을 발휘해달라고 호소했다.

김 총재의 제의로 동교동 김씨 자택에서 만난 두 김씨는 약 1시간 동안의 요담 후 공동발표문을 발표, 당면한 비상시국을 해결하기 위해 비상계엄의 즉시 해제, 모든 정치범의 석방과 복권, 정부 주도 개헌 작업의 포기, 정치 일정의 연내 완결을 위한 확정 발표 등 6개 항의 수습책을 제시했다(『조선일보』, 1980.5.17).

공화당은 16일 남산 당사에서 당무위원 간담회를 열고 시국 수습 방안을 논의, 계엄령의 조속한 해제, 정치 일정의 단축 및 대국민 공개 등에 의견을 모았다. 김종필 총재는 이를 토대로 최규하 대통령을 만나 시국수습대책을 건의할 예정이며, 이날 양찬우 사무총장을 통해 청와대에 면담을 요청했다(『조선일보』, 1980.5.17).

국회의원 186명의 집회 요구에 따라 1980년 5월 17일 민관식 국회의장 직무대리는 제104회 임시국회를 오는 20일 소집한다고 공고했다. 5월 20일 국회가 개원하면 국회의 계엄령 해제 요구가 통과될 가능성이 매우 높았다.

이 때문에 국회가 열리는 5월 20일 이전에 '시국수습'을 위한 거사를 해야 했다. 1980년 5월 17일 24시를 기해 비상계엄의 전국 확대와 동시에 모든 정치활동 금지를 주된 내용으로 하는 계엄포고령 제10호가 발령되었다. 군은 5월 18일 새벽 2시 30분 전국 92개 대학과 국회를 포함한 136개 주요 보안 목표에 계엄

군 2만 5천 명을 배치 완료했다.

1980년 5월 17일 밤 신군부는 김종필, 이후락, 박종규, 이세호, 김진만, 김종락, 이병희, 오원철 등을 권력형 부정 축재 혐의로 연행했다. 김대중, 예춘호, 문익환, 김동길, 인명진, 고은, 이영희 등은 사회 혼란 조성 및 학생, 노조 소요 관련 배후 조종 혐의로 계엄사에 연행했다. 김종필과 김대중을 연행한 데 이어 김영삼은 가택 연금을 시킨 뒤 강제로 정치 은퇴를 선언하도록 했다. 국회를 포함하여 모든 정치활동을 사실상 금지시켰다.

국회에도 33사단 101연대 소속 1개 중대 병력이 출동하여 5월 18일 01시 45분 국회의사당을 점령했다. 그리고 1980년 5월 20일 10시경 국회의장이 공고한 104회 임시국회 개회식 참석을 위해 국회에 나타난 황낙주 등 국회의원 38명의 등원을 저지했다. 이처럼 5월 18일 국회 봉쇄, 20일 등원 저지, 17~20일 사이 주요 정치인 연행, 구금, 연금 등을 통해 정치활동을 전면적으로 금지시켰다. 대통령의 결재는 계엄 확대에 대한 것이었지만, 신군부는 시국수습방안에 포함되어 있던 국회 해산까지 처리했다.

시국수습방안 세 가지 중 이제 남아 있는 것은 비상위원회의 설치였다. 신군부는 유신헌법에 있는 대통령의 긴급조치권을 활용해서 비상기구를 설치하고자 했다. 유신헌법 53조는 "대통령은 천재·지변 또는 중대한 재정·경제상의 위기에 처하거나, 국가의 안전보장 또는 공공의 안녕질서가 중대한 위협을 받거나 받을 우려가 있어, 신속한 조치를 할 필요가 있다고 판단할 때에는 내정·외교·국방·경제·재정·사법 등 국정 전반에 걸쳐 필요한 긴급조치를 할 수 있다"(1항), 그리고 "대통령은 제1항의 경우에 필요하다고 인정할 때에는 이 헌법에 규정되어 있는 국민의 자유와 권리를 잠정적으로 정지하는 긴급조치를 할 수 있고, 정부나 법원의 권한에 관하여 긴급조치를 할 수 있다(2항)"라고 규정하고 있다. 긴급조치는 '국민의 자유와 권리를 정지'시키고 정부와 법원도 장악할 수 있게 하는 만큼 신군부로서는 안성맞춤의 방안이었다.

전두환 사령관으로부터 시국수습방안 수립을 지시받고 그 입안 작업을 하는 과정에서 허삼수, 허화평, 이학봉, 정도영 등 보안사 핵심 참모들과 신군부 핵심 장성들과 협의한 결과 국보위 설치는 대통령의 긴급조치권에 의해 하기로 했으며, 그 성격은 비상권력 기구적인 것이었습니다. 저는 전두환 사령관의 지시에 따라 5월 19일경 최광수 대통령 비서실장을 찾아가 '군의 주요 지휘관들의 한결같은 의견이 계엄 확대에 따른 시국에 대처하기 위해 대통령 긴급조치권을 발동해 비상기구를 설치하는 것이 바람직하다'면서 대통령의 결심을 받아달라고 요청했습니다(조선일보사 1999 : 217 권정달 증언).

그러나 앞서 언급한 대로, 최규하 대통령은 긴급조치의 발동에는 반대했다. 글라이스틴 대사도 이 점을 다음과 같이 기록하고 있다.

최광수 비서실장은 5월 17일 있었던 최 대통령과 군 수뇌부와의 회의에 대해 언급하면서 여러 헌법 조항의 유보와 국회 해산을 주장하던 군부 강경론자들을 최 대통령이 무마시켰다고 말했던 것으로 생각한다(Gleysteen 1999 : 205 각주).

긴급조치에 의한 국회 해산과 국가보위비상대책위원회 설치 계획이 최 대통령에 의해 거부된 뒤 신군부와 청와대 사이에는 실랑이가 있었다. 신군부에서는 청와대 비서진에 대해서 국보위 안을 받아들이도록 압력을 가했다. 신군부가 최 대통령을 연금시키지 않을까 하고 측근들이 우려할 정도로 압력은 드셌다.

결국 신군부는 현행법의 테두리 안에서 생각해보라는 최 대통령의 제안을 활용하기로 하였다. 5·17 시나리오에 있었던 국보위는 긴급조치에 근거하여 만든 혁명평의회와 같은 초헌법적 기구였으나, 신군부가 새로 발상한 기구는 대통령령에 근거한 대통령 자문기구의 성격을 내세우게 되었다(조갑제 2005 : 189).

5월 26일 오전 11시경 전두환은 보안사의 권정달, 이학봉 처장과 함께 청와대에 도착했다. 최광수 비서실장이 배석한 가운데 전두환은 다음과 같은 요지의 보고를 했다.

"각하께서는 내각 운영 업무에다 계엄 업무가 하나 더 늘었습니다. 이 두 가지 업무를 다 관장하시자면 새로운 보좌기관이 필요하실 것입니다. 국보위는 두 업무 간의 협조 체제를 긴밀히 하기 위해 만드는 자문 보좌 기구입니다. 이 기구는 계엄법 제9조,

11조, 12조 및 정부조직법 제5조에 근거를 두었습니다. 각하께서 지적하신 대로, 비상대권 발동을 피하기 위해 정부조직법 제5조를 원용했습니다. 이 조항에는 행정기관은 대통령이 정하는 바에 의하여 자문기관 등을 둘 수 있게 돼 있습니다. 국보위 밑에 상임위원회를 두어 집행 업무를 담당케 했으면 합니다. 대통령께서 의장을 맡으시고 상임위원장은 업무의 성격상 제가 맡았으면 합니다."
이렇게 해서 최 대통령은 자문기관이란 형식을 취했지만 사실상 혁명적 기구가 돼버린 국보위의 설치를 재가하였다. 5·17 조치 때 최 대통령이 긴급조치를 거부한 결과 신군부는 오히려 더 교묘하게 합법으로 위장할 수 있었던 것이다(조갑제 2005 : 190).

신군부가 당초 계획했던 5·17 조치는 대통령의 긴급조치 발동권을 이용한 5·16 쿠데타와 비슷한 수준의 혁명적 거사였다. 이 계획을 최 대통령에게 재가받는 과정에서 그 성격이 기존 법률에 근거한 자문기관의 형태로 외형상 변형시킨 것이다.

사실 보안사에서 4월 말부터 본격적으로 기획한 5·17 시나리오는, 전국 계엄 확대, 김종필 씨 등 권력형 부정 축재 혐의자 조사, 김대중 씨 등 학생 소요 배후 조종 혐의자 구속, 대통령 긴급조치에 의한 국회 해산 및 5·16 때의 국가재건최고회의와 비슷한 비상대책기구 설치, 5·16 때의 혁명 공약과 비슷한 대통령의 특별 선언문 발표를 주요 골자로 하고 있었다.

최 대통령이 이 시나리오대로 재가했다면 5·17은 명백한 헌정 중단, 즉 쿠데타로 쉽게 규정지을 수 있었을 것이다. 그러나 관료 출신 최 대통령은 그런 변칙을 거부함으로써 결과적으로는 5·17 조치가 혁명적 상황이 아닌 합법적 비상조치로 위장하도록 도와주었다(조갑제 2005:179). 결국 비상기구는 대통령 자문기구 형식으로 만들어졌다.

최 대통령이 긴급조치권 발동을 통한 비상권력기구로서의 국보위 설치에 완고히 반대하자, 보안사 핵심 참모들과 신군부 핵심 장성들 사이에 국보위의 법적 성격을 어떻게 할 것인가를 논의했습니다. 긴급조치권을 발동해 비상권력기구적 성격으로 설치하자는 주장과, 대통령령을 제정해 대통령 자문 보좌기관적 성격으로 설치하자는 주장이 대립됐습니다. 그러던 중 육사 11기 출신으로 변호사로 활동하면서 당시 보안사에 자주 출입해 신군부 측의 법률자문에 응하고 있던 김영표 변호사, 이원홍 청와대 민원수석 등과 논의한 결과 여러 가지 여건상 대통령 긴급조치권으로 하기는 어려우니 대통령령 형식으로 하자고 결론을 내려 결국 대통령령에 의한 자문 보좌기구로 국보위를 설치하게 된 것입니다(조선일보사 1999:217-218 권정달 증언).

김유후 비서관이 법률 검토를 했는데, 정부조직법 제5조, 계엄법 제9조, 제11조 등에 근거하여 대통령이 계엄 업무를 지휘 감독함에 있어 대통령을 보좌하는 자문기구를 대통령령으로 만들 수 있다고 하여 그렇게 만들었습니다(조선일보사 1999:280 이원홍 증언).

대통령의 '자문기구'인 국가보위비상대책위원회 설치령은 1980년 5월 27일 박충훈 국무총리 서리 주재로 열린 46회 국무회의에서 가결되었지만, 광주항쟁과 국보위 위원 인선 지연으로 5월 31일 대통령령 9897호로 공고되었다. 설치령 1조는 "비상계엄하에서 계엄법 제9조 및 제11조의 규정에 의하여 계엄 업무를 지휘 감독함에 있어서 대통령을 보좌하고 국가를 보위하기 위한 국책사항을 심의하게 하기 위하여 대통령 소속하에 국가보위비상대책위원회를 설치한다"라고 규정했다. 『5공 전사』에서는 국보위 설치를 다음과 같이 설명하고 있다.

계엄법 제9조에 의하면 전국비상계엄하에서 계엄사령관은 계엄의 시행에 관하여 대통령의 지휘감독을 받도록 되어 있고, 동11조 및 제12조에 따라 계엄사령관은 계엄 지역 내 모든 행정과 사법 업무를 지휘 감독할 수 있도록 되어 있으나, 우리나라 국력이 그간 크게 신장됨과 함께 사회의 제(諸) 기능도 고도로 전문화되어감에 따라 계엄군만에 의한 행정 및 사법 업무의 효과적인 지휘 감독이 사실상 곤란하였다.
따라서 대통령을 의장으로 하고 국무총리를 비롯한 안보 관계 장관과 계엄사령관을 비롯한 군 지휘관들로서 구성된 국가보위비상대책위원회가 군의 최고통수권자이며 국가안보 및 국민의 생명과 재산을 보호할 대임을 맡고 있는 대통령의 자문기관으로 설치되어, 계엄 사항과 국가보위에 관한 중요 국책 사항을 심의 결정토록 하였다(현대한국사연구회 1982:1837-1838).

국가보위비상대책위원회는 계엄군 당국과 내각 간의 협조 체제를 긴밀하게 하기 위한다는 명분을 내세웠고, 형식적으로는 대통령령에 의한 대통령 자문, 보좌기관의 성격이었다. 그러나 실제로는 군이 내각을 조정, 통제하면서 국정을 장악하고자 했다. 군이 직접 나서 통치를 하는 것에 대한 국내외의 부정적 정서나 저항을 막기 위해 위장 기구가 필요했던 것이다.

군부 통치에 대한 국민들의 저항을 우려하여 합법을 가장한 것은 사실입니다. 따라서 5·17 계엄 확대 조치 건의를 국가안보를 우려한 군부의 제도적 결의로 가장했고, 계엄 업무 중 치안과 국방은 계엄사가 담당하고, 행정과 사법은 국보위가 분담하는 것으로 가장해 합리화시킨 것입니다(조선일보사 1999: 236 한용원 증언).

국보위의 구성은 대통령을 의장으로 하고 국무총리, 경제기획원장관, 외무부장관, 내무부장관, 법무부장관, 국방부장관, 문교부장관, 문화공보부장관, 중앙정보부장, 대통령비서실장, 계엄사령관, 합동참모회의 의장, 각 군 참모총장 및 국군보안사령관과 대통령이 임명하는 10명 이내의 위원으로 구성한다고 규정했다. 그런데 〈자료8〉에서 보듯이, 임명직 10명 중 김경원 특보를 제외한 9명은 모두 군인들로 채워졌다.

국보위 위원으로 임명된 10명 중 유학성, 황영시, 차규헌, 노태우, 정호용 등은 12·12 사건의 주역들이며 정승화 퇴진 이후 군의 실권을 차지하게 된 이들이었다. 이들이 국보위 위원으로

자료8　국가보위비상대책위원회 위원

당연직 위원	임명직 위원
최규하 대통령(의장) 박충훈(국무총리 서리), 김원기(부총리), 박동진(외무부장관), 김종환(내무부장관), 오탁근(법무부장관), 주영복(국방부장관), 이규호(문교부장관), 이광표(문공부장관), 전두환(중앙정보부장 서리), 최광수(비서실장), 이희성(계엄사령관), 유병현(합참의장), 김종곤(해군참모총장), 윤자중(공군참모총장)	백석주(육군 대장), 김경원(대통령 국제정치담당특별보좌관), 진종채(육군 중장), 유학성(육군 중장), 윤성민(육군 중장), 황영시(육군 중장), 차규헌(육군 중장), 김정호(해군 중장), 노태우(육군 소장), 정호용(육군 소장)
15명	10명

임명되었다는 것은 국보위가 실질적으로 군의 실세에 의해 통치되는 '군사정부'라는 것을 보여주고 있다.

　국보위의 실질적 권한은 상임위원회에 부여되었다. 국보위는 대통령 자문기구이면서 대통령 본인이 위원장이 되는 기형적 형태였다. 또한 국보위는 대통령을 위원장으로 내세웠지만, 실권은 상임위원장이 갖는 이중구조였다. 상임위는 행정 각부를 통제하는 권력 기구로서, 내각과 국무회의를 무력화하였다. 국무총리의 국정 통할권과 국무회의의 심의권도 무력화하였다(김순양 2022:9). 상임위원회의 분과위원회 구성을 보면, 운영, 법제사법, 외무, 내무, 재무, 경제과학, 문교공보, 농수산, 상공자원, 보건사회, 교통체신, 건설, 사회정화 분과위원회로 되어 있는데, 사실상 통치 업무를 담당하는 행정부의 기능을 부여한 것이다. 이처럼 국보위 상임위원회는 행정 각 부를 통제하는 권력 기구로서 사실상 국무회의를 대신했다. 국회 활동도 중단된 상황에서 국보위 상임위원회는 어느 누구에 의해서도 견제받지 않는 군사정부 혹은 '군사혁명평의회'였다(정해구 2011:78). 그리고 군사정부의 중심에는 보안사령부가 있었고, 최규하 대통령 결재 이전에 이미 활동을 본격화할 사전 준비를 보안사는 갖추고 있었다.

당시 보안사는 명실상부한 정권 창출의 산실이었다. 계엄하의 정보통제권을 장악하고 있어 중앙정보부 및 경찰 정보가 모두 이곳에 집중되어 모든 행정, 사법 업무의 지휘부 역할을 하였다. 요컨대 국보위는 형식상으로 대통령의 계엄 업무에 대한 자문기구의 형태로 설치하되 실질적으로는 정치 군인 세력들의 주도로 행정 각부 등을 통제하여 국정을 수행하려는 숨은 의도가 있었던 것이다.

그래서 대통령의 재가(5월 26일) 전에 이미 보안사는 구체적인 작업을 해놓고 있었다. 실은 5월 17일 비상계엄 확대와 동시에 국보위를 발족시키려는 것이 그들 주도 세력의 원래의 계획이었기 때문에 이미 삼청동 소재 중앙교육연수원에 운영분과위(위원장 이기백 소장, 간사 최평욱 대령)를 설치하고 정지작업을 했던 것이다(대한민국재향군인회 1997:326).

1980년 6월 5일 상임위원 30명이 임명되었는데, 군인 18명, 공무원 12명이었다. 1980년 6월 13일 국보위 운영분과위원회는 국보위 운영의 4대 기본 목표와 9대 국정개혁 추진 지침을 다음과 같이 정했다(현대한국사연구회 1982:1848-1849).

자료 9 국가보위비상대책위원회 상임위원회 구성

임명직 위원	분과위원장 당연직 위원
전두환 상임위원장	국방위원장: 이기백(육군 소장)
이희근(공군 중장)	법사위원장: 문상익(대검찰청 검사)
신현수(육군 중장)*	외무위원장: 노재원(외무부 기획관리실장)
차규헌(육군 중장)	내무위원장: 이광노(육군 소장)
정원민(해군 중장)	경과위원장: 김재익(기획원 기획국장)
강영식(육군 중장)	재무위원장: 심유선(육군 소장)
박노영(육군 중장)	문공위원장: 오자복(육군 소장)
김윤호(육군 중장)	농수산위원장: 김주호(농수산부 차관보)
권영각(육군 소장)	보사위원장: 조영길(해군 준장)
김홍한(육군 소장)	교통위원장: 이우재(육군 준장)
노태우(육군 소장)	건설위원장: 이규효(건설부 기획관리실장)
정호용(육군 소장)	상공자원위원장: 금진호(상공부 기획관리실장)
김인기(공군 소장)	정화위원장: 김만기(중앙정보부 감찰실장)
안치순(대통령 정무비서관)	사무처장: 정관용(공무원교육원 부원장)
민해영(대통령 경제비서관)	
최재호(대통령 민정비서관)	
신현수(대통령 사정비서관)**	

* 신현수(申鉉銖)　** 신현수(申鉉守)

첫째, 국내외 정세에 대처하여 국가안보 태세를 강화하고,

둘째, 국내외 경제난국을 타개하기 위한 합리적 경제정책을 뒷받침하며,

셋째, 사회 안정의 확보로 정치발전을 위한 내실을 다지고,

넷째, 부정부패, 부조리 및 각종 사회악의 일소로 국가 기강을 확보한다.

9개 국정개혁의 추진 지침

첫째, 각계에 잠재하는 안보적인 불안 요인과 국민적 단합을 깨뜨

리는 계급의식의 선동이나 정부 전복 기도 등을 근본적으로 제거한다.

둘째, 학원의 자율성은 보장하되 불법시위나 소요 행위 등 사회 혼란을 통해 북괴를 이롭게 하는 행위는 근절시킨다.

셋째, 권력형 부조리 등 사회적 비리를 척결하고 사회의 불신 풍조를 없애어 노력하는 사람이 정당한 대가를 받는 사회 기틀을 확립한다.

넷째, 문란한 정치풍토를 쇄신하여 부정과 불의에 대하여 자유로운 비판이 가능한 도의 정치를 확립한다.

다섯째, 언론에 있어서는 국가이익을 우선하고 윤리와 도덕이 존중되는 건전 풍토를 조성한다.

여섯째, 종교 및 신앙의 자유는 보장하되, 종교를 빙자한 정치활동은 통제되도록 한다.

일곱째, 건전한 노사관의 확립과 기업인의 비윤리 행위, 노동조합의 불법 활동을 시정한다.

여덟째, 밀수, 마약, 폭력, 부정식품, 강력범 등 각종 사회악을 근절시켜 사회정화를 이룩한다.

아홉째, 학원의 기업화와 과외 과열 등 비뚤어진 교육 풍토를 바로잡아 도의 사회를 구현한다.

여기서 제시한 이른바 '9대 국정개혁 추진 지침'은 그 이후 모두 구체적으로 실현되었다. 국보위의 국정개혁 지침은 군부의 힘을 과시하고 반대자나 잠재적 반대자를 억압함으로써 군부의 집권으로 나아가기 위한 실천 방안이었다. 각 지침이 구체적으로 어떻게 드러났는지 살펴보면 다음과 같다.

첫째, '안보적인 불안 요인과 국민적 단합을 깨뜨리는 계급의식의 선동이나 정부 전복 기도의 제거'는 대표적으로 김대중과 재야인사들에 대한 체포와 구금으로 이뤄졌다. 1980년 7월 31일, 김대중 등 24명을 내란음모, 정부전복 기도, 계엄령법 위반 혐의로 구속 기소했으며, 9월 17일 김대중은 계엄보통군법회의에서 사형이 선고되었다.

둘째, '학원 소요'는 계엄군의 대학 진주와 휴교령으로 해결되었고, 이후 대학 수업이 재개된 이후에는 시위 학생에 대한 강제 징집 등의 억압적 조치를 취했다.

셋째, '권력형 부조리'에 대해서는 김종필, 이후락, 박종규, 이세호, 김진만, 김종락, 이병희, 오원철 등을 권력형 부정 축재 혐의로 연행했다.

넷째, '문란한 정치풍토 쇄신'은 당장은 국회 및 모든 정치활동 금지로 나타났고, 후일 정치인들의 정치활동을 금지한 '정치풍토 쇄신을 위한 특별조치법' 제정으로 나타났다.

다섯째, '언론의 건전 풍토 조성'은 언론사 통폐합으로 나타났다. 전국의 언론기관 중 신문사 11개(중앙지 1, 경제지 2, 지방지 8), 방송사 27개(중앙 3, 지방 3, MBC 계열 21), 통신사 6개 등 44개 언론매체를 통폐합시켰고, 정기간행물 172종의 등록을 취소시켰다. 이 중에는 『씨올의 소리』, 『뿌리 깊은 나무』, 『창작과 비평』, 『문학과 지성』 등 유신체제를 비판해온 간행물도 다수 포함되어 있었다. '유해 간행물'의 폐간을 강조했지만 실제로는 비판적 매체를 없애기 위한 목적이었다. 1980년 8월 초부터는 언론의 해직 조치가 단행되어, 계엄 검열 거부 운동을 주도했던 기자협회 간부 전원, 기자협회 각 분회의 간부들, 각 언론사의 언론 자율 결의문 작성자들, 그리고 정부에 비협조적이거나 비판적인 편집국 간부와 논설위원들이 빠짐없이 포함되었다(유재천 1994:278-279). 대략 1,000여 명의 언론인을 강제 해직시켰다.

여섯째, '종교를 빙자한 정치활동 통제'는 문익환 목사의 김대중 사건 관련 체포, 기독교방송의 보도 및 방송광고 금지 조치가 내려졌다. 그리고 '10·27 법란'이라고 불리는 '불교계 정화' 수사로 불교계 인사 153명을 연행해 폭력과 고문을 가했다.

일곱째, '건전한 노사관 확립'은 노동계에 대한 숙청으로 나타났는데, 한국노총과 산별노조에 정화위원회를 구성하게 하고, 노조 간부 191명을 사퇴하게 하고 106개 지역 노조를 폐쇄하였다.

여덟째, '사회악 근절과 사회정화'는 '사회악 일소 특별조치'로 전국적으로 6만 명 가까운 사람들을 검거했고, 이 중 3만 8,000여 명은 악명 높은 삼청교육대로 보내졌다.

아홉째, '비뚤어진 교육 풍토 교정'은 대학 본고사 폐지와 졸업정원제 도입, 과외 금지로 나타났다. 이와 함께 학생회를 해산하고 학도호국단 체제로 전환시켰다.

이처럼 국보위의 '국정개혁 추진 지침'의 실제 의미는 반대 세력을 억압하고 척결하려는 것이었다. 이 가운데 '권력형 부정부패의 일소'는 사회정화위원회에서 담당했는데, 여기서 숙정 조치는 1호에서 5호까지의 삼청계획으로 구체화되었다(박치성 2014:111).

> 삼청계획 1호: 권력형 부정 축재자를 대상으로 하는 계획으로, 실제 김종필, 이후락 등 전 정권의 주요 인사들을 부정 축재자로 정의해 척결하려는 계획
> 삼청계획 2호: 박정희 정권 당시 공화당 의원들을 포함한 정치인들을 정치 비리자로 규정해 이들을 대상으로 하는 계획
> 삼청계획 3호: 입법, 사법, 행정부의 고위 공무원을 대상으로 한 숙정 계획
> 삼청계획 4호: 고위 공무원을 제외한 3급 이하 공무원들을 대상으로 한 숙정 계획
> 삼청계획 5호: 불량배, 폭력배 등 '사회악 일소' 계획

이처럼 국보위의 이른바 삼청계획의 실제 목표는 이전 박정희 정권에 봉사해온 정치인들과 공무원들을 '정리'하고 자신들에 충성하는 새로운 집권 세력을 형성해나가겠다는 것임을 알 수 있다.

여기에 민심을 얻기 위한 대국민 홍보용으로, 5·16 이후의 깡패 소탕처럼, '밀수, 마약, 폭력, 부정식품, 강력범 등 각종 사회악을 근절시켜 사회정화를 이룩한다'는 명분으로 삼청교육대가 만들어졌다. 1980년 8월 1일부터 1981년 1월까지 4차에 걸쳐

6만 755명이 법원의 영장 없이 검거되었다. 검거자를 A, B, C, D급으로 분류하고, D급을 제외한 인원은 삼청교육대라고 불리는 순화 교육의 대상이었다. 영문도 모른 채 끌려간 이들이 적지 않았다. 그리고 이른바 '순화교육'에서의 혹독한 훈련과 가혹 행위로 많은 사상자를 낳았다. 1989년 12월 31일 5공 청문회에 나온 전두환은 삼청교육대에 대해 다음과 같이 말했다.

삼청교육은 당시 사회 혼란을 틈타 난무하고 있던 고질적인 상습범들에 대하여 예방적 차원에서 특별교육을 통해 교정함으로써 민생 안정을 도모하자는 것이었습니다. 이들 사회악이 국민에게 많은 피해를 주고 불안을 조성하였음에도 불구하고 그들이 법치주의의 맹점을 이용하거나 법망을 교묘히 피해 나감으로써 통상적 방법으로는 다스리기 어려웠기 때문에 성실한 대다수 국민의 생명과 재산을 보호하기 해서 불가피하게 추진된 것입니다. 당시 사회 안정을 시급히 회복시킨다는 목적에서 이러한 계획을 추진하다 보니 시행 과정에서 선의의 피해자가 없지 않았던 것으로 알고 있는바, 이 점은 매우 유감된 일이라고 생각합니다.
또한 그해에 있었던 공직자정화조치는 이권 개입 등 부패 공직자, 공·사생활에서 지탄받는 자 등을 정리함으로써 공직기강을 바로잡아 정부에 대한 국민의 신뢰를 회복하기 위한 것이었습니다. 대상자 선정은 사정기관의 자료와 각 부처별 대내외 첩보와 여론 수집을 통해 엄밀히 심사토록 하였으나 그 과정에서 정실, 또는 개인적 감정에 의해 처리된 사례도 없지 않았다고 봅니다. 이 점 대단히 유감스러운 일입니다(『조선일보』, 1990. 1. 1).

윤필용 사건 때 보안사령관으로 하나회를 '건드렸던' 강창성도 삼청교육대에 끌려가서 고초를 당했다.

이처럼 국보위는 군사력을 토대로 사실상 무소불위의 힘을 행사했고, 공포 분위기를 조성함으로써 군사정권에 대한 저항 의지를 꺾고자 했다. 국보위는 정치활동 금지와 정치인 구금, 공무원 숙청, 언론 통폐합, 노조 개편과 노동운동가 숙청, 삼청교육대 발족, 대학 휴교령과 군대 배치 등으로 사회 전반에 대한 억압 조치를 내렸다. 이러한 공포 분위기 속에서 국보위는 반대자들을 억압하고 저항을 분쇄하면서 신군부가 정권을 장악하는 길을 마련했다.

그런데 국보위는 1960년 5·16 직후의 국가재건회의를 떠올리게 한다. 두 기구는 실제로 비슷한 점이 많다. 1961년 5·16 군사쿠데타 이후 박정희는 군사혁명위원회 포고 4호에 의해 국회와 지방의회를 해산시켰고, 정당과 사회단체 활동을 중단시켰다. 군사혁명위원회에서 이름만 바꾼 국가재건최고회의는 입법, 행정, 사법의 권한을 독점하고, 정치인들은 정치활동정화법을 만들어 활동을 중단시켰다. 또한 5·16 세력은 공무원 숙청 작업도 했다. 정실, 병역미필, 축첩, 무능, 부정 등의 명목으로 공무원의 숙청에 착수하여 3만 5,684명을 내보냈다. 부정 축재자에 대한 검거와 재산 몰수도 시도했다. 또한 사회적으로는 거의 1만 명에 가까운 깡패를 검거했고 그중 일부는 '나는 깡패입니다'라는 팻말을 달고 거리를 행진하게 했고 제주도 5·16 도로 같은 건설 현장으로 보내 노역을 시켰다. 또 한편으로는 국가재건국민운동이라는 국민정신 개조 운동도 벌였다. 5·16쿠데타 이후 벌어진 이런 활동은 5·17 계엄 확대 조치 이후 거의 그대로 반복이 된다. 그것이 국보위의 9개 국정개혁 지침이라고 할 수 있다.

당시 정부나 군 관계자들은 국보위가 학생 소요, 노사분규, 그리고 국기(國紀)를 위태롭게 하는 국가적 위기에 대처해 국가보위 임무를 충실히 수행하고 계엄 당국과 행정부 간의 긴밀한 협조로 조속한 위기 극복과 안정 기반을 구축하기 위해 설치했다고 주장했습니다. 그러나 국보위가 한 일을 보면 5·16 직후 국가재건최고회의를 방불케 하는 혁명위원회와 같은 성격의 준(準)군정기관이었습니다. 국보위는 국정 전반에 관한 개혁정책과 사회정화를 추진했을 뿐만 아니라 5공 헌법을 마련함으로써 5공의 산실이 되었던 것입니다(조선일보사 1999 : 250 한용원 증언).

신군부는 5·16 이후의 군부 지배를 세밀하게 연구했던 것이다. 사실 10·26 사건 직후 신군부 내에서 5·16 군사쿠데타 이후의 상황에 대해 관심을 가졌다.

1979년 10월 26일 21시경 전두환 보안사령관이 육본에서 박 대통령 시해 사실을 확인한 후 보안사에 잠깐 들렀다가 다시 육본으로 가기 위해 나오던 중 보안사 뒤뜰에서 우연히 본인과 마주쳤습니다. 그는 "한 중령, 국가에 변란이 났으니 허화평 실장에게 가보라"고 말하고 훌쩍 떠났습니다. 본인이 허화평 실장 방으로 올라갔더니 허 실장이 "5·16 이후에 어떻게 했는지 연구 좀 해봐라"고 지시했습니다. 본인은 국가 변란에 따른 문제라면 계엄일 것으로 판단하고 보안사 도서관에 있는 『군사혁명사』라는 책을 가져와 포고령을 기안했습니다. 그런데 이미 육본에서 모든 조치를 취해 무용지물이 되어버렸습니다. … 다만 허화평 비서실장은 육사 생도 시절 생도들이 5·16 혁명 지지 시위를 적극적으로 주장한 일에서 보듯 정치 군인으로서의 성향이 굉장히 강한 사람입니다. 박 대통령 서거 사실을 알았을 때 전두환 장군은 집권을 생각하지 않았을지 모르지만 허 실장은 나름대로 머리를 굴리고 있었을 것으로 생각합니다(조선일보사 1999: 233-234 한용원 증언).

그러나 전두환 자신이 누구보다도 그때의 일을 잘 알고 있었을 것이다. 5·16 쿠데타 이후 그는 박정희 국가재건최고회의 의장의 민원비서관으로 있었다. 실제로 집권 과정도 비슷했다. 쿠데타 주도, 군사정부 구성, 현직 대통령 지위 유지, 정치 규제 속 정당 창당과 헌법 개정, 그리고 대통령 선거에 나서 집권하는 방식은 5·16 이후나 5·17 이후의 과정이 거의 동일했다. 전두환은 박정희를 모델로 삼았다. "그야말로 구군부가 신군부를 낳았고 신군부가 구군부를 모델로 집권한 것"이다(조선일보사 1999: 234).

최규하 대통령

10·26 사태 이후의 혼돈 상황에서 과도기적 질서를 이끌게 된 최규하의 역할은 매우 중요했다. 그러나 결과적으로 볼 때 최규하는 적절치 못한 타이밍에, 적절치 못한 자리에 있었던 인물이었다. 그는 상황 판단이 미숙했고 정치적으로 무능했다. 최규하는 이 시기의 자신의 역할에 대한 어떤 기록이나 진술도 남기지 않았다. 5·18 사건에 대한 검찰 조사에서도 최규하는 시종일관 '답하지 않겠다'는 말만 했다(조선일보사 1999:73-76). 전두환이 이끄는 신군부라는 '사악한' 세력에 의해 '강제로 대통령 자리에서 내쫓겼다'는 이유로 최규하는 피해자의 이미지가 강하다. 그러나 최규하에게도 10·26 사건 이후의 정국이 군부 정권의 출범으로 이어진 데 대해 책임을 물어야 한다.

무력(武力)으로 정권을 무너뜨리거나 기존 정치 질서를 전복시키는 일을 쿠데타라고 정의한다면, 5월 17일의 비상계엄 확대는 분명히 쿠데타였다. 군사력으로 국회를 강제 폐쇄시켰고, 주요 정치인들을 법적 절차 없이 구금했다. 그러나 최규하는 이를 쿠데타라고 생각하지 않았다.

전국 계엄이 되면 계엄사령관은 국방장관이나 총리 등 내각을 거치지 않고 대통령의 지휘만을 받게 된다. 그러나 대통령이 군을 장악하고 있지 못하다면, 계엄의 전국 확대는 군의 직접 지배로 이어지는 것이다. 5월 17일이 그 출발점이었다. 그러나 최규하 대통령은 자신이 밀려나게 될 때까지 이러한 현실을 제대로 이해하고 있지 못했다.

최규하는 외교 관료 출신이었다. 1967년부터 1971년까지 외교부장관으로 있었고 1975년 12월 국무총리로 임명되었다. 전임 국무총리는 김종필이었다. 김종필을 전격 해임하고 최규하를 임명한 것은 그가 김종필과 전혀 다른 인물이었기 때문일 것이다. 비서실장으로 최규하를 모신 최광수의 말이다.

> 그러니까 최 대통령은 정치적 배경이 아무것도 없는 분이에요. 정당 배경도 없고 정치도 해본 적이 없고, 자기 추종자가 많은 사람도 아니고, 군을 지휘해서 마음대로 할 수 있는 사람도 아니고, 경찰이 뭐 충성을 다할 사람도 아니에요(연세대학교 국가관리연구원 편 2014 : 41).

바로 이 점이 최규하가 김종필과 다른 점이고, 박정희 대통령이 최규하를 총리로 임명한 이유였고 또 최규하가 장시간 총리직에 머물 수 있었던 까닭이기도 했다. 그는 정치색이 없는 관료였다.

대통령의 사망으로 정치적 혼돈이 발생했을 때 최규하와 같이 정치적으로 '무색무취'한 인물이 할 수 있는 일은 매우 제한적이다. 혼란스러운 상황을 극복하는 가장 좋은 방안은 신속하고 분명한 정치 일정의 제시로 그 불확실성을 해소하는 것이다. 그러나 최규하는 잘못 판단했다. 그는 자신이 유신 이후의 새로운 질서를 만들거나 변화를 이끌 수 있다고 생각했다. 물론 혼자서 할 수 있다고 생각했다기보다는 유신체제를 뒷받침해온 세력과 제도에 힘입어 그 역할을 담당할 수 있다고 생각했던 것 같다. 다시 최광수의 말이다.

그건 어느 국가도 위기에 처해 있을 때, 그 난관을 돌파하기 위해서 들어오는 일종의 과도적인 정부를 위기관리 정부라고 하죠. 스스로도 자기 자신을 그렇게 위치 매김을 하셨단 말이에요. 대통령은 중립적인 입장에서 가장 민주적인 방법으로 헌법 만들어보겠다. 그걸 가지고 가장 민주적인 방법으로 선거를 치르겠다. 그리고 내가 거기에 정권 이양을 하겠다(연세대학교 국가관리연구원 편 2014:36).

당시 김영삼, 김대중, 김종필 등 주요 정치 지도자들과 대다수 국민은 개헌의 방향을 대체로 유신체제 이전으로의 복귀로 이해하고 있었다. 헌법 개정에 대한 정치권의 공감대가 컸던 만큼, 만약 최규하가 유신 이전의 체제로 복귀하는 것으로 정치 개혁의 방향을 제시하고, 그것을 위한 일정을 분명하게 밝혔다면 혼돈기의 정치적 불확실은 크게 줄어들 수 있었을 것이다. 최규하는 그렇게 '질서 있는 변화'가 되도록 관리해가는 역할을 할 것으로 기대되었다. 하지만 최규하는 그 스스로 변화를 주도해가고자 했다. 앞에서 살펴본 대로, 이원정부제와 같이 자기가 선호하는 통치체제로 바꾸고자 했다.

헌법을 개정한다는 것은 새로운 정치 질서를 만들어내는 일이다. 즉, 통치 구조의 변화라는 것은 정치 경쟁의 규칙을 새로이 정하는 일이고, 그에 따른 정치적 이해관계가 갈리는 예민한 이슈이다. 그것은 고도의 정치적 행위이고, 국민적 합의이든, 조직화된 세력이든, 주요 정치지도자 간 합의의 도출이든, 그것을 추동해낼 힘이 있어야 가능한 일이었다. 그러나 최규하는 "정치도 해본 적이 없고 자기 추종자가 많은 사람도 아"닌 인물이었다. 과도기 상황에서 통치 형태를 결정하고 향후 정치 질서를 재편하는 '거대 프로젝트'를 정치적으로 취약한 최규하가 해내기에는 너무도 부담스러운 일이었다. 최규하 과도정부가 그 당시에 해야 할 일은 불확실성을 빨리 제거하는 일이었다. 과도기는 짧을수록 좋은 것이고 그의 대통령직 재임 역시 짧을수록 좋았을 것이다.

최규하는 과도기의 인물로 조속히 선거를 치러 국민에게 민주주의를 돌려주어야 했다. 나는 예나 지금이나 80년에 선거만 빨리 치렀더라면 쿠데타는 없었으리라 생각한다. 나는 10·26 직후 만난 최규하에게 '군부에 기회와 명분을 주어서는 안 된다. 시간을 끌면 자꾸 혼란을 일으키는 사태가 온다. 당신의 임무는 3개월 안에 대통령 선거를 하는 것이다'라고 주장했다. 그로부터 대답을 받아내기도 했다. 그러나 최규하는 중대한 역사의 고비에서 정치 일정을 지연시킴으로써 국가적 불행을 초래했다(김영삼 2000b:204).

김종필도 1979년 11월 13일 최규하를 만나서 조속한 정치 일정의 제시를 요구했다.

"총리가 권한대행을 맡았으니 현행 헌법으로 대선을 치르고 1년이나 1년 반 안에 헌법을 고쳐서 새로운 정부를 출범시키는 게 맞다. 새 헌법은 대통령의 임기를 4년으로 하고 한 번 중임할 수 있도록 한 제3공화국 헌법을 참조하면 힘들지 않을 것이다." 최 대행은 묵묵부답이었다. … 시간이 흐르면서 최 대통령의 마음도 바뀌기 시작했다. 어느 날인가 최 대통령은 나에게 '지금 정부는 과도정부가 아니다. 안보 경제 불안정 등 헤쳐나가야 할 일이 많다'라는 말을 했다. 유신헌법에 의한 임기를 끝까지 다 채우겠다는 뜻처럼 들렸다. 그럴 경우 최 대통령은 1984년까지 대통령직에 있게 된다(김종필 2016b:64-65).

이렇게 된 데에는 일차적으로 유신 관료 집단이 공유하는 공통의 정서가 있었을 것이다. 유신체제는 김종필의 배제, 김영삼에 대한 거부, 김대중에 대한 불신이라는 정치적 정서를 공유하고 있었다. 이는 물론 생전 박정희 대통령의 이들에 대한 태도와도 관련이 있겠지만 그 체제를 뒷받침해온 모두가 공감했던 것이었다. 10·26 사태 직후 정승화가 김종필의 대통령 출마를 막은 것이나 그가 군 강연에서 김대중의 이념을 문제 삼은 것도 다 이런 정서를 드러낸 것이다. 정승화뿐만 아니라 전두환 등 신군부, 그리고 최규하를 비롯한 관료들 모두 이런 정서를 공유하고 있었다. 유신체제를 뒷받침해온 이들은 3김 중 누구에게 권력이 넘어가는 것은 안정을 해치고 혼란을 촉발한다고 믿었으며, 더욱이 그런 정권교체는 자신들의 정치적 기득권을 위협하거나 해치는 것이기도 했다.

박정희 서거로 권력의 중심이 사라진 상황에서 그들은 새로운 구심점을 만들어내고 그를 통해 기존 이해관계, 기존 질서를 유지해나가야 했다. 김종필의 출마를 막고 최규하가 대통령이 된 만큼, 그들은 일단 기존 틀 속에서 연속성을 갖는 체제를 만들어낼 힘을 확보했다. 유신 관료들은 외교 등 외치(外治)는 최규하에게, 그리고 경제 등 내치(內治)는 신현확으로 나누는 일종의 집단 통치 형태를 기존 질서와 이해관계를 유지할 수 있는 최선의 방책으로 판단했을 것이다. 그 당시 많은 이들은 '최규하 체제'를 과도기 혹은 단기간의 관리 내각으로 생각했지만, '최규하 체제'를 지탱한 핵심 인사들은 꼭 그렇게 생각하지 않았던 것이다. 실제로 최규하는 대통령으로 선출된 후 그 태도가 변하게 된다. 김종필은 최규하의 입장 변화의 배후로 신현확을 의심했다.

권력의지가 약했던 최규하가 대통령직에 목을 걸기 시작한 것은 신현확이 영향을 미친 것으로 생각한다. … 아마도 신현확은 절대권력이 사라진 정치 공간에서 최 대통령을 앞세워 행정부가 중심적인 역할을 수행할 수 있다고 믿었던 모양이다(김종필 2016b : 65).

최규하는 처음에는 신현확-정승화와의 협력 속에서 새로운 체제로의 이행을 생각했다. 하지만 12·12 사건으로 정승화가 몰락하고 그 후 전두환과 신군부의 영향력이 커지면서, 전두환의 힘에 의지하려고 했다. 최규하는 전두환이 자기의 대통령직까지 노릴 것으로 생각하지는 않았다. 앞서 본 대로, '국가의 계속성'을 강조했던 최규하로서는 전두환과 신군부가 실제 권력을 장악하더라도, 체제 지속의 상징으로 대통령인 자신은 그들에게 필요한 존재라고 생각했던 것 같다. 어차피 내정에 관심이 크지 않았던 최규하로서는 국보위 상임위원장 전두환과의 동행이 가능하다고 판단했던 것이다.

최규하는 12·12 사태 역시 전두환과 신군부의 권력 장악을 향한 움직임으로까지 생각하지 않았다. 1980년 1월 18일 신년 기자회견에서 최규하는 정승화의 연행과 조사를 정당화했다.

계엄 수사 당국이 진상을 철저히 규명하기 위해 어떤 의혹이 있다면 누구든지 지위 고하를 막론하고 필요한 조사를 하는 것은 당연한 일이다. 국방 당국에서 발표한 바와 같이 전 육군참모총장 정승화에 대한 혐의가 있다고 판단, 군 수사 기관에서 연행 조사하는 과정에서 일부 충돌이 야기돼 일시나마 국민에게 놀라움을 준 데 대해 미안하게 생각한다(『동아일보』, 1980.1.18).

어차피 군 관련 부분은 자신이 잘 알지도 못하고 군인들이 알아서 할 사안이라고 생각한 것 같다.[20]
조갑제(2005:145) 역시 비슷한 점을 지적한다.

최규하 대통령은 1980년 1월 18일 기자회견에서 정부가 이미 법제처에 헌법연구반을 구성, 작업을 진행하고 있음을 처음으로 공개하면서 3월 중순까지 대통령 직속하에 헌법개정심의위원회를 설치하겠다고 했다. … 이즈음 최 대통령은 신군부의 지지를 바탕으로 대권을 계속 잡아보자는 미련을 갖고 있었던 것 같다.

'전두환과의 동행'을 생각하지 않는다면 전두환의 중앙정보부장 서리 임명도 설명되기 어렵다. 앞서 지적한 대로, 그 임명에 대해서는 신현확 총리나 이희성 계엄사령관 모두 반대의 입장을 밝혔고 미국도 부정적 입장이었다. 최규하는 전두환의 압력에 굴복해서가 아니라 자신이 원해서 전두환을 중앙정보부장에 임명했다. '보안사에 의지하기' 위한 방편으로 전두환에게 원하는 선물을 던져준 것이다. 이후 5·17 계엄 확대와 3김 등 정치지도자 체포에 대해서도 최규하는 사실상 동조했다.

최 대통령도 마찬가지로 자신의 입장을 옹호하면서 한층 감정적인 반응을 보였다. 이승만 대통령 하야 후의 사회 혼란과 박정희의 쿠데타를 상기시키면서 그는 학생들이 자신의 정부를 무너뜨리는 일은 절대로 용납하지 않겠다고 거듭 강조했다. 신망 있는 정치지도자들을 영장도 없이 체포하고 최 대통령이 밝힌 정치개혁 계획에 전면 배치되는 조치로 학생들에 강경대응해 국민들의 지지를 잃었다고 내가 수차례나 지적했지만 그는 대응하지 않았다. 그러나 그는 김종필, 김대중, 김영삼이 학생들에게 '악영향'을 끼치고 있다면서 그들을 통렬히 비난했다. 그는 정치개혁 일정을 계속 추진할 것이며, 3김은 체포된 것이 아니고 '포고령 위반으로 조사받는 것'이라며, 국회가 '정치활동을 하지 않는다'면 아무 때고 회의 소집이 가능하다고 주장했다. 그러나 그의 말은 전혀 설득력이 없었다(Gleysteen 1999 : 179).

글라이스틴 대사에게 한 말 중 '자신의 정부를 무너뜨리는 일은 절대로 용납하지 않겠다"고 말한 대목을 주목할 필요가 있다. 그는 당시 상황을 4·19 혁명 이후의 상황으로 바라봤고, 김종필, 김대중, 김영삼은 자신의 정부를 '흔들고 있다'고 생각했다. 그는 3김의 '체포'를 잘못된 일로 생각하지 않았다. 최규하는 '정치활동을 하지 않는다'면 국회의 소집이 가능하다고 했지만, 정치의 중심인 국회가 정치활동을 하지 않는 것은 아예 생각할 수 없는 일이었다. 그러나 유신 관료의 입장에서 볼 때, 국회는 행정부가 입안한 정책을 입법화시켜주면 되는 곳일 뿐이었다.

5·17 계엄 확대 직후 최규하 대통령은 특별 성명을 발표했다.

전두환과 신군부가 써주는 대로 읽은 것이 아니라 최규하 측에서 작성해 발표한 것이다.

이 같은 중대한 시기에 일부 정치인, 학생 및 근로자들의 무책임한 경거망동은 이 사회를 혼란과 무질서, 선동과 파괴가 난무하는 무법지대로 만들고 있으며 설상가상으로 사회 혼란의 여파는 수출 부진과 경기침체를 심화시키면서 노사분규와 실업이 증가함으로써 사회 불안을 더욱 가중시키고 있어 문자 그대로 우리 국가는 중대한 위기에 직면해 있다 하지 않을 수 없습니다. … 그럼에도 불구하고 엄연한 계엄하에서 학원 소요가 진정되기는커녕 오히려 시간이 갈수록 현실 정치문제에 깊이 간여하면서 교외 소요로 과열 폭력화되어감으로써 극심한 사회 혼란을 야기하고 국방 및 치안력의 투입을 강요하는 사태로 발전되어 막대한 국력의 소모를 가져오고 있습니다. 이러한 상황하에서 질서 회복에 앞장서야 할 지도급 정치인들이 정부의 안정 유지 노력을 외면하고 오히려 사회 불안을 선동, 자극함으로써 소요 사태는 더욱 심각해지고 있습니다. … 나는 대통령으로서 헌법과 관계 법규의 규정된 바에 입각하여, 1980년 5월 17일 24시를 기하여 현 지역 계엄을 전국비상계엄으로 전환 선포하고, 국가의 기강과 사회 안정에 필요한 조치를 취하였습니다. …
또한 1979년 12월 21일 자 본인의 대통령 취임사를 비롯하여 기회 있을 때마다 누차 천명한 바 있는 정치발전에는 아무런 변함이 없으며 이를 계속해서 착실히 추진해나갈 것입니다. 공공의 안녕

질서와 사회 안정 없이는 정치발전도 기약하기 어려운 것입니다. 앞으로 정부는 국민 생활의 안정과 사회정의의 구현에 심혈을 기울일 것이며, 군은 국토방위의 신성한 임무를 성실히 수행하여 북한 공산집단의 위협에 철통같이 대처하여 나갈 것입니다.

앞서 글라이스틴 대사에게 최 대통령이 말했던, 학생 시위 등 사회 혼란에 대한 부정적 인식, 그리고 '이러한 상황하에서 질서 회복에 앞장서야 할 지도급 정치인들이 정부의 안정 유지 노력을 외면하고 오히려 사회 불안을 선동, 자극'하는 데 대한 거부감 등이 특별 성명에서도 그대로 나타난다. 외부에서는 5·17 계엄 확대를 사실상 정권을 찬탈한 쿠데타로 보았지만 정작 최규하 대통령은 그렇게 생각하지 않았다. 그는 "대통령으로서 헌법과 관계 법규의 규정된 바에 입각하여 전국비상계엄으로 전환 선포하고, 국가의 기강과 사회 안정에 필요한 조치를 취하였습니다"라고 말했다. 대통령으로서 자신이 취한 조치인 듯이 말하고 있다. 민주화 이후 5·18 수사 당시 검찰이 다음과 같이 입장을 밝혔다.

검찰은 이날 수사 결과 발표를 통해 5·17 비상계엄 전국 확대, 계엄군의 광주민주화운동 진압, 국가보위비상대책위원회 설치, 최규하 대통령 하야에 이르는 일련의 과정이 사실상 신군부가 정권을 장악한 과정이었다고 지적했다.
즉, 이 같은 일련의 과정이 외형적으로는 최 전 대통령의 통치 행위로 보이지만 실질적으로는 당시 군을 장악하고 있던 전두환 보안사령관이 최 전 대통령의 사전 지시 없이 새로운 정권과 헌정 질서를 창출해나간 정치적 행위를 한 것으로 파악한 것이다.[21]

검찰이 판단한 대로, 최 대통령이 계엄 전국 확대에 대해 사전 지시하지 않은 것은 분명하다. 하지만 최규하는 신군부의 위협이나 강제에 의해 계엄 확대 등 비상조치를 수용한 것은 아니었다. 유신 관료였던 최규하 역시 김대중은 말할 것도 없고 김종필이나 김영삼에 대한 거부감이 강했고, 사북 사태나 대규모 학생 시위로 인한 사회 혼란에 대한 불편함과 불안감을 느꼈을 것이다. 최 대통령이 계엄 확대를 사전에 고려하거나 지시한 것은 아니지만, 그 결정이 이미 모든 권력을 전두환과 신군부에 빼앗긴 무기력한 대통령이었기 때문에 내려진 것이라고 보기도 어렵다. 적어도 대통령 하야를 직접 요구받기 전까지 자신의 지위는 굳건하다고 최규하는 믿었다.

최규하 대통령 입장에서는 신현확 총리(그 이후 박충훈 총리 서리)가 국내 정책을 담당하든 혹은 국보위 상임위원장인 전두환이 국정을 이끌든 큰 차이가 없는 것이었다. 앞서 본 대로, 외교관 출신인 최 대통령은 국내 사안을 일일이 챙기기보다 대통령으로서 '국가의 계속성'을 상징하면서 대외관계를 담당하는 것이 자신의 역할이라고 생각했기 때문이다.

특별 성명에도 "기회 있을 때마다 누차 천명한 바 있는 정치발전에는 아무런 변함이 없으며 이를 계속해서 착실히 추진해나갈 것"이라는 점을 강조했다. 군의 역할 역시 "군은 국토방위의 신성한 임무를 성실히 수행하여 북한 공산집단의 위협에 철통같이 대처하여 나갈 것"이라고 말했다. 계엄 확대로 군이 직접 통치 과정에 개입하게 되지만, 그것이 적어도 자신의 지위나 역할에 대한 도전으로까지 이어질 것으로 생각하지는 않았다.

특별 성명에서는 또한 이러한 계엄 확대와 정치활동 금지 조치에도 불구하고 '기회 있을 때마다 누차 천명한 바 있는 정치발전'에는 영향이 없다고 말했다. 이것은 자신이 생각하는 이원정부제 형태의 개헌을 염두에 둔 것이다. 실제로 최 대통령은 국가보위비상대책위원회가 발족한 이후인 1980년 6월 12일 박충훈 국무총리 서리, 신두영 감사원장 및 전 국무위원과 이희성 계엄사령관, 전두환 중정부장 서리 등을 배석시킨 가운데 국가 기강 확립에 관한 특별 담화를 발표하면서 1980년 10월 말까지 개헌안 확정, 1981년 상반기 선거, 1981년 6월 말 정권 이양이라는 정치 일정을 제시했다. 다음은 담화문 전문이다. 내용이 길지만 다 살펴볼 필요가 있다.

정치발전에 있어서는 정치인들의 책임이 막중하다고 나는 생각합니다. 당리당략을 초월하여 국가적인 견지에서 정치발전을 진실로 원한다면, 난국 극복을 위한 공동의 노력에 당연히 합심 협력하여야 한다고 보는 것입니다. 아마도 지금 우리나라에서 민주적 정치발전을 원치 않는 국민은 없을 것입니다. 다만 그것을 추구하는 방법과 과정에 대해 견해의 차이가 있을 수 있겠읍니다마는, 민주주의도 국가가 있고 국민이 살아야 비로소 존재할 수 있다고 믿습니다.

그럼에도 불구하고 그간 일부 정치세력은 마치 민주주의와 자유를 독점물인 양 내세우면서 국민 간의 분열과 대립을 초래할 무책임한 언동을 하는가 하면, 사회 불안 요인을 오히려 자극함으로써 무질서와 혼란을 가중시킨 경우도 없지 않았습니다. 이 같은 사회 혼란의 계속으로 말미암아 우리나라의 안전보장은 위태롭게 되고, 그렇지 않아도 세계 경제의 어려움 속에서 그 영향을 받지 않을 수 없는 우리 경제는 더욱 불황과 침체를 면치 못하게 되었던 것입니다. 근자에 와서는 생산과 수출이 둔화되기 시작하였으며, 국제 수지의 불균형과 실업의 증가를 가져오고 있습니다. 이 같은 현상과 병폐가 일시적인 진통이라고 하기에는 우리나라가 처한 안보적 상황이 너무도 심각하여, 자칫하면 국가의 위난을 초래할 우려가 없지 않았던 것입니다.

이에 나는 국가를 보위하여 국민의 생존권을 수호하고, 공공의 안녕과 국법 질서를 회복하여 사회 안정을 기하기 위해, 헌법과 관계 법령에 입각하여, 대통령으로서 또한 국군통수권자로서 비상계엄 선포 지역을 5월 17일 24시를 기해 전국 일원으로 변경한 데 이어 국가보위비상대책위원회를 설치한 것입니다. 이 위원회는 어디까지나 국법 질서 안에서 비상계엄령하, 대통령이 계엄 업무를 지휘·감독함에 있어 자문 및 보좌 기능을 담당케 하고, 내각과 계엄군 당국 간의 협조를 긴밀히 함으로써 국정을 더욱 효율화하기 위해 이를 설치한 것입니다.

우리 군은 어떠한 경우에도 국토방위의 신성한 임무를 성실히 수행할 것이며, 나는 '국가보위비상대책위원회'에 참여한 요원들에게 우리나라의 안전보장과 국가 발전을 위하여 맡은 바 중대한 책임을 완수할 것을 지시하는 바입니다. 이번 조처로 인하여 일반 국민의 일상생활에는 아무런 불편이나 지장이 없을 것임을 다시 한번 확실히 밝혀두고자 합니다.

또한 이번 조처를 취하면서 이미 발표된 정치발전에 관한 정부 방침에는 아무런 변함이 없으며, 이를 계속 착실히 추진할 것임을 또다시 다짐한 바 있었읍니다만, 아직도 일부에서 이 문제에 관한 설왕설래가 있는 것으로 듣고 있습니다.

나는 이 기회에 당면한 국정의 기본 방향에 관하여 나의 소신을 명백히 해두고자 합니다. 국민 여러분의 협조로 공공질서의 확립과 사회 안정이 이룩된다면, 나는 학원의 정상화와 정치활동의 재개를 포함하여 우리나라의 경제·사회 발전에 상응하는 정치발전을 계속 추진할 결의입니다.

이를 위하여 정부는 헌법개정심의위원회를 통한 개헌 작업을 촉진하여, 현행 헌법의 규정에 따라 국민투표에 붙이게 될 개헌안을 마련, 늦어도 금년 10월 말까지는 이를 국민투표에 회부, 확정 지을 방침입니다. 그다음 필요한 법적, 행정적 조처를 취하여 내년 상반기 중에 선거를 실시하고, 6월 말까지 새 정부를 수립, 정권을 이양할 계획입니다.

한편 헌법 개정 방향에 관하여도 대통령 취임사와 헌법개정심의위원회의 개회식 인사 등에서 나는 몇 가지의 견해를 표명한 바 있음을 기억하고 계실 줄 믿습니다. 그것을 다시 되풀이하면 앞으로 마련될 헌법개정안은, 첫째로 우리나라의 국토가 양단된 상태에서 남북한 간에 대치가 계속되고 있는 냉엄한 현실에 입각하여, 국가의 계속성을 수호하고 국가 보위를 확고히 할 수 있는 헌법이 되어야 하겠다는 점.

둘째로 과거의 쓰라린 경험을 거울삼아 권력의 남용과 정치적 부패를 방지할 수 있는 헌법이 되어야 하겠다는 점.

셋째로 우리나라의 현실에 비추어, 극도의 국론의 분열이나 사회 혼란을 방지할 수 있는 헌법이 되어야 할 것이고,

넷째로 우리가 사회정의를 구현해나가되, 이것은 어디까지나 자유경제체제의 원리에 근거해야 하겠다는 점 등을 강조하였던 것입니다.

이러한 나의 견해는 헌법 개정 논의에 있어서 이를 참고로 하여, 국가의 현실과 장래를 깊이 생각하면서 국민적인 합의를 조성해나가는 데 도움이 되고자 표명한 것이었읍니다. 이 이상도 이하도 아닌 것을 가지고 일부에서는 오해를 하고, 혹은 정부가 개헌안을 미리 만들어놓고 이를 강행하려고 한다는 등의 근거 없는 비난을 하기도 하였읍니다. 나는 오직 헌법 개정에 있어서 국민들의 의사의 최대공약수를 집약하여 장차 역사의 오점이 되거나 후회를 남기지 않을 훌륭한 헌법을 만들어, 우리나라를 부강한 민주국가로 발전시켜나갈 수 있는 기틀을 마련하고자 하는 일념뿐인 것입니다.

그러기에 정부는 헌법개정안을 작성함에 있어 헌법개정심의위원회로 하여금 그간 국회의 헌법개정심의특별위원회가 다룬 개헌

안의 내용을 존중하고, 각계에서 제시한 의견도 신중히 참작하여 대다수 국민이 찬동할 수 있는 그러한 헌법을 마련하도록 하는 데 최선을 다할 것입니다(『조선일보』, 1980.6.13).

이 담화를 '식물 대통령'이 한 것이라고 볼 수 있을까? 국회가 해산되었고, 주요 정치인들이 구금된 상황에서 최규하는 헌법 개정 일정을 제시했고, 그간 자신이 여러 차례 강조한 이원정부제 개헌의 내용도 반복했다. 최규하는 5·17로 인한 정치 상황의 변화를 오히려 신군부의 힘을 빌려 자신이 생각하는 방식으로 정치 시스템을 바꾸는 기회로 삼고자 한 것이다. 최규하는 전두환의 집권 의도를 전혀 눈치채지 못했다. 5·17 계엄 확대 조치와 국가보위비상대책위원회가 만들어진 이후에도 전두환이 자신을 몰아내고 권력을 장악할 것으로까지 생각하지 못했다. 이 때문에 6월 12일 성명 발표 때 전두환까지 배석시킨 가운데 자신이 의도하는 정치 일정을 밝혔던 것이다(조선일보사 1999: 251). 이와 관련된 글라이스틴 대사의 회고이다.

5월 21일 서울에서 있었던 군의 대규모 무력 시위와 더불어 이런 기구(국가보위비상대책위원회)가 설치되는 것을 보면서 정부를 주도하는 인물이 누구인지는 분명했다. 박동진 외무장관과 최광수 청와대 비서실장은 국보위 설치 문제로 나와 개별적으로 만났을 때 두 사람 모두 최 대통령이 정치개혁 일정을 포기하지도 않았으며 '영향력이 없지 않다'고 강변했다. 그러나 그들은 민간 정부를 명백히 군의 지배하에 두게 되는 이런 변화에 당황하는 기색이 역력했다(Gleysteen 1999:205).

(5·17 이후) 최 대통령은 국가 대변인과 외빈을 맞는 접견자로서의 의전적 역할을 떠나 공식적인 자리에 모습을 드러내는 일은 급격히 줄어들었다. 국민들의 시선은 국보위를 통해 국정을 운영하기 시작한 새로운 지도자들에 집중됐다. … 그러나 그가 모습을 드러내는 일이 점차 줄어들긴 했어도 그는 여전히 국가원수로서의 확고한 결의를 유지했다(Gleysteen 1999:206; 226).

그러나 최규하와 그의 일부 측근들과 달리, 외부에서는 5·17 이후 최규하는 권력을 잃은 '허수아비 대통령', '식물 대통령'이 되었다고 보았다. 글라이스틴이 5·17 이후 미국에 타전한 보고 내용이다.

한국 군부는 공식적인 정부 인수를 거의 완료했다. 그러나 최 대통령이 그들의 결정을 형식적으로 승인하는 절차를 계속할 가능성이 있으며 새로운 내각도 종전처럼 일상적인 일을 처리할 것이다. … 그들의 전략은 기존의 보수적인 인물들을 제거하고 합법적인 한도 내에서 야당을 파괴한 후 새로운 정치지도자들을 선정해 새로운 정치구도를 실현할 것으로 확신한다. 그러나 민주적 외양으로 치장한다 해도 이전의 유신체제를 연상시킬 것이다(Gleysteen 1999:181).

신현확 총리 역시 이렇게 적었다.

전두환 사령관이 중앙정보부장을 겸직하게 된 뒤로 최규하 대통령과 신군부는 눈에 띄게 가까워졌다. 최 대통령은 그것을 자신에 대한 군의 지지로 받아들였다. 그러나 그 '가까움'은 결코 정상적이 아니었다. 그 시절, 청와대는 완전히 신군부 천하였다. 최 대통령은 이미 대통령이 아니었다. 밖에서는 '허수아비 대통령'으로 불리고 있다는 것을 본인만 알지 못했다(신철식 2017: 325).

5·17 계엄 확대가 쿠데타였지만, 최규하의 존재 그리고 계엄 확대에 대한 그의 승인은 5·17을 정당화시켜주는 좋은 구실이 되었다. 대통령을 제거한 것이 아니라 대통령의 승인에 따라 계엄 확대를 했고, 대통령의 결재를 받아 '자문기구'로 국보위를 만들었기 때문이다. 결재 사항에서 빠졌던 정치인 연행이나 국회 폐쇄는, 3김 등의 정치인에 대해 부정적 인식을 공유하고 있던 최 대통령이 '눈감아줄 수 있는' 사안이었다. 전두환은 이때까지만 해도 최규하가 필요했다. 그래서 전두환은 최 대통령을 나름대로 '잘 모신' 것 같다.[22]

나는 최규하 대통령을 내 나름대로는 지성으로 모셨다고 생각한다. 그것은 박정희 대통령 시절부터 몸에 밴 나의 일관된 자세였다. 나는 최 대통령의 지시에 대해서는 최선을 다해 그 뜻을 받아들였고 면전에서는 추호도 결례가 되는 행동을 한 일이 없다. 간혹 최 대통령의 업무 추진 스타일이나 능력에 대해 불만을 이야기하는 사람이 있었지만 나는 이 점에서는 특히 조심을 했다(전두환 2017a:565).

이 말을 그대로 믿을 수는 없지만, 최 대통령이 6월 중순에 전두환을 배석시키면서 기자회견을 한 것을 보면, 최규하 대통령이 이때까지 전두환을 그리 어렵게 생각했던 것 같지는 않다. 그러나 얼마 지나지 않아 전두환은 이제 최종적인 권력 장악, 곧 대통령직을 차지하는 것까지 생각하게 되었다.

더 나은 설명이 없는 마당에 나는 전두환이 5월에서 7월에 걸쳐 실질적인 정치적 통제권을 쉽게 장악하면서 점차 최규하에 대해 고압적인 자세를 취하게 됐고 마침내 최 대통령의 사임을 결정하게 만들었다는 생각이 든다(Gleysteen 1999:226).

결국 신군부는 최 대통령을 하야시키고 전두환을 대통령으로 만들기로 결정했다. 그리고 최규하의 하야를 설득해줄 인사로 신현확과 김정렬을 선정했다. 노태우 보안사령관은 경북고 선배인 신현확에게 최규하 하야 설득을 요청했으나 신현확은 그 요청을 거절했다(조선일보사 1999:166). 이로 인해 육사 11기생인 민석원이 가깝게 지내는 김정렬에게 하야를 부탁하게 되었다. 김정렬은 1930년대 도쿄 유학 시절부터 최규하와 가까운 사이였다. 김정렬이 최규하에게 신군부의 뜻을 전했다.[23] 그러나 최규하는 하야 요구를 거절했다.

최 대통령은 물러나기 직전까지도 군이 자신을 지지하는 것으로 알고 있었다. … 군 원로인 그(김정렬 전 국방장관)는 어느 날 신군부로부터 최규하 대통령의 사임을 권유해달라는 요청을 받고 청와대로 찾아갔다. 김 전 장관이 간곡하게 사임을 권유하자 최 대통령은 눈을 둥그렇게 뜨고 이렇게 반문했다. "아니, 김 장관님! 무슨 소리를 하십니까? 군이 나를 지지하고 있는데 내가 왜 물러납니까." 그러자 신군부는 재차 사람을 보내 '우리의 뜻이 물러나라는 것'이라고 확인해주었다(신철식 2017: 342).

후일 5·18 검찰 수사에서는 최규하 대통령이 "지금 국민들은 군인들이 나서는 것보다 나같이 별 의심이 가지 않는 사람이 과도 정권을 끌고 가기를 원하고 있다"고 거부했고, 김정렬은 1980년 7월 30일 청와대 접견실에서 오후 6시부터 오후 11시까지 최규하 대통령과 담판을 벌인 끝에 하야 결심을 받아냈다는 것이다. 끝까지 하야를 거부하면 신군부가 김재규 내란 사건과 관련하여 최 대통령을 내란 방조 혐의로 문제 삼으려 한다는 위협까지 했다(조선일보사 1999: 46). 7월 31일 최규하는 전두환을 청와대로 불러 하야의 뜻을 밝히고, 부인과 일부 수행원만 대동한 채 4일간의 일정으로 강원도 강릉과 속초로 떠났다. 뒤늦게 깨달은 전두환의 권력욕과 배신감에 대한 마음의 정리가 필요했을 것이다. 그리고 8월 16일 공식적으로 하야를 발표했다.

10·26 사태 이후 혼돈의 시기에 가장 중요한 역할을 맡게 된 사람은 최규하였다. 최규하는 과도기의 지도자로서 유신 이후의 새로운 정치 질서 구축을 위한 분명한 방향을 제시했어야 했다. 그러나 그는 상황을 올바르게 판단하지 못했다. 10·26 이후의 정치 공백이 신군부의 권력 장악으로 이어진 데는 최규하의 무능과 잘못도 큰 몫을 차지한다.

돌이켜볼 때, 최 대통령이 1980년 1월에 개헌 일정을 단축, 공표하고 계엄령을 해제하여 국정의 중심을 정치권으로 수렴시켰다면 역사는 좀 달라질 수도 있었을 것이라는 생각이 든다. 1980년 봄의 불안은 불확실성에 바탕을 두고 있었는데 확실한 국가 진로를 천명할 수 있는 이는 최 대통령뿐이었고 그 길이 결과적으로는 자신의 지지 기반 강화로 이어질 것임에도 그는 10·26 밤 이후부터 계속 애매한 태도를 견지하였다(조갑제 2005: 145).

또한 최규하는 정치적 역량의 부족에도 불구하고 자기의 욕심을 버리지 못했고, 더욱이 과도기적 상황에서 결단해야 할 때 결단하지 못했다. 이런 욕심과 무능이 '질서 있는 변화'를 어렵게 했고 결국 신군부의 권력 장악을 결과적으로 도왔다.

1980년과 같은 혼란기에는 결단을 필요로 하는 일이 산적하게 마련이다. 그런 중대한 시기에 최 대통령이 국정의 책임을 맡았다는 것은 그분이나 국가를 위해서 불행한 일이었다고 생각한다(노태우 2011a : 248).

최규하 대통령은 통치 9개월 동안 중요한 문제를 스스로의 결단에 의해서 해결하지 못하였다. 신군부의 주도하에서, 또는 군부의 강력한 건의 아래서 결재 서명만 하곤 했었다. 12·12 사태 때 정승화 총장 연행 결재, 그 직후의 군부 내 대규모 숙청 인사, 전두환 보안사령관의 중앙정보부장 서리 겸임 발령, 그리고 5·17 계엄 확대 조치 결재와 광주 사태 진압이 모두 그러했다(조갑제 2005 : 156).

최규하가 1980년 8월 16일 하야하자 박충훈 국무총리 서리는 '서리(署理)' 상태에서 대통령 권한 대행이 됐다. 신현확의 후임으로 1980년 5월 22일 총리로 임명되었지만, 국회가 폐쇄된 상태였기 때문에 국회 동의를 받을 수 없어 서리 상태로 남아 있었다. 이런 상황에서 대통령 하야로 권한 대행이 된 것이다.

이 때문에 "당시 보안사에 자주 드나들던 유학성, 황영시, 차규헌, 정호용, 노태우, 박준병 등이 우선 통일주체국민회의를 통해 전두환 보안사령관이 대통령으로 취임하고, 그 뒤에 개헌을 해 다시 대통령 선거를 치르자고 결정"했다(조선일보사 1999 : 223). 8월 21일 전군 지휘관 회의에서 전두환을 만장일치로 대통령에 추대했다. 여기서 보듯이 이제 대통령을 결정하는 힘은 군부에 놓여 있었다. 1980년 8월 27일 서울 장충체육관에서 통일주체국민회의를 소집해 제11대 대통령 선거를 실시했다. 전두환이 단독 출마한 또 다른 '체육관 선거'에서 출석한 대의원 2,525명 가운데 2,524명의 찬성을 얻어 당선되었다. 전두환은 1980년 9월 1일 제11대 대통령으로 취임했다. 윤보선과 힘든 선거 경쟁을 치러 15만 표라는 근소한 차이로 대통령에 오른 박정희와 달리, 전두환은 총칼로 반대자를 제압하고 현직 대통령을 강제로 물러나게 한 뒤, '체육관 선거'로 대통령이 되었다. 손쉬운 방식으로 대통령이 되었지만, 이러한 절차적 정통성의 결여는 제5공화국 기간 내내 치명적 약점이 되었다.

제3장

제5공화국의
출범과 정치제도

제5공화국 헌법의 제정

전두환이 최규하를 내쫓고 통일주체국민회의를 통해 대통령이 되었지만, 유신체제를 이어받을 수는 없었다. 유신체제는 박정희 1인을 위한 체제였고 그의 죽음과 함께 시효를 다한 체제였다. 유신체제 철폐에 대한 국민의 여망도 높았다. 무엇보다 전두환은 자신의 지배가 이전과 다르다는 점을 보여줘야 했다.

전두환은 박정희의 재판(再版)이었지만, 현실에서는 그를 영웅으로 받들거나 추앙하기보다 그와의 차별성을 부각시키려고 노력했다. 전두환 정권은 헌법에서 '5·16 혁명' 정신을 삭제했고, 공화당 실세들을 권력형 비리 혐의로 제거하면서 박정희의 시기를 부정과 부패, 비리의 시기로 규정한 반면, 자신들은 '정의 사회 구현'을 추구한다고 주장했다(전재호 2000:112-113).

전두환과 신군부는 헌법을 개정해서 박정희 체제와 다른 새로운 체제를 출범시키기로 했다. 헌법 개정은 국보위 법사위원회에서 추진되었다. 사실 5·17 비상조치 실시 이전 국회에서 헌법 개정 논의가 이뤄지고 있었다. 국회는 1979년 11월 26일 여야 각각 14명으로 구성된 헌법개정심의특별위원회를 구성했다. 헌법개정심의특별위원회는 민주공화당에서 7인, 유신정우회에서 7인 등 여당 14인, 그리고 신민당에서 13인, 민주통일당 1인 등 야당 14인으로 여야 동수로 구성했다. 1979년 12월 7일 회의에서는 1980년 3월 20일까지 여야 합의로 헌법 개정안을 마련하기로 했다. 개헌안은 대통령 직선제, 국회 권한 강화, 기본권 보장 등 유신체제의 문제점을 개정하고, 전체적으로는 3공화국 헌법으로 복귀하는 형태였다. 5·17 계엄 확대 직전인 5월 15일 헌법개정심의특별위원회에서 여야 간 개헌안에 대한 합의가 이뤄졌다. 그리고 5월 20일 국회가 개원하면 이 합의안에 대한 국회 심의가 시작될 예정이었다. 그러나 5·17 계엄 확대 이후 사실상 국회가 해산되었기 때문에 더 이상 국회 차원의 헌법 개정 작업은 진행될 수 없었다.

   국회가 해산된 후 국보위 법사위원회가 중심이 되어 헌법 개정 작업이 진행되었다. 이 중 헌법 개정의 핵심이라고 할 수 있는 권력구조 부분은 박철언과 우병규가 보안사령부 1층에 마련된 별도의 사무실에서 권정달 보안사 정보처장과 함께 작업했다. 5·17 이전까지는 대통령 직선제가 대세였지만 계엄 확대 이후 분위기가 달라졌고 신군부에서는 대통령 간선제를 원했다(박철언 2005: 36).

핵심적인 사안은 전두환과 보안사 핵심 멤버들이 정했다. 국보위 법사위에서 헌법 개정안 골격이 마련된 뒤인 1980년 7월 15일경 전두환 장군이 정도영 보안처장, 허삼수 인사처장, 이학봉 대공처장, 허화평 사령관 비서실장, 중정의 이종찬 총무국장, 허문도 중정부장 비서실장, 노태우 수경사령관 등과 함께 개헌안에 대해 논의했다. 여기서 노태우는 안정론을 내세워 간선제를, 허삼수는 국민을 납득시켜야 한다는 이유로 직선제를 주장했는데, 전두환이 최종적으로 간선제로 결정했다(조선일보사 1999:67, 164).

결국 전두환은 '체육관 선거'로만 두 번 대통령에 당선되는데, 이는 그의 정치적 정통성에 결정적인 취약점으로 작용한다. 경쟁적인 선거를 통해 대통령에 선출된 박정희와 통일주체국민회의와 선거인단 선거라는 '체육관 선거'를 통해 대통령이 된 전두환 간 정치적 정통성에서는 근본적 차이가 생길 수밖에 없다. 이렇게 간선제로 정하게 된 것은 직선제를 도입할 경우 선거 유세 과정에서 신군부에 대한 국민적 저항이 표출될 수 있다는 데 대한 부담이 작용했을 것이다. 그만큼 자신이 없었던 셈이다. 그러나 동시에 다른 이유도 있었다. 박정희와 전두환의 직선, 간선에 대한 선택은 경로의존적(path-dependent)이었다. 박정희는 민주적 절차를 통해 선출된 제2공화국을 배경으로 하고 있었다. 이 때문에 박정희는 민주적 절차를 무시하기 어려웠다. 반면, 전두환은 대통령 직접선거가 사라진 유신체제를 배경으로 했기 때문에, 굳이 직선제로 대통령이 되어야 할 필요성을 크게 느끼지 못했던 것이다.

한편, 대통령 임기는 원래 6년으로 이야기가 되었는데, 전두환의 주장으로 7년으로 바뀌었다. 유신헌법에서 대통령의 임기가 6년이었기 때문에 대다수가 6년을 당연하게 생각했다. 그런데 전두환은 7년을 원했다. 다음은 당시 보안사 정보처장 권정달의 증언이다.

그 무렵 신문에 대통령 임기를 6년으로 한다는 내용이 크게 보도되자 전두환 사령관이 저와 우병규, 박철언 등을 부르더니 '처음 1년은 취임 준비를 해야 하고 마지막 1년은 퇴임 준비로 사실상 일하기 어려운데 실제로 일할 기간은 적어도 5년은 되어야 한다'며 임기를 7년으로 하라고 지시해 우병규, 박철언 등이 정부 측과 협의해 7년으로 정한 것으로 알고 있습니다(조선일보사 1999:222).

임기는 7년으로 하지만 단임으로 대통령의 임기를 규정했다. 대통령 임기를 단임으로 한 데에는 상황적인 요인의 영향이 있었을 것이다. 당시 박정희의 장기집권에 대한 거부감이 컸다. 또한 일단 무력으로 권력을 장악했지만, 전두환은 박정희와 같은 권위와 카리스마를 가진 인물이 아니었다. 직선 방식으로 대통령 선거를 치르는 것을 부담스러워할 만큼, 인기나 지지를 구축하지도 못했다. 사실 애초부터 전두환 집권의 정통성을 찾기가 어려웠다. 10·26 사건이 '나라를 혼란스럽게 하려는 내란 모의'였기 때문에 그 혼란을 극복하기 위해 군이 나서야 한다는 것이 전두환이 내세울 수 있는 유일한 명분이었다. 이 때문에 '단임 실현과 평화적 정권교체'라는 또 다른 명분이 필요했다. 이는 또한 유신체제와 차별화할 수 있는 명분이었다. 전두환이 대통령 출마를 위해 전역할 때의 연설에서 그 명분이 제시된다.

> 지난 10·26 사태를 당하자 국가의 생존을 위태롭게 한 갖가지 상황이 급격히 노정되었고 특히 구정치인들의 무분별한 선동행위가 국민 상호 간의 불신풍조를 가속화시켰으며 '전부 아니면 전무'라는 흑백논리가 민주화의 탈을 쓴 일부 선동분자들에 의해서 말없고 선량한 대다수 국민들에게 오도되고 사회의 근본을 파국으로 몰아넣었기에 급기야는 국가 존망까지 위태롭게 되었던 것입니다. … 또 하나의 과제는 평화적인 정권교체의 전통을 기필코 수립하는 것입니다. 장기집권으로 인한 통폐(通弊)와 도덕적 결함으로써 새 역사 새 질서가 창조되는 것이 아니라 수구의 늪에서 썩어버리고 만다는 역사적 진리를, 조그만 조직 소집단의 지도자로부터 국가 영도자에 이르기까지 공동의 규범으로 삼아야 한다고 믿습니다(『경향신문』, 1980.8.22).

그런 점에서 대통령 단임제는 "국민의 민주화 욕구와 신군부의 정권 유지 욕구 사이에서 이루어진 일종의 타협점"(조갑제 205:205-206)이라고 볼 수도 있다.

7년 단임 대통령제 이외에도 헌법의 부칙 규정을 통해 신군부의 뜻에 맞는 정치 질서 재편을 위한 방안을 마련해두었다. 우선 5·17 계엄 확대로 사실상 해산된 국회의 임기를 부칙 조항을 통

해 법적으로 종료시켰다.[24] 국회를 대신할 기관으로 국가보위입
법회의를 두도록 했다. 새로운 국회가 구성되기 전에 신군부가
원하는 법안을 자기들끼리 모여 처리하겠다는 의도였다. 또한
기존에 존재하던 정당도 부칙 규정으로 해산시켰다.[25] 새로운 집
권당의 창당과 야당을 포함한 새로운 정당체계의 확립을 염두에
둔 조치이다.

이렇게 개정된 헌법안은 1980년 10월 22일 국민투표에 부쳐
져 유권자 95.5%의 투표와 투표자 91.6% 찬성으로 확정되었다.
헌법 개정도, 국민투표도 모두 계엄령하에서 실시되었다. 자유
로운 정치적 표현은 물론 헌법 개정에 대한 찬반 논의조차 허용
되지 않는 상황이었다. 글라이스틴은 당시 상황을 다음과 같이
회고한다.

> 우리의 강력한 경고에도 불구하고 헌법에 대한 국민투표는 계엄
> 령하에서 실시됐으며(투표 5일 전 '비상'에서 '보통'으로 낮춰졌다),
> 계엄령이 해제된 것은 81년 1월 24일로 전두환의 백악관 도착 9일
> 전이었고, 2월 25일 대통령 선거가 있기 약 한 달 전이었다. 전두
> 환은 이렇다 할 경쟁 후보가 나서지 않은 가운데 현 정부의 회유
> 와 조작에 순응한 보수적인 선거인단에 의해 대통령에 선출됐다
> (Gleysteen 1999 : 239).

헌법 개정으로 전두환과 신군부는 자신들을 위한 새로운 정치
질서를 만들어갈 형식적 틀을 완성했다.

국가보위입법회의

신군부는 그들이 원하는 대로 법을 만들어내기 위한 입법 기구를 만들었다. 국가보위입법회의는, 국회를 강제로 폐쇄하면서 그 대신 설치한 임시 입법 기구였다. 국가보위입법회의에 관한 헌법의 부칙 규정은 다음과 같다.

제6조
① 국가보위입법회의는 이 헌법에 의한 국회의 최초의 집회일 전일까지 존속하며, 이 헌법 시행일로부터 이 헌법에 의한 국회의 최초의 집회일 전일까지 국회의 권한을 대행한다.
② 국가보위입법회의는 각계의 대표자로 구성하되, 그 조직과 운영 기타 필요한 사항은 법률로 정한다.
③ 국가보위입법회의가 제정한 법률과 이에 따라 행하여진 재판 및 예산 기타 처분 등은 그 효력을 지속하며, 이 헌법 기타의 이유로 제소하거나 이의를 할 수 없다.

④ 국가보위입법회의는 정치풍토의 쇄신과 도의 정치의 구현을 위하여 이 헌법 시행일 이전의 정치적 또는 사회적 부패나 혼란에 현저한 책임이 있는 자에 대한 정치활동을 규제하는 법률을 제정할 수 있다.

국가보위입법회의(이하 입법회의)는 기능적으로 국회를 대신할 뿐만 아니라, 정치활동 규제 법률도 제정할 수 있도록 했다. 제5공화국 헌법 시행일인 1980년 10월 27일 남덕우 국무총리 주재로 국가보위입법회의의 첫 회의를 개최하여 국가보위입법회의법을 통과시켰다. 이 법은 28일 국무회의 의결을 거쳐 공포되었다. 국가보위입법회의법은 "정치·경제·사회·문화·행정 기타 각계의 학식과 덕망이 있는 인사 중에서 대통령이 임명하는 50인 이상 100인 이내의 의원으로 구성한다"라고 규정했다. 이에 따라 81명의 입법의원들이 임명되었다. 그 구성은 정계 20, 경제계 3, 학계 13, 법조계 8, 종교계 8, 여성계 4, 노동계 1, 문화사회계 9, 언론계 3, 향군 대표 2, 국보위 대표 10명이었다(『조선일보』, 1980. 10. 28).

그러나 기존 정당을 강제로 해산하고 주요 정치인들의 정치활동을 금지한 상태에서 입법회의가 설치되었다. 국회의 권한을 대행한다고 했지만 입법의원 전원은 대통령이 임명했다. 구성 방식이나 실제 운영에 있어서도 입법회의는 진정한 대의기관과는 거리가 멀었다(김순양 2022: 14). 입법회의는 전두환과 신군부가 원하는 법안을 입법화해주는 기구에 불과했다. 더욱이 입법위원 중 국보위를 대표하는 10명은 모두 국보위 분과위원장들이었기 때문에, 각 행정 영역별로 신군부의 뜻대로 입법을 끌고 가겠다는 의도가 명백했다.

입법회의에서 만든 법 중에서 주목할 만한 것은 역시 정치 관련 법안들이다. 입법회의에서는 '정치풍토 쇄신에 관한 특별조치법', '정당법', '선거관리위원회법', '정치자금에 관한 법', '대통령 선거법', '국회의원 선거법', '국회법,' '언론기본법'을 각각 의결하였으며 '평화통일정책자문회의법'을 통과시켰다.

이 가운데 정치풍토 쇄신에 관한 특별조치법은 기존 정치인들에 대한 정치 규제법이었다. 이 법의 1조는 "정치적 또는 사회적 부패나 혼란에 현저한 책임이 있는 자에 대한 정치활동을 규제함으로써 정치풍토를 쇄신하고 도의 정치를 구현해 민주정치의 발전에 기여한다"라고 규정하고 있다. 입법 목적에서 알 수 있듯이, 이 법은 신군부에 반대하는 정치인들의 정치 참여를 막기 위해 만들었다. 대통령 직속으로 정치쇄신위원회를 설치하고, 위원회가 부적절하다고 판정한 정치인은 정치활동을 금하도록 했다. 위원회에서 부적격 판정을 받은 사람은 1988년까지 선거 출마가 금지될 뿐만 아니라 정당이나 정치적 사회단체에 가입조차 하지 못하게 했다. 또 정치 집회에서 발언하거나 특정 정당이나 다른 사람의 정치활동을 지지하거나 반대하는 행위도 못하게 했다. 1980년 11월 12일 1차로 정치 규제자 명단이 발표되었다. 당시 신문 기사이다.

정치쇄신위원회의 김중서 위원장은 12일 오후 정치활동 규제 대상자 8백 11명의 명단을 발표했다. 대상자 중엔 김종필, 김영삼 전 공화-신민당 총재와 김대중 등 세 김씨를 비롯, 10대 국회의원 및 정당 중견 간부 가운데 현재 공직에 있는 인사를 제외한 전원이 포함됐다. 대상자의 내역은 10대 국회의원 2백 31명 중 2백 10명, 정당 중견 간부 2백 57명 중 2백 54명, 보안 처분 대상자 및 사회적-정치적 지탄 대상자 6천 5백 78명 중 3백 47명이다. 명단이 공고된 규제 대상자들은 정치풍토 쇄신을 위한 특별조치법에 따라 오는 88년 6월 30일까지 정치활동이 금지되며, 대상자 중 이의가 있는 사람은 7일 이내인 오는 19일까지 재심을 청구할 수 있다 (『조선일보』, 1980.11.13).

정치쇄신위원회는 15일 오후 정치활동 규제 대상자 24명의 명단을 추가로 발표했다. 정치풍토 쇄신을 위한 특별조치법에 따라 오는 88년 6월 30일까지 정치활동이 금지된 사람은 지난 12일 1차 발표자 8백 11명을 포함, 모두 8백 35명으로 늘어났다.
2차 추가 명단엔 1차 발표에서 누락된 김용환 전 재무부장관, 이낙선 전 상공부장관, 양택식 전 서울시장, 유혁인 전 대통령 정무제1수석, 박승규 전 대통령 민정수석비서관, 한병기 전 캐나다대사 등 전직 고위 관리와 길재호, 권오훈, 김종호, 김진봉, 박종태, 양순직 씨 등 전직 의원, 그리고 김정섭, 전재덕, 정홍진 씨 등 전 중앙정보부 간부들이 포함돼 있다(『조선일보』, 1980.11.16).

정치 규제 대상으로 선정된 835명 가운데 569명이 재심을 청구했다. 이 가운데 268명이 구제를 받았다. 규제 대상으로 선정된 정치인들이 재심을 청구해 규제에서 풀렸다는 것은 전두환 정권에 대한 협력을 전제로 하는 것이었다. 또한 신군부가 생각할 때 향후 정치 구도에 방해가 되지 않을 만한 인물이어야 했다. 이 때문에 "앞으로 실시될 선거에서 여당의 당선을 위협할 만한 사람들은 거의 풀려나지 못했던 게 사실이다"(이만섭 2004 : 254).

김(중서) 위원장은 "그 결과 대상자의 대부분이 구시대의 비리에 상당한 책임이 있다는 것을 확연히 알 수 있었다"고 말하고, "그러나 관용과 화합의 정신 아래 가급적 많은 사람들에게 새 시대 건설에 동참할 기회가 주어져야 한다는 시대적 요청에 따라 대상자를 가급적 축소하되 정치적으로 중요한 지위에 있었던 사람들에 대해서는 '권한 있는 곳에 책임 있다'는 정신에 의거, 규제의 폭을 넓혔다"고 말했다(『조선일보』, 1980. 11. 13).

이와 함께 11월 25일에는 정당법을 개정했다. 정당법 개정 내용 중 핵심은 해산 처분을 받은 민주공화당의 재산을 신군부의 정당이 이어받도록 하는 것이었다. 입법회의에서는 잔여 재산처분에 관한 규정을 신설했다.

제41조(해산된 경우 등의 잔여재산처분)
① 정당이 제38조의 규정에 의하여 등록이 취소되거나 제39조의

규정에 의하여 자진 해산한 때에는 그 잔여재산은 당헌의 정하는 바에 따라 처분한다.

② 당헌으로 그 처분에 관한 사항을 정하지 아니한 때에는 그 정당의 대표자가 중앙선거관리위원회의 허가를 얻어 당해 정당과 유사한 목적을 가진 정당이나 단체에 기부하거나 기타 다른 처분을 할 수 있다.

③ 제2항의 규정에 의하여 처분되지 아니한 정당의 잔여재산 및 헌법위원회의 해산결정에 의하여 해산된 정당의 잔여재산은 국고에 귀속한다.

④ 제2항 및 제3항에 관하여 필요한 사항은 대통령령으로 정한다.

이 조항에서 주목할 부분은 2항이다. '당해 정당과 유사한 목적을 가진 정당이나 단체에 기부'한다는 조항은, 전두환의 정당이 구 여당인 민주공화당의 재산을 차지하기 위한 만든 규정이다. 민주공화당이 해산을 생각해본 적이 없을 것이고 당연히 당헌에 재산 처분을 규정했을 리 없다. 그런 경우에는 "당해 정당과 유사한 목적을 가진 정당이나 단체에 기부"하도록 했다. 민주공화당과 뒤에 만들어질 민주정의당이 '유사한 목적을 가진 정당'이라는 것을 어떻게 입증할 수 있을까? 신군부는 박정희 체제와 제5공화국을 철저히 차별화했고, 민주공화당의 주요 핵심 인사들은 모두 정치 규제로 묶었다. 이 문제를 해결하는 열쇠는 '선거관리위원회의 허가'라는 단서 조항이다. 공화당의 재산을 민정당이 차지하겠다는데, 당시 선관위가 이에 대한 허가를 안 해준다는 것은 생각할 수 없는 일이었다. 결국 신군부는 민주정의당 창당 과정에서 민주공화당의 재산과 기구를 사실상 강탈했다. 중앙당, 연수원 등 구 공화당의 재산을 그대로 접수했다. 새로이 만들 여당의 기본 재산이 정당법 개정으로 확보되었다.

1980년 10월 27일, 공화당의 해산 과정은 매우 단순명료했다. 정래혁 공화당 전 중앙위원회 위원장이 공화당 재산 청산위원장이 되었다. 계엄사의 지시에 따라 공화당의 거의 모든 재산이 새로운 관제 여당을 만드는 데 사용되었다(김용호 2020:269).

정래혁은 당시 공화당 당직을 유지하고 있던 이들 중 최고위직 인사였다. 또한 1980년 10월 27일은 5공화국 헌법이 발효된 날이다. 5공 헌법의 부칙에 기존 정당은 모두 해산하도록 규정했기 때문에 그날 그 규정에 따라 기존의 모든 정당이 해산되었다. 한편, 민주공화당의 재산은, 앞서 본 정당법 41조의 규정에 따라, 새로운 집권당 민주정의당이 중앙선거관리위원회에 창당준비위원회 결성 신고를 한 날인 1980년 12월 10일 공식적으로 모두 민정당에 양도되었다.

이와 함께 개정된 정당법에서는 기존에 있던 정당과 유사한 정당 명칭도 사용하지 못하게 했다.

제43조(유사 명칭 등 사용금지)
① 이 법에 의하여 설립된 정당이 아니면 그 명칭에 정당임을 표시

하는 문자를 사용하지 못한다.
② 이 법과 헌법위원회의 해산결정에 의하여 해산 또는 등록 취소된 정당의 명칭과 같은 명칭은 정당의 명칭으로 다시 사용하지 못한다.

이런 이유 때문에 구 공화당계 인사들이 한국국민당을 창당할 때 '신공화당'의 당명을 쓰고자 했지만 정당법 규정으로 인해 쓸 수 없었다(이만섭 2004: 255). 또한 후일 1985년 2·12 총선 때 김영삼, 김대중이 민추협을 기반으로 창당한 정당 명칭은 애당초 고려한 신민당 대신 신한민주당이 되었다.[26]

한편, 정당 설립이 예전에 비해 용이해졌다. 창당에 필요한 법정 지구당 수는 지역구 선거구 총수의 4분의 1 이상으로 규정했는데 1972년 개정된 정당법에서는 그 조건이 3분의 1 이상이었다. 또한 지구당별 법정 당원 수도 이전의 50인 이상에서 30인 이상으로 낮췄다. 정당 설립의 조건을 낮춤으로써 새로운 야당의 등장을 용이하게 했다. 야당이 많을수록 반대 세력은 한 목소리로 결집하기 어려울 것이기 때문이었다. 반면, 소수 정당의 정당 등록 취소도 쉽게 만들었다. 국회의원 선거에서 의석을 얻지 못하고 유효 투표 총수의 100분의 2 이상을 득표하지 못한 정당은 등록이 취소되도록 했다(정당법 38조 3항).

국회의원 선거법은 유신체제 때와 마찬가지로 1구 2인제 방식을 유지했다. 유신체제에서는 전체 의석의 3분의 2를 지역구에서 1구 2인제 방식으로 선출하고 나머지 3분의 1은 대통령이 임명하는 방식이었다. 입법회의에서는 유신정우회는 폐지하는 대신, 전국구를 늘려 지역구 선출 의원 정수의 2분의 1이 되도록 했다. 즉, 전체 의원 정수의 3분의 1이 전국구 의석이었다. 전국구 의석 배분은 지역구 선거에서 5석 이상을 얻은 정당을 대상으로 배부하도록 했는데, 의석수 제1당이 전국구 의석의 3분의 2를 차지하도록 했다. 그리고 나머지 3분의 1은 5석 이상을 얻은 정당들이 의석 비율대로 배분하도록 했다. 국회의원의 3분의 1을 대통령이 임명하는 방식은 폐지했지만, 그 대신 제1당이 총의석의 3분의 1에 해당하는 전국구 의석의 3분의 2를 차지하도록 했다. 당시 국회의원 정수가 276명인데, 이 가운데 지역구에서 184석을 뽑고 92석은 전국구 방식으로 배분하는 것이었다. 1구 2인제인 만큼 184석 중 절반 정도는 집권당이 차지할 것이고, 여기에 전국구 92석의 3분의 2인 61석을 합하면 집권당은 언제나 150여 석은 무난하게 차지할 수 있는 것이었다.[27]

또한 정치자금법을 전부 개정하였는데 정당에 대한 국고보조금을 신설했다.

제17조(보조금)

국가는 정당에 대하여 예산의 범위 안에서 보조금을 지급할 수 있다.

제18조(보조금의 배분비율)

① 보조금은 지급 당시 국회의석이 다수인 순으로 4 정당까지

100분의 5씩 배분 지급하되, 이 경우 의석수가 같은 정당이 2 이상이 있을 때에는 최근에 실시한 국회의원 총선거에서 득표한 득표수가 다수인 정당의 순으로 제4순위까지 배분 지급하고, 그 잔여분 중 100분의 50을 지급 당시 국회의석을 가진 정당에 그 의석수의 비율에 따라 배분 지급하며, 그 잔여분은 최근에 실시한 국회의원 총선거에서 득표한 정당의 득표수 비율에 따라 배분 지급한다.

② 보조금의 지급 시기·절차 기타 필요한 사항은 대통령령으로 정한다.

국고보조금 지급을 네 정당까지로 규정한 것으로 보아 여당 하나에, 최대 세 개까지의 야당으로 구성되는 정당체계를 구상했던 것으로 보인다.

그리고 언론기본법을 1980년 12월 16일 제정했다. 언론기본법에는 언론의 자유로운 활동을 막을 수 있는 여러 조치가 마련되었다. 우선 문화공보부 장관에게 정기간행물 등의 등록 취소와 발행 정지 등을 판단할 수 있는 권한이 부여되었다.

제24조(등록의 취소 등)

① 문화공보부장관은 제20조 제1항의 규정에 의하여 정기간행물의 등록을 한 자가 다음 각 호의 1에 해당하는 때에는 그 등록을 취소하거나 1년 이하의 기간을 정하여 그 발행의 정지를 명할 수 있다.

1. 사위(詐僞) 기타 부정한 방법으로 등록한 사실이 있는 때
2. 제20조 제1항 후단의 규정을 위반하여 변경사항을 등록하지 아니하고 임의로 변경하여 그 정기간행물을 발행한 때
3. 제21조의 규정에 의한 시설기준을 유지하지 못한 때
4. 정기간행물의 내용이 등록된 발행목적이나 제3조 제4항에 의한 공적책임을 반복하여 현저하게 위배한 때
5. 제17조 각호의 1에 해당하게 된 때
6. 제14조의 규정을 위반하여 외국인 또는 외국의 정부나 단체로부터 기부금·찬조금 기타 재산상의 출연을 받은 사실이 있는 때
7. 천재·지변 기타 정당한 사유 없이 대통령령이 정하는 발행실적을 유지하지 못한 때

② 제1항의 규정에 의하여 등록이 취소된 때에는 그 취소된 날로부터 2년 이내에는 누구도 그 취소된 정기간행물의 제호로서 정기간행물을 발행할 수 없다.

정기간행물이 '공적 책임을 반복하여 현저히 위배한 때'에는 등록 취소까지 할 수 있게 된 것이다. 그러나 언론이 '공적 책임'을 '현저히 위배'했다는 판단 기준은 매우 자의적일 수밖에 없다. 결국 권력의 판단에 따를 수밖에 없을 것이다. 흥미로운 것은 1항의 여섯 번째 조항인데, 14조에 별도의 규정으로도 두었다.

제14조(외국자금의 유입금지)

언론기업은 외국인 또는 외국의 정부나 단체로부터 기부금, 찬조금, 기타 여하한 명목으로도 재산상 출연을 받지 못한다. 다만, 외국의 교육, 체육, 종교, 자선 기타 국제적 친선을 목적으로 하는 단체로부터의 출연으로서 문화공보부장관의 승인이 있는 것과 상업광고의 경우에는 예외로 한다.

이 조항은 특히 유신체제하에서 비판적인 보도를 했던 기독교방송을 겨냥한 것이다. 기독교방송은 보도 기능이 금지되었고 상업광고 방송도 금지되었다. 그런데 흥미로운 점은 언론기본법에서는 언론에 대한 규제 조항뿐만 아니라 '당근'도 법에 규정해 두었다는 점이다.

제18조(언론인 연수)

① 발행인 및 방송국의 장은 소속 언론인의 능력 및 자질 향상을 위한 연수제도를 설치·운영하여야 한다.
② 발행인 및 방송국의 장은 공동으로 언론인 연수를 위한 기구를 설치·운영할 수 있다.

제19조(언론인의 복지)

발행인 및 방송국의 장은 소속 언론인의 후생복지증진을 위하여 노력하여야 하며, 사회적 지위와 품위를 유지할 수 있도록 상당한 보수를 지급하여야 한다.

제44조(광고방송)

① 광고방송의 시간과 횟수는 대통령령으로 정한다.

② 방송광고에 의한 수익은 언론의 공익사업, 언론인의 복지증진, 언론인의 연수를 위하여 사용할 수 있다.

③ 이 법에 의한 방송위원회, 방송심의위원회, 언론중재위원회등의 운영에 필요한 경비는 방송광고에 의한 수익으로 충당한다.

언론인이 '사회적 지위와 품위를 유지할 수 있도록 상당한 보수를 지급하여야 한다'는 것이 법 조항으로 규정되어 있다. 또한 이 법 제정 이후 언론인 연수가 시작되었고 방송광고공사도 만들어졌다.

언론기본법은 언론을 통제하기 위한 목적으로 만들어졌다. 뒤에서 살펴볼 언론 통폐합으로 비판적 언론을 원천적으로 제거했고, 언론기본법을 통해 비판을 억압하고 비판 언론을 탄압할 수 있는 조항을 설치해둔 한편, 정권에 호의적인 언론인들에 대해서 상응하는 혜택을 주도록 했다.

이처럼 제5공화국이 본격적으로 출범하기에 앞서 입법회의는 그것을 위한 법적 준비 작업을 했다. 국보위가 권력 기반을 구축하는 정지 작업을 하였다면, 입법회의는 제5공화국 출범 이후를 겨냥한 정치적 기반을 마련하는 법안을 법제화하는 작업을 담당했다. 입법회의는 1981년 4월 10일까지 존속하면서 제5공화국의 운영에 필요한 법제들을 입법하였다(김순양 2022: 15-16).

정당 창당과 선거

신군부가 정권 구축을 위한 사전 창당 작업을 시작한 것은 1980년 6월경으로 국보위 설치 직후이다. 당시 보안사 정보처장 권정달 대령을 총실무책임자로 하고 보안사령관 특별보좌관 이상연 대령, 정보처 정치과장 한용원, 정보부 총무국장 이종찬 등이 사전 창당을 주도했다.

국보위 설치 이후이니까 1980년 6월경부터 시작한 것이며, 그때부터 보안사 내 의무실 옆 건물에 별도의 사무실을 마련하고 권정달의 지시하에서 이종찬, 이상연 등이 신당 창당에 착수한 것으로 기억합니다(조선일보사 1999: 252 한용원 증언).

민정당 창당 주역 중 한 명인 이종찬(2015a: 364)은 7월 3일 삼청동에 있는 국보위에 불려가서 정당 창당의 태스크 포스로 참여하게 되었다고 회고한다. 5·17 계엄 확대 이후 집권을 위한 준비 과정 중 하나로 정당 창당이 추진된 것이다.

민정당 창당 작업은 서울 시내 몇 곳으로 분산되어 이뤄졌다. 당헌당규팀, 정강정책팀, 선언문팀, 언론대책팀 등이 남산에 있는 하얏트호텔, 무교동의 서린호텔, 소공동 조선호텔 앞 센터빌딩 등 몇 군데로 나누어 작업을 진행했다. 당헌당규는 주로 구 공화당 사무처 출신인 김유상, 허상녕 등이 주축이 되어 작성했고, 정강정책과 선언문은 이진, 유경현, 박경석, 배성동 등이 만들었다. 윤석순은 총무 역할인 총괄 담당이었다(강창희 2009 : 25).

새로운 정당에 참여할 인사들에 대한 검토 작업은 보안사가 직접 담당했다.

정확한 날짜는 기억할 수 없으나 그 무렵부터 권정달로부터 신당에 참여할 인사들에 대한 자료 수집 지시를 받고 자료를 수집해 넘겨준 기억이 있습니다. 그리고 창당 후 각 지역에서 출마할 사람들은 당시 청와대 허삼수 사정수석 주재하에 관계기관대책회의를 하고 그 명단을 노태우 보안사령관 배석하에 제가 전두환 대통령에게 보고했습니다. … 신당에 참여할 대상자에 대한 개인 신상 자료 수집과 지역에서의 인기도 등을 조사해 창당 작업에 종사하는 사람들에게 제공했습니다(조선일보사 1999 : 253 한용원 증언).

이처럼 창당 과정에 참여할 인사 선정은 정보기관의 자료를 최대한 활용했다.

권정달, 이종찬 씨가 주축이 된 창당 실무팀은 국군보안사령부, 중앙정보부, 검찰, 경찰 등 각 정보기관이 갖고 있는 인물 자료를 활용했다. 소위 존안카드라고 부르는 개인 신상 명세로, 약 2천 명 정도의 사람들을 지역별로 나눠 고르는 작업을 했다. 각 방마다 쌓여 있던 서류들은 주로 그런 인사자료였던 것 같다(강창희 2009:31).

구정치인들이 대부분 정치 규제로 묶여 있었지만, 신당 창당에 참여시킬 사람들은 선별적으로 풀어줬다(강창희 2009:31). 정치활동 규제자 가운데 신당 참여 대상자를 선정 후 면담을 통해 그들이 신당 창당에 동참하겠다고 하면 정치활동을 허용했고, 참여를 거절하면 정치활동 규제자로 묶어두었다(조선일보사 1999: 225). 창당에 관여했던 한용원은 다음과 같이 회고한다.

합수본부 정보국장(권정달 대령)은 한편으로 중앙정보부의 현홍주, 치안본부의 박배근, 보안사의 한용원 등으로 하여금 정치활동 규제자 선별 작업을 추진토록 하면서 다른 한편으로 참신한 정치인의 신당 참여 의사를 타진하는 한편, 중정의 이종찬과 보안사의 이상연으로 하여금 창당 계획을 입안토록 하였다. 인선에 있어 공화당원보다는 신민당원을, 중진 의원보다는 신진 의원을, 구정치인보다는 4·19 및 6·3 세대의 언론인, 법조인, 교수를 선호하였다. 그러나 정치인의 경우 채문식 등 일부 경상도 출신 신민당 의원만이 참여했을 뿐 다수는 김윤환, 정동성 등 유정회와 공화당 출신이었다. 군부 엘리트의 경우 비정규 육사 출신 김영선 등과 비하나회 정규 육사 출신 권정달, 이종찬 등의 활용이 가능했지만 하나회 회원은 12·12 쿠데타로 군에서 출세할 수 있는 길이 열렸기 때문에 당장 전역해서 정치권에 뛰어들려고 하지 않았다. 그러나 정당에 핵심 세력을 포진시키려는 고려 때문에 정순덕처럼 자의 반 타의반으로 참여하는 경우도 있었다(한용원 1993:400).

당의 얼굴로는 이재형을 내세웠다. 과거 신민당 의원이었던 이재형은 1971년 이후 정계에서 물러나 있었다. 권정달과 이종찬이 이재형을 만나 참여를 권했고 전두환 대통령과의 독대 이후 정당 창당에 나섰다. 민정당은 1980년 11월 28일 이재형을 위원장으로 하고 발기준비위원회를 개최하고, 유석현(독립동지회 부회장), 이용희(전 통일원 장관), 권정달(입법의회 의원), 이종찬(입법의회 의원), 윤길중(입법의회 의원), 최영철(전 공화당 의원), 박권흠(전 동아일보 논설위원), 이헌기(전 한국노총 이사장), 이범준(전 해운항만청장), 정수창(대한상의 의장), 송지영(입법의원 겸 문예진흥원장), 김춘수(시인), 이찬혁(전 한국노총 사무차장), 박경석(전 신민당 의원), 김현자(YWCA 부회장) 등 15인의 발기준비위원 모임을 가졌다. 이 자리에서 "국가관이 투철하고 개혁 의지와 신념을 지닌 참신한 인사, 국민으로부터 신뢰와 존경을 받는 유능한 인사, 폐습에 물들지 않고 올바른 가치관을 지닌 깨끗한 인사들을 널리 모아 범국민적인 정당을 지향해나갈 것"이라고 선언했다. 12월 2일에는 105명의 발기인 중 101명이 참석한 가운데 창당 발기인 총회를 개최했다. 12월 9일에는 창당준비위원 659명 중 615명이 참석한 가운데 창당준비대회를 가졌고, 1981년 1월 15일 잠실실내체육관에서 전국대의원 3,162명 등 6,000여 명이 참석한 가운데 창당대회 및 대통령 후보 지명대회를 가졌다. 여기서 전두환을 당 총재와 12대 대통령 후보로 추대했다(현대한국사연구회 1982: 2232-2247).

민정당이 창당된 이틀 뒤인 1월 17일에는 유치송을 총재로 하는 '제1야당' 민주한국당이 창당되었다. 정치활동 규제 대상에서 제외된 유치송, 김은하 등 신민당 출신 10대 국회의원 14명은 1980년 11월 27일 창당주비위원회를 열고 민주한국당을 창당하기로 했다. 1981년 1월 17일 개최된 민한당 창당대회에서 유치송은 총재 및 대통령 후보로 지명되었는데, 수락 연설에서 유치송은 자신이 대통령에 당선되는 것보다 민주제도 정착 여부에 더 큰 관심을 두고 있다고 말했다. 권력에 도전할 의지가 없는 '제1야당'의 출범이었다.

민한당 창당 일주일 뒤인 1981년 1월 23일 한국국민당 창당대회가 열렸다. 국민당은 공화당과 유정회 출신 의원들이 주축을 이루었으며, 발기 취지문에서 과거에 대한 성찰과 자기쇄신을 약속했다. 1월 23일의 창당대회 겸 대통령 후보 지명대회에서 총재와 대통령 후보로 지명된 김종철은 시시비비의 대의정치를 표방하는 '참신한 야당'의 역할을 충실하게 할 것임을 다짐했다(심지연 2017: 339).

그런데 신군부는, 1961년의 군부와는 달리, 야당 창당에도 직접 개입했다. 중앙정보부가 야당 창당에 관여했다. 민한당 창당 주역 중 한 명인 신상우는 다음과 같이 회고했다.

> 11월 23일… 정가에는 정치활동을 일부 허용한다는 계엄포고 15호가 발표되었다. 이날 새벽 요란한 전화벨이 내 잠을 깨웠다. "남산의 C입니다." 남산이란 중앙정보부를 일컫는 말이다. 급히 좀 만났으면 한다는 전화였다. … 만날 장소로 갔다. … "길게 말씀드리지 않겠습니다. 정치활동을 하게 되었다는 것을 알려 드립니다." … "유치송 씨도 신(辛) 의원을 퍽 좋게 얘기합니다, 길게 얘기할 것 없이 유 씨는 책임자(아마 당수를 뜻한 말인 것 같다)가 되고, 신 의원은 뭐랄까, 말하자면 조직을 도맡아 하는 책임자가 되는 겁니다. 알겠습니까?" …
> 뒷날 신문들에 어지럽게 장식되었던 '창당 주역'이니 '산파역'이니 하는 명칭을 얻게 되었다. … 정당, 그것도 제1야당을 만드는 주역이라고 하면 사전에 깊숙한 곳으로부터 면밀히 상의되고 밀착되었을 것이라는 것이 일반적 추측이었다. … 솔직히 말해서 나도 어떻게 이런 일을 맡게 되었는지 지금도 그 배경을 헤아릴 길이 없다 (신상우 1986 : 21-22).

한편, 당시 국민당 창당 작업을 한 이만섭은 다음과 같이 말한다.

> 당시 국민당과 민한당을 두고서 민정당의 제1중대니 제2중대니 하는 말이 있었다. 언론에서도 들러리 야당이라고도 했다. 그 무렵

모든 국가 권력을 장악한 신군부는 그 힘을 이용, 야당의 창당 작업에 관여한 게 사실이다. 그러나 분명히 밝혀둘 것은 당시 당국이 정치 규제에서 제외된 정치인들 개개인에게까지 어느 정당에 참여하느냐에 대해 일일이 간섭한 것은 아니며, 다만 야당의 간판급 인물과 실무 책임자에게 적지 않은 영향력을 미친 것은 사실이었다. 그런 현실을 받아들이지 않고서는 정치를 할 수가 없었다(이만섭 2004: 256).

앞서 본 대로, 창당대회에서 '참신한 야당'이 되겠다고 한 국민당의 정치적 색채는 특이했다. 민한당이라고 크게 다를 것은 없지만, 야당으로서 국민당의 입지는 처음부터 애매했다. 4년 후 1985년 12대 총선 때 국민당을 평가한 신문 해설이다.

지난 4년 동안 국민당이 걸어온 길은 매우 특이한 정당사적 체험으로 기록될 수 있을 것 같다. 그것은 우선 국민당의 창당 배경에서부터 비롯된다. 제5공화국 출범과 함께 생겨난 주요 정당들의 생성 과정은 대개가 유사한 공통점을 내포하고 있지만 국민당의 경우는 또 다른 의미에서 다른 정당들과 구분되는 몇 가지 특징을 지니고 있다. 첫째는 국민당이 당초 '준여당(準與黨)'이라는 명찰을 달고 그 골조가 짜여졌다는 점이다. 당시 정국 운용 세력이 과거 정당 정치의 구조적 문제점으로 '접합점을 찾을 수 없는 여야 간의 흑백대립'이라고 파악, 의회 내 중도 세력의 존재를 필요로 했고 일부 구 여권 정치세력의 수용이라는 사전 설계에 따라 국민당이 생겨난 것이었다.

그러나 창당과 함께 선거전에 돌입하게 된 국민당은 준여당의 정치적 색채로는 도저히 입지를 찾을 수 없다는 사실을 자각, '우리도 야당'이라는 주장을 펴게 됐고 그 같은 굴레를 벗어나려는 노력은 오늘날까지도 계속되고 있다. 어떻든 한 정치 집단의 위치 설정이 자체의 의사와는 관계없이 외부적인 여건에 의해 시비의 대상이 됐다는 점은 제5공화국의 정당 정치가 노정하고 있는 희극적인 단면이 아닐 수 없었다(『동아일보』, 1985. 1. 23).

이처럼 국민당은 애당초 '준여당'으로 기획되었다.

박정희 집권기에 야당은 적어도 1967년 신민당으로 야권이 결집한 이후에는 신민당이 야당 성향 유권자의 지지를 모두 결집하는 유일한 정당이었다. 이에 비해 신군부는 야당에 대한 지지를 분산시키기 위해 두 개의 관제 야당을 구상했다.[28] 신군부는, 앞서 본 대로, 정당법 개정으로 창당 조건을 완화하고, 진보 세력의 참여를 유도하는 등 최소한 3당 이상으로 야권이 분열되기를 원했다. 다당 체계에 의한 야당의 분산과 그에 따른 집권당의 패권을 유지해가려는 의도였다. 따라서 5공화국에서의 야당은 다당 체계화 전략에 의해 창당된 위성정당 혹은 허가된 정당의 일종이었다. 전두환 정권은 야당에게 당사나 총재감도 마련해주는 등 체제에 협조하는 우당(友黨)의 성격을 갖도록 만들었다(정주신 1998:59). 앞서 본 정당에 대한 국고보조금 신설도 같은 맥락에서 이해할 수 있다.

그런데 당시 신군부가 생각하는 정당체계는 북한에 대응되는 형태였다.

민정당은 북쪽의 노동당과 대응되는 이쪽의 대표 정당이라는 사고가 지배적이었다. 그러므로 이제는 종래의 여야 개념은 없어지고 모두 우당(友黨) 관계로 형성되어져야 한다는 것이 민정당의 구상이었다.
"이제 여야가 어디 있습니까?"
민정당의 중진이라는 사람은 기회가 있을 때마다 공식, 비공식 간에 서슴없이 이렇게 떠들었고, 이 말은 언론을 통해 계속 번져만 갔다. … 초장에 민정당 원로 정치인이 '민정당은 기함(旗艦)이고 그 외 모든 정당은 보조함(艦)'이라고 말한 바 있는데, 이것이 그들의 의도를 한마디로 표현한 것이라고 볼 수 있다(신상우 1986:64).

'기함과 보조함'이라는 표현에서 알 수 있듯이, 신군부는 야당을 권력을 두고 경쟁하는 정치 집단으로 간주하기보다, 정권을 '다른 방식으로 돕는' 정치세력으로 생각했다.[29] 야당을 '만들어낸다'는 발상도 이런 생각에서 비롯된 것이다. 자유민주주의 체제에서의 정당 정치를 공산주의 북한과 유사한 형태로 바라보았다는 것 자체가 매우 놀라운 일이다. 선거 경쟁이 허용되기는 하지만, 야당이 사실상 권력에 도전할 수 없는 정당체계, 즉 사르토리(Sartori 1976)가 말하는 패권정당제(hegemonic party system)가 만들어졌다. 사르토리는 패권정당제의 사례로 공산

치하의 폴란드를 들었다. '우당'이라는 표현에서 알 수 있듯이, 사실 이 시기 정당체계는 공산주의 시대의 폴란드와 별반 다를 바 없었다.

어쨌든 여야 정당이 창당되면서 이제 선거를 향해 달려가게 되었다. 우선 대통령 선거인단 선거가 실시되었다. 제5공화국의 대통령 선거제도는, 이전에 대통령을 선출하던 통일주체국민회의 제도는 폐지했지만, 본질적으로 비슷한 방식이었다. 대통령 선거인단이 체육관에 모여 투표하는 간접선거였다. 이를 위해 '체육관 선거'에 참가할 선거인단을 뽑기 위한 선거가 실시되어야 했다. "대통령 선거인의 수는 법률로 정하되, 5,000인 이상으로 한다"라고 헌법에 규정했는데(40조 2항), 국가보위입법회의에서 1980년 12월 31일 제정한 대통령 선거법에서는 "1선거구에서는 2인의 대통령 선거인을 선거하되, 1선거구의 인구가 2만을 초과하는 경우에는 초과하는 인구 1만까지마다 1인의 대통령 선거인을 더 추가하여 선거한다. 다만, 제1항 단서의 규정에 의하여 1선거구를 인구 5만을 초과하여 획정한 경우에 그 선거구의 대통령 선거인 정수는 5인으로 한다(14조 3항)"라고 규정했다. 1981년 2월 11일 실시된 선거에서 5,278명의 선거인단이 선출되었다.

선거인단 선거에 정당 공천은 도입되지 않았지만, 후보 등록을 할 때 소속 정당을 기재하도록 했고 선거 벽보에도 소속 정당을 게재했기 때문에 그 후보의 정당 소속은 알 수 있었다. 출마한 후보 중 민정당 소속이 53.1%였고 무소속이 31.8%였다. 기업인이나 고위 관료 출신들도 선거인단 선거에 출마했다. 서울

종로에 정주영 현대그룹 회장, 구자경 럭키그룹 회장, 조중훈 한진그룹 회장, 최종환 삼환기업 회장이 무소속으로 출마하여 당선되었고, 서울 중구에는 최원석 동아그룹 회장이 민정당으로 출마하여 당선되었다. 또한 서울 마포에는 김원기 전 경제기획원 장관이, 서울 강남구에는 유양수 전 동력자원부장관, 홍성철 전 내무부장관, 배덕진 전 체신부장관 등이 무소속으로 출마하여 당선되었다. 이는 선거인단 선거에 대한 국민의 관심을 높이기 위해 이들의 출마를 강요한 탓으로 생각된다. 선거인단 선거 결과, 민정당이 3,667명으로 69.5%, 민한당이 411명으로 7.8%, 국민당이 49명으로 0.9%, 민권당이 19명으로 0.4%, 무소속이 1,132명으로 21.4%를 차지했다. 선거인단 선거에서 민정당은 이미 선거인단 과반수 2,640명을 1,027명이나 넘었다.

1981년 2월 25일 실시된 대통령 선거에서 선거인 5,277명 (1명은 선거 후 당선 취소) 중 4,755표를 얻은 전두환이 당선되었다. 민한당 유치송은 404표, 국민낭 김종철은 85표, 민권당 김의택은 26표, 무효 1표, 기권 6표였다. 전두환이 선거인단 투표 중 90.2%를 얻었다. 선거 결과는 원래부터 정해져 있는 것이었다. 통일주체국민회의를 선거인단 투표로 바꿨고, 단독 출마 대신 '들러리' 후보로 유치송, 김종철, 김의택을 내세운 것뿐이었다. 박정희가 만든 방식을 수정해서 자신이 고안한, 이름만 바뀐, 체육관 선거로 전두환은 대통령에 다시 당선되었다.

대통령 선거 후 국회의원 선거가 실시되었다. 1981년 11대 총선은 군부 지배의 억압적 분위기, 권력이 만들어낸 여당과 야당,

그리고 대다수 야당 정치인의 정치활동 규제라는 조건 속에서 실시되었다. 전두환 정권의 권력 장악을 위한 "다분히 작위적 성격을 띤"(『동아일보』, 1985. 1. 1) 상황에서 선거가 실시된 것이다. 외형적으로는 여러 정당이 경쟁하는 선거였지만 사실상 권위주의 정권이 자신의 지배를 합리화시키기 위한 선거에 불과했다(조진만 2011 : 172).

1981년 3월 25일 11대 국회의원 선거가 실시되었다. 선거 결과, 여당인 민주정의당은 276석 중 54.7%에 달하는 151석을 차지했다. 한 선거구에서 두 명을 뽑는 지역구 184석 중 90석을 차지했고,[30] 여기에 지역구 의석을 가장 많이 차지한 정당에 전국구 의석수의 3분의 2를 주도록 한 선거법 덕택에 61석이 추가되면서 손쉽게 과반 의석을 차지했다. 민한당은 지역구에서 57석, 전국구에서 24석을 얻어 모두 81석을 차지했다. 국민당은 지역구에서 18석, 전국구에서 7석을 합쳐 모두 25석을 얻었다.

흥미로운 점은 주요 세 정당 이외에도 민권당, 신정당, 민주사회당, 민주농민당, 안민당 등 소수 혁신정당에서도 당선자가 나왔다는 사실이다. 전두환 정권은 국회 구성의 구색을 맞추기 위하여 혁신정당의 창당을 유도했고 혁신정당 대표가 출마한 지역에는 야당의 공천을 막아서 인위적으로 당선이 가능하도록 했다(조진만 2011 : 161). 예컨대, 혁신정당이었던 민주사회당의 고정훈은 강남구에서 당선되었는데, 그 선거구를 정책 지구로 정하여 민한당과 국민당 후보를 내지 못하게 했기 때문이다. 당시 강남구 선거구의 선거 결과는 〈자료 11〉과 같다.

자료10 1981년 제11대 국회의원 선거 결과

정당	의석 총수	지역구	전국구	득표율
민주정의당	151	90	61	35.6
민주한국당	81	57	24	21.6
한국국민당	25	18	7	13.3
민권당	2	2	0	6.7
신정당	2	2	0	4.1
민주사회당	2	2	0	3.2
민주농민당	1	1	0	1.4
안민당	1	1	0	0.9
무소속	11	11	0	10.7
합계	276	184	92	

자료11 1981년 제11대 총선에서 강남 선거구 선거 결과

후보자	민권당 이인수	한국기민당 이창기	민주사회당 고정훈	민주정의당 이태섭	무소속 백창현	무소속 임길수
득표수	25,770	11,674	56,041	67,763	17,712	9,678
득표율	13.66	6.18	29.70	35.92	9.38	5.13

출처: 중앙선거관리위원회 선거통계시스템

집권당에 유리하게 만든 선거제도를 통해 과반 의석을 차지했지만, 민주정의당이 얻은 득표율은 35.6%였다. 전두환 정권에 대한 지지가 그리 높지 않음을 보여준다(조진만 2011:163). 그렇지만 11대 국회의원 선거 결과, 하나의 여당과 두 개의 야당이라는 제5공화국 정치 시스템 설계자들이 뜻한 대로의 정당체계가 구현되었다. 그들이 '제조해낸' '하나의 기함과 두 개의 보조함'으로 구성된 함대가 제5공화국 초기의 정당 정치를 이끌고 나가게 되었다.

제4장

제5공화국의 주요 정책

경제

박정희 대통령 임기 말의 경제 상황은 좋지 못했다. 1979년부터 물가가 급등하기 시작했고, 경상수지도 큰 규모의 적자를 기록했다. 〈자료 12〉에서 보듯이, 1979년 경제성장률은 그 이전에 비해 크게 떨어졌고, 경상수지 적자 폭도 1979년 들어 크게 증가했다. 물가상승률은 거의 20% 수준으로 늘어났는데, 특히 도매물가상승률은 그 이전에 비해 거의 두 배로 뛰었다. 실업률도 5.2%로 그 이전에 비해 증가했다. 각종 경제지표가 말해주듯이 박정희 통치 말기의 경제 상황은 좋지 않았다. 이러한 경제적 어려움은 전두환이 정권을 장악한 1980년까지 이어지는데, 국내총생산(GDP) 성장률은 -1.6%로, 1963년 이래 처음으로 성장률 마이너스를 기록했다. 1980년 도매물가는 1978년에 비해 세 배 이상, 1979년에 비해서도 두 배 이상 올랐고, 소비자물가상승률도 28.7%에 달하는 등 물가가 기록적 수준으로 올랐다. 경상수지의 적자 폭도 크게 늘어났고, 실업률도 예전에 비해 높은

자료 12 1976~1980년 경제지표

연도	경제성장률 (%)	경상수지 (백만 달러)	무역수지 (백만 달러)	물가상승률(%)		실업률 (%)	국민소득 (달러)
				도매물가	소매물가		
1976	13.2	-313.6	-590.5	12.1	15.3	3.8	797
1977	12.3	12.3	-476.6	9.0	10.1	3.2	1,008
1978	11.0	-1,085.2	-1,780.8	11.7	14.5	3.8	1,392
1979	8.7	-4,151.1	-4,395.5	18.8	18.3	5.2	1,640
1980	-1.6	-5,320.7	-4,384.1	39.0	28.7	5.2	1,592

출처: 경제성장률은 지표누리 국가지표체계, 나머지는 정정길(1994:341)

상태가 유지되었다. 여기에 중화학 분야에 대한 기업들의 중복 투자로 생산능력 과잉 문제도 발생했다.

당시 한국개발원(KDI) 원장이었던 김만제의 경제 상황에 대한 평이다.

무리한 경제정책의 부작용으로 인해 민심이 돌아섰고, 따라서 박성희 정권의 정치적 기반이 약화된 점을 부인할 수 없습니다. 2차 오일쇼크 속에 물가는 폭등하고 중화학공업의 중복 투자 후유증이 한계에 달한 상황이었으니까요. 경제정책의 근간이랄 수 있는 자원 배분이 얼마나 왜곡되었느냐는 세계은행 보고서에도 잘 지적되고 있습니다. 중화학공업에 대한 은행 대출 비율이 73~74년에는 30%에 불과하던 것이 75~77년 사이에는 65%로 뛰어올랐는가 하면, 섬유산업에 대한 대출은 40%에서 20%로 뚝 떨어졌다는 이야기입니다. 박 대통령도 뒤늦게나마 경제가 뭔가 크게 잘못되고 있다는 것을 감지했어요. 아마 10·26이 일어나지 않았더라면 박 대통령 스스로가 나서서 정책이나 사람이나 대대적으로 물갈이를 했을 겁니다(이장규 2008:84).

이처럼 10·26 사건은 공교롭게도 박정희 경제정책의 한계가 드러나는 상황에서 발생했다.

10·26 사건은 박 대통령이 국민들의 정치적 욕구를 통제하는 데 한계를 보인 결과일 뿐만 아니라, 경제 측면에서도 관리 능력을 잃어가기 시작할 때 닥친 사건이었다. 박 대통령의 시대적 사명이 끝나가던 시점에서 10·26 사건이 터짐으로써 결과적으로는 나라나 박정희 개인을 위해서도 다행이었다는 느낌도 든다(조갑제 2005:203).

경제가 매우 어려워진 때에 박정희의 죽음으로 정치적으로도 불안정한 상황을 맞이하게 된 것이다. 흥미롭게도 박정희 체제를 유지해온 경제성장이 한계에 도달할 즈음 그 체제가 무너졌다. 당시 경제기획원 종합기획과장이었던 박유광의 회고이다.

지금 생각해봐도 10·26 이후 80년 1월까지는 엄청난 시련기였습니다. 얼마나 초조했으면 기획원 기획국에서 외환 부도가 났을 경우에 우리 경제가 어떻게 망해갈지에 대한 시나리오를 만들어보기까지 했겠습니까(이장규 2008:80).

전두환 정권 출범 후 경제 상황에 대한 팽배한 위기감은 다음의 신문 사설에서 확인할 수 있다.

> 모든 경제지표는 우리의 가정 살림이나 나라 살림이 위기로 치닫고 있음을 보여주고 있다. 현재도 어려울 뿐만 아니라 획기적 전국(轉局)을 맞지 않은 한 내다볼 수 있는 장래에도 이 위기 타개가 어렵다는 데 위기의 진정한 의미가 도사리고 있다.
> 물가는 이미 5월 말로 도매물가가 27%나 올랐다. 이 추세로 가면 금년 물가는 50%를 쉽게 넘게 되었다. … 이런 물가의 등귀는 지난 20년간의 기록에서 최고 수준을 보인 64년의 35.1%, 74년의 42.1%와 필적하는 것이거나 넘을 수 있는 가능성을 안고 있어 이 지표만으로 심각성을 알 수 있다. 그럼에도 불구하고 전통이론과는 달리 실업은 70년대에 없었던 5%를 넘어 1.4분기에 5.6%에 이르렀다. 경제활동인구의 증가 때문에 실제 실업 인구는 절대 수에 있어 60년 이후 최고인 83만을 기록하고 있다. 1.4분기의 경제성장률이 마이너스 1.7%였고 2.4분기는 경제와 사회, 정치 혼란으로 더욱 침체했기 때문에 실업과 성장률은 더욱 악화되었을 것으로 보인다(『동아일보』, 1980.6.3).

이러한 경제적 위기 상황은 국민에게 상당한 불안감을 주었다. 이 때문에 민주화에는 찬성하지만, 경제적 불안을 가중시킬 수 있는 정치적, 사회적 혼란은 기피하는 심리가 중산층을 중심으로 형성되었다(정정길 1994:117-122). 그리고 이러한 분위기는 전두환의 권력 장악에 도움이 되었다. 쿠데타였던 5·17 계엄 확대는, 광주를 제외하고는, 큰 저항 없이 사실상 수용되었다.

경제적으로 어려운 상황에서 정치적 정통성이 결여된 전두환 정권으로서는 경제 회생이라는 가시적 성과를 내는 것이 매우 중요할 수밖에 없었다. 우선 무소불위의 힘을 가졌던 국보위 시절에 중화학공업에 대한 투자 조정을 행했다. 국보위는 중화학공업에 대한 추가 투자를 중지한다는 결정을 내리고, 후속 조치를 경제기획원이 맡도록 하였다. 이로써 경제기획원 내 '중화학투자조정위원회'가 설치되어 중화학 공업에 대한 신규 투자 연기 또는 중단, 투자 연기와 규모 축소, 합병 등의 조치가 시행되었다. 이러한 조치는 81~82년 정부 예산 중 경제개발비의 대대적인 감축과 중화학공업 지원비의 급격한 삭감으로 나타났다(윤홍근 2013:175). 경제정책과 관련해서 국보위 시절의 또 다른 중요한 결정은 '독점 규제 및 공정거래에 관한 법'의 제정이다. 독점규제법의 제정 필요성은 1960년대부터 제기되었지만, 부처 간의 갈등과 규제 대상이 되는 대기업의 반발로 번번이 실패했다. 그러나 '국보위와 같은 초법적인 힘이 뒷받침'되면서 법 제정에 성공하게 되었다(이장규 2008:144-150).

전두환은 대통령 취임 후 물가를 잡아야 하고 또 마이너스 성장을 플러스로 되돌려야 하는 어려운 과제에 직면했다. 그러나 성장과 물가안정을 동시에 이뤄내기는 쉽지 않은 일이다. 성장을 추구하자면 물가상승을 받아들여야 하고, 물가를 잡으려면 경제성장은 상대적으로 우선순위에서 배제해야 한다. 이런 상황에서 전두환은 물가안정을 최우선 과제로 삼았다.

> 사실 성장, 안정, 국제수지라는 세 가지 목표를 동시에 달성할 수만 있다면 그것이 최선의 경제정책임을 두말할 필요도 없을 것이다. 그러나 그 세 가지 목표는 서로가 상충되는 것이어서 어느 하나를 선택하면 다른 목표는 불가피하게 포기할 수밖에 없다. … 결국 선택의 문제였다. 내가 선택한 것은 안정이었다. 나는 물가를 반드시 잡겠다는 분명한 목표를 세웠고, 물가안정을 5공화국 경제정책의 기조로 삼게 되었다(전두환 2017b: 49).

사실 성장에서 안정화 정책으로의 전환은 박정희 대통령 재임 시절에 이미 시도된 바 있다. 1978년 12월 신임 부총리인 신현확이 그 시책을 받아들였고 1979년 연두보고 때 그 내용을 박정희 대통령에게 보고한 바 있다. 경제 관료들 사이에서는 정책 전환의 시급함을 느끼고 있었지만, 박정희 대통령은 그것을 그다지 달가워하지 않았다.

전두환 대통령은 김재익 경제수석비서관을 깊이 신임하고 경제정책 관리의 실질적인 리더 역할을 맡겼다. 전두환은 김재익 수석에게 '경제는 당신이 대통령'이라고까지 했다(이장규 2008: 27).

> "경제수석으로 각하를 모시는 데는 한 가지 조건이 있습니다. 제가 드리는 조언대로 정책을 추진하시려면 엄청난 저항에 부딪힐

텐데, 그래도 끝까지 제 말을 들어주실 수 있겠습니까?"
"여러 말 할 것 없어. 경제는 당신이 대통령이야."

그러나 김재익 수석이 강력하게 추진한 경제 안정의 원칙은 정치적으로 인기가 없는 것이었다. 물가안정을 위해서는 노동자, 공무원의 임금이 동결되고 쌀을 비롯한 농산물 및 공산품의 가격이 통제되어야 했다. 또 세금도 많이 거두고 민간기업에 대한 재정 지원을 줄이고 수입을 자유화하는 정책을 펴야 했다(정정길 1994:139-140). 실제로 전두환 정권은 공권력을 동원하여 공산품 가격 인상을 막았고 추곡 수매가도 인상률을 제한했다. 노동자 임금 인상도 막았다.

지금 같으면 말도 안 되는 민간기업의 임금 억제를 강력하게 밀어붙였다. 전경련 등 경제단체장들을 통해 정부의 뜻을 하달했고 주요 개별 기업 오너들에게도 협조를 요청했다. 사실상 강압이었다. 노조의 반발은 당연했으나 서슬 퍼런 권위주의 통치 아래서 어쩔 수 없이 정부 정책에 순응할 수밖에 없었다(이장규 2022:88).

전두환 정권은 물가안정을 위한 재정 긴축 방안으로 1984년 세출 예산을 동결하는 조치를 취했다. 이미 경제기획원은 1982년 예산 편성 방식을 제로 베이스로 변경하는 등 재정 긴축 조치를 취해 1970년대 30% 가까이 됐던 연평균 예산증가율은 1982년 10% 밑으로 낮아졌다. 물가안정을 중시한 전두환의 의지를 잘 보여주는 한 가지 사례가 있다. 김재익은 1984년 세출 예산을 동결하겠다고 보고했고 전두환 대통령은 이에 동의했다(이장규 2022:96). 그런데 1985년 초에는 국회의원 선거가 예정되어 있었다. 예산 동결에 여당인 민정당은 크게 반발했다.

> 1985년 총선을 앞두고 있는 판에 '84년 세출 예산을 동결하겠다는 것은 정치적 자살행위라며 반발했다. 일반 여론도 "말이 예산 동결이지, 바람만 잡다가 말겠지"라는 식이었다. 대통령의 태도는 의외로 단호했다. 예산 동결에 반대하는 민정당 간부들을 청와대로 직접 불러 앉혀놓고 호통을 쳤다.
> "물가를 잡기 위해 정부 앞장서서 허리띠를 졸라매겠다는데 여당이 반대하면 어떻게 하느냐? 예산 동결 때문에 선거에 진다면 그런 선거는 져도 좋다." 기가 막혔으나 여당에서도 더 이상의 저항을 계속할 순 없었다(이장규 2022:97).

전두환 대통령도 당시 민정당의 반발에 대해 다음과 같이 기술했다.

> 당연히 여당인 민정당은 선거를 앞두고 정부가 예산을 동결하고 특히 농촌에 대한 지원을 축소하는 것은 스스로 무덤을 파는 것이라고 반발했다. … 그들만이 모인 자리에서는 분통을 터뜨렸다고 한다. 내가 정치를 몰라도 너무 모르는 '정치적 백치(白痴)'라고까지 했다는 것이다(전두환 2017b:588).

제5공화국 선거제도는 지역구의 경우 한 선거구에서 2인을 선출하도록 했기 때문에 여당은 대체로 각 선거구에서 한 명을 당선시킬 수 있었다. 더욱이 의원 정수의 3분의 1에 해당하는 전국구 의석은, 지역구 최다 의석을 차지한 제1당에게 의석의 3분의 2를 배분하도록 했다. 이 제도에 의해 민정당이 과반 의석을 놓칠 일은 없었다. 여당이 절대 질 수 없도록 선거제도를 만들어둔 것이다. 더욱이 관권 개입도 노골적으로 이뤄지던 시절이었다.

그렇다고 해도 선거는 권위주의 시절에도 여당에게 언제나 만만한 것이 아니었다. 실제로 1978년 유신 2기 국회의원 선거에서 당시 집권당이던 공화당은 31.7%를 득표해 32.8%를 얻은 야당 신민당에 1.1% 득표율에서 뒤졌고, 이는 1979년의 정치 격변의 출발점이 되었다. 또한, 뒤에서 살펴보지만, 실제로 1985년 총선에서는 신한민주당의 돌풍으로 야권이 재편되었다. 여당으로서는 선거를 앞둔 상황에서 증액된 예산으로 선심성 정책을 펴는 것이 득표에 유리한 것이었다. 선거를 앞두고 예산 동결 조치를 취한 것은, 아무리 권위주의 체제였다고 해도, 전두환 대통령이 물가안정을 정책의 최우선순위로 두고 있었다는 것을 보여준다.

예산 동결은 국방 예산에도 영향을 미쳤다. 당시 예산 실무 책임자였던 문희갑 예산실장은 누구도 건드리지 못했던 국방 예산까지 삭감하여 군부 지도자들과 심한 마찰을 일으키기도 했다 (정정길 1994:150).

정부 예산안이 확정 발표된 지 얼마 안 되어 문희갑 예산실장 방에서 뜻하지 않은 소동이 벌어졌다. 합참의 육군 준장 2명이 예산실장을 찾아와 국방비 문제로 고함을 지르며 문 실장과 한바탕 싸움이 벌어진 것이다.

"당신이 대한민국 군을 무얼로 알고 GNP 6%로 되어 있는 방위비 편성 기준을 함부로 깨트린단 말이오, 김일성이 쳐내려와서 빨갱이 세상이 되면 당신이 책임지겠소?"

"말 다 했소? 나라 걱정은 군인들만 하는 줄 아시오? 정부 예산을 국방비에만 다 쏟아붓고 국민들의 복지 정책 같은 것에 소홀하게 되면 그야말로 빨갱이들이 판을 치는 세상이 된다는 것도 알아야 할 것 아니오!"

양쪽의 고함 소리는 복도까지 들릴 정도였다. … 이 소동은 즉각 청와대로 보고되었고, 그 결과 예산실장과 언쟁을 벌였던 두 장군은 즉각 한직으로 좌천되었다. 반면에 문희갑에게는 "예산실장으로서 겪고 있는 어려움을 다 알고 있으니 더욱 소신껏 하라"는 대통령의 격려가 비서실장을 통해 전해졌다(이장규 2008: 320-321).

전두환의 회고록에도 이에 대한 언급이 나온다.

1984년 그다음 해 예산을 짜던 경제기획원의 문희갑 예산실장은 방위비 산정 기준을 놓고 따지러 온 현역 장군들과 험악한 장면까지 연출해야 했다. 나중에 보고를 받은 나는 문희갑 실장을 비롯한 예산실 공무원들의 소신과 용기를 치하하고 격려했다(전두환 2017b: 66).

자료13 전두환 정권기 소비자물가 등락률 단위: %

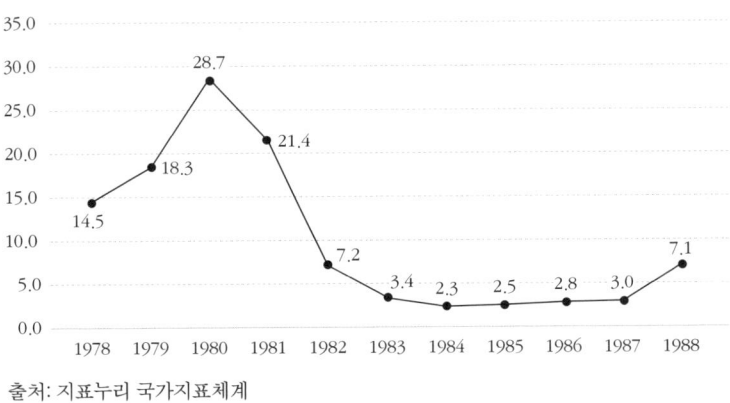

출처: 지표누리 국가지표체계

 이처럼 전두환 정권에서의 물가안정 정책은, 임금 동결에 대한 노동자의 불만, 쌀 수매가 인상 억제로 인한 농민들의 저항, 지역구 공약 사업 중단에 대한 국회의원의 반발, 그리고 국방예산 삭감으로 인한 군 장성들의 불만 등 많은 저항과 불만 속에 추진되었다. 특히 여당 고위 간부들뿐만 아니라, 허화평, 허삼수, 이학봉 등 당시 실세 수석비서관들도 이러한 정책에 비판적이었다. 그러나 전두환 대통령의 확고한 지원과 김재익 수석에 대한 신임으로 이러한 저항을 돌파해갔다(정정길 1994:150-151). 안정화, 개방화, 자율화 중에서 경제 자율화는 현실에 부딪히며 퇴색되어간 반면, 안정화 정책은 전두환 대통령의 지원 속에 지속적으로 추진되었다. 이러한 안정화 정책은 결국 결실을 맺었다. 결국 전두환 정권은 물가를 잡는 데는 성공했다. 소비자물가상승률은 1981년 21.4%, 1982년 7.2%로 낮아지더니

자료14 전두환 정권기 경제성장률   단위: %

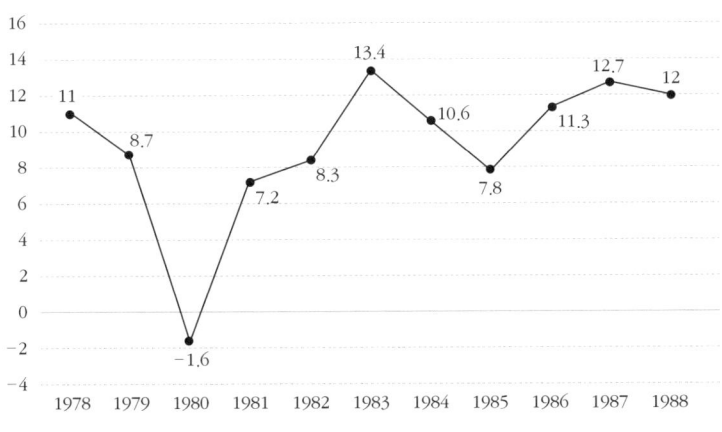

출처: 지표누리 국가지표체계

1983년 3.4%까지 내려갔다.

물가를 잡기 위해 전력을 쏟고 있는 상황에서 국제 경제 환경도 좋아졌다. 1982년 들어서 원유가가 하락하기 시작했다. 호메이니가 이끈 이슬람 혁명 이후 이란이 1978년 10월부터 석유 수출을 중단하면서 2차 오일쇼크가 터졌고 그 이후 고유가가 유지되었다. 고유가는 1970년대 말 물가 급등의 중요한 한 원인이었다. 그런데 1982년부터 유가가 하락하기 시작했다. 또한 1985년 플라자 합의 이후 세계 경제 환경이 저금리, 저달러로 전환되었다. 저유가, 저금리, 저달러의 '3저(低)'의 환경을 맞이하게 된 것이다.

이런 경제 환경의 변화는 물가안정뿐만 아니라 성장률과 국제수지 모두에 긍정적으로 작용하면서 높은 경제성장률을 달성할 수 있었다. 〈자료14〉에서 보듯이 1980년 -1.6%였던 경제

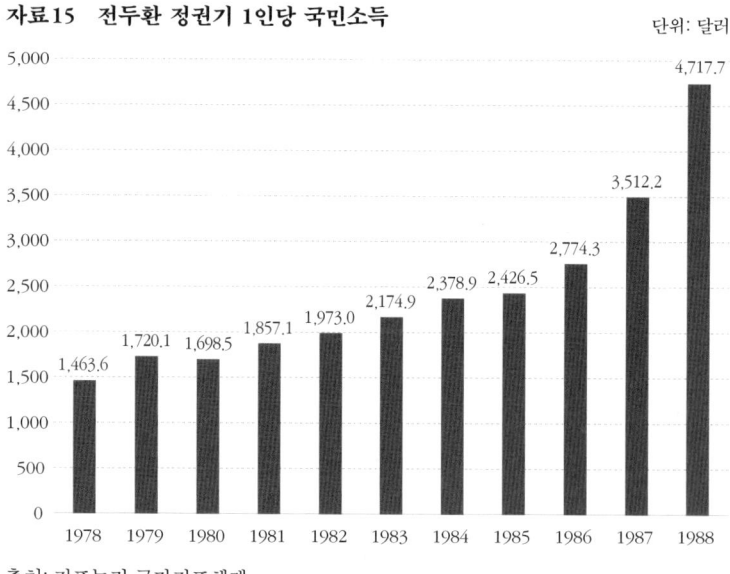

출처: 지표누리 국가지표체계

성장률은 1981년 7.2%, 1982년 8.3%로 높아졌고 1983년에는 13.4%까지 높아졌고 이 이후에도 대체로 10% 이상의 성장률을 유지했다.

1인당 국민소득 역시 높아졌다. 1980년에는 그 전해보다 국민총소득이 줄어들었지만, 1981년 1,857.1달러로 회복했고 이후 꾸준히 늘어나 1988년에는 4,717.7달러로 1980년에 비해 2.8배 늘어났다. 그 이전까지 만성적이라고 할 수 있는 무역적자도 1986년부터 흑자 구조로 바뀌었다. 1986년 26억 달러의 흑자를 거뒀고 1988년에는 그 규모가 127억 달러 이상으로 늘어났다. 경제가 성장하면서 중산층도 두터워졌다. 1970년대 말에

자료16 전두환 정권기 경상수지

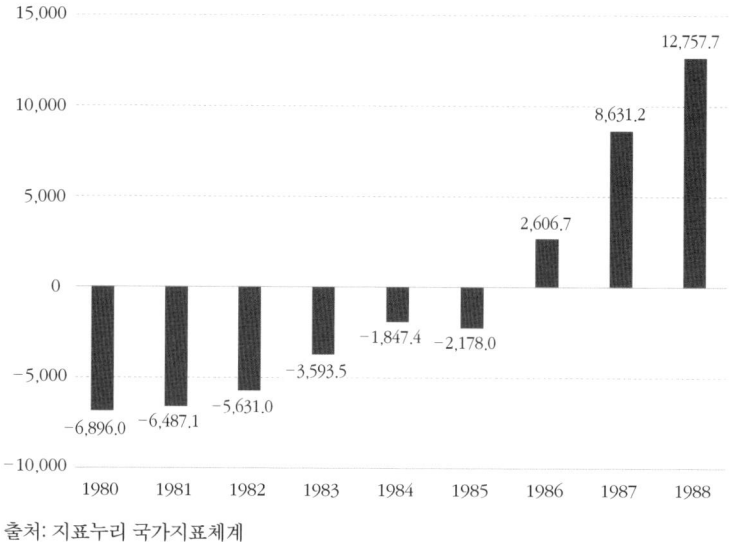

출처: 지표누리 국가지표체계

악화된 소득불평등이 1980년 초로 접어들면서 다소 완화되고 소득분배 구조도 안정화되었다(강봉균 1989).

　이런 경제적 성과에도 불구하고 이는 기본적으로 정치적 억압 구조 속에서의 경제정책이었다. 정경유착이나 권력을 활용하려는 유혹은 항상 존재할 수밖에 없었다. 이런 와중에 불거진 사건이 장영자 사건이었다. 대통령과 인척 관계였던 장영자와 전 국회의원이며 중앙정보부 차장이었던 이철희가 어음 사기 사건으로 구속되었다. 장영자는 전두환 대통령의 처삼촌인 이규광 광업진흥공사 사장의 처제였다. 장영자, 이철희는 1981년 2월부터 1982년 4월까지 자금 압박에 시달리는 건설업체들을 찾아가 저금리로 자금을 제공해주는 대신 2배에서 9배에 달하는 액수의 약속어음을 받았다. 이들은 기업에서 받은 어음을 사채시장에서 할인해 현금을 마련해 다시 이 돈을 또 다른 회사에 빌려주고 약속어음을 받았다. 이들은 사기 과정에서 대통령과의 특수 관계를 최대한 활용했다. 이들과 관련된 금액은 수천억 원에 이른다는 점에서 당시 "건국 후 최대 규모의 금융사기 사건"으로 불렸다. 이 사건으로 인해 공영토건, 일신제강 등의 기업이 도산했고, 조흥은행장, 상업은행장 등 모두 32명이 구속되었다. 이 사건에 대한 강경한 대응의 필요성을 제기한 허화평, 허삼수 등의 주장에 따라 대통령 처삼촌 이규광도 구속되었다. 이 사건은 제5공화국 정권의 도덕성에 지대한 타격을 입혔다. 당시 군을 떠나 민정당에 참여했던 강창희(2009:44)는 다음과 같이 이 사건을 평가하고 있다.

> 돌이켜보면 5공 정권이 개혁에 실패하게 된 가장 결정적 계기는 이철희, 장영자 사건이라고 여겨진다. 정권 초기인 1982년에 일어난 이 이철희, 장영자 어음 사기 사건은 대통령의 친인척이 연루되고 최고 권부인 청와대까지 의심을 받으면서 권력의 도덕성과 정당성에 결정적 흠집을 냈다.

이 사건은 특히 전두환 정권이 내건 '정의 사회 구현'이라는 구호를 무색하게 만들었다.

대대적인 사회정화운동과 많은 공직자들에게 치욕적인 퇴진을 강요한 공직숙정운동으로 정의 사회를 구현하겠다고 서슬이 시퍼렇게 온 국민들을 떨게 하던 시절에 터져 나온 장영자, 이철희 사건, 끊임없이 계속된 대통령 친인척 및 측근들의 파렴치한 인사 개입, 이권 개입은 국민들을 분노하게 만들었다. 이러한 분노는 5공 때에 대형 금융사기 사건의 처리 과정이나 부실기업 정리에 대한 정부의 공정성을 믿을 수 없게 만들었다(정정길 1994 : 173).

이 사건으로 인해 전두환 정권에 대한 민심이 극히 나빠졌다. 수습책으로 권정달 민정당 사무총장이 경질되고 내각 개편이 단행되었다. 유창순 국무총리, 신병현 경제기획원장관 겸 경제부총리, 유학성 안기부장 등 내각의 장관 다수가 물러났다. 김상협 고려대 총장이 후임 총리가 되었고, 서석준이 경제기획원장관으로, 그리고 국가안전기획부장에는 노신영이 임명되었다. 민정당에서도 권정달 후임으로 권익현이 사무총장이 되었다.

이 사건 이후 금융실명제가 추진되었다. 강경식 재무장관, 김재익 경제수석비서관을 중심으로 모든 금융 거래에 대해 실명제를 실시하며 금융소득도 종합과세하는 방안이 1982년 7월 3일 전격 발표되었다. 이 방안은 1년 뒤인 1983년 7월 1일부터 실시하도록 했다. 장영자 사건을 거치면서 지하경제를 척결하겠다는 전두환 대통령의 의지도 강했다. 하지만 허화평 정무수석이나 허삼수 사정수석 등 청와대 보좌진 내에서 반대가 강했고, 여당인 민정당 내에서도 반대가 심했다. 국회 논의 과정에서 민정당은 처음에는 단계적 실시를 주장했지만, 전면 연기 혹은 백지화로 입장이 바뀌었고 야당 역시 정치자금 등에서 부담이 있는 사안이라서 받아들이기 불편했다. 결국 금융실명제는 최종적으로 '금융실명거래에 관한 법률'로 만들어지기는 했지만, 그 실시 시기를 규정하지 않아서 실제로는 유명무실해지고 말았다.

전두환 정권은 1970년대 말의 경제위기를 극복하고 물가안정과 경제성장을 이뤄냈다. 3저 호황이라는 외부적 행운도 더해졌지만, 물가를 잡고 성장 기조로 바꿔놓은 것은 전두환 정권의 공이다. 3저 현상의 도움도 받았지만, 전두환 대통령이 고집스럽게 추진해온 안정화 정책이 지속되지 않았다면, 3저로 인한 경제의 호전은 있었다고 해도, 획기적인 성과를 거두지는 못했을 것이다(정정길 1994: 158).

> 86년부터 88년 사이에 연달아 12%의 높은 성장률을 기록하고 경상수지는 3년 사이에 무려 286억 달러의 흑자를 기록했다. 5공 후반기의 한국 경제는 그야말로 '단군 이래의 최대 호황'을 구가한 셈이 되었다. … 지독히도 어려운 상황에서 출발한 5공 시대의 경제는 마지막 3년에 와서 이처럼 기대 이상의 호경기를 맞이했다 (이장규 2008: 334-335).

이렇게 1970년대 후반의 경제위기를 극복하고 물가안정, 무역수지 흑자, 국민소득 증가, 고용 증대, 그리고 그에 따른 중산층의 확대가 전두환 집권 중 이뤄졌다. 통신 분야 역시 이 시기에 큰 발전을 이뤘다.

통신 분야 육성에 관한 청와대 경제팀은 구상은 81년 5월 김재익 수석의 권유로 오명 박사가 체신부차관으로 가면서 본격적으로 모습을 드러내게 된다. 80년대 통신혁명의 가장 상징적인 사건은 전전자식(全電子式) 교환기(TDX)의 개발이었다. 어차피 선진국에 비해 기술 차이가 현격한 마당에 통신장비 한 분야에서라도 가장 복잡하고 만들기 어려운 것부터 손대서 한꺼번에 기술 격차를 없애자는 것이었다. … TDX 개발 계획은 경제기획원의 반대에도 불구하고 청와대의 전폭적인 지원으로 시행에 옮겨졌다. 국산 TDX는 86년 2월 드디어 개통, 한국은 세계에서 10번째로 자체 개발에 성공한 나라가 되었고, 그 후 수출까지 하게 된다. … 이로 말미암아 전화기 제조업체의 경쟁을 유발, 기술 발전을 가져왔고, 한국이 전화기 수출 세계 1위로 발돋움하는 계기가 되었다. 이후 전화선을 팩시밀리와 컴퓨터에 연결, 정보통신이 가능해진 것도 이 때문이다. 당시로서는 획기적인 기술 발전이었다. … 한국이 인터넷을 중심으로 한 지금의 디지털 인프라를 세계적 수준으로 구축하게 된 배경에는 80년대 전두환 정부의 결단에 의한 통신 혁명이 있었다(이장규 2008:366-368).

다만 '정치를 틀어막고 경제에만 몰두해서 이룩한 치적'(이장규 2008:481)인 만큼 정치가 풀리게 되는 상황에서는 효과적으로 지속되기 어려운 것이기도 했다.

경제성장은 경제뿐만 아니라 사회적 변화를 이끌어내고, 그것은 또다시 정치적 변화로 이어지게 된다. 무엇보다 경제성장과 함께 중산층이 늘어났다. 사실 전두환 대통령은 중산층 확대에 관심을 기울였다.

> 경제사회발전 계획의 추진과 관련해서 내가 역점을 두고 있었던 것은 우리 사회에 중산층을 최대한 두텁게 형성하고 아울러 중산층의 기본 수요를 충족시켜나가는 문제였다. 나는 5차 5개년계획을 10회에 걸쳐 보고받았는데 그때마다 중산층 형성이 중요하다는 사실을 강조했다. 4월 29일 총량계획보고 때는 "중산층이 많아져서 국민 모두가 자신이 중산층이라는 생각을 갖도록 해야 한다"고 말했다. 내가 이처럼 중산층의 중요성을 강조한 것은 중산층은 한 사회를 지탱하는 허리와 같은 계층이어서 중산층이 두터워야 그만큼 사회가 안정되고 경제적으로나 정치적으로 튼튼하게 받쳐줄 수 있다고 믿고 있었기 때문이었다(전두환 2017b: 181).

전두환 정권 기간 동안 이뤄낸 물가안정과 경제성장, 그리고 그에 따른 도시화의 확장, 고등교육 기회의 확대 등으로, 그가 "역점을 두고 있었"다고 말한 대로, 중산층은 늘어났다. 그러나 중산층의 확대는 전두환 정권에 대한 잠재적 위협이었다. 중산층이 '정치적으로 튼튼하게 받쳐'주고 싶은 체제는 군부 권위주의가 아니었다. 권위주의 체제의 억압을 불편하게 느끼게 된 중산층의 이러한 정치적 욕구는 1985년 국회의원 선거를 거치면서 분출되기 시작했다.

외교

미국, 일본, 그리고 김대중 망명

주한미군사령관의 지휘하에 있는 군대를 승인 없이 빼내 12·12 사태에 투입한 일로 미국과의 관계는 나빠졌다. 12·12 사태 직후 위컴 사령관은 다음과 같은 내용의 보고서를 워싱턴에 보냈다.

쿠데타 세력과 그 추종자들이 미국의 신뢰를 배반하고 미국과 한국의 안보상의 이해관계를 위태롭게 했다는 것입니다. 그들이 반란 행위에 가담한 것과 불법적으로 군대를 이용한 것, 그리고 한미연합사령부의 승인 없이 군대를 이동함으로써 한미연합사령부를 웃음거리로 만든 것 등은 우리가 상호 신뢰의 기반 위에서 이 세력과 관계를 맺어나갈 수 있을 것인가에 대해 심각한 의문을 제기합니다(Wickham 1999 : 153).

그러나 5·17 계엄 확대와 국보위 설치 이후 미국은 한국 정치의 현실을 인정하면서 전두환을 파트너로 받아들이기 시작했다.

워싱턴도 내 생각에 동의해 80년 6월부터 한미 정부 간의 기본적인 의견 교류는 최 대통령이 아닌 전두환 장군과의 회담으로 이뤄졌다(Gleysteen 1999 : 207).

권력 장악 과정에서 마찰이 있었지만, 대통령으로 취임한 이후 전두환은 미국과의 관계 개선이 중요했다. 인권 외교를 강조한 카터가 1980년 미국 대통령 선거에서 공화당의 로널드 레이건에게 패배하여 재선에 실패했다. 이제 '힘에 의한 반공 정책'을 중시하는 레이건 정부가 들어서게 되었다. 전두환으로서는 상대적으로 유리한 환경을 맞이하게 되었다. 그러나 대미 관계 개선에서 가장 심각한 걸림돌은 김대중 문제였다. 1980년 9월 17일 육군본부 계엄보통군법회의에서 사형 판결을 받은 김대중은 1980년 11월 3일 육군계엄고등군법회의 재판부에서의 항소심에서도 사형 판결을 받았고, 그 후 1981년 1월 23일 대법원에서 그 형이 확정되었다. 김대중의 항소심 판결 직후 미국 대통령 선거 결과가 나온 것이다.

김대중 재판과 관련해 미국은 케네디 상원의원을 중심으로 압력을 넣어 왔고, 일본에서도 부두 노동자들이 한국 물건 하역을 거부하는 등 이 사건은 국내외의 압력에 직면해 있었다(조선일보사 1999 : 248 한용원 증언).

교섭 중 제일 걸림돌은 사형이 선고된 김대중 씨의 처리 문제였다. 나는 미국 측과의 교섭을 진행시키면서, 전 대통령의 공식 방문을 성사시키고 앞으로 한미 관계를 원만하게 이끌어가기 위해서는 김대중 씨 문제가 재고되어야 하겠다는 것을 절감하였다.
그러나 그 당시에는 누구도 이 문제를 거론하려 하지 않았고, 대통령 주변의 인사들 중에는 강경론자가 많아서 공론화하기가 어려웠다. 나는 교섭 진행 상황을 수시로 대통령에게 보고하면서 어려움이 어디에 있는지에 대하여도 분명히 말씀드렸다. 그러는 과정에서 나는 전 대통령이 김대중 씨를 사형에 처해서는 안 된다는 것을 알고 있으면서도 주위의 분위기 때문에 침묵을 지키고 있음을 감지하게 되었다. 주요 인사들 중에는 대통령의 방미 때문에 김대중 씨 문제를 재론해서는 안 된다는 사람들도 적지 않았다. 우여곡절 끝에 김대중 씨를 사형에 처하지 않으려는 전 대통령의 의향이 밝혀졌고, 이에 따라 방미 교섭은 급진전되었다 (노신영 2000:238-239).

카터 대통령은 1980년 8월 27일 통일주체국민회의를 통해 대통령에 당선된 전두환에게 다음과 같은 서한을 보냈다.

김대중 씨의 공판에 국제적 관심이 집중되고 있습니다. 나는 귀국의 국내 사법 절차에 간섭하려는 의도에서 이 미묘한 문제를 거론하는 것은 아닙니다. 그렇지만 공정한 취급의 문제가 미국과 기타 우방국들과의 관계를 손상시키지 않도록 모든 필요한 조치를 취해주실 것을 개인적으로 촉구하는 바입니다. 김대중 씨의 처형이나 심지어는 사형 선고조차 심각한 반향을 불러올 가능성이 있습니다. 나는 글라이스틴 대사에게 극비 상태에서 귀하와 이 문제를 계속 논의하도록 위임했습니다(Gleysteen 1999: 233).

정권교체로 새로이 들어오는 레이건 행정부 백악관 안보 담당 보좌관이었고 대선 후보 시절 외교 담당 보좌관이었던 리처드 알렌(Richard Allen)도 김대중 문제에 같은 입장을 취했다.

그(알렌)도 김대중의 처형은 '도덕적 파멸'이 될 것이라는 점에 동의했다. 레이건의 허가를 받은 알렌은 김대중에게 위해가 가해질 경우 한국은 새로운 행정부와 어려움에 직면할 것이라는 말을 전했다. … 그(정호용 소장)도 처음에는 김대중은 처형돼야 한다는 강경 주장을 펼쳤다. 험악한 회담 분위기로 대화가 거의 중단될 뻔한 위기가 지난 후 알렌은 김대중을 죽이면 "벼락이 당신들을 치는 듯한" 미국의 반발에 부닥칠 것이라고 말했다. 이튿날 정호용은 타협을 시작했다. 그는 레이건의 취임식에 전 대통령을 초청해 줄 것을 요청했다. 그러나 그것은 극히 이례적인 일이었다. 알렌은 취임 후 방문할 것을 대신 제안했다. 그러나 김대중에 대한 선고가 대폭 감형돼야 한다는 조건을 달았다. 브라운 장관의 서울 방문 직후 이뤄진 것으로 보이는 이 담판으로 한미 양 정부 간의 대결은 끝을 보았다(Gleysteen 1999: 263-264).

이처럼 내부적으로 논란이 많았던 김대중 감형과 관련해서는 노태우 당시 보안사령관의 역할도 있었다.

노태우 보안사령관이 김종휘 국방대학원 교수의 조언을 받아 김대중을 살려주는 조건으로 미국 정부로부터는 레이건 대통령 취임 후 외국 원수와의 최초 정상회담을 개최해 안보 공약을 확약받는 형식으로 전두환 정권의 정통성을 제고시키고, 일본 정부로부터는 한일 간의 무역역조 시정론과 일본의 안보 무임승차론을 내세워 1백억 달러 수준의 차관을 받아 경제를 살리는 방안을 수립했습니다.
이 안을 본인으로 하여금 1981년 초순경 궁정동의 안기부 안가에서 브리핑하도록 했습니다. 당시 참석자는 정호용, 황영시, 유학성, 차규헌, 허화평, 허삼수, 권정달, 이학봉 및 배명인 검찰국장, 유흥수 치안본부장, 정관용 선관위 사무총장, 현홍주 안기부 국장 등이었습니다. 그 후 보안사에서 보고한 내용이 채택되어 김대중 씨는 사형에서 무기징역으로 감형되어 신병 치료차 도미했고, 한미 정상회담은 손장래 공사와 알렌 특보의 노력으로 성사되었습니다(조선일보사 1999 : 248-249 한용원 증언).

1981년 1월 23일 대법원에서의 상고기각 판결로 사형이 확정된 그날 곧바로 김대중은 전두환 대통령에 의해 무기징역으로 감형되었다. 미국과의 관계 개선에 중요한 걸림돌이 해소되었다.

김대중 씨 문제와 관련하여 레이건 대통령은 이번에 한국 정부가 이 문제를 잘 처리하였음을 평가하고, 그로 인하여 미국으로서도 한국을 지원하기가 수월해졌다고 말하였다(노신영 2000: 243).

레이건 대통령이 전 대통령을 미국으로 초청하는 내용은 1981년 1월 21일 발표됐다. 1월 23일 한국 대법원은 김대중의 사형 판결을 확정했고, 이튿날 전 대통령은 김대중의 형량을 무기징역으로 감형하고 계엄령도 해제했다. 전두환 대통령은 1981년 2월 3일 백악관에 도착해 레이건 대통령의 두 번째 외국 손님이 됐다(Gleysteen 1999: 264).[31]

1981년 1월 20일 레이건이 대통령에 취임했고, 전두환 대통령의 미국 방문은 1월 28일부터 2월 7일까지였다. 전두환의 미국 방문은 국빈 방문이었다. 회담이 끝난 후 14개 항으로 된 공동성명이 워싱턴과 서울에서 동시에 발표되었다. 힘의 외교, 반공을 외쳤던 레이건 정부는 전두환 정권을 인정한 것이다. 미국 방문 이후인 1981년 2월 25일 전두환은 선거인단 선거를 통해 제5공화국의 대통령으로 당선되었다.

한편, 사형에서 무기징역으로 감형된 김대중은 1982년 3월에는 20년으로 다시 감형되었고, 1982년 12월에는 형 집행정지로 석방되어 미국으로 떠났다. 전두환의 방미 당시 외무부장관이었던 노신영은 이 과정을 다음과 같이 설명한다.

전두환 대통령은 1982년 8·15 특사 때에도 김대중 씨의 석방을 고려하였으나 주위의 반대로 뜻을 이루지 못하였다. 12월이 되자 전 대통령은 다시 나에게 김대중 씨 문제를 상의하면서 가까운 시일 내에 이희호 여사를 만나 몇 가지 사항을 협의하도록 지시하였다. 보안 유지에 유의하면서 나는 이희호 여사와 몇 차례 면담하고 협의를 마쳤다. 전 대통령은 김대중 씨가 석방된 후 미국으로 갈 수 있도록 미국 측과의 협의도 나에게 지시하였다.

워커 미국대사에게 김대중 씨가 석방되어 미국으로 가는 경우, 사증 발급에 문제가 없겠는지를 문의하였던바, 워커 대사는 "그렇게만 된다면 얼마나 좋겠느냐"라고 하면서 사증은 신청 즉시 발급해주겠다고 약속하였다.

지금까지 김대중 씨의 석방과 미국행을 극비리에 추진해오던 전 대통령은 김대중 씨를 서울대학병원으로 이송하기 전날 관계 장관과 측근 인사들을 청와대 회의실로 불렀다. 저녁 6시가 조금 지난 시간이었다.

전 대통령은 모인 사람들과 차 한 잔씩을 나눈 후, 자리에서 일어서면서 엄숙한 표정으로 "김대중 씨를 석방하여 미국으로 보내기로 했습니다"라고 말하였다. 일체의 반론을 듣지 않겠다는 단호한 태도였고, 예기치 않았던 대통령의 말씀에 참석자들은 모두 놀랐다. 1982년 12월 16일에 서울대학병원으로 이송된 김대중 씨는 12월 23일 형 집행정지로 석방되어 부인 및 두 아들과 같이 미국으로 떠났다(노신영 2000 : 327-328).

당시 신군부 세력이 김대중에 대해 가졌던 적대감이나 불신이 얼마나 컸는지 위 인용문을 통해 알 수 있다. 주변의 심한 반대로 인해 김대중 석방은 전두환조차도 부담을 가질 만한 결정이었다. 김대중은 자신의 출국 과정에 대해 이렇게 썼다.

1982년 12월 10일 안기부 간부가 찾아왔다. 그는 대뜸 미국으로 가지 않겠느냐고 말했다. … 며칠 뒤 아내가 면회를 왔다. … 아내는 며칠 전 노신영 안기부장을 만났다며 노 부장이 '자신의 임기 중 김대중 문제를 해결하고 싶다. 그러니 남편에게 2~3년 동안 미국으로 가서 병 치료를 하도록 권해보라. 대통령에게 건의해 가족과 함께 미국으로 떠나도록 하겠다. … 안기부 요원은 … 종이를 내밀며 "병 치료에만 전념하고 정치활동은 안 하겠다"는 건의서 한 장을 쓰라고 했다. … 12월 16일, 서울대병원으로 이송되었다. … 출국일은 23일이라고 알려 왔다. 예상보다 빨라서 놀랐다. … 김포공항의 가로등은 모두 꺼져 있었다. 우리가 내려서자 비행기가 보였다. 트랩 앞이었다. 그대로 올라타라고 했다. … 자리에 앉아 있으려니 누가 우리 앞에 섰다. 청주교도소 부소장이었다. 주머니에서 종이 한 장을 꺼내더니 그걸 읽었다. "형 집행정지로 석방한다." … 칠흑의 어둠을 뚫고 비행기가 이륙했다(김대중 2010a: 451-454).

한편, 전두환은 레이건과의 정상회담 당시 "일본은 미국이 2개 사단의 병력을 한국에 주둔시키는 데 필요한 만큼의 금액을 방위비 형태가 아닌 경제협력의 방식으로 한국에 지원해야 한다"고 일본의 지원 필요성을 이야기했다. 레이건은 전두환과의 정상회담에서 일본에 안보경협차관을 요청하겠다는 데 대해 적극 지원을 약속했다. 귀국 후 전두환 대통령은 100억 달러의 대일차관을 교섭하도록 했다.

주한일본대사가 100억 달러라는 숫자를 듣고 '경악했다'고 했고, 일본 외무성의 담당 국장이 '아마 착오로 10억 달러를 100억 달러로 잘못 기재한 것 같다. 0을 하나 잘못 붙인 것 아닌가'라고 물어 올 만큼 엄청난 액수였다. 실제로 1965년 한일국교정상화 이후 15년간 일본이 한국에 제공한 경제협력 자금의 총액이 유상, 무상 합쳐 15억 달러였다는 점을 생각할 때 엄청난 액수의 요구였다(전두환 2017b:355). 100억 달러는 2개 사단을 5년간 유지하는 데 필요한 액수라는 것이 산출 근거였지만 사실 '주먹구구식 계산에서 나온 것'이었다(전두환 2017b:352).

이후 한일 간 경제협력에 대한 논의가 이뤄지기 시작했다.

> 경제기획원에서는 1981년 2월 28일 향후 5년간에 걸쳐서 정부개발원조(ODA) 40억 달러, 금융기관 차관 10억 달러 도합 50억 달러를 일본에 요청하는 안을 작성하였다. … 전 대통령은 설명을 들은 후 100억 달러 규모의 경제협력안을 재작성하도록 지시하였다. … 이에 따라 경제기획원에서는 배증된 ODA 총액의 30%에 해당하는 60억 달러와 수출입은행 차관 40억 달러, 도합 100억 달러를 5년간에 지원받는 안을 새로 작성하였다.

1965년의 한일 국교 정상화 이후 15년 동안에 무상과 유상을 포함하여 일본이 한국에 제공한 경제협력의 총액이 13억 달러에 불과하였던 것을 생각하면 4년간에 100억 달러란 것은 확실히 큰 금액이었다. … 1981년 4월 22일, 나는 스노베 일본대사를 외무부로 초치하여 향후 5년간 ODA 60억 달러, 수출입은행 자금 40억 달러, 도합 100억 달러의 경제협력을 일본이 제공해주도록 공식 요청하였다. 후일 스노베 대사는 이날의 일을 회상하며 한국 측이 요청한 천문학적 숫자의 원조 요청에 놀라움을 금치 못하였다고 술회하였다 한다(노신영 2000:280-281).

한일경협은 그 후 일본의 역사 검정교과서 사건 등으로 교섭이 일시 중단되었다. 1982년 11월 스즈키 총리가 물러나고 나카소네가 후임 총리가 되었다. 나카소네 총리 취임 이후 지난 2년 동안 지지부진하던 한일 경제협력 차관 문제가 풀리기 시작했다. 일본에서 파견한 특사와의 논의를 통해 40억 달러 경협 차관과 현금 차관 이외의 기술 지원 등 다른 분야에서의 도움, 그리고 나카소네 총리가 미국 방문에 앞서 한국을 공식 방문하기로 한 일본의 제안을 수용하기로 했다(전두환 2017b:359-362). 한일경협은 1983년 1월 12일에 타결되었다. 전두환 대통령과 나카소네 총리 간의 정상회담에서 최종적으로 합의된 경협 내용은 ODA 18.5억 달러, 수출입은행 자금 21.5억 달러, 합계 40억 달러였다. 이로써 1981년 4월에 시작한 한일경제협력교섭은 1년 9개월 만에 끝을 맺었다(노신영 2000:302-303).

나카소네 총리는 일본 총리로서 최초로 한국을 공식 방문했다. 1983년 1월 11월 나카소네 총리가 한국을 방문하여 양국 간 최초의 공식 정상회담을 가졌다. 나카소네의 총리 취임 후 첫 외국 방문이기도 했다. 이듬해 1984년 9월 6일 전두환 대통령이 한국 대통령으로서는 사상 처음으로 공식 방일하여 나카소네와 정상회담을 했다. 공식 만찬에서 히로히토 천황은 "금세기의 한 시기에 있어서 양국 간에 불행한 과거가 있었던 것은 진심으로 유감이며 다시 되풀이되어서는 안 된다고 생각한다"고 말했다. 한국과 일본의 국가원수가 공식 대면한 것은 한일 역사상 처음 있는 일이었다. 나카소네는 1986년 아시안게임을 경축하기 위해 두 번째로 방한한 바 있다. 한일 간 관계가 이 시기에 크게 증진되었다.

버마 아웅산 국립묘지 폭파 사건

1983년 10월 8일 전두환 대통령은 버마, 인도, 스리랑카, 괌과 호주, 뉴질랜드 등 동남아, 오세아니아를 순방하기로 하고 출국했다. 첫 순방지는 버마(오늘날 미얀마)였다. 버마 방문 중 독립 영웅 아웅산의 묘소에 참배하는 행사가 예정되어 있었다. 전두환 대통령은 예정보다 조금 늦게 행사장으로 출발했다. 전두환 대통령이 도착하기 전 예행 연습 차원에서 군악대 연주를 시작했고, 그 순간 폭탄이 폭발하여 서석준 부총리, 이범석 외무부장관, 김동휘 상공부장관과 김재익 경제수석 등 각료와 수행원 17명, 버마 관료 4명이 사망했고, 48명의 부상자를 냈다. 전두환 대통령은 모든 일정을 취소하고 급거 귀국했다. 귀국 후 전두환은 격앙되어 공격 태세를 갖추고 보복을 준비해둔 군 지휘관들이나 비상사태 선포를 주장하는 일부 청와대나 내각 인사들을 진정시켰다. 버마 정부는 진상조사에 착수했고 북한의 소행임을 밝혀냈다. 당시 버마는 사회주의 노선을 취하고 있었고 북한과의 관계가 더 가까웠다. 이 사건으로 버마는 북한과의 수교 관계를 단절했다.

그렇다면 전두환 대통령은 왜 버마에 들렀을까? 게다가 버마는 동남아-오세아니아 순방의 첫 방문지였다.

전 대통령은 방미 성과에 대하여 매우 만족해하면서 다음은 어디를 방문하는 것이 좋겠느냐고 물었다. 나는 미국 다음으로는 일본이 순서이겠으나, 몇 가지 사유로 일본 방문이 늦어지는 경우에는 아세안 5개국을 방문하는 것이 좋겠다고 대답하였다. 아세안 제국은 우리와 지리적으로 가까울 뿐만 아니라 자원이 풍부하고 인구도 많아서, 앞으로 여러 가지 분야에서 협력을 강화해야 할 나라들임을 설명하고 이들 나라 중 태국과 필리핀은 6·25 전쟁 시 한국에 파병한 바도 있음을 첨언하였다. 전 대통령은 한참 동안 생각한 후, 인도네시아는 인구도 많고 자원도 풍부한 동남아의 큰 나라이니 인도네시아를 첫 번째 방문국으로 하여 아세안 5개국 순방 계획을 짜보도록 지시하였다(노신영 2000:246).

이렇게 기획된 대통령의 순방은 서남아-오세아니아로 최종 결정되었다. 1983년 버마를 포함한 서남아-대양주의 대통령 순방을 실무적으로 준비하고 담당했던 외교관 최병효는 다음과 같이 기록하고 있다.

> 1983.2.15. 전두환 대통령이 서명한 "대통령 각하, 인도, 호주 및 뉴질랜드 방문" 문서 내용은 아래와 같다. 인도 방문 일자가 확정됨에 따라 이미 방문이 결정된 호주, 뉴질랜드 외에 추가로 방문할 서남아 국가를 검토하게 되었다. 1983.3월 스리랑카, 파키스탄, 방글라데시를 후보로 선정하고 이들 국가의 국내 정세, 우리와의 관계 등을 검토한 후에 서남아 지역에서는 스리랑카만 추가로 방문함이 좋겠다는 외무부의 의견을 청와대에 보고하게 되었다.
> 그 후 청와대와의 순방 대상 국가 검토 과정에서 스리랑카를 포함하되 4개국 방문은 4자가 좋지 않으니 한 나라를 더 추가하는 것이 좋겠다는 의견으로 홍콩에서 1박하는 4개국 1경유지 순방이 잠정 결정되었다. 그 시기는 1983.5월 초순이었다. 버마는 방문 검토 대상조차 되지 못하였던 것이다(최병효 2020: 17-18).

이처럼 실무진이 검토한 순방 대상국은 인도, 호주, 뉴질랜드, 스리랑카였다. 버마는 포함되어 있지 않았다. 버마는 실무진이 아니라 대통령이 추가한 것이다.

1983.5월 중순 대통령 재가를 위한 문서로 인도, 스리랑카, 호주, 뉴질랜드(홍콩 경유 귀국)를 방문하는 "서남아-대양주 대통령 순

방 기본계획서안"을 만들었다. … 장관이 4개국 순방 계획안 문서를 가지고 대통령 결재를 받으러 갔으나 버마를 순방 국가에 포함하라고 해서 결재를 받지 못했다고 하였다. 총리까지 결재한 문서를 다시 만들어야 된다는 것이었다. 아주국장이나 서남아과 직원 모두 뒤통수를 맞은 기분이었다. 외무부 차원에서 검토 대상으로 조차 포함시키지 않았고, 그동안 청와대와의 협의 과정에서도 전혀 언급이 없었던 버마를 대통령이 방문한다는 것은 상상할 수 없는 일이었기 때문이다. 당혹함과 더불어 큰일 났다는 생각이 들었다. 버마는 사회주의 정치, 경제체제를 가진 폐쇄국가로서 우리보다는 북한과 더 긴밀한 관계를 유지하고 있고 외무장관이나 차관조차도 방문한 적이 없는 미답의 먼 나라였기 때문이다(최병효 2020:19-20).

외무부 장관이나 차관도 방문한 적이 없는 버마가 왜 갑자기 순방국에 포함이 되었을까?

버마를 방문하기로 결정한 전 대통령의 동기에 대한 가장 유력한 관측은 버마의 특유한 권력구조에 대한 호기심과 이를 연구 대상으로 하고자 하는 목적에서 비롯된 것이 아닌가 하는 것이다. … 전 대통령이 이범석 외무장관에게 버마 방문을 추가하도록 지시하기 십여 일 전에 이미 국정자문위원들인 이영섭 전 대법원장과 2명의 법조인들이 청와대 정무2비서관과 함께 5.25~5.28일간 버마를 방문하기로 되어 있었다. 버마 유일의 정당인 사회주의계획당의 의장 네윈이 이들을 접견하였고, 이들이 버마를 떠난 3일 후인 5.31에 버마 측이 우리 대통령의 10월 버마 방문에 동의한 것에서 그 함의를 유추해볼 수 있을 것 같다(최병효 2020:46).

실제로 이들이 다녀오고 난 이후에 버마 방문이 결정되었다.

이범석 장관이 대통령으로부터 버마 방문을 추진하라는 지시를 받은 5월 20일보다 열흘쯤 전에 "국정자문회의(國政諮問會議)"로부터 외무부에 전달된 공문이 그것이다. 내용은 이영섭 전 대법원장을 단장으로 하고 홍경만(전 대한변협 회장), 고재필(변호사, 전 국회법사위원장, 보사부장관) 등 2명의 고위 법조인이 포함된 국정자문위원들이 5월 25~28일간 버마를 방문하니 정부 요인들을 만날 수 있도록 주버마대사를 통하여 주선해달라는 것이었다. 1971년부터 대통령 비서실에서 근무해온 김(두영) 비서관은 버마 사건 후에는 국정자문회의 사무처장(차장급)을 역임하였는데, 그는 문화공보부차관으로 승진해 나간 허문도 정무1비서관과 같이 정무수석비서실에 있었던 것으로 보인다. 언론과 사회문제를 담당하는 바쁜 자리의 1급 청와대 정무2비서관이 명예직인 국정자문위원들을 수행해서 한가롭게 버마 등 서남아 순방에 나선다는 것은 상식적으로 납득이 되지 않는다. 그의 말대로 외유성 해외여행이었다면 국정자문위 사무처 직원이 수행하는 것이 정상일 것이다(최병효 2020:30).

이들은 버마에서 환대를 받았다. 그런데 왜 전두환은 버마에 관심을 보였을까?

> 버마 방문 목적으로 언급된 경제 관계 강화는 전혀 의미 없는 목표는 아니라고 할 수도 있으나 세계 최빈국 중의 하나인 버마에 우리 기업이나 상품이 크게 진출할 여지는 별로 없었다. 약간의 경제 개방을 추구한다고 하나 기본적으로 사회주의 경제체제를 유지하고 있는 버마와의 경제 관계 강화는 별로 기대할 만한 것이 없었다. … 현대건설의 킨다 댐 수주도 회사 자체적 활동의 결과이지 버마와 유대 관계가 깊지 않은 우리 정부의 지원에 의한 것은 아니었다. 나도 서남아과 근무 중 현대건설이 현지 공사와 관련하여 우리 정부의 어떤 지원을 요청했다는 이야기를 들은 적이 없다(최병효 2020:45).

그렇다면 경제협력보다는 다른 요인이 버마 방문의 주된 목적이었다고 할 수 있다. 당시 버마의 실질적 권력자는 네윈이었다. 네윈은 1962년 3월 쿠데타를 일으켜 권력을 장악했다. 건국 후 버마는 우누가 이끄는 문민정부가 들어서 영국식 의회민주주의를 실시했다. 하지만 소수민족이 무장투쟁을 벌이고 국공내전에서 패한 중국 국민당 패잔병들이 버마 북부 지역을 점령하는 등 혼란이 계속됐다. 이러한 안보 위기 속에 1958년 10월 당시 국방장관이던 네윈이 사회 혼란 수습을 명분으로 쿠데타를 일으켜 총리에 취임했다. 네윈은 1960년 4월 우누의 민간정권에게 권력을 넘겨준 후 병영으로 복귀했다가 1962년 재차 쿠데타를 일으켰다. 네윈은 1962년 쿠데타 이후 1974년까지는 혁명위원회 의장, 그 뒤 1981년 11월까지는 국가평의회 의장 겸 대통령으로 있었고, 7년 임기의 대통령에서 물러난 후에는 대통령직을 측근인 산유에게 물려주고, 집권당인 버마사회주의계획당 당수 자격으로 막후에서 실권을 행사했다(박장식 2021 : 256-263; 조선일보사 2021).

전두환(2017b : 496)은 자신의 버마 방문이 '산림자원과 수산자원이 풍부하고 귀금속 매장량도 많'은 '자원 부국이고 개발 여지가 많은 나라'였기 때문이라고 했다. 또한 버마가 '남북한 동시 수교국이지만 북한 쪽에 더 기울어져' 있는 상황에서 'UN에서의 표 대결 등을 위해 비동맹권에 대한 외교 기반을 획기적으로 확충할 필요성' 때문이라고도 했다. 그러나 전두환 스스로 인정한 대로 버마는 외교부에서 결정한 것이 아니라 자신의 요구에 의해 추가된 곳이다. 자원 개발이나 표 대결에서 중요한 곳이었다면 외교부나 관련 부처에서 먼저 방문국으로 제안했을 것이다.

그렇다고 해도 군이 대통령까지 방문할 필요는 없고 특사 파견으로 충분했을 텐데… 방문국 결정에 청와대 핵심 참모의 의견을 참작했다는 말이 들렸다. 미얀마식 국가 운영 체제를 참고하기 위한 것이었다는 이야기다. 알다시피 미얀마는 1962년 군사 쿠데타가 일어난 이후 일당독재가 계속된 나라였다. 정당이라고는 사회주의개혁당(BSPP) 하나만 있을 뿐이다. 그나마 정당은 껍데기뿐이고 네윈을 수반으로 하는 군사위원회가 배후에서 권력을 행사했다. 당시 대통령직을 승계한 산유도 겉치장에 불과하고 실제로는 네윈이 당 의장으로서 조정하고 있었다. 이런 특이한 정치체제를 전 대통령이 직접 확인하기 위해 미얀마를 방문국에 포함시켰다는 설명이 가장 유력했다(이종찬 2015 : 441).

전두환은 버마 방문에서 네윈을 만났지만 폭파 사건 후였다. 그와 만난 자리에서 전두환은 다음과 같이 말했다.

나는 사관생도 시절부터 각하의 전기를 읽고 각하와 마음으로 친숙하게 느끼고 존경하였습니다. 내가 사관학교를 졸업한 것이 1955년이었습니다. 이렇게 만나게 되어 유감스럽습니다. 그러나 다시 만날 기회가 있기를 바랍니다. 그러니 부디 각하께서 건강에 유의하시어 오래 사시기 바랍니다(장세동 1995 : 36).

전두환이 생도 시절부터 전기를 읽고 존경심을 가졌던 네윈은 그에게 일종의 롤모델이었을지도 모른다. 전두환이 직접 버마까지 가게 된 한 이유을 여기서 추론해볼 수 있다. 전두환은 단임을 공약했고 기회가 있을 때마다 그 공약의 실천을 다짐했다. 하지만 다시 대통령으로 출마하지 못한다고 하더라도 권력은 유지하고 싶었을 것이다. 네윈식 권력 유지가 생각해볼 수 있는 한 방안이었을 것이다.

누구의 지시에 의한 것인지 확인할 수는 없지만, 1984년 정구호 전 『경향신문』 사장의 주도로 만들었다는 '전두환 장기집권 시나리오'[32]가 네윈의 경우와 비슷한 점이 있어 흥미롭다.

1. 연구 목적

88년 평화적 정권교체를 원활히 수행하고, 88년 이후에도 전 대통령 각하가 계속 지도력을 행사할 수 있는 정치적 기반을 구축함에 있다.

2. 88년 정권교체 준비의 전제와 방안

기본 전제: 제5공화국의 정치체제와 전 대통령 각하의 지도하에 민정당이 최소한 2천 년까지 집권을 계속하도록 하며, 정권교체에 수반되는 부작용을 방지한다.

기본 방향: 전 대통령 각하가 직접 후계자를 육성, 선정한 다음 현행 헌법에 따라 후임 대통령을 선출한다. 대통령 각하는 퇴임 후에도 민정당 총재직을 맡으며 후임 대통령은 부총재직을 겸임하도록 하여 당 총재의 지도하에 있게 한다(국가원수나 행정수반이 반드시 집권당의 총재여야 한다는 법은 없다. 서독에서 사민당 집권 시 당수는 빌리 브란트였고 헬무트 슈미트 총리는 부당수였다).

3. 후계자의 육성과 방안

후계자의 조건: 1) 전 대통령 각하에 대한 충성심이 확고한 인물이어야 한다. 단, 현 시점에서 별로 알려지지 않은 인물이라도 상관

없다. 2) 야심이 없고 대인관계가 무난한 인물이면서 행정 능력과 정치 감각을 일정 수준 이상 구비한 인물이어야 한다. 3) 중산층 출신의 민간인이 바람직하다. 그래야만 민정당과 정부에 대한 국민의 지지 기반이 확대된다. 민간인 출신으로서는 군부에 대한 통제가 사실상 어려울 것이므로 당 총재의 후임 대통령 및 군부에 대한 영향력 행사가 용이해진다. 단, 군 출신 인사를 지명할 수도 있으나, 이 경우 조기 예편시켜 군부 내 인맥과 단절시켜야 하며 정치·행정 경험을 쌓도록 해야 할 것이다. 4) 학벌 등 배경세력이 약한 인사가 더 적절하다. 5) 연령은 현재 60대 초반의 인사가 바람직하다. 고령의 후임 대통령에 대한 당 총재의 지도력 행사가 연하자를 후임 대통령으로 선정했을 경우보다 용이할 것이다. 젊은 패기에서 오는 야심이나 위험성을 배제할 수 있고 고령으로 인해 군과 밀착될 가능성이 희박하다.

4. 대통령 각하의 리더십 강화

필요성: 대통령 각하의 리더십이 한층 강화됨으로써 더욱 존경스럽고 강력한 국민적 지도자라는 이미지가 확고해야만 임기만료가 임박해서도 정치적 안정을 유지할 수 있으며 국민들도 퇴임 후 민정당 총재로서의 계속적인 지도력 행사를 국가적 차원에서 요청되는 것으로 자연스럽게 받아들이게 될 것이다.

5. 민정당 강화

전 대통령 각하가 88년 퇴임 후 민정당 총재로서 계속 정치적 지도력을 행사하려면 민정당을 현재보다 훨씬 강력한 정당으로 육성해야 한다. 예를 들면 대통령 각하가 민정당의 중앙집행위원회를 정례적으로 주재하고 장관의 과반수를 민정당 의원으로 임명하되 장관이 민정당 의원이 아닌 부처에는 차관을 민정당 의원으로 임명한다.

이 시나리오의 요지는 네윈과 마찬가지로 민정당 총재로 집권당을 장악함으로써 권력을 유지해야 한다는 것이다. 물론 이 시나리오대로 추진하려 했다는 증거는 찾기 어렵다. 그러나 권력층 일부에서는 전두환 장기집권에 대한 구상을 그리고 있었다. 버마 방문 역시 그런 차원에서 이해할 수 있다.

그런데 아웅산 사건은 이후 또 다른 사건으로 이어지게 된다. 바로 일해재단의 설립이다. 아웅산 사건 당시 경호실장이었던 장세동은 귀국 후 사건으로 사망하거나 다친 이들의 조위금과 치료비 명복으로 재계 인사들에게 23억 원을 모금했다. 그리고 1983년 10월 말경 장세동으로부터 공익재단 설립 건의를 받은 전두환은 손제석 교육문화수석비서관에게 장학재단 설립 계획 입안을 지시하였다. 그 내용은 아웅산 묘소에서 참변을 당한 순국 외교사절의 유지를 기리고, 유자녀를 돌보며, 유가족을 지속적, 발전적으로 도울 수 있는 방안을 검토하되 여타 국가유공자 유자녀와의 형평까지 고려하라는 것이었다(최병효 2020 : 291). 그 재단은 전두환의 호를 딴 "일해재단"으로 명명되었다.

이렇게 만들어진 일해재단은 "순국 외교사절 및 국가유공자의 자녀 장학사업, 86(아시안게임), 88(서울 올림픽) 대비 우수 체육선수와 체육지도자 육성 지원, 과학 예술 체육 분야 영재 육성과 연구 활동 및 지원"이 설립 목적이며, "국가유공자 유자녀 장학금 지급, 우수 체육 선수 양성 및 유공 체육인 후원, 과학기술 진흥사업 지원, 영재교육 지원, 연구 활동 지원"으로 활동을 규정했다. 그런데 얼마 지나지 않아 애당초 목적과 달리 일해재단의 활동은 단순한 순국 외교사절과 국가유공자 유자녀 지원을 넘어서는 것으로까지 확대되었다.

재단의 설립자인 전두환 대통령이 1983년 11월 23일 최순달 일해재단 이사장 내정자를 접견한 자리에서 1. 일해재단이 외교 안보 분야를 집중적으로 연구하는 국제적 수준의 연구소로 발전해나가고, 2. 단임 실천 후 민간외교의 일환으로 각국의 전직 국가원수들과 만나 나라에 보탬이 될 사항을 논의할 수 있는 교류의 장이 되도록 해달라는 간곡한 당부를 함에 따라 그 뜻을 구체화시키기 위한 사업 계획을 마련해나가는 한편, 재단 운영에 필요한 기금, 부지, 시설물 등에 대한 본격적인 검토를 시작하였다(최병효 2020: 292).

이로써 일해재단의 목적이 순국 외교사절 지원 등에 그치지 않고, 오히려 전두환의 퇴임 후 그의 활동을 지원하는 형태로 변화했다. 이후 기금 규모도 크게 늘어났다. 최초 재단 설립 계획 때는 기금 규모를 200억 원으로 산정하였으나, 이후 기금 규모를 600억 원으로 늘려 잡았다. 장세동 경호실장의 독려하에 재계를 대상으로 기금 모금에 나서면서 1984~87년에 총 598.5억 원이 일해재단에 출연되었다(최병효 2020:293).

일해재단은 성남시 시흥동의 현대건설 소유 부지 15만 평을 정주영 현대그룹 회장으로부터 기증받고 인근 도로공사 부지 등을 매입한 총 20만 평에 각종 시설을 건립하였다. 건설은 국제적 수준의 연구소로 손색이 없고 또한 각국의 전직 국가 원수급 및 주요 인사의 초청 교류에 불편이 없는 시설물 건축이 목표였다. 영빈관, 연구 건물, 총재 집무실, 식당 등의 건물과 조경 시설이 들어섰다. 1984년 10월 수립된 주요 사업 계획에는 환태평양회의, 남남협력회의, 구주권 협력회의 등 세계 지역별 협의체로 운영되는 "서울평화회의"를 통해 각국의 전직 국가원수와 주요 인사들이 정기 또는 수시로 회동하여 공동 관심사를 논의하고, 문제 해결을 위한 철학과 구상을 상호 교환하며 국제협력을 도모하며, 그 첫 모임을 1988.10월 서울에서 개최한다고 되어 있었다. … 장세동에 의하면 "서울평화회의"는 재단 설립자인 전두환 대통령이 단임을 실천하고 헌정사 초유의 평화적 정권교체를 한 후, 민간인 신분의 전직 대통령으로서 재임 시의 경륜과 경험을 바탕으로 나라를 위한 민간외교의 일익을 담당하고 싶다는 바램을 구체화시킨 것이었다(최병효 2020:295).

총재 집무실이나 영빈관 등을 두기로 한 것으로 볼 때 일해재단은 전두환의 퇴임 이후의 활동을 염두에 두고 만들어졌다고 할 수 있다. 전두환은 '민간인 신분의 전직 대통령으로서 재임 시의 경륜과 경험을 바탕으로 나라를 위한 민간외교의 일익을 담당'하려고 했다는 것이 그 명분이었다. 전두환도 1989년 12월 31일 국회 출석 증언에서 다음과 같이 말했다.

> 항간에 재단과 관련, 본인이 퇴임 후 영향력을 행사할 목적을 가지고 있었다는 풍문을 알고 있습니다. 하지만 그것은 연구소를 가지고 어떠한 영향력을 행사할 수 있을까 하는 문제에 대해서 깊이 생각하지 않을 수 없으며, 이것 또한 사실무근의 일입니다. 본인은 단임 의지를 실천한 전임 대통령으로서 재직 시에 쌓아온 경험을 바탕으로 이 연구소를 통하여 국내외 원로들과 교류하는 한편, 동구권 등 더 전진하여 이북의 학자들과의 교류를 추진함으로써 민간외교 차원에서 국가 발전에 이바지하겠다는 생각을 갖고 있었습니다(장세동 1995 : 216).

하지만 전두환이 존경했다는 네윈은 대통령직에서 물러난 이후에도 권력을 유지했다. 만약 1987년에 민주화가 되지 않았다면, 신군부 내에서 누군가 권력 승계를 했을 것이다. 그런 경우라면 권력의 기반은 국민 지지가 아니라 군부일 수밖에 없고, 그 정점에 있는 전두환은 계속해서 영향력 행사가 가능했을 것이다.

더욱이 제5공화국 헌법에는 전임 대통령이 국정자문회의 의장이 되도록 규정했다.

헌법 제66조

① 국정의 중요한 사항에 관한 대통령의 자문에 응하기 위하여 국가 원로로 구성되는 국정자문회의를 둘 수 있다.
② 국정자문회의의 의장은 직전 대통령이 된다. 다만, 직전 대통령이 없을 때에는 대통령이 지명한다.
③ 국정자문회의의 조직·직무 범위 기타 필요한 사항은 법률로 정한다.

국정과 관련된 중요한 사항에 대해 차기 대통령의 자문에 응하는 전직 대통령의 역할이 헌법에 규정되어 있었다. 민주화가 이뤄지지 않았다면 전두환은 이 규정을 들어 노골적으로 국정에 개입할 수도 있었을 것이다.

전두환은 군에 대한 자신의 통제력을 고려할 때 퇴임 후에도 버마의 네윈까지는 아니더라도 국정에 상당한 영향력을 행사할 수 있을 것으로 생각했던 것 같다. 실제로 그는 임기 말에 군 고위직에 대한 인사 조치를 취했다. 신임 대통령의 취임을 두 달 앞둔 1987년 12월 전두환은 군 인사를 단행했다. 육군참모총장 박희도를 1년 유임했고, 합참의장에 최세창, 3군사령관에 고명승, 기무사령관에 최평욱, 수방사령관에 김진영 등 자신의 직계들을 군부 핵심 요직에 등용했다. 두 달 뒤 대통령으로 취임할 신임 대통령의 입장에서 볼 때, 이는 매우 '무례한 조치'일 수 있었다(강원택 2017b: 104).[33] 그럼에도 이런 무리한 인사 조치를 단행할 수 있었던 것은 그의 퇴임이 군에 대한 영향력의 종식이라고 생각하지 않았기 때문이다. 전두환 대통령이 퇴임 후 일해재단을 통해 노골적인 수렴청정을 하겠다는 것은 아니었겠지만, 상당한 영향력을 가진 존재로 남고 싶어 했던 것 같다.

이로 인해 일해재단을 바라보는 시선은 곱지 않았다.

정치권에서는 일해재단 설립의 근본 뜻을 무시한 채 오로지 전임 대통령의 퇴임 후를 대비한 정치적 목적의 기구로 몰아붙이면서 "섭정(攝政)을 위한 막후권부(幕後權府)", "수렴청정(垂簾聽政)의 제2대통령부" 등으로 매도하였다. 이에 전두환 전임 대통령은 1988년 4월 13일 일해재단이 정권교체기의 정치적 격랑에 휩쓸려 그 근본 취지가 훼손될 것을 우려하여 재단의 명칭을 바꾸어줄 것을 요청하기에 이르렀다(장세동 1995 : 219).

노태우 대통령 취임 후 일해연구소는 1988년 5월 재단이사회를 열어 세종연구소로 명칭을 변경하였고, 재정 자립된 민간 연구소로 운영하기로 결정했다.

서울 올림픽 유치

전두환 정권은 정치적 불만을 가진 국민의 관심을 문화정책을 통해 돌려놓고자 했다. 이 시기에 다양한 문화정책이 추진되었다. 컬러 TV 방송 개시, 야간 통행금지 폐지, 스포츠 육성, 예술의 전당 건립이 모두 이 시기에 이뤄진 것이다. 1981년에는 '국풍81' 이라는 대학생과 젊은이들을 위한 국가 주도의 축제 프로그램을 추진하기도 했다. 이와 함께 스포츠도 적극적으로 육성되었다. 1982년 프로야구가 시작되었고, 1983년에는 프로축구가 창설되었다. 큰 인기를 끌었던 제1회 천하장사 씨름대회도 1983년 개최되었다. 제5공화국 시기에 한국 스포츠는 국제 대회에서 주목할 만한 성적도 냈다. 1983년에는 세계청소년축구 4강에 올랐고, 1984년 로스앤젤레스 올림픽에서는 국가별 메달 순위에서 처음으로 10위를 달성했다. 1986년에는 1954년 스위스 월드컵에 이어 32년 만에 멕시코 월드컵 축구 본선에 진출했다. 그러나 제5공화국의 문화, 스포츠 정책에 대한 평가는 대체로 부정적이었다.

전두환 정권은 박정희 정권과는 달리 유혈 사태를 발생시키면서 권력을 장악했기 때문에 민심 수습을 위해 대중 소비, 유흥 문화를 장려하고, 이를 통해 사람들을 탈정치화시키는 정책을 적극적으로 추진했다(홍석률 2015:234).

제5공화국 정부는 국민적 불만과 비판을 달래고 정권의 정통성 위기를 극복하기 위해 사회적 유화 조치를 적극 강구함으로써 궁색한 처지에서 벗어나고 국민의 환심을 사려고 했다. 두발 자유화, 교복 자율화, 통금 해제는 물론, '3S(우민화) 정책'으로 불리는 프로야구, 프로축구, 프로씨름 등 스포츠(sports) 및 영화(screen) 산업의 활성화, 유흥(sex) 산업의 묵인, 방조(허용)에는 그러한 저간의 사정이 깔려 있었다는 것이 오늘날의 대체적인 평가라고 할 수 있다(오재록 2014:76).

서울 올림픽 유치도 전두환 정권이 이뤄냈다. 그러나 올림픽 유치는 당시에는 많은 국민에게 긍정적으로 평가받지 못했다.

많은 국민들은 서울 올림픽 유치도 단임 약속처럼 석연치 않은 눈으로 보았다. 정권 연장의 이유로 악용할 것이라는 의심이 사라지지 않았다. 김영삼 씨는 민주당 창당대회에서 독재 체제하의 서울 올림픽을 나치하의 베를린 올림픽에 비교하여 저주하기도 하였다 (조갑제 2005:208).

이처럼 올림픽 유치를 스포츠를 통한 우민화 정책이나 정권 연장의 수단으로 보는 시각도 있지만, 올림픽 유치는 그런 관점으로만 평가할 수 없다. 전두환 정권이 국가적으로 남긴 중요한 성과 중 하나가 올림픽 유치 성공이다. 1988년 개최된 서울 올림픽은 한 해 전 이뤄진 민주화와 함께 정치적으로 민주화되고 경제적으로 성장한 한국을 국제사회에 알리는 데 크게 기여했다. 노태우 정부 때 추진된 북방정책의 성과 역시 올림픽의 성공에 힘입은 바 크다.

그런데 올림픽 개최를 처음 추진한 것은 전두환 정권이 아니다. 올림픽 유치를 검토하는 작업은 박정희 대통령 시절인 1979년 초부터 시작되었고, 최종적으로는 올림픽을 유치하기로 결정했다. 1986년 아시안게임과 1988년의 올림픽을 서울에 유치하겠다는 정부의 방침이 1979년 9월 결정되었다. 10월에는 개최 희망 도시인 서울특별시장이 이를 공식으로 발표하였다.

올림픽 유치 결정에는 과거 경호실장이었고 당시 사격연맹회장이었던 박종규의 역할이 컸다(박해남 2018:60-61).

박종규 씨는 우리나라 사격연맹 회장과 아시아사격연맹 회장을 역임하면서 1978년 제42회 세계사격선수권대회의 서울 개최에 큰 역할을 했다. 박 대통령 시절인 1979년 2월 대한체육회장으로 취임한 박종규 씨는 이때의 경험과 자신감을 바탕으로 올림픽 유치를 구상하고 그해 3월 문교부에 올림픽 유치 건의안을 제출했다. 9월 3일에는 국민체육진흥심의위원회에서 서면결의로 올림픽 유치 계획을 의결한 후 9월 21일 박 대통령의 재가까지 받았다(전두환 2017b:334).

그러나 10·26 사건으로 박정희 대통령이 세상을 떠나면서 올림픽 유치에 대한 논의도 사라지고 말았다. 전두환이 집권한 후 다시 올림픽 유치가 추진되었다. 1981년 2월 26일 전두환 대통령의 지시에 따라 서울시는 국제올림픽위원회에 유치 신청을 했다. 전두환에게 올림픽 유치를 처음 권한 이는 일본 이토추상사의 세지마 류조였다. 세지마는, 앞서 살펴본 한일 경협과 관련하여, 나카소네 총리의 특사로 전두환을 만나기도 했던 인물이다(전두환 2017b:331-332).

하지만 실무진에서는 유치 신청에 대해 찬반 의견이 갈렸다. 대한체육회는 개최를 신청하기로 했고, 문교부도 찬성했다. 하지만 서울시는 반대했다. 서울시가 검토한 내용은 유치 성공 가능성이 희박하고, 개최하더라도 서울과 지방의 빈부격차 증가라는 문제가 발생할 수 있으며, 경제 및 재정 여건상 올림픽에 필요한 제반 시설을 구비할 수 없다는 이유를 들었다. 결국 최종 결정은 박정희 대통령 때처럼 전두환 대통령의 결단에 의해 이뤄졌다(박해남 2018:63-64). 사실 한국은 1976년 아시안게임을 1971년에 유치한 적이 있었다. 그러나 막대한 투자 비용을 감당할 수 없어 반납한 적이 있다. 전두환(2017b:335)은 "이미 결정된 사안을 뒤집어야 할 특별한 이유가 없는 한 변경해서는 안 되기도 하지만 역사적인 과업을 추진해보지도 않고 처음부터 패배의식에 젖어 물러날 수는 없"다는 입장에서 유치 신청을 하기로 결정했다. 그러나 유치 신청 이후에도 정부 내 입장은 통일되지 못했다.

> 대통령의 지시에 따라 2월에 올림픽 유치 신청서를 IOC에 제출한 후에도 정부 내에서는 이토록 의견이 분분하여 행동 통일을 기할 수가 없었다. 반대론자들은, 적자 올림픽을 강행하여 경제성장을 저해해서는 안 되며, 표 대결을 해보았자 나고야에 진다는 것이 주된 이유였다. 회의 중 찬반 시비가 격화되었을 때에는 거친 발언도 있었다(노신영 2000:264).

1981년 4월 열린 올림픽 관계 장관 회의에서는 사실상 개최를 포기하기로 의견이 모아졌다.

이미 일본은 나고야시를 88올림픽 개최지로 신청하고 유치 활동을 활발히 전개하고 있었다. 유치 신청서를 제출한 후 문교부는 올림픽유치추진위원회의 구성을 건의하였으며, 국무총리 주재하에 대책회의가 마련되었다. 1981년 4월 16일에 개최된 제1차 대책회의에는 국무총리를 비롯하여 국가안전기획부장, 경제기획원장관, 외무부장관, 문교부장관, 문공부장관, 대한체육회장, IOC위원 등이 참석하였으며, 이 회의에는 88올림픽 서울 유치 활동을 적극적으로 추진한다는 문교부 안이 상정되었다. 그러나 유치의 타당성 여부에 대한 논란이 재연되어 결론을 내리지 못하였으며, 대통령의 재결심을 받자는 신중론 쪽으로 기울었다.

4월 27일에 개최된 제2차 회의에서는 올림픽 유치에 대한 반대론이 우세하여, 올림픽 유치 포기까지를 고려한다는 전제하에, 조용하고 명분 있는 후퇴를 위하여 일본 측에서 먼저 우리에게 양보를 요청해 오도록 막후교섭을 추진하는 문제도 논의되었다.

그러나 5월 16일에 개최된 제3차 회의에서는, 지난날 아시아경기대회를 중도에 반납한 일도 있어서 적절한 명분 없이 올림픽 신청을 철회하는 경우에는 국제 스포츠계에서의 위신이 손상되고 국민 사기에도 좋지 않은 영향을 주게 된다는 의견이 제기되었다. 그리하여 9월의 IOC 총회 개회 시까지는 유치 활동을 계속한 후 표결 직전에 최종 결정을 내리도록 하며, 그동안 외무부는 재외공관을 통하여 주재국 IOC위원들과 접촉하고 유치 활동을 전개한다는 등의 내용이 결정되었다(노신영 2000 : 263).

이런 분위기 속에서 유학성 안기부장과 노신영 외무장관이 해 보지도 않고 무조건 백기를 들 수는 없으니 노력이나 해보자는 입장을 제시했다. 또한 당시 외교안보 담당 정무장관이었던 노태우는 전두환 대통령에게 반드시 올림픽을 유치해야 한다는 건의서를 올렸다. 개최지 결정일 28일 전이었다. 전두환은 다음 날 청와대 안보대책회의에서 노태우를 올림픽 유치 활동의 지휘책임자로 임명했다(노태우 2011a : 269-272). 민간 차원에서 올림픽 유치 지원을 하도록 정주영 현대그룹 회장을 올림픽 추진위원장으로 위촉했다.

제5공화국 핵심 인사들은 올림픽 개최에 단순한 스포츠 경기 이상의 의미를 부여했다.

서울시와 경제 관료들은 개최를 반대했으나 전두환, 노태우, 허화평 등 군부 핵심 인사들의 대담한 정치적 상상력이 서울 올림픽 유치를 가능하게 하였다. 박종규 씨의 구상도 그러했지만 허화평 씨 등 신군부 인사들은 서울 올림픽을 단순한 스포츠 행사가 아닌 국가전략의 큰 틀로서 파악하였다. '사회 선진화, 남북 대결에서의 결정적 우위 확보, 공산권 진출의 계기'로써 서울 올림픽을 활용하기로 하였던 것이다(조갑제 2005 : 208).

경쟁 도시는 일본의 나고야, 호주의 멜버른, 그리스의 아테네였다. 뒤늦게 유치전에 뛰어들었지만 우리나라는 매우 적극적으로 득표 활동에 나섰다.

82명의 IOC 위원 중 공산권을 제외한 모든 위원들과 접촉을 재외 공관장들은 정력적으로 추진하였으며, 북한의 방해와 비난에도 불구하고 득표 활동은 순조롭게 진행되었다. 교섭 결과는 수시로 대통령에게 보고하였고 관련 부서에도 통보하였다(노신영 2000: 266).

올림픽 유치와 관련해서 비용 부담과 적자 올림픽에 대한 일부 관료들의 우려에 대해 올림픽에 추진위원장이 된 정주영 현대그룹 회장은 다음과 같은 말로 반박했다.

나는 모든 일은 인간이 계획할 탓이라고 생각하는 사람이다. 인간이 적자가 나도록 계획하면 적자가 나고, 국가 재정이 파탄이 나도록 계획하면 그렇게 되는 것이다. 올림픽을 유치 못 하는 것이 병신이지 유치만 하면 우리에게 주어진 형편 안에서 우리에게 맞게 계획해서 적자 안 나게 얼마든지 해낼 수 있다고 나는 생각했다. 우선 경기장이라든지 숙소 등은 모두 민간 시설을 동원해서 해결하면 되지 않는가.
대학이나 각 도시의 경기장들은 규격에 맞게 개수해서 활용하면 되는 것이고, 선수촌, 프레스센터, 기자촌 등은 새로 지어서 한 번 쓰고 팽개칠 것이 아니라 좋은 부지에 민간자본을 끌어들여 아파트를 지어 미리 팔면 정부 돈 한 푼 안 들이고 선수 숙소가 해결되는 것이다. 그리고 기자촌, 프레스센터 등도 예를 들어 한전이 새 빌딩을 지을 예정이면 그 빌딩을 지어 기자들이 먼저 쓰고 난 뒤

한전이 쓰면 되고 하는 식의 굵은 구상은 이미 다 되어 있었다(정주영 1991:194-195).

실제로 88 서울 올림픽은 정주영 회장이 생각했던 이런 방식으로 선수촌과 기자촌이 건설되었다. 서울 송파구에 있는 올림픽선수촌아파트는 88 서울 올림픽 기간 중 선수촌과 외신기자촌으로 사용되었다.

1981년 9월 30일 1988년 올림픽 유치 도시를 결정하는 IOC 총회 투표가 독일 바덴바덴에서 진행되었다. 국제올림픽경기위원회 위원들의 투표 결과 서울이 나고야를 극적으로 제치고 1988년 올림픽 개최 도시로 선정되었다. 서울은 52표, 나고야는 27표였다. 이로써 한국은 일본에 이어 아시아에서 두 번째로, 세계에서는 16번째로 올림픽을 개최하는 나라가 되었다. 1980년 소련 모스크바 올림픽 때는 미국 레이건 대통령의 주도로 서방국가들이 불참했고, 4년 뒤 미국 로스앤젤레스 올림픽 때는 소련이 보복 조치로 동구권 국가들의 불참을 이끌었다. 두 차례 올림픽 경기가 '반쪽짜리'로 치러진 뒤 분단국가인 한국에서 올림픽이 열리게 된 것이다. 서울 올림픽의 성공은 단지 한국만의 문제가 아니라 올림픽 경기의 성공적 지속을 위해서도 매우 중요한 문제였다.

1986년에는 서울에서 아시안게임이 열렸다. 아시안게임은 한국이 처음 개최하는 대규모 국제 체육 행사였지만, 88 서울 올림픽의 리허설과 같은 성격도 있었다. 1988년 올림픽의 주최 도시로 선정된 두 달 후인 1981년 11월 인도 뉴델리에서 열린 아시아경기연맹(AGF)에서 서울이 1986년 아시안게임 주최 도시로 선정되었다. 아시아 27개국에서 사상 최대 규모의 선수와 임원이 참여했고, 86 아시안게임은 성공적으로 마무리되었다.

전두환 대통령은 올림픽 개최에 대해 매우 많은 신경을 썼다.

대통령에 재임하는 동안 내가 가장 많이, 자주 입에 올린 말은 아마도 '88 서울 올림픽'이 아닐까 생각된다. '하루도 더도 덜도 … 단임 실천', '물가 안정'에 관한 얘기도 듣는 사람의 귀에 못이 박힐 정도로 많이 언급했지만 '88 서울 올림픽'은 내가 그 말을 입에 달고 살았다고 할 만큼 나의 최대의 관심사 가운데 하나였다. 퇴임을 앞두고 이삿짐을 꾸리는 가운데서도 태릉선수촌을 방문했을 정도로 임기 내내 마음을 썼다. 올림픽대회 유치 계획을 추진할 때는 물론 성공적인 대회가 될 수 있도록 준비하는 과정에서도 정부 각 부처와 민간의 역량을 총동원하다시피 했다(전두환 2017b:331).

88 서울 올림픽은 국제사회에 경제적으로 성장하고 정치적으로 민주화된 한국을 알리는 데 크게 기여했다. 또한 올림픽은 민주화에도 기여했다.

신군부의 발상 속에서 서울 올림픽이 국내 민주화의 촉진제가 될 것이라는 생각은 자리 잡고 있지 않았다. … 서울 올림픽은 그 준비 과정에서 이미 한국 사회를 국제사회와 폭넓게 연계시키는 역할을 했다. 6월 사태 때는 전 정권이 군대를 동원하지 못하도록 하는 심리적 압박으로 작용하기도 하였다. 서울 올림픽을 온 국민의 참여로 치른다는 정부의 전략은 사회의 자율과 개방화도 촉진하였다. 서울 올림픽 준비라는 명분으로 우리 사회의 거의 모든 집단과 조직이 선진국으로의 도약을 위한 총점검과 총동원을 경험함으로써, 정보, 통신시스템의 발전에서 보듯 사회 각 부문의 현대화에 동기로 제공되기도 했다(조갑제 2005:208).

실제로 전두환 대통령이 아웅산 폭파 사건 이후 북한에 대한 보복을 하겠다고 격앙된 군을 진정시킨 것이나, 6월 항쟁 때 군의 출동을 주저하게 한 한 가지 이유도 올림픽이었다. 의도했건 의도하지 않았건 올림픽 유치는 한국 사회의 개방과 자율, 민주화, 국제적 위상 제고라는 점에서 제5공화국이 남긴 중요한 성취였다.

서울 올림픽은 민주화 이후인 1988년 9월 17일부터 10월 2일까지 16일간 개최되었다. 서울 올림픽의 슬로건은 "벽을 넘어서(Beyond All Barriers)"였는데, 이전의 두 올림픽이 동서 진영 간 대립으로 반쪽짜리로 치러졌다는 점에서나, 또 분단국가인 한국에서 올림픽이 개최된다는 점을 생각할 때 의미가 큰 구호였다. IOC 회원국 167개국 중 북한 등 일부 국가가 불참한 가운데 160개국이 참가했는데 올림픽 역사상 최대 규모의 행사였다. 서울 올림픽은 성공적으로 치러졌고, 경기 면에서도 한국은 금메달 12개, 은메달 10개, 동메달 11 등 33개의 메달을 따서 소련, 동독, 미국에 이어 4위를 차지했다.

한국을 오랫동안 지켜본 오버도퍼와 칼린(Orberdorfer and Carlin 2014 : 282-283)은 다음과 같이 88올림픽을 평했다.

88년 서울 올림픽은 명실공히 세계적인 스포츠 축제였다. 9월 17일 세계 각국에서 10억 이상이라는 사상 최대의 시청자들이 올림픽 개막 행사를 TV로 지켜보았다. 그러나 남한 사람들에게 서울 올림픽은 단순한 스포츠 행사 이상의 중요한 의미를 가지고 있었다. 이들은 제24회 서울 올림픽을 본격적인 국제 무대 데뷔 파티라고 생각했다. 남한이 더 이상 전쟁의 제물이 됐던 가난에 찌든 아시아의 작은 나라가 아니라 역동적으로 번영하는 강국이라는 사실을 전 세계에 과시할 수 있는 절호의 기회로 여겼던 것이다. 남한 사람들은 일본이 1964년 도쿄 올림픽을 발판으로 선진국으로 도약했던 것처럼 88 서울 올림픽 또한 자국의 경제성장을 더욱 촉진시키고 국제적 위상을 고양시키는 획기적인 계기가 되리라고 기대했다. 아울러 정치 이념을 초월하는 올림픽 게임은 북한의 동맹국인 소련과 중국을 위시한 공산권 국가들을 서울로 초청할 수 있는 흔치 않은 기회였다. … 서울 올림픽은 남한이 공산주의 국가들로부터 승인을 확보하고 그들과의 관계를 개선하기 위한 노력에 획기적인 전기를 마련했다.

한편, 고려대 총장 재임 중 전두환 정권의 압력으로 총장직에서 물러나야 했던 김준엽(1990 : 309)은 1988년 서울 올림픽 이후 다음과 같은 평을 남겼다.

우리나라 역사상 처음 있는 성사(盛事)일 뿐만 아니라 아시아에서는 일본 다음으로 우리나라가 분단되어 있는데도 불구하고 올림픽을 개최한다는 데 큰 의의가 있었다. 광복 이후 우리 겨레의 값진 노력으로 이루어놓은 발전의 열매이다.
박정희 씨가 이룩한 공로는 우리 민족에게 자신감을 준 것과 경제발전이라면, 전두환 씨가 이룩한 공로는 물가안정과 올림픽의 유치일 것이다. 그들이 독재자로서 많은 죄도 있지만 공로도 있었다는 것을 나는 솔직하게 인정한다.

대북 관계

최규하 정부 시절인 1980년 1월 북한은 총리 회담을 제안했다. 이에 따른 실무회담이 진행되었지만 최규하의 대통령 하야 이후 중단되었다. 1980년 10월 김일성은 미국에게는 정전협정을 평화협정으로 바꾸는 문제를 협상하자고 제안했고, 남한에게는 연방공화국을 창설해 통일하자고 제안했다(심지연, 2001:76-79). 이에 대해 전두환 대통령은 1981년 1월 12일 국정연설을 통해 '남북한 당국의 최고책임자의 상호 방문'을 제안했다.

> 본인은 오늘 지난날의 일들을 굳이 시비함이 없이 남북한 간의 민족적 신뢰를 회복하는 데 결정적 계기를 마련하고 동족 간의 전쟁 재발을 방지하며 중단된 남북대화를 무조건 재개하여 평화통일의 길을 열어가는 데 역사적 계기를 마련하기 위하여 남북한 당국의 최고책임자가 번갈아 상호 방문할 것을 엄숙히 제의하는 바입니다. 본인은 북한의 김일성 주석이 아무런 부담과 조건 없이 서울

을 방문하도록 초청하는 바입니다.[34]

이에 대해 북한은 1주일 후인 1981년 1월 19일 부주석 겸 조국평화통일위원회 위원장 김일 명의의 성명을 통해 이 제안을 거부했다. 그러나 전두환은 제5공화국 출범 이후인 1981년 6월 5일 평화통일정책자문회의 제1기 제1차 회의에서 남북한 당국 최고책임자 간의 직접 회담을 제안하면서 체육, 문화, 학문, 우편, 경제 교류부터라도 시작해서 차차 완전 교류, 완전 개방으로 접근해가자고 제안했다. 전두환 대통령은 또한 '통일헌법' 제정을 제의하면서, 통일을 이룰 때까지 '남북한 기본 관계에 관한 잠정 협정'을 맺자고 제안했다. 북한은 이러한 제안을 모두 거부했다. 이처럼 전두환은 취임 직후부터 적극적으로 남북정상회담을 제안했고, 북한이 제시한 '연방제 통일방안'을 남북정상회담의 의제로 수용하겠다는 대담한 제의도 했다.

그러나 1983년 10월 버마 아웅산 테러 사건으로 인해 남북 간 관계는 극도로 악화되었다. 앞서 살펴본 대로, 버마 방문 중 아웅산 묘소를 참배하기로 한 전두환 대통령을 살해하려고 북한 공작원이 설치해둔 폭탄이 터져 경제부총리 등 수행원들과 보도진 등이 사망하고 다쳤다. 그럼에도 그 이듬해인 1984년 3월 30일 북한은 남북체육회담을 제안했다. 아웅산 사태에 대한 국면 전환의 목적도 있었을 것이다. 한국 정부가 이 제안을 수용해서 4월 9일 남북체육회담이 판문점에서 열렸다. 이 회담은 1984년 로스앤젤레스 올림픽대회, 1986년 아시안게임, 1988년 서울 올림픽 대회의 남북한 단일팀 구성 문제와 남북 체육 교류 등을 의제로 하여 세 차례 개최되었으나 결렬되었다.

그런데 1984년 8월 31일부터 4일간 서울, 경기, 충청 일원에 내린 집중호우로 서울 지역을 비롯하여 여러 곳에서 큰 홍수 피해를 입었다. 전국적으로는 사망 및 실종 189명, 이재민 35만 1,000명, 부상 153명에 피해액은 1333억 원에 달했다. 남한의 수해에 대해 북한은 9월 8일 방송을 통해 수해 지역 이재민들에게 쌀 5만 석, 옷감 50만 톤, 시멘트 10만 톤, 의약품 등을 보내겠다고 제의했다(『경향신문』, 2009.9.28). 북한이 남한의 이재민들을 돕기 위해 수해복구 물자를 제공할 용의가 있음을 밝힌 것이다. 북한의 이 제의를 전두환은 수락했다.

> 우리의 경제력과 국민의 생활 수준이 북한보다 월등히 높다는 사실은 우리 국민이나 국제사회가 다 알고 있는 만큼 신경 쓸 일은 아니었다. … 북한이 제공하는 수재 물자를 받음으로써 남북 간 물자 교류의 하나의 계기를 만드는 결과가 되지 않겠는가. … 북한은 우리가 자기네 제의를 걷어차버릴 것이 분명하다는 확신을 갖고 상투적으로 하던 작태를 다시 한번 펼쳐 보인 것인데, 역으로 그 의표를 찌름으로써 다시는 국제사회를 향한 장난질을 할 수 없게 만들자는 것이다(전두환 2017b: 452-453).

북측은 처음에 자동차와 배편으로 서울, 속초, 부산에 구호물자를 수송하고 북한 기자들이 수해 지역을 직접 방문하겠다는 제안을 내놓았지만, 결국 판문점과 인천, 동해항으로 최종 타결됐다. 이에 따라 9월 29일부터 10월 4일까지 육·해로를 통해 북한 적십자의 수해 물자가 전달됐고, 남측은 담요, 카세트 라디오, 손목시계, 양복지 등 18개 품목이 든 선물 가방 848개를 북한 대표들에게 답례품으로 증정했다. 북한 쌀은 수해 지역 주민들에게 각각 33kg에서 66kg까지 분배됐다. 북한 적십자사의 수해 물자 지원은 한국전쟁 이후 최초의 남북 간 물자 교류로 기록됐고, 얼어붙은 남북관계를 해빙하는 역할을 했다(『경향신문』, 2009.9.28).

이러한 남북 간 교류는 다른 영역으로까지 확대되었다. 수해 물자의 인도, 인수를 계기로 남북 간에 대화의 물꼬가 트이기 시작했다. 남북 대화를 보다 폭넓은 교류 협력 관계로 발전시켜나가야겠다고 생각한 전두환 정권은 남북적십자회담과 남북경제회담을 제의했다. 북한이 이 제의를 받아들여 1984년 11월 15일에는 남북경제회담이, 11월 20일에는 적십자회담 예비 접촉이 이루어졌다. 이듬해인 1985년 5월 28일에는 제8차 남북적십자회담이 열렸다. 그리고 1984년 10월부터 1985년 9월까지는 남북이산가족 고향방문단 및 예술공연단 교환 방문이 이뤄졌다. 분단 이후 최초의 이산가족 상봉이 이때 이뤄졌다. 한편 북한은 1985년 4월 9일 남북한 사이에 '불가침에 관한 공동선언' 문제를 협의하기 위해 남북국회회담을 열 것을 제의했다. 이에 따라 1985년 7월 23일에는 판문점에서 남북국회회담 개최를 협의하기 위한 1차 예비 접촉이 성사되었다.

이처럼 1985년 1년 남짓한 기간 동안 남북 간에는 다섯 차례의 경제회담, 세 차례의 적십자회담, 그리고 국회회담을 위한 두 차례의 예비 접촉이 이루어졌다. 또한 88 서울 올림픽대회에 북한의 참가 문제를 협의하기 위해 국제올림픽위원회 주재로 1985년 2월부터는 스위스 로잔에서 네 차례의 남북체육회담이 개최되기도 했다. 그러나 모든 회담에서 남북의 입장이 팽팽히 맞서 실질적인 성과를 거두지는 못했다(심지연 1999: 176-177). 하지만 7·4 남북공동성명 이후 이 시기에 처음으로 남북 간에 활발한 접촉이 이뤄졌다. 1985년 4월 남북정상회담이 비밀리에 추진됐다. 1985년 9월과 10월에는 북한의 허담과 남한의 장세동이 특사로 비밀리에 각각 서울과 평양을 방문하여 남북정상회담에 원칙적으로 합의했다. 그러나 1986년 1월 한미연합군사훈련인 '팀스피리트 86'을 이유로 북한이 대화를 거부하면서 전두환 정권하에서의 남북 접촉은 중단됐다(백학순 2014: 140-143).

한편, 전두환 정권은 임기 후반 1986년 북한의 금강산 발전소 착공을 북한의 수공(水攻)으로 선전했고, 북한에 금강산 발전소가 건립되면 서울 시내 3분의 1 이상이 침수된다는 이른바 '서울 물바다론'을 내세웠다. 장세동의 안기부가 주도한 것으로, 일종의 '북풍(北風)'을 동원하여 당시 고조되어가던 개헌 운동 등 전두환 정권에 대한 저항을 누르려는 의도가 있었다.

전두환 정권 시기에 북한과 사회·문화 교류 등의 비정치적 교류가 이전에 비해서는 활발하게 진행되었지만 유의미한 성과로까지 이어지지는 못했다.

제5장

정치적 억압

언론

 전두환 정권은 권력 장악부터 통치 과정까지 물리적 강제력에 크게 의존했다. 저항의 전면에 섰던 사회운동권뿐만 아니라, 언론, 대학, 문화예술계, 심지어 기업 등 사회의 거의 전 영역이 권력의 억압으로 고통받았다. 여기서는 그 가운데 언론과 대학에 대한 전두환 정권의 억압에 대해 살펴본다.

 10·26 사건 직후부터 제주를 제외한 전국이 계엄 상황이었기 때문에 언론은 계엄사령부의 통제를 받았다. 물론 그 이전도 유신체제였기 때문에 언론이 폭넓은 자유를 누리고 있다고 보기는 어려웠다. 그러나 계엄령이 내려지면서 일상적 보도에 통제를 받았다. 그런데 전두환 세력은 여기서 더 나아가 언론 환경을 자신에게 유리하도록 재편하고자 했다.

 보안사령부는 12·12 사태 이후 권력 장악을 염두에 두고 언론에 대한 공작을 시도했다. 이른바 'K-공작계획'이다. 1980년 2월 보안사에 정보처를 부활시켜 민간 정보를 수집해왔으며

3월에는 정보처 산하에 언론대책반을 두고 K-공작을 수립했다. K-공작의 K는 King의 첫 글자로 그 목적은 "단결된 군부의 기반을 주축으로 지속적인 국력 신장을 위한 안정 세력을 구축함"이었다. 안정 세력 구축이라는 것은 신군부의 권력 장악을 도울 세력을 만들어내겠다는 뜻이었다. 이를 위해 언론계 간부들의 성향을 분석하여 협조 가능한 사람들을 포섭하고자 했다(정해구 2011:42).

보안사 회유 공작반은 7대 중앙일간지와 5대 방송사, 2대 통신사의 사장, 주필, 논설위원, 편집국장, 보도국장, 정치부장, 사회부장 등 94명을 차례차례 접촉해 '시국관이 양호'하거나 '협조 가능'한 사람과 야당 성향이 강한 사람을 분류한 후 협조자는 시국 안정을 강조하는 기사를 계속 내도록 하고, 비협조자들은 후일 언론인 해직 조치 때 내쫓았다. K-공작 계획서 말미의 참고사항에는 '공작업무 수행과정에서 수정 및 보안을 요할 시에는 사전에 사령관 재가를 득한 후 실시한다'고 되어 있어서 당시 보안사령관이었던 전두환이 K-공작에 계획 단계부터 깊이 관여했음을 알게 한다(조선일보사 1999:239). K-공작은 학생운동과 노동운동을 사회 혼란으로 몰아붙이고, 김종필, 김영삼, 김대중의 활동과 경쟁은 대권 장악을 위한 추악한 다툼으로 국민에게 인식시키고자 했다(정해구 2011:42).

언론계를 자신들에게 우호적으로 재편하려는 시도는 5·17 계엄 확대 이후 국가보위비상위원회가 만들어지면서 더욱 본격화된다. 우선 '비협조' 언론인을 내쫓는 방안이 추진되었다. 국보위 문공분과위원회는 '언론계 자체 정화 계획'을 만들었다. '자체 정화'라고 했지만, 실상은 보안사에서 해직 대상 기자 명단을 직접 작성했다. 또한 이 계획서에는 '1단계: 한국신문협회와 한국방송협회에서 긴급총회를 소집하여 자율적인 숙정을 결의하고, 2단계: 각 사 발행인 책임하에 언론 자체 정화위를 설치하여 자체 숙정하고, 3단계: 소기의 성과가 없을 때 합수부에서 조사 처리한다'고 되어 있었다. 3단계 방안이라는 것은 해직 조치에 불응하는 언론인에 대해서는 합수부가 직접 개입해서 '처리'한다는 의미로 볼 수 있다. 이 계획에 따라 1980년 7월 29일 한국신문협회와 한국방송협회는 임시총회를 소집하여 '자율적인' 숙정을 결의하고 명단에 포함된 언론인들을 해직했다. 보안사 언론대책반에서 만든 것을 마치 언론사에서 자율적으로 시행한 것처럼 가장했다(조선일보사 1999 : 259 이상재 증언). 이에 따라 900여 명이나 되는 언론인이 해직되었다.

한편, 국보위 문공분과위에서는 1980년 11월 '언론창달계획'을 입안했는데 이를 통해 언론사 통폐합 조치를 실행했다. 당시 합수부의 언론대책반에서 일한 기자 출신의 김기철에 의하면 언론통폐합의 '기본 원칙'은 다음과 같은 것이었다(김기철 1993 : 99).

첫째, '재벌과 언론의 분리'이다. 재벌이 신문이나 방송 등 언론사를 소유해서는 안 된다는 것이었다. 이 원칙에 해당하는 언론사는 대표적인 것이 중앙일보였다.

둘째, '신문과 방송의 분리'다. 신문사와 방송사를 동일한 회사에서 같이 경영해서는 안 된다는 것이었다. 이 원칙에 해당되는 언론사는 동양방송을 갖고 있던 중앙일보와 동아방송을 갖고 있던 동아일보였다.

셋째, '매스컴 센터의 불용(不容)'이다. 즉, 한 언론사가 많은 매체를 가져서는 안 된다는 것이다. 여기에는 중앙과 동아도 해당될 수 있었지만 두 신문사는 다른 원칙에 해당되었기 때문에 한국일보사가 지적되었다.

넷째, '방송의 공영화'다. 처음에는 공영화라기보다도 대형 방송사로 유도하는 것 같더니 나중에 공영화 원칙이 나온 것으로 기억된다.

다섯째, 지방사는 '1도 1사' 원칙을 적용한다는 것이다. 이 원칙이 적용되는 지역은 부산, 경남, 전남, 경북 등이었다.

여섯째, '대형 통신사 설립'이다. 그 당시 통신은 합동과 동양 외에 군소 통신사가 많았다. 이들 통신을 합하든지 해서 한 개의 국가 대표 민영 통신사를 만든다는 것이다.

일곱째, '언론 단체 정비, 통합'이었다. 여러 종류의 언론 단체를 일본처럼 발행인 단체 밑으로 모아 일원화하는 것으로 이해되었다. 이는 '언론 창달 계획'에 포함되어 있었지만 구체화되지는 않았다. 이 밖에 주재 기자 제도 폐지, 부실 언론사 정비, 언론인 교육, 연수 제도 확충 등도 들어 있었다.

이러한 언론사 통폐합 안은 1980년 7월 중순경 성안되었고 결재만 나면 바로 집행할 수 있는 상황이었다(김기철 1993:

100). 즉, 6월 초 국보위가 만들어지고 난 뒤 얼마 지나지 않아 곧바로 언론사 통폐합 계획이 만들어졌다. 언론사 통폐합 안은 허문도, 이상재 등이 주도했다. 전두환은 처음에는 언론 통폐합안을 수용하지 않았다. 권정달은 1980년 10월 초순경 이상재가 언론사 통폐합을 해야겠다며 '언론건전육성종합방안보고'라는 문건을 내밀며 전두환 대통령의 결재를 받아달라고 부탁했는데, 전 대통령은 "무슨 언론사까지 정리하려고 하느냐면서 결재를 해주지 않았다"고 했다(조선일보사 1999:227 권정달 증언). 보안사령관이었던 노태우 역시 언론사 통폐합에 부정적이었다.

그러나 반대 입장이었던 전두환은 11월 11일 언론통폐합안에 결재했다. 허문도가 대통령을 설득했다.

언론 통폐합을 해야 한다는 것은 저의 소신이었으므로 그 무렵부터는 일절 보안사에 알리지 않고 허화평, 허삼수, 이학봉, 최재호 비서관 등에게 언론 통폐합의 필요성을 역설했습니다. 그들이 모두 저의 의견에 전적으로 공감하는 분위기가 형성된 가운데 이학봉 민정수석비서관이 1980년 11월 11일 전두환 대통령에게 비상계엄 해제 후의 정국 운영 방안에 대해 보고하면서, 해제 후 대책의 일환으로 언론 통폐합이 필요하다고 보고하여 대통령으로부터 언론사 통폐합에 대해 결심을 받았으니 결재안을 만들어 올리라고 알려주었습니다.

그날 저녁 이수정 비서관, 이광표 문공부장관, 최재호 비서관, 필경사 1명을 데리고 서울 강남에 있는 함지박이라는 중국 음식점에서 3~4시간 만에 대통령 보고 서류를 완성했습니다. 그다음 날인 11월 12일 오전 중 이광표 장관이 이 보고서를 가지고 대통령 결재를 받아 보안사령관에게 전달했습니다(조선일보사 1999: 271 허문도 증언).

허문도는 11월 12일 대통령에게 보고하여 결재받은 언론 통폐합 안의 주요 내용에 대해 다음과 같이 말한다.

그 당시 작성한 보고서 제목은 '언론창달계획'이며 그 내용은 언론과 재벌의 분리, 방송 공영화 등을 기본 원칙으로 했습니다. 구체적인 내용으로 신아일보를 경향신문으로 통합하고 경제지는 한국경제, 매일경제 두 신문으로 통합하고, 통신사도 연합통신으로 통합한다는 내용 등이었습니다. 지방사는 1도 1사로 한다는 원칙만 세우고 세부 계획은 보안사에서 계획을 세워 집행한 것으로 알고 있습니다(조선일보사 1999: 271 허문도 증언).

전두환은 12일 그 집행을 보안사에 위임했다. 대통령의 지시에 따라 11월 12일 오후 2시경 이광표 문공부장관이 서류 봉투를 들고 보안사로 노태우 사령관을 찾아왔다. 노태우는 초도 순시차 이날 새벽 강원도로 떠났다가 급히 돌아왔다.

"결재받은 문공부가 처리하지 왜 우리한테 넘기는 거요. 왜 악역을 맡겨요?" 노 사령관은 이 장관으로부터 간단한 설명과 함께 서류봉투를 받자마자 화를 냈다. 한(용원) 처장의 기억으로는 노 사령관이 이처럼 대노한 것을 본 것은 함께 근무하는 동안 단 두 번뿐이었다. 이때와 1981년 간첩이 송추까지 침투했을 때였다. 노 사령관의 노기에 이 장관은 다리를 후들후들 떨었다. 한 처장의 눈에는 이 장관의 얼굴이 '사색'이었다. 이 장관은 겨우 말했다. "각하께서 보안사의 협조를 받으라고 하셨습니다"(김기철 1993: 197).

집행을 위임받은 보안사는 1980년 11월 12일 오후 6시경부터 언론사 사주들을 연행·소환하여 통폐합 조치를 통보하고 다음과 같은 내용의 각서를 받았다(김기철 1999: 171).

본인은 새 시대를 맞아 국가의 언론 정책에 적극 호응하여 본인이 (대표이사, 사장 등)으로 되어 있는 (주식회사 ○○○○)을 다음과 같이 조치할 것을 다짐하여 이에 각서하며 이 각서에 의한 조치에 대하여는 앞으로 민, 형사 소송 및 행정 소동 등 여하한 방식에 의해서도 일체의 이의를 제기하지 않겠습니다.

이에 따라 『신아일보』가 『경향신문』에 흡수되고, 지방 신문도 1도 1사 원칙에 따라 14개에서 10개로 줄었다. 합동통신과 동양통신을 연합통신으로 통합했다. KBS가 민영 방송인 동양방송, 동아방송, 전일방송, 서해방송, 한국FM을 인수했다. 또 MBC는 주식의 65%를 KBS가 강제 인수하도록 하여 공영방송으로 만들었다. 기독교방송은 보도를 할 수 없게 했고 종교 방송만 허용했다. 이 조치는 언론 자유에 대한 근본적 침해였고 더욱이 사적 재산에 대한 강탈이었다.

언론사를 이렇게 재편한 후에도, 앞서 살펴본 대로, 국가보위입법회의에서 언론기본법을 제정하여 언론사의 등록 취소까지도 가능하도록 했다. 언론을 국가권력에 의해 재편하고 또 관리, 감독할 수 있게 만들었다. 후일 1989년 12월 31일 5공 청문회에 나온 전두환은 언론인 해직과 언론 통폐합에 대해 다음과 같이 말했다.

> 언론인 해직 조치 또한 사회 각계 정화 조치의 일환으로 이루어진 것으로서 그 대상은 각 언론사에서 자율적으로 선정하는 형식을 취했으나 실제적으로는 계엄 당국의 언론 관계 담당관들이 상당한 영향력을 행사하였을 것으로 생각됩니다.
> 언론 통폐합은 건전 언론을 육성한다는 차원에서 그 전부터 몇 차례 건의를 받은 바 있었습니다. 본인은 당시 언론에 대한 이해가 부족했고 신중히 검토할 필요가 있다는 입장을 견지했으나, 결국 80년 11월 언론 통폐합 계획을 승인하게 되었습니다.
> 되돌아보건대 당시 언론계에는 소위 '사이비기자', '사이비언론' 등 문제점과 폐단이 적지 않아 이러한 문제점을 시정하기 위해 충격적 조치가 불가피하다는 견해가 많았습니다. 이 모든 것이 오늘의 시각에서 보면 수긍하기 어려운 측면도 있을 것이지만 당시에는 꼭 필요한 것으로 생각되었던 것입니다(『조선일보』, 1990.1.1).

그런데 전두환 정권은 이런 정도에 그치지 않고 언론사의 매일매일의 보도에 대해서도 개입했다. 바로 '보도지침'이다. 보도통제는 1979년 10·26 사건으로 계엄이 제주를 제외한 전국으로 확대된 이래 7년여 동안 유지되었다. 계엄사령부가 직접 보도 통제를 하던 것에서, 1981년 1월 계엄 해제 이후에는 계엄군의 검열 대신 문공부의 '보도지침'에 의해 보도가 통제되었다.

1981년 1월 6일부터는 문화공보부에 홍보조정실을 설치했다. … 계엄령 체제가 아닌데도 정부가 사실상 언론 검열을 하는 '비정상의 정상화'라는 점에서, 홍보조정실 체제는 문제가 더욱 심각했다. 홍보조정실은 매일 각 언론사에 보도지침을 시달했다. 청와대 정무비서실에서 전화로 문공부 홍보조정실에 연락하면 홍보조정실장은 문공부장관의 결재를 받아 '오늘의 조정 내용'을 각 언론사에 보냈다. 특정 사안에 대해 '보도해도 좋음', '보도하면 안 됨', '보도하면 절대 안 됨' 하는 식이었다. 세부 지침은 '크게 키움', '신중히'. '조용히', '단순히', '추측하지 말고' 등. 특정 사진을 게재할지, 특정 기사의 제목을 어떤 내용으로, 어느 정도 크기로 할지에 대해서도 세세하게 주문했다(김지영 2011:25).

이러한 보도지침은 당시 『한국일보』 기자였던 김주언이 1985년 10월부터 1986년 8월까지 문화공보부가 각 언론사에 내려보낸 보도지침 584건을 모아서 1986년 9월 6일 『말』지에 폭로하면서 알려졌다. 이 폭로 역시 보도지침에 따라 당시에는 보도가 금지되었다. 민주언론운동협의회 사무국장 김태홍, 실행위원 신홍범, 그리고 김주언은 이 폭로로 인해 1986년 12월 남영동 대공분실에 끌려가 고문을 당했고, 1987년 1월 27일 서울지검 공안부에 의해 외교상 기밀누설, 국가모독죄, 집시법 위반 등으로 기소되었다. 1987년 6월 1심 판결에서 김태홍은 징역 10개월, 집행유예 2년, 김주언은 징역 8개월에 집행유예 1년, 신홍범은 선고유예를 받았다. 이들은 김영삼 정부 출범 이후인 1994년 7월 항소심에서 무죄가 선고되었고, 1995년 12월 대법원에서 최종적으로 무죄가 확정되었다.

기사뿐만 아니라 신문에 연재하는 소설 내용도 전두환 정권은 문제 삼았다. 대표적인 것이 한수산 필화사건이다.[35] 소설가 한수산은 1980년 5월 1일부터 『중앙일보』에 「욕망의 거리」라는 제목의 소설을 연재했다. 그런데 소설의 내용을 문제 삼아 1981년 5월 보안사령부는 작가 한수산과 문화부 기자 정규웅, 출판부장 권영빈, 출판부 기자 이근성, 시인 박정만 등을 연행했다. 문제가 된 소설 대목은 다음과 같다.

> 어쩌다 텔레비전 뉴스에서 만나게 되는 얼굴, 정부의 고위 관리가 이상스레 촌스런 모자를 쓰고 탄광촌 같은 델 찾아가서 그 지방의 아낙네들과 악수를 하는 경우, 그 관리는 돌아가는 차 속에서 다 잊을 게 뻔한데도 자기네들의 이런저런 사정을 보고 들어주는 게 황공스럽기만 해서, 그 관리가 내미는 손을 잡고 수줍게 웃는 얼굴, 바로 그 얼굴들은 언제나 그렇게 닮아 있어서…(5월 14일 자, 317회).

하여튼 세상에 남자 놈 치고 시원치 않은 게 몇 종류가 있지. 그 첫째가 제복을 좋아하는 자들이라니까. 그런 자들 중에는 군대 갔다 온 얘기 빼놓으면 할 얘기가 없는 자들이 또 있게 마련이지(5월 22일 자, 324회).

노골적인 반정권적 내용도 아닌 지극히 평범한 이 소설 문구도 전두환 정권은 용납할 수 없었다. 연행된 이들은 보안사에서 극심한 고문을 받고 나서야 풀려났다. 그 당시 언론의 자유, 표현의 자유는 허용되지 않았다.

대학

1980년부터 가장 적극적으로 시위를 벌이며 민주화를 요구한 집단은 대학생들이었다. 신군부가 5·17 계엄 확대의 명분으로 삼은 것 중 하나도 대학생들의 대규모 시위였다. 대학생들은 전두환 정권에 대한 가장 강력한 저항 세력이었고 그만큼 전두환 정권으로서는 학생들의 시위를 막기 위해 교묘하고 강압적인 방법을 동원했다.

5·17 계엄 확대 이후 만들어진 국보위에서는 졸업정원제를 발표했다. 1980년 7월 30일 국가보위비상대책위원회가 발표한 대학졸업정원제도는, 1981년 대학 신입생부터 졸업 정원보다 30%가량 신입생을 더 뽑아 대학 문을 넓히는 대신, 졸업 정원은 100%로 해서 30%를 중도에 탈락시키겠다는 것이다. 대학 입시 경쟁이 심각한 만큼 대학 문호를 개방하는 대신, 입학 후에는 대학생들이 열심히 공부하는 분위기를 만들겠다는 것이 그 명분이었다. 그러나 실제로는 입학자 중 30%의 탈락자가 생

겨나는 만큼 졸업하려면 시위나 학생운동에 관심 갖지 말고 공부만 열심히 하라는 의도였다. 국보위 때부터 대학 교육이 정권 안보를 위해 활용되었다. 졸업정원제는 1983년까지 유지되었다.

한편, 대학 내에는 경찰이 상주하며 시위자나 운동권 학생을 색출했다.

80년대 대학가에선 학생운동권을 색출하고 대학을 사찰하는 것은 보통 '정보경찰'의 임무였다. … 당시 경찰들은 대학을 마음대로 드나들었다. 경찰서 정보과 형사들은 '학원 CP(Command Post)'라는 걸 만들어놓고 캠퍼스를 활보했다. 사복 전경들도 100~200여 명이 학내를 순찰했다. 이 때문에 운동권 학생들은 수시로 경찰에 잡혀 들어갔다. 학교 안에 주둔하던 사찰 요원들은 1983년 말 전두환 정권의 학원 자율화 조치로 철수했지만, 이후에도 경찰은 틈만 나면 학내 진입을 시도했다.[36]

제5공화국 정부 치하에서는 대학생들의 시위가 잦았고 학원도 소연하였다. 이로 인하여 정부는 대학 내에 경찰을 상주시키고 있었다. 그러나 이 때문에 학생들과 경찰 간의 마찰이 커지기도 하였다. 학생들은 교내의 경찰을 '짭새'라 야유하였고, 학생들과 경찰 간의 시비가 벌어지면 싸움으로 번져 양쪽에 부상자가 발생하였다(노신영 2000:335).

대학에 상주하던 경찰 병력이 철수한 것은 1984년 2월 말이 되어서였다. 그 이후에는 '원칙적으로' 학원에서 소요 사태가 발생하더라도 총장, 학장의 공식적인 요청 없이는 경찰이 학원에 들어갈 수 없게 되었다(노신영 2000:335-336).

　전두환 정권은 대학생들의 시위를 막기 위해 군 강제 입대를 활용했다. 군 복무는 국토방위의 신성한 의무를 행하는 것이지만, 군부 권위주의 정권은 군 복무를 대학생들의 저항을 억압하는 데 악용했다. 병역법에 따르면 대학에 재학 중인 경우, 퇴학이나 휴학 등 학적 변동이 없는 한 신체검사나 입영 연기가 가능했다. 또한 입대를 위해서는 징병검사 20일 전에 징병검사통지서를 보내게 되어 있고 입영통지서는 입영 30일 전에 보내도록 되어 있었다. 그러나 전두환 정권은 이러한 법 절차를 무시하고 대학 내에 상주하는 정보원에 의해 문제 학생으로 지목되었으나 법으로 처벌할 만한 뚜렷한 혐의를 찾기 어려운 경우나, 시위 현장에서 붙잡힌 단순 시위 가담 학생들을 경찰서로 끌고 가 조사한 다음 곧바로 군대에 입영시켰다. 신체검사에서 신체상의 결격 사유가 있는 학생들도 문제 학생으로 낙인찍힌 경우 입영시켰고 가정 환경상 입대할 수 없는 학생들도 입영시켰다. 이들 강제징집자들은 '순수 학적 변동자'라는 붉은 낙인이 신상카드에 찍혀서 복무 기간 중 군 수사기관의 감시와 탄압의 대상이 되어 엄청난 고초를 겪었다(강준만 2003:70). 이러한 군 강제징집자들은 '녹화사업'이라는 또 다른 탄압을 받았다.

전두환 일당은 '붉게 물든' 대학생들의 머릿속을 '녹화'하려는 터무니없는 계획을 세웠다. 그것도 강제징집이라는, 국방의 의무를 정권 안보에 이용하는 악랄한 발상을 통해서. 녹화사업이란 전두환의 집권 초기에 강제징집된 학생운동 출신 대학생들을 '특별정훈교육'으로 순화한다는 명목으로 보안사가 마련한 계획이다. 이 사업에 따라 강제징집된 사병들에 대한 강압적인 사상 개조와 학생운동 사건 관련자들에 대한 불법연행과 수사가 자행됐고, 엄청난 육체적·정신적 가혹행위가 가해졌다. 특히 문제가 되는 것은 보안사가 녹화사업 대상자들에 대해 관제 프락치 공작을 강요했다는 점이다. 즉, 이들에게 휴가를 줘서 내보내 과거에 함께 활동한 동료·선후배들의 행적과 동향을 파악해 보고할 것을 강요한 것이다. "너 하나쯤 죽어도 안전사고로 보고하면 그만이다"라는 협박 속에서 엄청난 고문을 당하며 녹화사업 대상이 된 사병들의 인간성은 철저히 파괴되었다. … 1980년대 초반의 녹화사업은 군이 국방의 의무를 처벌의 수단으로 악용하고, 나아가 프락치 공작을 강요하였다는 점은 씻을 수 없는 범죄행위다. … 녹화사업과 강제징집은 단순히 보안사만이 관련된 것이 아니라, 문교부, 병무청, 국방부, 육·해군본부, 검찰 등 정부의 여러 부서가 간여한 종합적인 범죄행위였다(한홍구 2002).

1980년 이후 군에 강제징집된 학생 수는 약 1,100명으로 추산된다. 1981년 11월부터 1983년 11월 사이의 입대자 447명 가운데 1982년 9월부터 녹화사업이 외형상 중단되는 1984년 11월까지 모두 256명이 녹화사업 교육을 받은 것으로 되어 있다(한홍구 2002). 녹화사업으로 인해 강제징집자들은 엄청난 육체적, 정신적 고통을 겪었으며 일부는 죽음으로까지 내몰릴 수밖에 없었다(강준만 2003:76).

1985년에는 학원안정법 제정이 추진되었다. 학원안정법은 다음과 같은 상황에서 추진되었다.

> 85년 들어 학원·노사문제는 점점 심상치 않은 국면으로 치달았다. 그해 7월 15일 서울형사지법에서 열린 미문화원 농성사건[37] 첫 공판에서 피고인들이 구호와 노래를 부르며 재판을 거부, 재판 연기라는 충격적 사건이 발생했다. 전 대통령은 다음 날 바로 김석휘 법무장관을 문책, 경질하는 강경 대응을 했다. 미문화원 사건 관련 학생을 중징계하지 않았다는 이유로 이현재 서울대 총장도 해임됐다. 잇따라 발표된 삼민투위 사건은 56명의 대량 구속에다 국가보안법을 적용하는 중벌주의로 대응했다. 전 대통령의 기질과 재야를 적으로 보는 군사정권 특유의 색깔이 드러났다. 2·12 총선 때 운동권의 강타를 실감했던 5공 수뇌부는 학원의 정치적 영향력을 차단하지 않고는 시국이 조용해질 수 없다는 판단 아래 근본적인 해법 마련에 골몰했다(『중앙일보』, 1993. 10. 22).

이런 상황에서 허문도 정무수석이 학원안정법을 추진했다. 학원안정법의 주요 내용은 다음과 같다.

제6조 1항은 "이 법을 위반하거나 학원소요와 관련하여 형법, 폭력행위 등 처벌에 관한 법률, 총포·도검·화약류 단속법·집회 및 시위에 관한 법률, 국가보안법 등 처벌 법규를 위반한 학생(범행 후 학적을 상실한 자를 포함한다. 이하 같다.)으로서 선도의 가능성이 있는 자에 대하여는 형사 처벌을 하지 아니하고 학생선도교육(이하 '선도교육'이라 한다)을 실시할 수 있다."…

2항은 "검사는 제1항의 규정에 의한 요건에 해당하는 학생으로서 형사 처벌을 하지 아니하고 선도교육을 받게 하는 것이 적당하다고 인정될 때에는 제8조의 규정에 의한 학생선도교육안원회에 그 학생에 대한 선도교육을 요청할 수 있다"고 되어 있다. …

제7조에 따르면 "선도교육의 기간은 6월의 범위 안에서 학생선도교육안원회가 학생의 선도에 필요하다고 인정하는 최소한의 기간으로" 하는데(1항)… "선도교육의 내용은 학생을 교화, 선도하고 이들에게 자유민주주의사상과 이념을 고취할 수 있는 것이어야 하며…(정일준 2011:271-272).

학원안정법은 학원 소요 등을 일으킨 '문제 학생'을 격리시켜 사상 교육을 받게 한다는 것이었다. 보다 구체적으로는 "시위 전력이 있는 문제 학생들을 영장 없이 체포해 가둘 뿐만 아니라 데모가 거듭 발생할 경우 지도교수들도 연대 책임을 지게" 한다는 것이었다(김충식 2022b:158). 일본에 밝았던 허문도는 일본이 1960년대 말 대학 분쟁 해결을 위해 한시법으로 운영한 「대학 운영에 관한 임시조치법」을 모방하여 "문제 학생을 보안법으로 처벌해 전과자로 만들지 않고 대신 일정 장소에 격리. 선도 교육을 시켜 학원으로 되돌려 보내는 방법"을 착안한 것이다(『중앙일보』, 1993. 10. 22). 허문도는 이 방안을 가지고 전두환을 설득했고 당과 정부를 압박했다(노태우 2011a : 308). 한편, 박철언(2005 : 144-145)은 허문도는 조역에 불과했고 전두환 대통령과 장세동 안기부장이 그 중심에 있다고 회고했다.

5월 23일 서울 미국문화원이 점거되자 장세동 부장은 5월 24일에 열린 안기부 간부회의에서 "주요 보안 목표에 대한 공격 시에는 총살을 해서라도 저지해야 한다"고 간부들에게 호통칠 정도로 격앙되어 있었다. … 6월 5일 미국문화원 농성 사건의 수사 방향을 조정하는 가운데 농성 학생들의 배후 세력인 삼민투위, 전학련에 대한 철저한 수사를 결정했다. 또 필요하다면 8월 15일경 보름 회기로 임시국회를 열어 '학원 정상화 임시 조치 법안'을 단독 통과라도 시키겠다는 것이 장 부장의 결심이었다. 이렇게 해서 학원안정법 제정을 위한 정권적 차원의 준비가 시작된 것이다.

전두환도 학원안정법이 필요하다고 생각했고, 기존 초안보다 강화된 조치를 지시했다.

7월 5일, 임시조치법안과 관련해 대통령의 추가 지시가 내려왔다. 첫째, 교육 중 단식, 탈출, 집단행동에 대한 벌칙을 강화할 것, 둘째, 처벌 규정안을 '10년 이하 500만 원 이하'에서 '10년 이상

1,000만 원 이하'로 강화할 것, 셋째, 내무반별로 10~20명을 수용하여 훈련시키고, 넷째, 오지(奧地)의 감호소를 활용하도록 할 것 등의 내용이었다(박철언 2005:146).

8월 7일 문교부의 학원안정법 시안이 나왔다. 좌경 의식화된 학생에 대해 형사처벌 대신 선도 교육을 실시할 수 있게 하고, 선도 교육의 기간, 대상자 선정을 위해 문교부에 11인 선도위원회 설치, 소요 관련 학생을 검사의 요청에 의해 선도위가 대상자를 선별한다는 것이 골자였고, 1988년 12월 31일까지 한시법으로 운영한다는 것이었다(『중앙일보』, 1993.10.22).

그러나 이 법안을 두고 시민사회, 학생, 대학이나 야당은 물론 여당 내에서도 반대 목소리가 높았다. 민정당의 이종찬 원내총무는 "단순한 학원 시위 주동자를 사법 절차도 거치지 않고, 인신을 구속하거나 교육을 목적으로 강제 수용하는 것은 위헌의 소지가 있"다고 반대했다(김충식 2002b:165). 현홍주 정책조정실장도 반대 입장이었다.

8월 14일 민정당, 신한민주당, 국민당 3당 대표회담이 있었다. 이민우 총재는 대표 회담 전 김수환 추기경을 만나 나라를 '병영 국가'로 만드는 학원안정법에 반대한다는 데 합의했다(이종찬 2015b:37). 신민당 이민우, 국민당 이만섭 대표의 공세 속에 노태우 민정당 대표는 대통령과의 여야 영수회담 주선을 약속했다. 8월 15일과 16일에 전두환 대통령이 이민우 신민당 총재, 이만섭 국민당 총재와 잇달아 회동을 갖고 8월 17일 청와대에서의 확대 당정회의에서 입법 유보를 지시함으로써 학원안정법을 둘러싼 파동은 끝이 났다.[38] 학원안정법은 야당뿐만 아니라 종교계 및 학계까지 강하게 반대했다. 이들 간 학원안정법 반대를 위한 범야권 기구가 만들어지면 결국 개헌 투쟁으로까지 이어질 수 있는 일이었다(이종찬 2015b:38-39). 이 법을 밀어붙인다면 전두환 정권으로서는 그런 정치적 부담을 감당해야 했다.

하지만 학원안정법 파문은 전두환 정권이 학생들의 저항을 막기 위해 '문제 학생들'을 '격리시켜 사상 교화 교육'을 시킨다는 발상이 보여주듯, 어떤 수단이라도 동원할 태세가 되어 있음을 잘 보여준 사건이었다. 제5공화국 시절 전두환 정권에게 대학은 학문의 전당이 아니라 통제와 억압의 대상이었다.

제6장

광주항쟁

부마항쟁과 광주항쟁

제5공화국과 관련해서도, 또 한국 민주화와 관련해서도 가장 중요한 사건은 '광주항쟁'이다. 광주항쟁은 6·25 전쟁 이후 한국 사회가 겪은 최대의 비극적 사건이다. 그러나 바로 그 '비극적 희생'이 민주화로 가는 가장 중요한 초석을 놓았다.

 광주 시민의 저항과 군의 잔인한 진압에 대해서는 이미 많은 연구물과 보고서가 나온 만큼, 여기서는 그동안 상대적으로 많이 논의되지 않은 두 가지 질문에 대한 답을 찾아보고자 한다.

 첫 번째 질문은 부마항쟁과 광주항쟁은 왜 다르게 전개되었을까 하는 점이다. 두 항쟁 사건은 외형적으로 비슷한 점이 적지 않다. 시간상으로도 7개월 정도의 간격을 두고 발생했다. 발생 원인도 비슷한 점이 있다. 부마항쟁이 김영삼의 의원직 제명에 대한 반발이 부산과 마산에서의 항거를 일으키는 중요한 촉발제가 되었다면, 광주항쟁은 신군부의 김대중 체포가 지역민의 분노를 일으키는 중요한 요인이 되었다. 시위 발생 후 박정희나 전두환 모두 공수부대를 투입했다. 그러나 그 이후의 전개 과정에는 차이가 있었다. 부마항쟁은 곧 잦아들었던 반면, 광주항쟁은 걷잡을 수 없이 확대되었다. 이 차이는 어디에서 생겨난 것일까.

부마항쟁은 1979년 10월 16일 부산대학교 학생들이 유신철폐를 외치며 교내에서 시위에 나서면서 시작되었고, 이는 도심 시위로까지 이어졌다. 그리고 이틀 뒤인 10월 18일 이 시위는 마산의 경남대학교로 이어져 교내에서 시위가 발생했고 이 시위 역시 도심으로까지 번졌다. 박정희 대통령은 10월 18일 0시를 기해 부산에 계엄령, 그리고 마산, 창원에 위수령을 선포하고 군을 투입하였다. 부산 지역에는 군수사령관 박찬긍 중장을 계엄사령관으로, 마산 지역에는 제39사단장 조옥식 소장을 위수사령관으로 하고 각각 지역 부대와 공수여단을 투입하였다. 부산에는 제2관구 사령부 병력이, 마산에는 제39사단 병력이 투입되었다. 여기에 더해 부산에는 제1공수(여단장 박희도), 제3공수(여단장 최세창), 해병 제7연대(연대장 박구일 대령)가 추가 추입되었고, 마산에는 제5공수(여단장 장기오) 병력을 투입하였다. 이들 계엄군 병력은 10월 17일부터 18일 새벽까지 부산에 배치가 완료되고, 10월 18일 저녁에는 마산에 완료되어, 진압 업무(충청작전)를 수행했다(정주신 2018:34).

폭압적인 유신체제하에서의 항거였던 만큼 군의 진압도 강경했다. 부마항쟁에 대한 김재규의 보고를 듣고 "서울에서 4·19와 같은 데모가 일어난다면 자유당 때는 최인규나 곽영주 같은 친구들이 발포 명령을 하여 사형을 당하였지만 이번에는 대통령인 내가 발포 명령한 것을 가지고 대통령인 나를 사형에야 처하겠는가"라고 말했던 것이 박정희였다. 여기에 차지철은 "캄보디아에서는 300만 정도 죽여도 끄떡없었는데 데모대원 100~200만 정도 죽여도 걱정 없습니다"라고까지 맞장구를 쳤던 상황이었다(안동일 2017: 460). 결국 부마항쟁은 군의 강경 대처로 진압되었다.

이에 비해 광주에서의 항쟁은 다른 양상으로 전개되었다. 일단 군은 부마항쟁에서의 경험을 통해 시위 초기에 보다 강경한 진압에 대한 필요성이 학습되었다. 이 경험은 광주에서 그대로 적용되었다. 부마항쟁 당시 부산에서 보안부대장이었던 권정달의 말이다.

특히 시위 초동 단계에서부터 강경 진압 등 위력 과시를 해 시위 군중을 위축시킴으로써 시위 확산과 격렬화를 미연에 방지한다는 것을 그 기본 방침으로 결정했던 것으로 알고 있습니다. 즉, 비상계엄 전국 확대 후 대규모 시위가 예상되는 서울, 광주 지역 등에는 주로 공수여단으로 편성된 진압부대 투입을 준비하고 있었으며, 이는 곧 시위 진압 과정에서 '과감히 타격하라, 끝까지 추적 검거하라, 분할 점령하라'는 공수여단의 시위 진압 지침이 즉각 실행될 것임을 전제로 하는 것이었습니다.

이와 같이 전두환, 황영시, 정호용 등 신군부 핵심 세력들의 주도하에 진압 병력 투입 및 그 강경 진압 방침이 결정되어 있는 상황에서 5월 18일 광주에서 대규모 시위가 발생했습니다. 이에 따라 미리 광주 지역으로 이동해 있던 공수여단 병력이 시위 진압에 즉각 투입되어 원래 예정되어 있던 방침대로 위력 과시를 위한 강경 진압 작전을 전개했던 것입니다. 이 과정에서 공수여단 병력에 의한 과잉, 과격 진압은 충분히 예상되고도 남음이 있었던 것이며, 이 과정에서 광주사태가 악화 일로를 걷게 됨으로써 무수한 희생자가 발생한 것으로 생각합니다.

요컨대 광주사태의 근본 원인은 공수여단이라는 과격한 부대를 시위 현장에 투입해 강경 진압을 한 것이라고 생각합니다. 이와 같은 계획을 입안하고 실행에 옮겼던 전두환, 황영시, 정호용 등 신군부 핵심 세력들에 전적인 책임이 있다고 생각합니다. 실제 진압에 투입된 공수여단 병력들은 이런 정치적 의도를 전혀 모르는 채 상부 명령에 복종했던 것에 불과하므로 그들 또한 광주사태의 희생자라는 생각이 듭니다.

참고로 말씀드리면, 부마사태 당시 저는 부산 지역 보안부대장으로 재직 중이었기 때문에 부마사태의 진압 과정을 잘 알고 있습니다. 당시에는 시위 초동 단계에서 군 병력이 바로 투입되지 않아 시위가 대규모로 확산됐습니다. 그 후 3공수여단과 해병 1사단 1개 연대 병력을 투입해 강경 진압함으로써 시위를 평정했습니다. 부마사태 진압작전에 대한 평가 과정에서 시위의 대규모 확산을 미연에 방지하기 위해서는 초동 단계부터 공수부대 등을 투입해 강경 진압을 하는 것이 효율적이라는 반성론이 제기된 바 있습니다. 이 교훈이 5월 17일 비상계엄 전국 확대 이후 발생 예상되는 시위 진압작전의 기본 방침을 신군부 핵심 세력들이 '공수부대에 의한 초기 강경 진압'으로 설정하는 데 적지 않은 영향을 끼쳤다고 생각됩니다(조선일보사 1999 : 216 권정달 증언).

이처럼 광주의 경우 시위 진압에 대한 군의 태도가 달라졌다. 시위에 대한 군의 대응과 진압이 초기부터 보다 강경해졌다. 이와 함께 광주 시민들의 저항의 강도 역시 부마항쟁에 비해 상대적으로 더 강했다. 시민들이 느끼는 분노의 공감대도 넓었다.

그런데 여기서 주목하는 점은 두 시위 사태의 근본적 원인에 대한 것이다. 부산, 마산과 광주는 저항의 원인에서 근본적인 차이가 있었다. 부마항쟁에서 시위를 촉발한 중요한 요인은 김영삼 신민당 총재의 의원직 제명이었다. 김영삼 총재는 1979년 10월 4일 국회에서 의원직 제명이 통과되었고 부산대학교에서 시위가 일어난 것은 10월 12일이었다. 의원직 제명 처리 이후 불과 열흘이 지나지 않아 부산에서 시위가 발생한 것이다. 그 이전까지만 해도 부산에서는 유신 반대 시위가 일어나지 않았다. 이처럼 시위의 촉발은 정치적 속성을 가졌지만, 사실 부마항쟁이 발생한 배경에는 경제적 원인이 보다 중요했다. 1979년 당시 경제기획원장관 자문관이었던 김기환은 이렇게 말하고 있다.

10 · 26 사태를 개발독재의 한계로 보는 시각도 있으나 나는 경제사적 의미도 함께 부각되어야 한다고 봅니다. 3공 정권의 경제적 실패가 빚어낸, 역사적으로 필연성을 띤 사건이었다고 생각하

기 때문입니다. 특히 10·26의 도화선이 된 부마사태… 는 박 정권 하의 경제정책의 한계에서 비롯된 것이었습니다. 무리한 수입대체정책을 밀어붙이며 가용자원을 중화학공업에 쏟아 넣는 바람에 노동집약적인 중소기업들이 많이 몰려 있는 부산, 마산 같은 데서 그런 일이 터진 것이지요. 겉으로는 민주화를 내세웠지만 그 이면에는 이처럼 잘못된 경제정책에 대한 저항이 깔려 있었던 것입니다(이장규 2008:84).

부마항쟁 보고서에도 항쟁을 촉발한 원인으로 지역 경제의 어려움에 대한 설명이 제시되고 있다.

1970년대 불어닥친 불황은 전국적으로 공통된 현상이었으나 부산과 마산 지역은 경기의 영향을 쉽게 받는 수출 지향 경공업 산업을 주축으로 하고 있었기에 그 타격은 타 지역에 비해 더욱 컸다. 1962년 제1차 5개년 경제개발계획에 따라 정부가 수출주도형 경제성장을 적극 추진하는 과정에서 부산과 마산은 노동집약형 경공업의 비중이 압도적으로 높은 산업구조를 띠게 되었다. 이러한 상황에서 정부가 경제정책을 중화학공업 중심으로 변화시키고 석유파동으로 수출이 부진하자 가뜩이나 쇠퇴일로에 있던 부산, 마산의 경제는 1970년대 후반으로 접어들며 더욱 악화되었다. 석유파동에 따른 수출 부진으로 가장 큰 타격을 입은 것은 섬유, 신발 등 수출 중심의 노동집약산업 분야였다. … 1970년대에 들어 경제 침체로 이들이 대거 실업자로 전락하면서 부산의 실업률은 전국 평균 4.04%보다 훨씬 높은 6.52%까지 치솟았다. 임금체불액도 경남과 부산 지역이 상위에 속했다. … 1960년대 정부의 공업화정책에 따라 농촌에서 부산과 마산으로 유입된 노동자들은 저임금과 장시간 노동, 강도 높은 작업 등으로 불만이 쌓여갔다. … 이런 상황에서 불황으로 인한 해고의 위험과 장시간 노동, 저임금 및 임금체불 등에 의한 노동력 착취와 물가고, 도시 빈부격차 같은 사회 경제적 모순이 심화되자 부산과 마산 지역의 노동자, 실업자 등이 대거 항쟁에 참여한 것으로 보인다. … 피검거자 현황을 통해 부산과 마산 지역 모두 다수의 노동자와 실업자가 시위에 참여한 사실이 확연히 드러난다.

다시 말해 1970년대 중소기업의 줄도산, 실업자 증가, 저임금과 열악한 노동 환경, 물가고 등 경제 상황의 악화가 부산 마산 지역 시민들이 시위에 참여하는 원인을 제공하였다고 할 수 있다. … 합동수사단이 실시한 여론조사에서도 '부산 지역의 경제 불안'이 부산 시위 발단의 중요한 이유 중 하나로 꼽혔다. 합동수사단이 부산 지역의 일반시민이 시위에 호응한 이유를 알아본 조사에서도 ① 재정 긴축, 중소기업 지원 부진 등에 따른 경기 침체, ② 부가가치세에 대한 불만 등의 경제적 요인이 주로 제기되었다. 마산에서는 ① 도시 팽창에 따른 생활여건(급수 도로. 주택, 교통, 전화 사정)의 악화 ② 물가고와 세금 부담의 가중 ③ 저소득 노동자와 농어민의 생활 불안감이 주요 원인으로 조사됐다(부마민주항쟁진상규명 및 관련자명예회복심의위원회 2018:65-73).

부산과 경남 지역 경제의 어려움 속에 1977년부터 시행한 부가가치세에 대한 불만도 시위를 촉발하는 데 영향을 미쳤다.

정부는 경제개발에 필요한 재정을 확보할 목적으로 1976년 12월 22일 〈부가가치세법〉을 제정하고 1977년 7월 1일 시행에 들어갔다. 1970년대 들어 소득공제 규모의 확대로 세수 증대에 어려움을 겪게 되자 저축 장려와 함께 부가가치세법을 도입한 것이다. … 특히 부산 지역의 도·소매업은 판매액, 매장 면적, 종업원 수 등 규모가 매우 작아 영세성을 탈피하지 못했다. 또한 유동인구를 대상으로 영업하기 때문에 인건비와 임대료 등의 유지비 부담이 큰 도심 지역에 밀집해 있었다. 따라서 부산 지역 소상인들에게 부가가치세는 많은 부담이 되었으며 소상인들이 시위에 어느 정도 호의적인 태도를 갖게 하는 계기를 제공하였다. 한 예로 부가가치세 문제로 정부에 불만이 많았던 국제시장 상인들은 학생들에게 빵과 우유를 나눠주는 등 시위에 자발적으로 동조하였다. 부가가치세에 대한 시민들의 불만은 부마민주항쟁 당시 부가가치세 철폐 주장이나 세무서 공격으로 표출되었고, 시위 도중 '김영삼' 연호를 비난하는 목소리가 터져 나올 정도로 항쟁의 지향점은 정치적 이해를 넘어서 있었다(부마민주항쟁진상규명 및 관련자명예회복심의위원회 2018:73-75).

부마항쟁의 관찰자들 역시 시위의 원인에 대해 비슷한 결론을 내렸다. 중앙정보부장으로 시위 현장을 직접 찾아 상황을 살펴본 김재규 역시 비슷한 점을 지적했다.

유신체제에 대한 도전이고 물가고에 대한 반발과 조세에 대한 저항에다가 정부에 대한 불신까지 겹쳐진 민중 봉기입니다(안동일 2017:459-460).

또한 당시 부마항쟁을 현장에서 취재한 조갑제(1987b:69-70)도 다음과 같이 기록하고 있다.

두 항구도시는 전통성이 약한 상공업 위주의 도시였다. 상인과 노동자가 주류인 서민 계층은 특히 경기에 민감하고 소득 격차에 불만이 많을 소지를 안고 있었다. 1979년 제2차 석유파동에 기인한 경기 침체와 부가가치세의 무리한 실시, 1978년 현대아파트 특혜분양 사건 등에서 드러난 부의 분배 문제들, YH 사건과 도시산업선교회의 문제 등 주로 경제적 사건들이 서민 계층의 반정부 불만도를 전반적으로 고조시켰다. 부마사태의 바닥에 깔린 일반 원인은 이런 경제 문제였음이 계엄사의 여론조사에서도 밝혀진 바 있다. … 여기에 특수 요인으로 작용한 것이 김영삼 총재 제명 파동이었다.

부마항쟁의 배경에 지역 경제의 어려움이 있었던 데 비해 광주항쟁의 촉발 원인은 정치적 속성이 강했다. 무엇보다 김대중 연행에 대한 반감이 컸다. 부마항쟁이 김영삼의 제명에서 비롯된 것처럼 5·17 계엄 확대 이후 김대중의 연행이 광주항쟁을 악화시켰다(조선일보사 1999:248 한용원 증언). 그러나 김대중에 대한 광주의 지지는 그가 호남 출신 정치인이라는 점을 넘어서는 구조적인 특성을 갖고 있었다. 아래는 광주항쟁에 대한 글라이스틴 대사의 평이다.

> 80년 5월 17일 한국 전역에 걸쳐 군부에 의해 강압된 '질서'가 유지되고 있었으나 계엄령으로도 전라 지방의 역사적 중심지인 광주의 학생 시위를 중단시키지는 못했다. 광주에서 시위가 계속된 직접적 원인은 서울에서 있었던 강경 시위의 책임을 물어 전라도 지역이 배출한 그들의 영웅 김대중의 체포에 있었다. 그러나 그 이면에는 오래 지속돼온 지역감정이 자리잡고 있었다(Gleysteen 1999:183).

글라이스틴은 지역감정을 지적했지만, 실제로 보다 중요했던 것은 지역 차별이었다. 호남 지역은 박정희 정권 동안 경제발전에서 상대적으로 소외되어 있었다. 박정희 시대의 공업단지는 수도권과 부산, 마산, 울산, 창원, 포항, 대구, 구미 등 경부선을 따라 이어져 있었다. 당시 존재했던 경부선 철도 등의 인프라나 부산 등의 수출 항구, 또한 일본이나 미국 등에 대한 접근성 등에서 경부 축이 갖는 상대적 유리함이 존재했을 것이다. 그렇지만 수출 주도 경제성장 시스템에서 경제발전의 수혜는 공장을 갖춘 공업도시가 일차적으로 누리게 마련이다. 공장이 없다면 성장의 혜택에서 소외될 수밖에 없다. 호남은 경제개발 초기 단계부터 소외되어 있었다.

경제발전에 대한 호남 지역의 소외감은 이미 1967년 대통령 선거에서도 확인이 된다. 1967년 대통령 선거에서 박정희 후보는 윤보선 후보에 116만 표의 차이, 득표율에서 10.5%의 차이로 손쉽게 승리했다. 그 4년 전 1963년 대선 때 두 후보 간 표의 격차는 불과 15만 표였다.

그런데 4년 사이에 두 후보 지지의 강세 지역에 변화가 발생했다. 1963년 대선에서 박정희의 지지는 전북, 전남, 경북, 경남, 제주 지역에서, 윤보선의 득표는 서울, 경기, 강원, 충북, 충남 지역에서 전국 평균보다 높았다. 즉, 1963년 대선에서는 전북, 전남에서 모두 박정희에 대한 지지가 더 높았다. 그런데 1967년 대선에서는 경북, 경남, 부산, 강원, 충북, 제주에서 박정희 지지가 더 높았고, 서울, 경기, 충남, 전북, 전남에서는 윤보선이 상대적으로 더 많은 표를 얻었다. 1963년 대선에서 양 후보의 지지가 남북으로 구분되었다면 1967년 대선의 결과는 "태백산맥과 소백산맥을 경계로 하는… 표의 동서(東西)" 현상이 나타났다(정진욱 2023:80-82).

1967년 박정희는 전국의 군 지역, 그리고 전북과 전남 지역에서 득표가 감소했지만, 대도시를 포함한 도시 지역, 그리고 영남 지역에서 훨씬 더 많은 표를 얻어냄으로써 1963년에 비해 전체 득표를 끌어올렸다(정진욱 2023:86). 요약하자면, 1967년 선거에서 박정희의 지지는 도시, 영남에서 높았고, 시골, 호남에서 낮았다.

4년 전 대선에서 박정희에게 더 많은 표를 주었던 전남, 전북에서 1967년 선거에서 박정희에 대한 지지가 줄어들게 된 주된 이유는 경제발전에 대한 호남의 소외감 때문이었다. 도시 지역에서 박정희 지지가 높아진 것이 경제발전의 효과 때문이라면, 반대로 호남에서 지지의 하락 역시 경제발전의 소외감 때문이었다. 사실 1967년 대통령 선거 이전부터 호남 지역에서 '푸대접론'이 제기되었다.

경제 전반이 성장하면서 전 지역에서 경제 규모와 생산량 등은 늘어났지만, 호남 지역은 경제성장률이 전국에서 가장 낮았다. 또한, 호남 지역은 지역의 경제구조상 제1차 산업의 비중이 컸던 만큼 제2, 3차 산업 중심의 경제발전 과정에서 상대적으로 경제성장의 과실(果實)을 누리기 어려웠다.

1967년 대선 전후로 호남 지역에서 '푸대접론'이 중요하게 다루어졌다는 사실은 호남에서 박정희의 지지가 감소하게 된 데 경제적인 부분이 작용했다는 점을 잘 보여준다. 경제개발 정책에서 다른 지역에 비해 전남이 '푸대접'을 받고 있으며 이를 시정하기 위해 나서야 한다는 움직임이 전남 지역 사회에서 등장했고, 그 결과 1966년 8월 20일 '전남 푸대접 시정 긴급대책위원회(시정위)'가 결성되었다. 시정위에는 전남 도내의 상공업계와 언론계, 여야 정당을 망라한 12개 단체 대표 1백여 명이 참여했다. … 시정위를 통해 제기된 전남 지역민들의 주장은 기본적으로 호남 지역이 정부 주도의 경제개발계획에서 배제되고 있다는 것이었다. … 특히 지역민들은 "인구는 2위, 면적은 3위, 농업 수확은 1위인데도 예산

배정은 9위, 소득은 최하위"를 기록하고 있던 당시 전남의 경제적 상황에 불만을 가지고 있었다. … 그런데 호남에 대한 차별은 경제·산업 정책에만 국한된 것이 아니라 지역민들이 일상생활 속에서도 느낄 수 있는 것이었다. … 호남 유권자들은 지역의 푸대접을 일상생활 속에서부터 인식하고 있었을 뿐만 아니라, 이를 실제 투표소에서 박정희에 대한 지지 철회로 보여주었기 때문이다. 이러한 푸대접 담론은 사회적 범주로서 '호남'을 부각시키는 결과를 낳았을 뿐만 아니라 지역민들의 삶과 밀착되어 지역 정체성을 형성하는 요인으로 작용했다(정진욱 2023:89-91).

위 인용문을 통해 알 수 있듯이, 이미 1966년부터 '전남 푸대접 시정 긴급대책위원회'가 만들어졌다. 이렇게 축적되어온 호남 지역의 소외감은 1971년 대통령 선거에서 호남 출신 김대중이 신민당 후보로 출마하면서 정치적으로 강하게 표출되었다. 1971년 대선에서 박정희 후보는 경북 지역에서 75.6%, 경남 지역에서 73.4%를 얻었으나, 전남 지역에서는 34.4%, 전북 지역에서는 35.5%를 얻었다. 반면 김대중 후보는 경북 지역에서 23.3%, 경남 지역에서 25.6%를 득표했지만, 전남 지역에서는 62.8%, 전북 지역에서는 62.5%라는 높은 득표율을 기록했다. 6대 대선과 비교해보면, 박정희의 득표율은 호남 지역에서 대체로 7~10% 감소했고, 영남 지역에서는 10~15% 상승했다. 이에 비해 김대중 후보는, 4년 전 윤보선 후보의 득표와 비교할 때, 영남 지역에서는 큰 차이가 없었지만 호남에서는 13~16% 많은 표를 얻었다(강원택 2023:92-93).

이렇듯 호남 지역의 소외감, '푸대접'을 받고 있다는 인식은 박정희 집권 초기부터 시작되어 상당히 오랜 시간 동안 쌓여 왔다. 이런 상황에서 10·26 사건으로 박정희 체제가 무너졌다. 유신 이후의 새로운 정치 변화에 대한 기대감은 다른 어떤 지역에서보다 호남에서 높았을 것이다. 그것은 호남의 소외와 차별을 극복할 새로운 변화에 대한 기대감이었다. 그 기대감 속에 가장 중심이 되는 인물은 김대중이었다. 김대중은 그때까지 마지막으로 실시된 '경쟁적인' 대통령 선거에서 박정희와 맞붙어 94만여 표 차이로 패배한 인물이었다. 그 선거에서 박정희 후보가 "앞으로 여러분들에게 표를 달라는 것은 이번이 마지막"(『동아일보』, 1971.4.26)이라고 공약해야 할 만큼, 경쟁은 팽팽했다. 박정희가 세상을 떠났고 다시 선거가 실시되면, 이미 1971년 대선에서 높은 득표력을 보여준 김대중의 당선은 무난할 것이라고 그의 지지자들, 특히 호남 유권자들은 믿고 있었을 것이다. '이제는 김대중의 차례다'라는 그런 지역 주민들의 기대감을 꺾어버리고 신군부는 김대중을 연행했다.

그런 점에서 호남 주민들로서는, 김대중의 연행은 단순한 한 야당 지도자의 연행이라는 의미를 넘어서는 '시대적 전환'에 대한 거부였다. 박정희 체제를 넘어서는 민주화에 대한 열망과 절박함은 그만큼 호남 주민들에게서 더욱 컸다. 계엄군에 대한 광주의 저항이 부마항쟁 때보다 강했던 한 가지 중요한 요인은 지역 주민이 공유했던 이와 같은 구조적이고 정치적인 정서 때문이었다.

한편, 광주항쟁에 대한 군부의 대응이 부마항쟁 때보다 강경했던 이유 중 하나도 김대중이었다. 군부는 김대중을 '끔찍하게도' 싫어했다. 군부는 왜 김대중을 그렇게도 싫어했을까? 1971년 대선에서 자신들이 모셨던 박정희에게 도전했고 '위협이 될 만큼의' 지지를 얻었다는 이유만으로는 설명이 충분치 않아 보인다. 박정희와 유신체제에 대한 김영삼의 도전이 결국 10·26 사건의 도화선이 되었다는 점을 생각하면 김영삼 역시 김대중 못지않은 거부감의 대상일 수 있지만, 김대중과 김영삼에 대한 군부의 용인 정도는 대단히 달랐다.

앞서 인용한 대로, 계엄사령관 정승화는 군인들을 대상으로 한 강연에서 "김대중이는 핑크다"라고 이야기했다(조갑제 1987: 207). 김대중은 왜 그런 인상을 주게 되었을까? 1987년 대통령 선거에서 이른바 'DJP 연합'을 결성했던 김종필(2016b: 231-232)은 이에 대해 다음과 같이 말한다.

정치인 DJ에 대해 사상 논쟁이 불거지기 시작한 것은 1971년 7대 대통령 선거 때였다. 당시로선 충격적이었던 '4대국 부전(不戰) 보장론'을 공약으로 내걸었기 때문이다. 유신 이후 DJ는 미국과 일본을 오가며 소위 한국민주회복통일촉진국민회의(한민통)라는 단체를 조직했다. 그 과정에서 친북 재일동포 단체인 재일본조선인총연합회(조총련)의 지원을 받았다. 이는 1980년 5·17 사태로 권력을 찬탈한 신군부가 DJ에게 사형 선고를 내리는 구실이 됐다. DJ

가 북한과 조총련의 불순 자금을 받아 반국가단체인 한민통을 결성하고 그 수괴가 됐다는 것이 당시 죄목이었다. DJ는 북한으로부터 직접 돈을 받지는 않았던 것 같다. 다만 한민통 일본 본부를 결성하면서 조총련의 지원을 받은 것은 사실로 보인다.

실제로 '반국가단체'인 한민통을 결성하여 활동했다는 것은 1980년 김대중 재판에서 사형을 선고할 때 중요하게 고려된 점이다.[39] 하지만 애당초 김대중의 사상에 대한 의구심을 갖게 만든 것은, 김종필의 지적대로, 1971년 대통령 선거 때의 그의 공약과 관련된 것으로 생각된다. 당시 김대중은 미국, 일본, 중국, 소련 등 4개국에 의한 한반도의 안전과 평화 보장뿐만 아니라, 당시로서는 파격적이라고 할 수 있는 남북 교류도 제안했다. 기자 교류, 체육 교환, 서신 교환 등 비정치적 분야에서 남북 교류를 공약했다. 더욱이 향토 예비군의 전면 폐지, 베트남 파병 국군의 철수 등도 공약했다.

당시는 국제정치적으로 여전히 냉전의 시대였다. 닉슨 대통령의 중국 방문은 1972년 2월의 일이다. 대선 운동 기간 중이던 1971년 4월 7일 중국이 미국 탁구팀을 초청했다는 기사가 국내 신문에 실렸는데, 중국은 '중공(中共)'으로 불리던 시절이다 (『동아일보』, 1971.4.8). 더욱이 남북 관계는 군사적 긴장이 실제로 매우 높았다. 김신조 등 북한 특수부대 소속 무장 공비 31명이 청와대 근처까지 침투한 1·21 사태가 대선 3년 전인 1968년 1월 21일에 발생했다. 1968년 4월 예비군 창설도 이 사건과 직접적인 관련이 있다. 그리고 그해 10월에는 울진, 삼척 지역에 120명이나 되는 대규모 무장 공비가 침투했다. 이 외에도 1968년 1월 23일에는 미군 함정 푸에블로호가 북한에 피랍되는 사건이 일어났고, 그해 4월 14일에는 DMZ에 매복한 북한군이 UN 사령부 소속 트럭을 공격하여 사상자를 내기도 했다. 또한 1969년 4월 14일에는 북한 청진 부근 공해상에서 미군 정찰기가 북한 미사일에 추락하는 사건도 있었다.

이처럼 국제정치적으로 냉전 반공주의의 시대였고 국내에서도 북한의 잇단 무력도발로 인한 군사적 위기감이 높은 상황에서 김대중이 내세운 일련의 '진보적' 공약은 군부로 대표되는 철저한 반공주의자들에게 그의 사상에 대한 의구심을 갖게 했을 것으로 보인다. 당시 대선 유세 때 박정희 후보 역시 다음과 같이 김대중의 안보 공약을 비판했다.

북괴 김일성은 지난해 11월 제5차 전당대회에서 '모든 전쟁 준비를 완료했다'고 선언, 대한민국에 대해 사실상 선전 포고를 했다. … 야당은 학생들에게 장단을 맞추어 교련(敎鍊) 폐지를 선동하고 있으니 통탄스럽다. 야당은 향토 예비군이나 학도 훈련 안 해도 국군만 있으면 된다고 하나 이는 후방을 교란, 전방에서 국군을 빼돌리려는 김일성의 함정에 빠지는 결과를 가져올 것이다. 스위스나 핀란드 같은 나라도 자기 나라의 국방 체제나 민병 체제를 학원 병영화니 민주주의 위협이니 하고 비난하지는 않는다. … 야당의 4대국 보장안은 해방 직후에 나왔던 굴욕적인 신탁통치론이나 60년대 초에 열강의 보장을 전제로 한 중립화론과 다를 게 없고… 지난 4월 12일 북괴 외상 허담은 소위 평화통일방안을 제의했는데 이 제의는 최근 신민당 후보가 제의한 남북 교류를 전면 지지하고 나섰다. 북괴는 남한 내 이미 혁명 기운이 조성되고 있는 것으로 착각, 현재 학생 데모로 점차 선거 분위기가 과열 격앙되어가는 기미가 보이는 듯하자 그들이 노리는 3단계 폭력 전술의 본격적 시기에 달한 것으로 오판하여 이러한 제안을 해 오고 있는 것이다(『동아일보』, 1971. 4. 15).

선거 유세에서 김대중의 안보 관련 공약을 북한과 연결해 비판하고 있는데, 박정희의 이러한 생각에 대다수 군 지도부도 공감했을 것으로 보인다. 실제로 조갑제가 본 '안기부의 김대중 파일'에는 김대중의 통일 주장이 북한의 연방제 통일 방안과 비슷하다는 점이 거론되고 있다.

- 김대중의 주장 내용: 하나의 연방 아래 두 개의 독립된 공화국 형태를 취하는 것이 우선 가능하고 북한 공산 정권의 존립을 법적으로나 사실적으로 확인하는 동시에 남한에 있는, 민주 정부의 존립도 완전히 보장받아야 하며 양 공화국은 서로 이해, 신뢰, 평온의 증진에 따라 합의된 만큼의 권한을 중앙연방에 점차적으로 이양해감으로써 종국적이고 완전한 통일에 이르는 순서를 밟는 것이 합리적이고 실현 가능하다고 주장, 북괴의 고려연방제와 흡사함.

- 고려연방제의 정의는 감상적 통일 논의를 유발하여 반공 체제를 약화시키고 연공(聯共) 합작의 기반을 확대함으로써 주한미군 철수 촉진 및 한미합동공동방위업체('체제'의 오기인 듯)를 와해시키려는 것이다. 이는 평화통일을 표방하여 남북한에 통일전선을 형성하여 흡수통합을 추진하려는 전략이다(조갑제 2006:123-124, 괄호 안은 이 출처의 원문).

오늘날의 관점에서는 그리 특별해 보이지 않는 통일 방안이지만, 1970년대 초 '북괴(北傀)'는 공존의 대상이 아니라 처단, 멸절의 대상이었다. 그런데 북한 정권을 인정하고 이들과 공존하고 점차로 통일로 나아가자고 하는 것은 북한의 주장에 동조하는 것으로 받아들여졌다. 실제로 북한 김일성이 1960년 8월 연방제 통일론을 제안한 이래, 연방제 통일안은 한국 사회에서 '금기어'처럼 다뤄졌다. 당시 김일성은 남북 총선거를 주장하면서 이를 받아들일 수 없으면, 남북의 현 정치제도를 그대로 두고 양 정부의 독자적 활동을 보존하면서 두 정부의 대표로 구성되는 최고민족위원회를 조직하여 경제, 문화 등을 통일적으로 조절하는 연방제를 실시하자고 했다(심지연 2001:51).

김대중이 제안한 4대국 보장론, 남북 교류, 그리고 예비군 폐지 등은 반공주의의 기반을 뒤흔드는 심각한 도전으로 받아들여졌을 것이다. 특히 반공의 보루를 자처하는 군으로서는 김대중의 공약을 더욱 심각하게 받아들였을 것이다. 한민통을 포함한 그 이후의 활동에 대한 군부의 의구심은 여기서 비롯된 것으로 생각된다. 이런 이유로 1979년 이후 정국에서 김대중은 군으로서는 가장 거부감이 큰 정치인이었다. 김대중에 대한 한쪽의 강렬한 열망과 다른 쪽의 절대적 거부감이 광주에서 부딪쳤다.

부마항쟁과 광주항쟁의 차이를 낳은 또 다른 요인은 권력의 정통성, 정치적 권위와 관련이 있다. 부마항쟁은 정부의 경제적 실정과 정치적 억압에 대한 항거였지만, 그것이 박정희 체제에 대한 전면적 도전이거나 그 체제를 부정한 것이라고 보기는 어렵다. 부마항쟁을 촉발한 부산대학교 시위에서 내건 선언문의 요구 사항은 다음과 같다(부마민주항쟁진상규명 및 관련자명예회복심의위원회 2018:80).

1. 유신헌법 철폐
2. 안정성장정책과 공평한 소득 분배
3. 학원 사찰 중지
4. 학도호국단 폐지
5. 언론·집회·결사의 완전한 자유와 보장
6. YH 사건에서와 같은 반윤리적 기업주 엄단
7. 전 국민에 대한 정치적 보복 중지

이 선언문의 요구 사항 중 첫 번째로 '유신헌법 철폐'가 있지만, 이 선언문의 내용이 박정희 체제에 대한 전면적 부정이라고 보기는 어렵다. 두 번째 요구 사항으로 '안정성장정책과 공평한 소득 분배'를 내세운 것이 눈길을 끈다.

부마항쟁이 발발했을 때, 박정희는 대통령으로만 16년째 재임 중이었다. 그 체제에 대한 대중적 저항이나 대규모 체제 전복의 시도는 일어나지 않았다. 정치적 저항은 재야인사들과 일부 대학생들에 국한되어 있었다. 유신 이후 박정희 통치는 긴급조치와 같은 강압적 수단에 크게 의존했지만, 동시에 상당한 권위와 정통성도 유지하고 있었다.

앞에서도 언급했지만, 집권 과정에서 박정희와 전두환의 가장 큰 차이는 경쟁적 선거를 거쳤느냐 하는 점이다. 5·16 쿠데타로 제2공화국을 무너뜨렸지만, 박정희의 집권은 어려운 선거 경쟁을 거쳐 이뤄졌다. 박정희는 1963년 대통령 선거에서 윤보선에게 15만 표라는 근소한 표 차이로 승리했다. 유신 이전까지의 세 차례 집권 역시 대통령 선거에서 승리한 결과였다. 그 당시 선거가 아주 공정했다고만 볼 수는 없겠지만, 박정희 대통령은 외형적으로 절차적 민주주의를 통한 정통성을 갖고 있었다. 또한 유신 이후 '체육관 선거'로 전환했지만, 오랜 통치에서 비롯되는 권위와 카리스마가 존재했다. 경제성장을 통한 성과도 박정희 체제의 중요한 자원이었다.

그는 민주적 절차의 정통성보다 경제적 업적을 세워 국민의 지지를 받고자 했다. 박(정희) 대통령은 권력 융합적 체제를 가지고 긴급한 해결을 요하는 경제 문제에 신속하게 대처하였고 그 결과는 오늘날 평가한다면 성공적이었다(이정복 2008:70).

박정희 통치체제는 '성과를 통한 정통성(performance-based legitimacy)'을 유지하고 있었다(Levi 2018; Byung-Kook Kim 2011). 립셋(Lipset 1994:8)은 "정통성은 오랫동안 이어지는 유능함(effectiveness)에 의해 가장 잘 확보되는데, 여기서 유능함이란 대다수 국민, 그리고 군부와 경제계 지도자들과 같은 주요한 파워집단의 기본 욕구를 만족시키는 수준으로 정부가 이뤄낸 구체적 성과를 말한다"라고 정리한 바 있다. 적어도 1979년 이전까지 박정희 체제는 그러한 유능함을 유지하고 있었다. 더욱이 부마항쟁 당시에는 박정희가 생존해 있었고 이로 인해 기존 체제에 의한 질서가 유지되고 있었다.

이에 비해 1980년의 상황은 전혀 달랐다. 박정희의 죽음으로 권력은 공백 상태였다. 대통령은 통일주체국민회의라는 체육관 선거를 통해 당선된 외무 관료 출신 최규하였다. 최 대통령에게서 대중적 지지 기반은 물론, 최고 정치지도자로서의 정당성과 권위도 찾을 수 없었다. 민주화로 가는 과도기를 '일시적으로' 맡아줄 인물로 받아들여졌다. 더욱이 광주항쟁 당시 전두환의 직책은 보안사령관이었다. 당시 정국에서 '실세'이기는 했지만, 전두환은 대중의 지지에 의해 선출된 정치인도 아니었고, 더욱이 어떤 정치적 직책도 갖고 있지 않았다. 그에 대한 어떤 정치적 정당성이나 권위도 인정할 수 없었다. 이런 점에서 광주 시민들이 볼 때, 5·17 계엄 확대 조치나 김대중 연행은 어떤 이유로도 정당화될 수 없는 불법이었고 용납할 수 없는 행위였다.

전두환과 신군부는 동의가 전혀 없는 강제력에만 의존해 권력을 찬탈했다. 기술관료적 합리성을 갖춘 고도의 억압적인 근대적인 권위주의 체제인 유신체제와 비교해 볼 때, 전두환의 군부독재는 기술 관료적 합리성도 없이, 동의가 없는 발가벗은 권력(Macht)에 의존하는 정당성을 갖추지 못한 권력에 굶주린 군벌들의 집단적 독재체제, 즉 전근대적인 신군벌주의(neo-caudillismo) 독재로 볼 수 있다(임혁백 2014 : 19).

광주항쟁 당시 최규하는 무기력한 대통령이었고, 전두환은 '동의 없는 강제력에 의존한 군벌의 지도자'일 뿐이었다. 권위의 부재, 정당성의 부재가 광주 시민의 저항을 더욱 강하게 만들었다. 이것이 부마항쟁에 비해 광주에서의 저항이 더욱 치열하게 전개된 또 다른 이유였다.

광주항쟁의 정치적 결과

 두 번째 질문은 광주항쟁은 어떤 정치적 결과를 낳았을까 하는 점이다. 결론부터 이야기하면 광주에서의 희생은 1961년 5·16 쿠데타 이후 집권해온 군부 권위주의 체제를 종식시키는 결정적인 계기를 마련했다. 한국이 민주화로 가는 여정에서 가장 중요한 사건이 광주항쟁이었다.

 광주항쟁은 신군부가 권력을 찬탈하기 위해 '대한민국 국군'이 '대한민국 국민'을 살상한 사건이다. 광주항쟁의 피해자는 총 5,517명으로 집계되었다. 구체적으로 희생자의 내역을 보면, 사망자 155명, 상이 후 사망자 110명, 행방불명자 81명, 부상자 2,461명, 연행 구금 부상자 1,145명, 연행·구금자 1,447명, 재분류 및 기타 118명 등이다.[40] 사망자만 놓고 보더라도 국군이 155명의 국민을, 전시가 아닌 상황에서, 살해했다. 그러나 이러한 광주에서의 처절한 희생이 철벽같이 공고해 보이던 군부 지배체제를 무너뜨렸다.

군부 지배는 군이라는 물리적 강제력이 가장 중요한 힘의 원천이기는 하지만, 그 지배를 정당화해주는 반공 이데올로기의 영향도 컸다. 박정희와 5·16 주도 세력이 쿠데타 이후 발표한 이른바 '혁명공약'에서 1항으로 "반공을 국시의 제일의(第一義)로 삼고 지금까지 형식적이고 구호에만 그친 반공 태세를 재정비 강화한다"를 내세운 것은 그것이 그들의 지배를 정당화할 수 있는 가장 설득력 있는 명분이었기 때문일 것이다. 6·25 전쟁을 겪은 후 반공은 단순한 이데올로기가 아니라 국가적 생존의 문제가 되었다.

6·25의 전쟁 체험은 우선 남한 사람들의 공산주의관에 큰 영향을 미쳤다. … 전쟁 초기에 미처 피난을 가지 못한 대부분의 남한 사람들은 '인민재판' 등으로 표상되는 공산 정권의 포악성과 비인도성을 직접 목도했고 이러한 경험을 통해 이른바 체험적 반공주의자들이 되어버렸다. 이러한 인식은 매우 철저한 것이어서 생전에 고치기 어려울 정도로 정형화(定型化)되어버렸다. 이러한 삶의 경험은 분단의식의 내면화로 이어졌고, 이에 따라 공산주의와 친화성이 있는 모든 이론, 개념, 상징까지를 금기화하는 풍조를 낳았다. 역대 정권은 또 이러한 흐름을 최대한으로 이용하여 안보 독재를 강화함으로써 시대적 분위기는 더욱 경색되었다(안병영 1988:409).

휴전 이후에도 빈번했던 북한의 무장 도발은 이러한 생존의 절박함을 더욱 강하게 만들었다. 앞에서 살펴본, 북한 특수부대가 청와대를 습격한 1968년 1·21 사태나 그해 10월의 울진, 삼척 무장공비 침투 사건 등 1960년대 후반 발생한 일련의 무력도발은 북한의 위협이, 박정희 정권에 의해 동원되고 조작된 것이 아니라, 심각한 수준으로 실재(實在)하고 있음을 보여주었다. 이는 6·25 전쟁에 이어 남한 사회에서 반공 이데올로기가 내면화되는 계기를 마련했다(신종대 2005: 131).

군부에 기반한 권위주의 체제나 반공 이데올로기는 그저 억압을 위한 도구나 가상의 명분이 아니었다. 군 지배는 그 나름대로 정당성을 가지고 있었다. 즉, 북한의 잠재적 무력 공격이나 위협으로부터 국가적 생존을 지키는 군의 역할은 비단 국방의 수준을 넘어 통치의 영역까지 확대되어 있었지만, 국가의 안정, 질서, 생존이라는 명분하에, 수동적으로라도, 수용되었다.

군부 권위주의 체제는 이와 같은 반공 이데올로기의 기반 위에서 자리 잡을 수 있었다. 조희연(2010: 271)은 "1960년대에는 반공주의적 동원 자체가 수동적 동의를 확보하고, 개발주의적 동원이 수동적 동의를 넘어 일정하게 능동적 동의를 결합해내는 단계"에 이르렀지만, 그 이후에는 "폭력적 강압을 전면화한 유신체제로 전환된다"고 보았다. 그러나 1960년대 이후에도 '반공주의적 동원에 의한 수동적 동의'는 일정하게 존재했다. 임지현(2004: 17-55)이 '대중독재'의 개념으로 제시한 대로, 폭력과 강제만이 아니라 일정한 동의가 존재하는 것이었다. 북한의 군사적 위협이 실재하는 상황에서 반공주의는 안보라는 공공재(public good)의 효용을 극대화해서 상징하는 이념적 수단으로 활용된 것이다. 군부 지배의 정당성도 북한의 위협으로부터 국민의 생명과 안전의 보호라는 공공재의 생산에서 찾았다. 이러한 공공재의 속성이 군부 권위주의 체제에 대한 최소한의 동의를 이끌어냈다.

그러나 광주에서 국군이 국민을 학살하면서 그러한 명분도, 정당성도 다 사라졌다. 군이 권력 찬탈을 위한 전두환 세력의 사적 재화처럼 사용되었다. 광주에서 군은 공산주의자나 외부 위협이 아니라, 국가 구성원을 상대로 총격을 가했고 노골적인 폭력을 행사했으며, 민간인을 상대로 전면적인 군사 작전을 실행했다. 군의 물리력이 외부의 위협으로부터 국민의 생명과 안전을 지키기 위한 것이 아니라, 오히려 저항하는 국민의 생명과 안전을 위협했다.

> 군사의 병기가 적(敵)이 다가서는 바깥을 향하지 않고, 우리 내부의 누군가를 겨눈다면 반드시 폭력과 희생을 부르고 만다 … 군(軍)을 떠난 민(民)이 있을 수 없고, 민을 떠나 군이 바로 설 수도 없는 일이다. 따라서 국가의 간성인 군이 충성을 바쳐야 할 대상도 민이다. 그러나 민간의 일각에서도 문제는 늘 벌어지게 마련이다. 군은 그런 상황에서 어떻게 움직여야 할 것인가. 군이 지닌 무기는 살상을 전제로 한다. 따라서 군이 병력을 움직일 때는 태산(泰山)과 같은 신중함을 지녀야 한다(백선엽 2016: 41-42).

군이라는 공공재가 갖는 물리력과 폭력성이 사적 재화로 사용되면서, 군부 지배체제에 대해 유지되어온 최소한의 수동적 동의도 급격히 약화될 수밖에 없었다. 이제 군부의 지배는 더 이상 용납될 수 없는 것이 되었다. 특히 지배 권력 유지를 위한 군의 물리력 사용은 더 이상 시민들에게 국민 모두를 위한 안보라는 공공재 생산을 위한 적법한 행위로 받아들일 수 없게 되었다. 광주 시민들의 저항은 바로 이런 점에서 정당한 것이었다. '광주'를 겪은 후에는 언제라도 이와 유사한 상황이 생겨나고 또 군이 진압을 위해 투입된다면 어느 곳에서나 시민들의 저항은 불가피한 것이 되었다.

광주에서 자행된 민간인에 대한 군의 잔인한 진압은 일반 국민에게만 충격을 준 것은 아니었다. 군 내부에서도 시민들의 시위에 군이 진압군으로 개입하는 문제를 다시 생각해보게 했다. 광주에서의 유혈 진압은 '국민의 군대'라는 군의 자존심과 명예를 훼손했다.

요컨대, 광주사태는 '정치적인 요구'를 군사력으로 제압하겠다는 발상과 소요 진압은 특수부대(공수부대)를 투입하면 조기에 그리고 쉽게 성공시킬 수 있다는 경직된 사고방식을 갖는 정치 군인 세력들의 판단 착오와 무모성 등의 결과로 빚어진 불행한 유혈 사태였다(대한민국재향군인회 1997: 321).

이런 점은 1987년 민주화 항쟁 과정에서 잘 드러난다. 1987년 민주화를 외치는 대규모 시위가 연일 계속되자 전두환 정권에서는 군의 출동을 검토했다.

1987년 6월 19일 오전 10시 반 (전두환) 대통령은 안기부장, 국방부장관, 3군 참모총장, 수방사령관, 보안사령관 등 군 고위 관계자들을 청와대 집무실로 소집, 비상조치를 전제로 한 군 병력 배치 계획을 결정하고 시달했다. (전국 지역별 비상시 병력배치 계획에 관한 보고와 서울 지역 병력배치 계획에 관한 보고를 들은 뒤) … "내일 새벽 4시까지 전부 진입하도록 해야 돼요. 학교에 아무도 없을 때를 택해서 들어가고 농성자들은 검거하고 농성, 데모의 배후 연계 사항을 밝혀서 그 뿌리를 1, 2개월 안으로 뽑아야 합니다. 이것은 계엄 선포가 아니라 비상조치입니다"(김성익 1992 : 418).

이러한 군 개입 가능성에 대해 우선 미국이 반대 입장을 분명히 했다. 미국은 6월 10일 대규모 시위가 일어나기 전부터 한국 상황이 '파국'으로 치닫지 않도록 영향력을 행사하고자 했다. 우선 레이건 대통령이 전두환 대통령에게 '자제를 촉구하는' 친서를 제임스 릴리 미국대사를 통해 전달했다. 군의 개입을 막기 위한 미국의 압력은 상당히 거셌다. 릴리 대사와 면담을 마치고 그가 청와대를 떠난 후 전두환 대통령은 군 병력 동원 중지를 지시했다(Oberdorfer and Carlin 2014 : 266-270). 미국이 이렇게 서둘러 움직이게 된 것은 역시 광주의 교훈 때문이었다. 군이 동원되어 시민을 무력으로 진압하게 되면 군 작전권을 가진 미국 역시 그 책임에서 자유롭기 어렵다는 사실을 깨달은 것이다.

이처럼 미국이 한국의 정치 상황에 특사까지 파견하면서 신속하게 대응한 데에는, 80년 5·18 민중항쟁의 유혈진압 당시 미국이 취한 태도가 '반미의 무풍지대'인 한국의 민중 운동 세력들로 하여금 반미투쟁을 전개하게 한 주요 원인이었다고 판단한 것이 큰 영향을 미쳤다. 비유해 보건대 '죽은' 80년 5월의 광주가 '산' 미국의 발목에 족쇄를 채웠던 것이다. 이 레이건의 친서는 그 내용보다 친서 전달이라는 행위 그 자체가 주는 효과가 훨씬 컸다.

6월 20일에는 국무차관 더윈스키가, 6월 23일에는 한국 문제의 실무 책임자인 시거 차관보가 급거 방한하여 한국 문제의 '새로운 해결'을 위해 모색하기에 이르렀다. 이들은 '군부 개입 반대, 한국 사태의 평화적 해결, 민주 발전의 이룩'에 대한 미국의 희망을 국내 인사들을 만나 구체적이고 명확하게 표시하고 나섰으며, 또 6월 22일 국무성 정오 브리핑을 통해 유례없는 직설적 표현으로 군대의 사태 개입을 묵과하지 않는다는 높은 강도의 메시지를 보내 한때 긴장감을 고조시키기도 했다(손호철 1999:50-51).

그러나 미국의 압력이 아니었더라도 전두환이 군을 동원하기는 어려웠다. 애당초 전두환은 군을 동원할 생각이 없었고, 보다 정확하게는 군을 동원할 수 없었다. 비상조치를 전제로 한 군 병력 배치 계획을 시달한 그날의 상황에 대한 당시 통치 사료 담당 비서관이었던 김성익의 기록이다.

일견 사태는 매우 긴박하게 돌아가는 것처럼 보였다. 그러나 군 핵심 간부들과의 회의에서 전 대통령의 표정에는 긴장감이나 무거운 기색을 찾아볼 수 없었다. … 거기에다 또 한 가지 이해할 수 없었던 것은 이날 오후 2시에 예정돼 있던 릴리 주한미국대사와의 면담 계획이 아무런 변경 없이 그대로 진행된다는 점이었다. 오전에 비상조치를 결심해서 강행할 생각이었다면 미국대사를 만나는 것은 조치를 취한 이후로 연기될 것으로 생각했기 때문이다. 역시 군대 동원 지시는 이날 오후 4시 반경 유보됐다(김성익 1992:420).

당시 노태우 민정당 대표도 군 출동이 어렵다는 것을 깨닫고 있었다.

6월 18일 자정에 전 대통령이 고명승 국군보안사령관에게 전화를 걸어 20일 새벽 4시를 기해 부산 지역에 위수령 발동을 전제로 한 군 출동 준비 태세를 갖추라고 지시했다는 것이다. 청와대로부터 직접 통보를 받지는 못했으나 국방부와 군 쪽에서 알려준 내용이었다. 나는 직감적으로 '만일 이번 사태에 군을 동원한다면 이 정권은 무너질 수밖에 없다'는 생각이 들었다. 충성심 강한 군 간부들도 '군이 출동하면 불행한 사태를 맞게 될 것'이라는 의견들이었다. 동원된 군이 누구 편에 서게 될지 알 수 없다고 말하는 사람도 있었다(노태우 2011a:341).

군이 출동하면 '정권이 무너질 수밖에 없다', 그리고 '불행한 사태를 맞게 될 것', 심지어 '군이 누구 편에 설지 알 수 없다'는 것은 군 동원을 둘러싼 당시 군 내부의 정서를 반영한 것이다.

전두환 대통령 스스로도 그 위험성을 알고 있었다.

힘으로는 간단하다. 군대가 나오면 항상 쿠데타의 위험이 있어. 그러면 나라가 어떻게 되겠나(김성익 1992:436).

특히 '젊은 간부들'에 대한 우려가 있었다. 다음은 대법원장과의 면담 중 드러난 전두환 대통령의 심경이다.

군대라는 데가 이상한 뎁니다. 내가 대통령이 되고 난 지금도 솔직히 무서운 단체가 군대입니다. 장군들은 내가 잘 아니까 그렇지만 젊은 간부들은 패기가 대단해요. 그래야 전투를 하거든요. 저 사람들이 꿈틀하면 막을 길이 없습니다. … 항상 정치하는 사람들은 군이 정치에 직접 개입하는 명분을 절대 주면 안 됩니다(김성익 1992:209-210).

전투 병력을 실제 지휘하는 영관급 장교들이나 젊은 장성들이 군 병력 동원에 반대했다. 시위 진압을 위한 군 동원에 반대하는 이들의 강력한 의사는 정권 차원에서도 부담되는 일이었다.

정호용에 따르면, 시위 진압을 위한 대대적인 군 병력 동원 준비 태세에 놀란 영관급 장교들과 젊은 장성들이 그를 찾아와 시위대는 정당한 명분을 추구하고 있으며 이들을 진압하기 위해 군대를 동원할 경우에는 엄청난 파국이 초래될 것이라고 말했다. 정호용은 젊은 장교들의 우려를 노태우에게 전달했고 아울러 군 병력을 동원한다면 남한 사회에는 물론이고 향후 노태우의 정치적 입지에도 적지 않은 영향을 미칠 것이라는 말을 덧붙였다. 노태우는 곧바로 전 대통령을 찾아가 군 병력 동원을 중지할 것을 강력하게 건의했다. … 당시 상황을 가까이 지켜본 한 인사에 따르면, 만일 시위 진압을 위해 탱크와 군대를 거리로 내보냈다면 79년 12월 전두환 자신이 그랬던 것처럼 일부 지휘관들이 다른 마음을 먹고 병력을 이용할지도 모른다는 한 측근의 조언과 레이건 대통령의 친서가 결정적으로 전 대통령의 마음을 돌렸다고 말했다(Orberdorfer and Carlin 2014: 270).

군 출동을 두고 군 내부에서 일어난 갈등에 대한 또 다른 증언이 있다.

6월 10일을 전후한 전국적인 소요 사태에 대비해서 군에 대한 출동 명령이 내려졌었습니다. 일부 수도권 부대들이 출동 대기를 했었고 육군 수뇌부는 거기에 대해서 여러 가지 준비를 한 것으로 알려져 있습니다. 그런데 육본의 여러 참모 장성들이 모두 찬성했던 것은 아닙니다. … 준장급하고 소장급 이상 간에 어떤 갈등이 있었다고 합니다. 특히 준장급들은 대개 육본처장들입니다만 출동 명령에 강한 저항을 나타내 결과적으로 군 출동이 이뤄지지 못했다는 얘기가 있습니다(홍두승 1994: 131-132).

군 고위층 내에서도 군 출동의 자제를 요구하는 목소리가 나왔다. 당시 특전사령관이었던 민병돈은 고명승 보안사령관을 통해 전 대통령에게 군 출동을 해서는 안 된다는 건의를 했다.

"지금의 상황에서 명령에 따라 움직이는 군이 시위대와 충돌하면 국가적으로 불행한 일이 일어난다."…"현재의 시위는 민주주의 사회에서 있을 수 있는 집단적 의사표시라고 봐야 하며 군이 나서 진압해야 할 폭동이라고 판단하기는 어렵다."… 고 사령관은 청와대에서 전 대통령에게 독대 보고를 하는 중에 "지금은 폭동 상황이라고 보기 어렵고 군이 출동하면 불상사가 날 수 있다. 좀 더 관망할 필요가 있다"는 의견을 가진 지휘관도 있다며 민 사령관의 의견을 요약해 전달했다. 전 대통령이 "누구의 의견이냐"고 물었다. "민병돈 특전사령관입니다"라고 대답하자 전 대통령은 씩 웃으며 "알았어"라며 묵시적으로 동의하는 표정이었다(황호택 2017:258-259).

전두환 대통령은 반정부 시위가 거세지면서 군 출동이나 비상조치 발동 등을 고민했던 것으로 보인다. 그러나 현실적으로 그것이 어렵다고 판단했다.

전 대통령은 집권 말기인 86년 하반기부터 비상조치나 군부 동원에 관한 얘기를 많이 했다. 정국이 어려워지기 시작한 86년 말에는 실제로 비상조치권 발동에 관한 일부의 건의를 받고 검토를 시킨 일도 있었다.

87년에 접어들어 정부, 여당이 밀리는 상황으로 나가면서 각종 회합에서 비상조치를 언급하는 회수는 더욱 빈번해지는 것을 목격했다. 전 대통령은 그러면서도 자신의 속을 털어놓을 상대에게는 군부 동원은 할 수도 없고 해서도 안 되는 것임을 확실히 하고 있었다(김성익 1992: 420).

이처럼 1987년 6월 항쟁의 중요한 순간에 전두환 정권은 더 이상 군을 통한 억압적 지배를 할 수가 없었다. 군을 동원한다면 그때는 광주의 상황을 훨씬 뛰어넘은 대규모의 비극적 사태가 서울을 포함하여 전국 각지에서 생겨날 가능성이 컸다. 광주에서의 경험은 군의 명분 없는 개입에 대한 시민의 거센 저항을 불러왔을 것이다. 그런 상황은 군부 내 많은 지휘관들이 피하고 싶은 일이었을 것이다. 사실 광주에서의 희생은 대다수 군인들에게도 참담하고 부끄러운 사건이었다. '국민의 군대'가 광주에서 전두환 개인의 권력욕을 위해 사용되었다.

더욱이 전두환 정권은 군부 정권이라고 하지만, 실은 하나회를 비롯한 신군부라는 특정 파벌을 중심으로 형성된 권력이었다(강원택 2017b: 102-105; 조현연 2007: 54). '하나회' 파벌에 소속된 소수의 장교들은 특혜를 받았지만, 그런 만큼 소외감이나 차별을 느끼는 장교들도 많았을 것이고, 신군부와 다른 생각을 갖는 장교들, 신군부를 싫어하는 장교들도 적지 않았을 것이다. 이런 상황에서 군을 시위 진압을 위해 다시 동원한다면, 노태우의 표현대로 '군이 누구 편에 서게 될지 알 수 없는' 상황, 혹은 전두환이 걱정한 대로 군의 총부리가 자신을 향했을 수도 있었다.

광주항쟁을 거치면서 이제 군은 권위주의 통치자의 권력 유지를 위한 수단으로 동원될 수 없게 되었다. 광주 시민의 고귀한 희생이 군을 군 고유의 영역으로 되돌려 보냈다. 이와 함께 권위주의 체제도 더 이상 군부의 물리적 강제력에 의존하여 유지될 수 없게 되었다. 광주에서의 희생을 통해 한국은 군부라고 하는 민주화를 향한 가장 무거운 걸림돌을 제거할 수 있게 되었다.

제7장

정치적 대안 세력의 등장

야당의 복원

 광주항쟁과 함께, 제5공화국 시기에 주목해야 할 또 다른 중요한 사건은 1985년 2월 12일의 12대 국회의원 선거이다. 광주항쟁이 군부 권위주의를 뒷받침해온 물리적 강제력의 정치적, 도덕적 기반을 약화시켰다면, 2·12 총선은 반권위주의의 대중적 저항을 주도해갈 정치적 구심점을 만들어냈다. 이 선거를 통해 막연하거나 불확실할 수 있는 '민주화'라는 정치적 변혁에 대해 다수가 안심하고 공감할 수 있는 구체적이고 실현 가능한 목표가 제시되었고, 또 그것을 이끌고 나갈 정치적 대안 세력도 등장했다.
 1960년의 4·19 혁명이 미완으로 끝나게 된 것은, 학생들이나 지식인들이 정치적 격변을 끌어냈지만 그들은 그 이후의 질서를 끌고 나갈 대안 세력이 될 수 없었기 때문이다. 1979년 이후의 '서울의 봄'이 허망하게 무너진 것 역시 변화를 만들어내고 그 이후를 이끌고 갈 힘이 체제 외부에 없었기 때문이다.
 그에 비해서 1985년 2·12 총선은 정치적 변화를 이끌고 갈 중심체가 제도권 정치에서 등장했고, 이들이 제시한 '직선제 개헌'은 중산층을 포함한 다수 국민에게 수용 가능한 민주화의 목표로 받아들여졌다. 이후 학생, 노동 등 사회운동권 역시 제도권 정치가 제시한 '직선제 개헌' 목표에 동참하면서, 민주화를 향한 힘이 결집될 수 있었다. 1987년 6월의 거대한 국민항쟁은 체제 전복이나 혁명이 아니라 절차적 민주주의의 수용에 대한 요구였고, '직선제 개헌'의 요구를 전두환 체제가 수용하면서 한국은 민주화를 맞이했다. 한국 민주화는 민주적 체제로의 전환에 대한 군부 권위주의 세력과 민주화 세력의 정치적 '타협'의 결과였다. 이와 같은 평화적이고 질서 있는 탈권위주의 과정의 출발점이 1985년 12대 국회의원 선거였다.

극도로 억압적인 정치 상황에서도 제5공화국에 대한 "거부감은 유신 시대보다 높았다. 대학 캠퍼스에서는 이의 철폐를 요구하는 학생들의 시위가 일어나지 않는 날이 없었고, 이러한 시위에는 분신자살과 같은 극단적인 형태도 포함되어 있었다. 대학생들의 이러한 운동은 이념적으로는 급진적이고 반미적인 성격을 띠기도 하였다. 종교인, 문인, 일부 법조인, 재야 정치인으로 구성되는 재야 세력의 개헌 운동은 유신 시대에 비해 훨씬 더 조직화되어 있었고 그 규모도 훨씬 더 컸다"(이정복 2011:92). 이처럼 전두환 체제에 대한 가장 격렬한 저항은 대학가에서 나타났다. 대학가에서는 연일 시위가 발생했고 최루탄과 화염병이 날아다녔다. 수많은 학생들이 구속되고 투옥되고 강제로 군에 징집당했다. 1980년 5월부터 1983년 후반까지 반정부 시위로 구속되거나 투옥된 학생의 수는 유신 기간 전체보다 많은 1,400여 명에 달했다(김영명 2013:232).

 정치활동 규제로 한동안 침체되어 있던 야당 정치인들 역시 서서히 움직이기 시작했다. 5·17 계엄 확대와 함께 가택 연금 되었던 전 신민당 총재 김영삼은 1981년 6월 9일 연금이 해제 되었다. 이후 김영삼은 측근들과 서울 삼각산 등반을 했고, 이 등산 행사는 민주산악회의 기원이 되었다. 민주산악회는 매주 목요일마다 산행을 했고, 이들의 산행은 점차 조직화되기 시작 했다. 서울에서 시작하여 점차 대구, 부산, 충북, 강원, 전남 등 전국으로 산행을 다니면서 그에 따라 민주산악회 조직도 확대 되어갔다. 민주산악회의 산행에 대해서조차 정보기관의 탄압과 방해가 적지 않았다. 하지만 정치적으로 규제받고 있고 권위주 의 지배가 극에 달해 있는 상황에서 산악회는 매우 효과적인 정 치적 결집의 방편이었다. 조직적으로 느슨하기는 하지만 정기적 으로 이뤄지는 회합이며, 김영삼을 중심으로 민주화를 요구하는 정치 결사체의 성격을 지녔던 것이다.[41] "따라서 민주산악회의 산행은 단순한 운동이나 건강 차원의 산행이 아니"라 "독재의 암흑기에 산행(山行)은 유일하게 동지들을 규합할 수 있는 수단 이었고, 민주화 투쟁의 방편"이었던 것이다(김영삼 2000a:217). 그러나 전두환 정권은 1982년 5월 31일 북한산 산행에 따라나 선 『뉴욕타임스』 도쿄지국장 스토크스와의 인터뷰 내용이 보도 된 이후 이를 빌미로 삼아 김영삼을 다시 가택 연금에 처했다.

 2차 가택 연금에 놓인 김영삼은 1983년 5월 18일 광주항쟁

3주년을 기념하면서 단식투쟁에 돌입했다. 김영삼의 단식은 23일간 이어졌다. 김영삼의 단식 기간 중 33명의 전직 국회의원을 포함한 58명이 민주화를 위한 김영삼의 단식투쟁을 지지하는 시국선언을 발표했다. 김영삼의 단식은 '서울의 봄' 때 분열했던 김영삼계와 김대중계가 다시 결집하는 계기가 되었다. 한편, 김대중은 미국에서 김영삼의 단식을 지지하기 위한 시위를 워싱턴과 뉴욕 등에서 벌였고, 『뉴욕타임스』에 단식투쟁을 지원하는 글「김영삼의 단식투쟁(Kim's Hunger Strike)」을 기고하기도 했다(김대중 2010:462-464). 그리고 얼마 지나지 않은 1983년 8·15 광복절에는 "민주화 투쟁은 민족의 독립과 해방을 위한 투쟁이다"라는 제목의 성명서를 김영삼, 김대중의 공동 명의로 발표했다. 이들은 힘을 합쳐 이듬해인 1984년 5월 18일 민주화추진협의회(민추협)를 발족시켰다.

1985년 초에는 제5공화국의 두 번째 국회의원 선거가 예정되어 있었다. 민추협은 이 선거의 참여 여부를 두고 내부적으로 의견이 갈렸다. 선거에 참여해서는 안 된다는 이들은 총선 참여 자체가 전두환 정권을 인정해주는 것이며, 당시의 선거제도나 촉박한 일정으로 볼 때 선거에 참여해도 참패가 분명해 결과적으로 전두환 정권에 들러리 서주는 꼴이 될 것을 우려했다. 김대중계에서 선거 참여에 소극적이었다. 반대로 김영삼계에서는 선거 참여를 강하게 주장했다. 이들은 '총선에 불참하더라도 현재의 언론 구조 아래에서는 효과적인 거부 운동이 불가능'하며 '총선 거부란 선언적 의미밖에 못 갖는 것이며 총선을 통한 민주화 투쟁이 훨씬 적극적인 대응 방법'이라고 보았다(김영삼 2000a: 295-296). 격렬한 토론을 거친 끝에 민추협은 마침내 신당을 창당하여 총선에 참여하기로 결정했다.

민추협은 1984년 12월 11일 김영삼 공동의장, 김대중 공동의장, 김상현 공동의장대행 명의로 신당 및 총선 참여를 공식적으로 발표했다. 이에 따라 1984년 12월 20일 서울 동숭동 흥사단 대강당에서 신한민주당 창당 발기인 대회가 열렸고, 이듬해 1월 18일 서울 앰배서더호텔에서 대의원 532명이 참여한 가운데 이민우를 총재로, 김녹영, 이기택, 조연하, 김수한, 노승환을 부총재로 각각 선출했다. 2월 12일로 예정된 선거를 한 달도 남겨두지 않은 상황에서, '관제 야당'이 아닌 체제 도전적 성격의 야당이 출현하게 되었다.

김대중도 총선 전에 귀국하기로 결정했다. 김대중은 1984년 9월 전두환 대통령과 미 국무장관에게 1984년 말 귀국하겠다는 의사를 밝혔다. 이에 대해 전두환 정권은 귀국하면 재수감하겠다고 협박했으며, 1985년 1월에는 2·12 총선 이후에 귀국할 것을 종용했다(민주화추진협의회 1988:809-891). 그러나 김대중은 AP통신과의 인터뷰를 통해 "귀국해서 한국의 민주화를 도와야 할 도의적 책임"을 느끼며 "만일 한국이 민주화의 길에서 영원히 멀어져버린다면 나의 전 생애는 아무런 의미가 없게 된다"고 말하며 귀국에 대한 강한 의지를 밝혔다(김삼웅 2013: 118). 선거 직전인 2월 8일 김대중이 2년여 만에 귀국했다.

제12대 국회의원 선거

선거 과정과 유세

한국 정치사에 흥미로운 특성은 선거 정치의 역동성이다. 1948년 이후 오랜 권위주의 시대를 거치면서도 선거가 제때 실시되지 않은 적은 없다. 신생 민주주의 국가로 첫걸음을 뗀 제1공화국 때부터 선거 정치는 활성화되어 있었다. 제1공화국 기간 동안 실시된 전국적인 선거는 대통령 선거 3번, 국회의원 선거 4번, 지방선거 2번 등 모두 9번이었다. 국회에서의 간접선거였던 초대 정부통령 선거까지 포함하면 모두 10번의 선거가 실시된 셈이다. 1950년대에 자유민주주의 이념을 채택한 신생 독립 국가들 가운데 한국만큼 많은 선거를 실시한 국가는 없었다. 평균 2년이 안 되는 간격을 두고 실시된 선거를 통해, 선거라는 낯선 제도는 국민의 정치 참여 수단으로 확고하게 국민에게 각인되었다(황수익 1996:82). 1952년 대통령 선거는 전시 중에 실시되기도 했다.

그렇다고 해도 민주화 이전 한국의 선거가 매우 공정하게 치러졌다고 보기는 어렵다(이하 강원택 2009). 권위주의 시대의 통치자는 경찰 등 행정조직, 지방 각지의 친여당 조직이나 관변단체를 통한 조직적 동원을 해왔고, 이는 특히 농촌 지역에서 횡행했다. 농촌 지역 유권자들의 이러한 순응적 태도와는 달리, 도시 지역, 특히 서울 등 대도시를 중심으로는 권위주의 체제에 대한 반대나 저항의 민심이 선거를 통해 나타났다. 이 때문에 야당은 선거를 통해 정권에 대한 반대 세력을 결집해낼 수 있었고, 선거 결과 역시 통치 세력의 '의도나 목표'와 다르게 나온 경우도 적지 않았다. 특히 정치적 격변의 발생 몇 해 전 실시된 선거 결과는 의미심장한 민심의 변화를 앞서 보였다.

1956년 실시된 3대 대통령 선거에서는 선거를 불과 열흘 앞두고 야당인 민주당 후보 신익희가 급서하면서 선거 막판에 커다란 변화가 발생했다. 선거 결과 이승만 대통령의 공식 득표율은 70.0%였지만, 사망한 신익희에 대한 무효표를 함께 계산하면 55.6%에 불과했다. 특히 서울의 경우에는 이승만의 득표율이 33.7%였던 반면, 거의 대다수가 신익희에 대한 지지표라고 할 수 있는 무효표의 비율은 46.7%로 나타나 죽은 후보의 표가 이승만의 득표율을 앞서는 결과가 나타났다. 서울뿐만 아니라 대구를 비롯한 전국 주요 도시에서도 야당에 대한 지지율이 높게 나타났다. 오로지 민도가 낮고 관권 개입이 비교적 용이한 농촌 지역에서만 자유당이 압승했다(손봉숙 1985:175). 부통령 선거에서도 이변이 생겼다. 자유당의 이기붕 후보를 누르고 민주당의 장면이 부통령으로 당선된 것이다. 이승만 집권의 종말은 4년 뒤인 1960년 3·15 부정선거가 직접적인 계기가 되지만 그 이전인 1956년 이미 민심이 이반하고 있음을 선거 결과는 보여주고 있다.

　박정희 체제의 종말을 가져온 정치적 격변의 출발점 역시 1978년 12월 12일 실시된 10대 국회의원 선거였다. 유신체제 하에서 실시된 엄동설한의 선거였지만 득표율에서는 야당이 집권 민주공화당을 앞서는 뜻밖의 결과가 생겨났다. 의석수에서는 민주공화당이 154석 가운데 68석을 얻었고 야당인 신민당은 61석, 민주통일당은 3석, 그리고 무소속 후보들이 22석을 얻었다. 대통령이 지명할 수 있는 유신정우회 의석 77석이 있기 때문에 집권 세력의 안정 의석 확보에는 애당초 문제가 없었다. 그런데 득표율에 있어서는 야당이 여당을 앞서는 결과가 나타났다. 신민당은 32.8%를 얻어 민주공화당이 얻은 31.7%에 1.1% 앞섰다. 여기에 또 다른 야당인 민주통일당의 7.4%까지 합친다면, 득표율을 고려할 때 집권 세력은 명백히 선거에서 패배했다. 이 선거 이후 정국은 급격히 혼란 상황으로 빠져들어 YH사태, 김영삼 총재 의원직 제명, 부마항쟁 그리고 유신체제의 종식을 고한 10·26 사건으로까지 이어졌다.

　1985년 2월 12일 실시된 12대 국회의원 선거는 제5공화국에서 실시된 두 번째 국회의원 선거였다. 권위주의 체제하에서의 선거였지만 12대 국회의원 선거에서 신생 신한민주당이 선거 돌풍을 일으키며 제1야당으로 부상했다. 뒤에서 더 상세히 논하겠지만, 신한민주당의 약진과 함께 전두환 정권이 '제조한' 민한당과 국민당의 두 야당은 몰락했다. 12대 총선을 통해 '체제 저항적' 야당인 신한민주당의 부상은 그 이후 재야 세력, 학생 등과 협력하면서 직선제 개헌 천만인 서명 운동의 전개, 1987년의 6월 항쟁과 최종적으로 6·29 선언으로 인한 민주화 쟁취까지 이어지게 된다.

그러나 당시 선거 전까지 누구도 이러한 민심의 향배를 예상하지 못했다(이하 논의는 강원택·정진욱 2023). "유권자도, 후보도, 여야 정당도 모두 깜짝 놀라고만 '민의의 향방'이었다"(『동아일보』, 1985.2.13). 당시 신한민주당의 창당부터 선거까지의 과정을 사실상 주도했던 김영삼은 이를 두고 '선거 혁명'이라고 불렀다.

마침내 1985년 2월 12일 투표함이 열리자 정부, 여당은 경악했다. 서울 등 대도시에서 신민당이 예상을 뒤엎고 압도적으로 승리했다. 1월 18일 창당한 지 불과 25일 만에 얻은 눈부신 성과였다. '선거 혁명'이 바로 그것이었다(김영삼 2000:304).

1985년 총선은 4년 전과는 다소 다른 상황에서 실시되었다. 4년 전 총선은 신군부의 서슬이 퍼런 시절에 실시되었고, 대다수 기성 정치인들이 정치활동을 할 수 없는 규제 대상으로 묶여 있었다. 그런데 1983년 전두환 정권은 정치 해금과 학원 자율화를 골자로 한 '유화 조치'를 단행했다. 구속되었던 학생들은 학교로 돌아가고 또 교수들은 복직되었다. 정치 규제 대상인 정치인들의 해금도 순차적으로 진행되었다. 1983년 1월 18일 국회 국정연설에서 전두환 대통령은 연내 1단계 해금을 단행하겠다고 언급했고, 2월 25일 250명에 대한 1차 해금이 이루어졌다. 당시 언론은 이를 전두환 대통령의 '영단(英斷)'이자 '단안(斷案)', '과단성'으로 묘사했다. 이러한 해금이 정부의 '자신감'에 따른 것이라는 언론의 분석도 뒤따랐다.

이러한 결단의 이면에는 제5공화국을 이끌어가는 최고 통치권자의 국가경영에 대한 강력한 자신감이 뒷받침되고 있는 것으로 풀이된다. 제5공화국은 지금 출범 2주년을 맞고 있지만 그동안 개혁과 혁신을 위주로 한 폭넓은 시정을 통해 10·26 후의 극심했던 혼란을 극복하고 정치, 경제, 사회 등 전 분야에 걸쳐 안정기반을 이룩해왔다. 특히 정부는 통금 해제, 해외여행 자유화, 경제의 민간주도화 등 일련의 자율, 개방정책, 그리고 일련의 특사 등을 통해 국민적 호응을 얻음으로써 국민단합을 기하고 경제발전의 바탕을 만드는 등 괄목할 업적을 이루었다(『경향신문』, 1983.2.25).

또한 1984년 2월 25일 2차 해금을 통해 202명의 정치활동 피규제자들의 활동 금지가 해제되었다. 2차 해금의 경우 1985년 국회의원 선거를 1년 정도 앞둔 상황이어서 1차 해금과는 다른 정치적 파장이 예상되었다. 2차 해금을 두고 당시 언론에서는 야권으로 분류되는 해금자들이 대부분 정치 지향적인 인물들인데다 민한당의 현역 의원들과 지역구가 겹쳐 "해금의 파장으로 인한 실질적 부담은 아무래도 해금 인사들과 구연(舊緣)을 갖고 있는 민한당과 국민당에 더욱 클 것"으로 예상했다. 그렇지만 그동안 1차 해금자들에 대한 정치적 흡수작용이 없었다는 점에서 "현존 정당 내 질서의 대응력도 만만치 않다"는 설명도 있었다. 즉, 신당의 출현 가능성을 배제할 수는 없지만 큰 규모에 이르기는 어려울 것이라는 예상이었다(『동아일보』, 1984. 2. 25).

그런데 2차 해금 조치 이후 야권 내에서 중요한 변화가 발생했다. 앞서 논의한 대로, 과거 야권을 이끌던 김영삼과 김대중이 힘을 합쳐 민주화추진협의회를 만들었고, 이를 토대로 정당 창당을 했다. 1985년 1월 18일 12대 국회의원 선거를 3주 남짓 앞둔 상황에서 이른바 '선명 야당'이 탄생한 것이다. 4년 전과 달리 1985년 총선에서는 전두환 정권의 의도대로 '체제 순응적 관제 야당'과 경쟁했다면, 이제는 정권의 의도에서 벗어나 있는 '체제 저항 야당'을 상대하게 된 것이다.

그런데 흥미롭게도 김영삼, 김대중에 의한 신당 창당이 예상되던 시점에 규제 정치인에 대한 3차 해금이 이뤄졌다. 총선을 두 달여 남겨둔 1984년 11월 30일 3차 해금이 이루어졌다. 전두환 정권은 남아 있던 99명 중 15명을 제외한 84명에 대한 정치활동 금지 규제를 추가로 해제했다. 정치활동 규제가 사실상 거의 대부분 풀린 것이다. 12대 총선 때까지 규제가 해금되지 않은 이들은 김영삼, 김대중, 김종필 등 15명이었다(『중앙일보』, 1984. 11. 30).[42]

전두환 정권은 3차 해금이 "구시대의 청산을 바라는 국민적 여망에 기초하여 그동안 당사자들이 보여준 개전의 자세를 평가하고 제12대 총선에도 참여할 기회를 주려는 간곡한 배려에서 취해진 것"이라고 밝혔다. 해금 발표 후 민정당은 "해금을 앞두고 정부 측과 충분히 협의, 현재의 정치 질서가 크게 흔들리지 않을 것이라는 자신감 아래서 대폭 해금 방향이 결정"되었으므로 "대폭적인 해금에도 불구하고 우리 당 조직이 영향을 받거나 정치의 흐름이 바뀔 가능성은 없을 것"이라고 자신감을 보였다. 반면, 구야권의 지도급 인사들이 3차 해금에 포함되고 이들이 신당을 통해 대도시에서 출마할 의사를 밝힘으로써 민한당은 '비상사태'에 돌입했다(『동아일보』, 1984. 11. 30).

앞선 두 차례의 해금에 비해 '중량감' 있는 야권 인사들이 적지 않았다. 1981년 5공화국의 첫 총선이 대다수 정치인들을 정치 규제로 묶어놓고 실시했던 것에 비해 정치적 경쟁 구도에 변화가 생겨난 것이다.

> 지난 81년의 정계 구성이 변혁기라는 한계 상황 속에서 다분히 작위적 성격을 띤 데 비해 이번 총선은 세 차례 정치 해금으로 정치 인구의 양적 질적 확대가 불가피해지는 등 현실 상황이 변화한 가운데 이루어진다는 점에서 그 의미가 크며 양상 또한 복잡해 주목된다(『동아일보』, 1985. 1. 1).

사실 총선을 앞두고 이렇게 정치 규제를 큰 폭으로 해금한 것은 정치적으로 볼 때 매우 뜻밖의 일이다. 왜 전두환 정권은 총선을 앞두고 '과감한' 해금 조치를 취했을까? 다음은 당시의 대폭 해금 결정을 분석한 신문 기사이다.

> 11·30 해금 조치는 12대 총선을 불과 70여 일 앞둔 시점에서 규제 대상자 99명 중 85%에 달하는 84명에게 총선 참여 티켓을 발부했다는 점에서 83년과 올해 2월 25일에 단행된 1, 2차 해금과는 차원이 다른 조치라 하겠다. 1, 2차 해금 때는 정치 사회적 안정과 새 정치 질서에 영향을 줄 인사를 제외한 측면이 있으나 이번에는 총선에서 현역 정치인의 당락에 상당한 영향을 미칠 수 있고 결과적으로 제5공화국의 새 정치 질서와 정계 판도에 변화를 초래할 가능성이 큰 인사를 풀어주었다는 것이 특징이라 하겠다. 이번 단안은 내년 2월 중순으로 예상되고 있는 12대 총선을 고려, 그 시기나 폭, 대상자 등 내용 면에서 신당 창당 등 상당한 준비기간을 주고 선거에 출마할 수 있는 기회를 부여했다는 점에서 민주 정치의 근간인 페어플레이 정신에 충실하려고 고심한 흔적을 읽을 수 있을 것 같다. 또한 이 해제조치는 제5공화국의 지난 4년간 치적을 바탕으로 정국 운영에 대한 자신감과 포용력을 보여준 것이라 하겠으며 특히 일관된 자율 동참 대화정치 의지의 맥락에서 이루어졌다는 점을 당국자들은 강조하고 있다(『부산일보』, 1984.11.30).

위의 기사에서 보듯이, 전두환 정권은 "총선에서 현역 정치인의 당락에 상당한 영향을 미칠 수 있고 결과적으로 제5공화국의 새 정치 질서와 정계 판도에 변화를 초래할 가능성이 큰 인사"를 대거 풀어주었을 뿐만 아니라, 신당 창당 등 상당한 준비기간을 주고 선거에 출마할 수 있는 기회를 부여했다. 기사는 그 이유가 "지난 4년간 치적을 바탕으로 정국 운영에 대한 자신감" 때문으로 설명했다. 자신감도 있었겠지만, 대폭 해금의 실제 의도는 신당 창당을 부추겨 야권 분열을 노린 것이었다. 노태우는 선거를 앞두고 구정치인들을 대폭 해금한 집권 세력의 의도를 다음과 같이 보았다.

그렇게 하면 야권(野圈)이 강경 신민당과 온건 민한당으로 분열되어 민정당이 압승할 것이라고 판단했다. 대통령 참모들은, 김영삼, 김대중 씨가 지원하는 신민당이 민한당에 이어 제3당이 되면 민한당에 흡수됨으로써 강경노선이 힘을 잃게 될 것이라고 계산하기도 했다(노태우 2011 : 295).

한편, 앞서 살펴본, 정구호 전 『경향신문』 사장의 '장기집권 시나리오'에서는 12대 국회의원 선거 대책에 대한 내용도 있다 (『한겨레신문』, 1988. 11. 13). 여기서도 신당 창당을 유도하라는 문구가 있다.

12대 국회의원 선거 대책
1. 민정당의 국회 의석을 현 1백 51석 이상을 확보하는 대신 민한당은 현 81석에서 70석 내외로 감축하고 국민당은 현 28석에서 30석 이상으로 늘리도록 한다.

2. 야당 세력을 분산하고 민한당 의석을 삭감하기 위해 신당 창당을 유도한다.
3. 보수 야당 세력을 견제하고 사회주의 국가에 대한 의원외교 강화를 위해 신정사회당의 의석을 현 3석에서 6~8석으로 확대한다.
4. 복수 공천을 하지 않는 한 민정당 의석을 1백53석 이상으로 증대할 수 없기 때문에 친여 무소속 의원을 10명 이상 확보한다.
5. 11대 국회에서 과격하고 극렬한 자세를 보인 야당 인사는 야당 공천과 선거 과정에서 탈락시키도록 한다.

신당 문제

선명 경쟁을 벌일 위험성도 있으나 야당 세력 분산 등의 이점이 더 많으므로 신당 창당이 바람직하다.

- **이점**

1. 민한당 의석을 줄이고 야당 세력을 분열시키는 데 가장 효과적일 것이다.
2. 신당 출현을 막을 경우 추가 해금자들이 민한당에 입당함으로써 민한당을 강화시킬 우려가 있다.
3. 재야 강경 세력의 일부를 원내로 흡수, 원외 반체제 활동의 과격성을 다소 완화시킬 수 있을 것이다.

- **불리점**

1. 신당의 성격이 강경 야당이면 민한당과 선명 경쟁, 정통성 논쟁을 치열하게 벌이게 되어 온건 민한당도 강경노선으로 선회할

가능성이 있다.
2. 신당이 온건 야당이 되는 경우 총선 후 민한당과 연합전선을 펴든가 합당하는 사태도 예상할 수 있다.

• **대책**

선명 경쟁 방지를 위해 신당의 국회 의석 규모를 10석 내외로 조정한다. 의석이 너무 적어 민한당으로부터 완전히 무시될 만큼 미미한 존재가 되어서도 안 되지만 의석이 많아 민한당을 위협하여 경쟁 상대가 될 정도로 강한 야당이 되어서도 안 된다.

또한 민한당을 강경노선으로 선회시켜 신당과 선명 경쟁을 벌이게 하는 내부적 요인을 제거하기 위해 민한당의 초강경 인사를 공천과 선거 과정에서 탈락시키도록 해야 하며 신당이 내부적으로 갈등 관계를 유지케 하여 일사불란한 대외 강경 자세를 갖지 못하도록 인적 구성을 조정해야 한다.

여기서도 '야당 세력 분산'이나 '야당 세력 분열'이라는 전망을 내놓고 있다. 3차 해금은 야권의 분열을 염두에 둔 결정이었다. 그러나 권력 내부 일부 인사들은 규제 해금에 대한 우려도 제기했다. "여권 내에서는 이들이 정치 일선에 복귀하게 되면 정국을 강경 분위기로 몰고 갈 것이 분명하다고 반대하는 사람들도 있었"다(전두환 2017a : 589).

그런데 다음 신문 기사 해설에서 보듯이, 2·12 총선은 사실 민정당으로서도 중요한 의미가 있는 선거였다.

민정당의 전국구 후보 구성은 한마디로 민정당이 주도하는 정당정치의 운용을 강화하고 88년의 평화적 정권교체를 위해 정부 여당 내에서 차지하는 민정당의 비중을 강화하는 데 초점이 맞춰진 정치성 짙은 포석이라고 해석된다.

특히 이번 전국구 후보의 면면을 이미 확정된 지역구 후보의 면면과 합쳐서 분석해보면 88년의 후계자가 당내 혹은 순수 정치권에서 나오든 아니면 보다 광역의 정부 여당 내에서 배출되든 간에 적어도 민정당은 후계 세력의 조성을 위한 바탕을 마련했다고 해석된다. … 따라서 이번 인선의 핵심은 제5공화국 창설의 군관민 주도 세력 중 군부를 제외하고 순수 정치권 외에 산재해 있던 인사들을 재규합했다고 볼 수 있는 것이다. 여기에는 이들 주도 세력이 제5공화국의 설계자 역에서 이제는 시공자 역으로 나설 때가 됐다는 정치적 판단이 작용한 듯하다.

그 실증적인 예로 이번 인선에는 제5공화국 창설의 실질적 주도 세력이라고 할 수 있는 노태우 전 국군보안사령관, 유학성 전 국가안전기획부장, 서정화 전 내무부장관, 김성기 사회정화위원장, 이상재 민정당 사무차장, 현홍주 국가안전기획부 차장, 안영화 전 국보위원 등이 포함돼 있다(『동아일보』, 1985.1.18).

정치인의 대폭 해금과 신한민주당의 창당으로 인해 1985년 총선은 4년 전 총선과는 전혀 다른 분위기 속에서 전개되었다. 신한민주당이 총선에 참여하면서 경쟁력을 갖는 정당의 수는 민정당, 민한당, 국민당 등 이전의 세 당에서 네 당으로 늘어났지만, 선거에 참여한 후보자의 수는 오히려 줄어들었다. 1985년 12대 총선에서 지역구 후보자로 등록한 사람은 440명으로 평균 2.4 대 1의 경쟁률을 나타냈다. 이러한 경쟁률은 유신 직후 실시된 9대 총선의 2.3 대 1을 제외하고는 역대 국회의원 선거 사상 가장 낮은 것이었다. 정당별로는 민정당 92명, 민한당 92명, 국민당 71명, 신한민주당은 복수 공천 2개 지역을 포함하여 93명이었고, 이 외에 신사당 18, 근농당 16, 신민주당 13, 민권당 12, 자유민족당 4명이었다. 무소속 후보도 급감해서 전체 후보자의 6.6%에 그쳤다(『동아일보』, 1985. 1. 29). 이렇게 된 데에는 정치 해금으로 '경쟁력 있는 구정치인들'이 대거 출마했기 때문이었다.

> 11대 때 묶였던 중량급 구정치인들이 대거 제도권 안으로 뛰어들면서 상대적으로 나타난 군소정당과 신인 및 무소속들의 출전 포기가 그 주된 원인이겠다. … 11대 때부터 무소속 후보의 등록기탁금이 정당 추천 후보(7백만 원)보다 배가 넘는 1천 5백만 원으로 강화된 것을 비롯, 여러 제약이 겹친 데다 유권자들의 정당 추천 후보 선호 경향도 의식한 듯하다. … 경위야 어떻든 '무소속 난립' 현상이 차차 자취를 감추면서 정당 대결 양상을 띠어가고 있는 것만은 틀림없는 것 같다(『동아일보』, 1985. 1. 29 사설).

해금자 중에서 1985년 총선에 출마한 후보자는 105명으로, 지역구에 출마한 이들이 89명이었고 전국구 명단에 이름을 올

자료17 1985년 제12대 국회의원 선거 당시 해금자의 출마 및 당선

해금차수	해금자	지역구			전국구			합계		
		출마자	당선자	당선율	출마자	당선자	당선율	출마자	당선자	당선율
1차	250	23	7	30.4%	3	3	100%	26	10	38.5%
2차	202	40	20	50%	9	6	66.7%	49	26	53.1%
3차	84	26	21	80.8%	4	1	25%	30	22	73.3%
합계/평균	536	89	48	53.9%	16	10	62.5%	105	58	55.2%

린 이들이 16명이었다. 105명의 출마자 중 46.7%가 2차 해금자였으며, 3차와 1차 해금자의 수가 비슷했다. 각 차수별 해금자를 기준으로 보면 1차 해금자 250명의 10.4%, 2차 해금자 202명의 24.3%, 3차 해금자 84명의 35.7%가 1985년 총선에 출마했다.

정치 해금자들의 정당 소속을 살펴보면 여당인 민주정의당 소속은 한 명도 없었으며, 절반 이상(57명, 54.3%)이 신한민주당 소속으로 출마했다. 민주한국당(26명, 24.8%), 한국국민당(11명, 10.5%)이 그 뒤를 이었다. 그 외에도 신정사회당 소속이 4명, 무소속이 5명, 근로농민당 및 신민주당이 각각 1명이었다.

선거운동이 시작되면서 각 당은 선거 공약을 경쟁적으로 제시했다. 흥미로운 점은 야당은 모두 '대통령 직선제 개헌'을 제일 중요한 공약으로 제시했다는 점이다. 〈자료18〉에서 보듯이, 대통령 직선제에 대한 세 야당의 공약이 일치한다. 이 외에도 집회 및 시위에 관한 법률 개정, 언론 자유 보장 등 정치적 내용의 공약이 많다는 것을 알 수 있다.

'체제 순응 야당'인 민한당이나 국민당 모두 대통령 직선제 개

자료18 제12대 총선 당시 야 3당의 선거 공약

민주한국당	한국국민당	신한민주당
대통령 직선제로의 개헌	대통령 직선제 개헌과 평화적 정권교체	대통령 직선제 개헌
소선거구제 채택 및 비례대표제(전국)의 폐지	지방의회 구성과 자치단체장의 직선 실시	국정감사권 부활과 국회의 권능 회복을 위한 국회법 개정
선거권자의 연령을 현 20세에서 18세로 낮추어 참정권을 확대하는 등 자유민주헌법으로의 개정 추진	농어촌 부채 탕감과 농수산물 적정 가격 보장	지방자치제의 즉각적인 전면 실시 및 언론 자유 보장
정치풍토 쇄신을 위한 특별조치법의 폐지로 전면 해금	노동권 확립과 최저임금제 실시	노동 3권 보장과 근로자의 권익 신장을 위한 노동관계법 개정
지자제 법안을 전면 개정	언론 통폐합 철폐와 자유 언론 창달	특혜금융 지양과 중소기업의 보호 육성(도시)
언론기본법을 개정, 언론통제를 철폐		농어촌의 적자 해소와 소득 증대 시책 단행(농촌)
국회법을 개정, 국정감사권을 부활		학원 자율화와 합리적인 학제 개혁
집회 및 시위에 관한 법률을 고쳐 집회 및 결사의 자유를 보장		여성 지위 향상을 위한 제도 개선
교육법을 고쳐 학도호국단 설치령을 폐지하는 한편 교육자치제를 부활		정치규제법 철폐와 집회시 위법 개폐
		전경(戰警) 제도의 폐지와 정부 기관 통합으로 국민의 인권 수호
위의 내용을 포함한 51개항 정책 대안 제시	이 외 문민정부 실현, 폭력정치 배격, 국정감사권 부활, 우민정치 타파, 비민주 입법 개폐, 작은 정부 구현, 지방분권 등 50개 실천 사항	
『동아일보』, 1985. 1. 10	『동아일보』, 1985. 1. 15	『동아일보』, 1985. 2. 24

헌을 내세운 것은 주목할 만한 일이다. 예컨대, 선거를 앞두고 민한당의 조세형 선거대책본부 홍보대책위원장은 12일 성명을 발표, "정부와 민정당은 대통령을 국민 손으로 직접 뽑는 직선제에 대하여 문제의 초점을 흐리려는 데 급급하지 말고 직선제 자체를 반대하는지 찬성하는지 그 태도를 국민 앞에 분명히 하기를 요구한다"(『동아일보』, 1985. 1. 10)고 말했다. 이만섭 당시 국민당 총재 대행도 기자회견에서 "국민당은 대통령 직선제 개헌과 참다운 평화적 정권교체를 기어이 이룩할 것이다. 현행 대통령선거제에 의한 참다운 정권교체는 절대 불가능하다"고 주장했다(『동아일보』, 1985. 1. 10). 물론 전두환 정권과 여당은 개헌에 반대 입장을 분명히 했다.

전 대통령은 개헌 문제에 대해서는 "자의와 당리에 따라 현행 헌법을 바꾸는 것은 안정된 법 체계를 통해 평화적 정권교체를 수립, 나라 발전을 이룩하려는 우리에게 있어 결코 소망스러운 일이 될 수 없다"(『동아일보』, 1985. 1. 9).

민정당의 김용태 대변인은 민한당의 유치송 총재, 국민당의 이만섭 총재대행의 연두기자회견 내용에 대해 11일 반박 성명을 발표, "민정당은 개헌 주장에 결코 찬성할 수 없으며 지금은 대통령 단임제를 규정한 현행 헌법을 준수하여 우리가 한 번도 이룩하지 못했던 평화적 정권교체의 전통을 수립하여 이 땅에 민주주의를 토착화시켜 나갈 때"라고 주장했다. 김 대변인은… "우리는 어떠한 개헌 논의도 이미 이룩된 국민적 합의를 깨뜨리고 사회적 갈등을 반복시켜 오히려 평화적 정권교체의 장애 요인이 되지 않을까 우려한다"고 말했다(『동아일보』, 1985.1.11).

이처럼 '관제 야당들'이 대통령 직선제 개헌을 주장하게 된 것은 민추협의 활동, 신한민주당의 창당과 긴밀한 관련을 갖는다.

창당 4년과 12대 총선을 앞둔 오늘의 시점에서 민한당이 고민하고 있는 대목으로 무엇보다도 제1야당으로서의 위치 고수와 자생력 회복을 들 수 있을 것 같다. 12대 총선 전에 예측되는 신한민주당과의 선명성 경쟁에서 정통성 시비에 대처하기 위해서도 그동안 비판받아왔던 체제 내의 무사안일과 의타적인 자세는 하루빨리 지양돼야 한다는 것이 당내의 지배적 의견이다(『동아일보』, 1985.1.17).

그러나 이러한 공약에도 불구하고 민한당이나 국민당의 공약에 대한 신뢰감은 그리 크지 않았다. 개헌을 통한 진정한 의미의 '체제 변혁'이 목표가 아니라 제1야당 지위를 유지하기 위한 '선거용 공약'이라는 것이었다.

야당의 정치적 목표와 이를 달성하겠다는 의지 간에는 커다란 거리가 있다는 점이다. 민한의 유치송 총재는 대통령 직선제 개헌을 12대 국회의 정치적 목표로 제시했다. 그런데 민한당이 개헌을 하려면 우선 무엇보다 민정당을 제치고 원내 다수당이 되어야겠다는 의지와 방략이 있어야 할 것이다. 그러나 그 내용을 자세히 들어보나 대회장의 표어를 보나 야당의 희망은 견제 세력의 구축이었다. 다시 말해 기껏 제1야당이 다시 되고 싶은 것이 고작이었다. 이는 총선에 승리해서 지자체 실시 시기를 스스로 입법 관철할 생각 전에 여당더러 그 실시 시기를 보장받는 데나 전념하는 '만년 야당 의식'과도 일맥이 통한다고 할 수 있다. 야당이 정당명이 아닐진대 이 같은 불치의 '야당자족(自足)의식'은 대언장담(大言壯談) 정치의 허구가 아닐 수 없다(『동아일보』, 1985. 1. 10).

실제로 대통령 직선제 등 제5공화국 헌법 개정에 대한 주장은 김영삼 단식에서 시작되어 민추협 활동을 통해 본격적으로 제기되었다. 전두환 스스로 그런 사실을 밝히고 있다.

헌법을 개정하는 문제는 이미 야당에 의해서 시끄러운 정치 현안으로 제기되어 있었다. 대통령 선거 방법을 5공화국 헌법이 규정하고 있는 선거인단에 의한 간접선거 대신 국민의 직접선거 방식으로 바꿔야 한다는 것이다. 이러한 목소리는 5공화국 초기부터 야당인 민한당에서 나오기 시작했다. 그러나 새 헌법에 의한 정부가 출범한 지 얼마 되지도 않았을 때여서 크게 힘을 얻지 못하고 있었다. 이 시절에는 제도권 야당보다는 운동권 학생들이 주도하는 대학가 그리고 '정의구현사제단'과 '한국교회사회선교협의회' 등 일부 정치 성향의 종교 단체들에 의한 반정부 반미(反美) 투쟁이 더 활발했다. 학생들은 주로 5·18 광주 문제를 들고 나왔고 직선제로 개헌하자는 요구는 크게 부각되고 있지 않았다.

그런데 그동안 간헐적으로 제기되어오던 직선제로의 개헌 문제가 정치 현안으로 대두된 것은 김영삼 씨가 5·18 3주년을 기해 단식투쟁에 들어가면서 정치범 석방, 정치활동 규제 해제 등 '민주화 5개항' 요구와 함께 직선제 개헌을 주장하던 1983년 5월부터였다(전두환 2017a : 587).

단식투쟁 전 김영삼은 '국민에게 드리는 글'이라는 성명서에서 "현재의 헌법은 5·17 이전에 이미 국민적 합의로 되었던 대통령 직선(直選)의 국민적 염원을 배반한 것이며, 국민의 기본권에 대한 유보 조항을 두고 있어, 사실상 유신독재체제와 다를 바가 없는 독재 헌법인바, 현행의 헌법은 지체 없이 개정되어야 한다. 국민이 나라의 주인이라는 것이 확인될 수 있는 방향으로 개정되어야 한다는 것은 명백하다"(김영삼 2000a : 248-249)라고 주장했다. 그 후 민추협 창립 선언문에서도 "우리는 국민이 자신의 정부와 정부 형태를 선택하고 결정할 수 있을 때만 민주주의가 실현된다고 믿는다"라고 직선제 개헌에 대한 요구를 밝히고 있다(강원택 외 2015 : 185). 1985년 총선을 앞두고 야당들이 모두 대통령 직선제 개헌을 약속했지만, 그 사안에 대한 이슈 소유권(issue ownership)은 이처럼 신한민주당이 갖고 있었다. 대통령 직선제 개헌 어젠다의 부상과 이에 대한 큰 관심은 2·12 총선이 "개별 국회의원을 뽑는 것이 아니라 민주화에 대한 국민투표"(임혁백 1994:274)의 성격을 갖도록 변모시켰다.

당시 선거운동에서 중요한 공간은 합동연설회였다. 합동연설회는 유권자들이 후보자들의 정견을 직접 들을 수 있는 기회를 제공했기 때문에 당시 권력의 엄격한 통제하에 놓여 있던 언론에서와 달리 권력에 대한 날선 비판의 목소리를 직접 들을 수 있었다. 합동연설회는 선거일 2주 전인 1월 30일 시작해서 투표 전날인 2월 11일까지 계속되었다. 당시 합동연설회는 인구 30만 미만의 구·시는 2회씩, 30만 이상의 구·시는 3회씩, 읍·면이 12개 미만인 군은 3회, 12개 이상인 군은 4회씩 실시하게 되어 있었다.

합동연설회에서 야당 후보들, 특히 신한민주당 후보들은 그동안 '금기시'되어 있던 정치적 쟁점을 공개적으로 제기했으며, 수많은 유권자들을 합동연설회에 모이게 했다. 예컨대, 1985년 2월 6일 이른바 '정치 1번지'였던 종로-중구의 마지막 합동연설회가 구 서울고등학교 자리에서 열렸는데 5만 명의 인파 모여들었다(『동아일보』, 1985.2.6).

합동유세장에서는 당시 정치적 억압으로 듣기 어려웠던 말들이 쏟아져 나왔다. 합동유세에서 특히 신한민주당 후보들은 "요즘 시민들은 이들 세 개 정당을 제1, 제2, 제3방송이라고 하더라", "지금의 야당은 제1중대, 제2중대, 모두 사꾸라"(『동아일보』, 1985.2.2)라고 비판하거나, "이 정권에는 민정당이 1중대, 민한당 2중대, 국민당 3중대 식으로 야합하는 정당만 있다"며 신민당 창당은 참된 민주주의를 이룩하려는 것(『동아일보』, 1985. 2. 24), "석사 위에 박사, 박사 위에 육사"(『동아일보』, 1985. 2. 4) 등과 같이 그동안 금기시되었던 표현들이 거침없이 터져 나왔다. 다음의 기사 역시 이런 분위기를 전달하고 있다.

> (2월) 1일 오후 서울 지역에서 시작된 합동연설회에 유권자들의 높은 관심이 집중되면서 고조된 선거 열풍은 2일 하룻동안 전국 곳곳에서 개최된 합동연설회에 파급돼 대통령 직선제 개헌, 체제의 정당성과 유신시대와의 비교, 외채 및 학원 근로자 문제, 광주사태 거론, 미해금 재야 인사들의 정치활동 자유화 등 본질적 정치 쟁점들을 둘러싼 여야 후보들의 설전이 점점 가열되고 있다(『동아일보』, 1985. 2. 2).

12일간 전국 92개 선거구에서 모두 798회의 연설회가 열렸고 489만 1,000여 명의 청중이 연설회장을 찾았다. 이 숫자는 11대 선거 때의 359만 명에 비해 약 130만 명이 늘어난 것이다(『동아일보』, 1985. 2. 11). 4년 전에 비해 청중 수가 36%나 늘어난 것이다. 12대 총선을 지켜보는 유권자의 높은 관심을 확인할 수 있다. 유권자의 이와 같은 높은 정치적 관심은 사실 신한민주당의 창당과 관련이 있다. 이로 인해 한국 사회는 '정치적 동면'에서 깨어나게 되었다. 다음의 사설은 당시 진행된 합동연설회에 대한 평이다.

> 되돌아보면 지난 열흘 동안은 짧지만 화려했던 정치의 해빙기

였다. 전국적으로 4백만 명 이상의 인파가 유세장에 몰려들어 오랫동안 잠들어 있던 정치가 동면에서 깨어나는 모습을 지켜보았다. 우리는 이번 유세 과정을 통해 그동안 국민들이 얼마나 표현의 자유에 굶주려 있었으며 속시원한 소리에 목말라 있었던가를 확인할 수 있었다. 사실 우리는 그동안 택시 안에는 물론이고 서너 사람만 모여 있어도 옆 사람을 힐끔 쳐다보면서 입을 여는 것이 어느덧 습관화되어 있었으며 친구끼리 만난 자리에서도 정치 얘기는 으레 뒷전으로 밀리고 술만 마시기가 일쑤였다.

그런데 유세장에 몰린 인파와 유권자들의 폭발적인 정치적 관심이 침묵의 벽을 깨뜨리고 통제된 언론과 폐쇄된 회로에 갇혀 있던 정치를 옥외로 끌어낸 것이다. 정치는 언제까지나 옥내에 가두어 둘 수 없으며 국민의 입 또한 오래 막아놓을 수 없는 것인지도 모른다. … 따라서 지난날처럼 무엇이나 막고 가두는 것을 능사로 삼았던 정치에서 앞으로는 '풀고 터놓은 정치'로 탈바꿈해봄 직하다고 느낀다(『동아일보』, 1985. 2. 8).

부산의 한 30대 유권자는 유세장에 가서 보고 느낀 경험을 다음과 같이 말했다(노태우 2011 : 296).

난생처음 유세장에 나갔다. 야당 후보는 정권의 부패, 광주사태, 직선제 쟁취 등 굵직한 주제로 이야기하고, 여당 후보는 어디어디에 다리 놓겠다는 식의 작은 이야기만 늘어놓았다. 유세장에 모인 사람들은 모두가 격한 감정을 갖고 있었는데, 선심성 공약은 먹

히지 않았다. 야당 후보의 연설을 듣고 있으니 내 가슴도 뜨거워졌다. 그동안 잊어버리려 했던 기억들이 분노로 변해 "욱!" 하고 치받치는 것이었다.

이처럼 12대 총선은 4년 전과는 전혀 다른 분위기 속에 실시되었다. 정치 해금, 직선제 개헌에 대한 요구, 신한민주당이라는 선명 야당의 출현과 함께 정치적 관심이 높아졌다. 특히 도시 지역을 중심으로 고조된 정치적 관심이 어떤 결과로 이어질지를 두고 다양한 전망이 제기되었지만, 아래의 기사에서 보듯이, 선거 직전까지 신한민주당의 선전을 예상하지는 않았다.

민정당의 현재 표면적인 표밭 분석에 따르면 전국적으로 민정 90, 민한 39, 국민 23, 신(한)민(주) 26, 기타 6명 정도가 당선될 것으로 예상하고 있읍니다만 내막적으로는 민정당의 4명 정도가 위험한 것으로 생각하고 있읍니다. 한편 다른 기관의 분석으로 민정 88, 민한 45, 국민 23, 신(한)민(주) 25, 기타 3명을 당선권으로 보고 있는데 위험지구 숫자에 대한 분석은 민정 측과 일치합니다. 민한당은 45석은 무난히 당선될 것으로 보며 현재 15석 정도가 접전 중에 있다고 보고 있는데 40석 정도가 안정권에 들어 있다는 분석도 있어요. 또 신한민주당은 당선 안정권을 40석으로 보고 있으며 열두어 명 정도가 접전 중이라고 보고 말했는데 당의 한 조직 관계자는 24석 정도를 안정권으로 보고 있더군요. 국민당은 현재로서 20석 정도는 낙관하고 있던데요(『동아일보』, 1985.2.9).

김영삼 역시 그런 세간의 예상에 대해 적고 있다.

> 12대 총선 결과에 대해 대부분의 정치인과 언론에서는 신민당이 지역구에서 20석 내외를 차지, 민한당에 이어 제3당에 그칠 것이라고 전망했다. 그러나 나는 신민당이 총선에서 50석 이상을 획득할 것이 틀림없다고 공언했다. 일반의 예상과는 너무나 격차가 크다며 주변에서는 나의 전망이 실언이 될까 봐 걱정할 정도였다(김영삼 2000 : 35).

이런 엇갈린 전망 속에서 1985년 2월 12일 마침내 총선이 실시되었다.

선거 결과

1985년 2월 12일의 12대 국회의원 선거 결과는 모두의 예상을 완전히 뒤엎었다. 집권당인 민주정의당은 148석(지역구 87석, 전국구 61석)을 차지하여 제1당의 지위를 유지했다. 하지만 야당 쪽에서는 커다란 변화가 생겨났다. 선거 직전 창당한 신한민주당은 지역구 50석과 전국구 17석으로 모두 67석을 얻어 제1야당으로 부상했다. 민주한국당은 지역구 26석, 전국구 9석으로 35석을 얻었고, 한국국민당은 지역구 15석과 전국구 5석으로 20석을 얻었다. 득표율에서도 신한민주당은 29.3%인 데 비해 민한당은 19.7%, 국민당은 9.2%였다. 민정당의 득표율은 35.3%로 신한민주당과 불과 5.9% 차이였다. 선거 3주 전 창당된 신생 신한

자료19 제11대, 제12대 국회의원 선거에서 주요 정당별 의석수와 득표율

지역	민주정의당				민주한국당				한국국민당				신한민주당	
	의석수		득표율		의석수		득표율		의석수		득표율		의석수	득표율
	'81	'85	'81	'85	'81	'85	'81	'85	'81	'85	'81	'85	'85	'85
서울	14	13	34.3	27.4	11	1	25.3	20.0	1	0	12.8	2.4	14	43.2
부산	6	3	30.1	28.0	5	2	25.2	23.6	0	1	14.9	10.4	6	37.0
경기	12	10	38.1	34.3	10	3	23.2	20.6	1	3	13.8	13.4	4	28.1
인천	-	2	-	37.1	-	0	-	22.0	-	0	-	3.4	2	37.4
강원	6	6	45.4	46.3	4	1	23.2	17.9	2	4	27.1	17.7	0	11.3
충북	4	4	31.4	56.7	1	1	23.3	15.8	3	1	25.5	8.6	2	18.3
충남	8	8	35.1	39.6	5	4	28.1	20.7	2	0	28.9	10.7	4	21.9
전북	7	7	37.5	36.8	6	1	24.0	18.9	0	3	11.0	11.9	2	26.5
전남	10	11	31.2	35.8	9	5	23.5	18.1	1	0	23.6	10.2	5	25.4
경북	13	10	38.1	44.7	5	3	26.7	17.0	5	1	21.9	10.8	4	15.7
대구	-	2	-	28.3	-	1	-	18.6	-	1	-	15.6	2	29.8
경남	10	10	33.7	39.9	1	4	19.7	19.9	3	1	25.0	10.8	5	23.5
제주	0	1	23.9	31.9	0	0	19.3	17.1	-	-	-	-	0	6.0
합계/평균	90	87	35.6	35.3	57	26	21.6	19.7	18	15	13.3	9.2	50	29.3

민주당은 기존 정당체계를 무너뜨리고 제1야당으로 부상했다.

계절상 추운 2월에 실시된 선거였지만 투표율은 1981년 선거 때보다 오히려 6.2%나 높아졌다. 〈자료20〉에서 알 수 있듯이, 1981년 3월 25일 총선에서 78.4%였던 투표율은 1985년 총선에서는 84.6%로 6.2%나 상승했다. 서울은 81.1%로 4년 전 71.1% 보다 무려 10%나 증가했다. 부산도 1981년의 76.7%에서 85.3% 로 8.6%나 높아졌다.

그런데 투표율이 올라간 대도시 지역에서 신민당의 부상이 두드러졌다. 신민당은 6대 도시의 29개 선거구 가운데 한 석을 제

자료20 제11대, 제12대 총선 투표율 증감

총선	서울	부산	대구	인천	경기	강원	충북	충남	전북	전남	경북	경남	제주	평균
1985년 제12대 총선(a)	81.1	85.3	82	80.7	83.1	89.5	90.4	86.5	85.2	85.1	88.3	87.6	88.9	84.6
1981년 제11대 총선(b)	71.1	76.7	-	-	76.1	88	86.7	80.4	80.9	81.1	81.5	83.5	85.2	78.4
a-b	10	8.6			7.0	1.5	3.7	6.1	4.3	4.0	6.8	4.1	3.7	6.2

출처: 『동아일보』, 1985. 2. 13, 중앙선거관리위원회 선거통계시스템
1981년 선거구는 중앙선관위 기록에 오류가 있어서 95% 이상 투표율로 기록된 곳은 제외함
대구, 인천은 1981년에는 시도별 행정구역에 포함되지 않았음

자료21 제12대 총선 당시 신한민주당 지역별 득표율과 지역구 의석 점유율

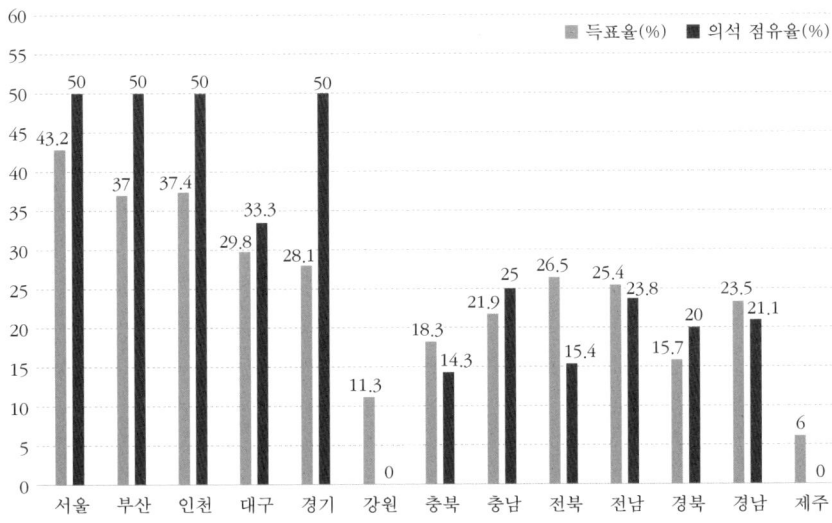

출처: 지표누리 국가지표체계

자료22 제12대 총선 당시 지역 크기별 정당 득표율

지역	민정당	민한당	국민당	신한민주당
도시(시/도) a	32.4	20.5	10.2	33.1
시골(시/군) b	45.0	18.3	15.3	17.1
a-b	-12.6	2.2	-5.1	16.0

외한 28석을 휩쓸었다.[43] 득표율에서도 신민당은 서울에서 무려 43.2%를 득표했고, 부산에서도 37.0%를 얻었다. 〈자료21〉에서 보듯이 서울, 부산, 인천, 경기에서 신한민주당은 그 지역구의 절반을 얻었다.

〈자료22〉에서 보듯이, 신한민주당이 도시 지역에서 득표한 비율은 33.1%로 시골 지역의 17.1%와 무려 16%의 차이를 보인다. 이에 비해 민정당은 시골에서 평균 45%를 얻어 도시의 32.4%보다 12.6% 높았다. 전형적인 '여촌야도(與村野都)'의 투표 패턴을 보였다.

한편, 이갑윤(1985:50-51)은 신한민주당의 지지를 투표율 증가에서 찾았다. 이갑윤은 투표율과 야당 득표율을 독립변수로 한 회귀분석을 통해 다음과 같은 신민당 득표율의 회귀식을 구했다.

$$\text{신민당 득표율}(\%) = 1.13 + 1.27\triangle\text{투표율} - .76\triangle\text{민한당 득표율} - .65\triangle\text{국민당 득표율} - .61\triangle\text{군소정당 득표율}$$

$\triangle$: 12대 선거율 - 11대 선거율
R제곱 = 0.69
회귀식 표준오차 = 7.89 $p = .000$

이 분석에 따르면 신한민주당 지지는 투표율 증가의 결과이다. 12대 선거에서 신한민주당을 지지했던 사람들 중에는 11대 선거에 참가하지 않았던 사람들이 많았다는 것을 의미한다. 신한민주당에 대한 지지가 가장 높았던 5대 도시 지구는 평균 10%에 가까운 투표율 증가를 보였는데, 이 회귀식에 따르면 그중 13% 정도가 신한민주당 득표로 이어진 것으로 해석할 수 있다는 것이다(이갑윤 1985:51). 반면, 신한민주당 득표율에 대한 기존 야당들의 득표율 증감의 영향은 비교적 적다고 평가했다. 이 회귀식에서 민한당($r = -.21$) 국민당($r = -.25$)의 득표율은 11대 선거에 비해 지역구 평균으로 3%밖에 감소하지 않은 것으로 나타났다. 오히려 14%에 가까운 군소정당의 득표율 감소가 회귀계수의 크기는 작으나 그 변화의 크기 때문에 오히려 민한당과 국민당의 득표율 감소보다 더 큰 영향을 끼치고 있다고 보았다(이갑윤 1985:51).

하지만 4년 전 주요 정당의 지지율 변화를 지역 단위별로 구분하면 보다 상세한 특성을 확인할 수 있다. 〈자료23〉을 보면, 전국을 대상으로 한 분석에서는 이갑윤의 분석대로 투표율 변화의 계수값이 가장 크고, 민한당, 민정당, 국민당이 비슷한 계수값을 보인다. 하지만 지역을 단위로 구분하면 이와 다른 패턴이 확인된다. 서울에서는 민한당 지지 변화만이 신한민주당 지지에 통계적으로 유의미한 차이를 보였다. 즉, 서울에서는 민한당 표가 줄어든 만큼 신한민주당이 많은 득표를 했다는 말이다. 다른 대도시 지역까지 확대하면 민한당뿐만 아니라 국민당 표가 줄어

자료 23 　신한민주당에 대한 지지(선형회귀분석)

변수	전국	서울	대도시	시도 지역	시군 지역
투표율 변화	1.47*	0.49	0.73	2.56*	0.85*
민정당 지지 변화	−0.32*	−0.24	−0.30	−0.47*	−0.20*
민한당 지지 변화	−0.37*	−0.35**	−0.45*	−0.38*	−0.30*
국민당 지지 변화	−0.30*	0.02	−0.35*	−0.49*	−0.20*
지역 크기	7.80*	-	-	-	-
상수	12.92*	46.79*	29.44*	11.26*	14.27*
R 제곱	0.60	0.40	0.59	0.69	0.18

* $p<0.01$ 　** $p<0.05$

든 만큼 신한민주당 표가 많아졌다. 대도시 지역에서는 기존 야당의 표를 신한민주당이 잠식한 것이다. 〈자료 23〉은 신한민주당 지지가, 서울과 대도시의 경우에는 투표율 상승보다 민한당의 표를 '빼앗아 온' 결과라는 것을 보여준다. 그러나 민정당 득표와의 관계는 크지 않았다.

한편, 투표율의 경우 서울이나 대도시 지역에서는 그 변수가 통계적으로 유의미하지 않은 것으로 나타났다. 투표율 변화의 영향이 가장 큰 곳은 대도시가 아닌 시도 지역, 다음으로 시군 지역이었는데, 투표율이 높아짐에 따라 신한민주당 득표가 높아졌다. 투표율의 증가에 따른 효과는 신한민주당이 의석을 휩쓴 대도시 지역보다는 지역 단위에서 더 큰 것으로 나타났다.

이런 특성을 다시 확인하기 위해 신한민주당과 다른 정당 간 득표율의 상관관계를 분석했다. 〈자료 24〉에서 보듯이 신한민주당이 '돌풍'을 일으킨 서울과 대도시 지역에서 상관계수의 값이

자료24 신한민주당과 다른 정당 간 득표율의 상관관계

신한민주당	민정당	민한당	국민당
전국	−.55*	−.16**	−.42*
도시(시도)	−.46*	−.33*	−.48*
시골(시군)	−.39*	−.21**	−.26*
서울	−.24	−.68*	−.30
5개 대도시(서울, 부산, 인천, 대구, 광주)	−.07	−.42*	−.64*

* $p<0.01$ ** $p<0.05$

컸다. 신한민주당이 이전 선거에서 민한당과 국민당이 대도시 지역에서 얻었던 표를 상당히 흡수했다는 사실을 확인시켜준다.

그런데 당선된 이들 중 적지 않은 이들이 해금자였다. 지역구의 경우 1차 해금 출마자 23명 중 7명, 2차 40명 중 20명, 3차 26명 중 21명이 선거구에서 당선되었다. 전국구는 1차 해금자 3명 전체, 2차 9명 중 6명, 3차 4명 중 1명이 전국구 순위권 내의 번호를 부여받았다. 3차 해금의 경우 전체 해금자는 앞선 두 차례의 해금에 비해 매우 적지만 총선에 출마한 비율과 실제 당선된 비율이 상당히 높게 나타남을 알 수 있다. 신한민주당의 당선자 67명 중 절반이 넘는 37명의 의원이 해금자들이었다. 특히 지역구에서 48명이 출마해 32명이 당선되며 당선율이 66.7%에 달했다. 민한당은 전체 35석 중 해금자가 13석을 차지했고, 국민당은 20명의 당선자 중에 해금자가 4명이었다.

다음의 기사는 지역 규모에 따른 12대 국회의원 선거 결과를 잘 정리하고 있다.

자료 25   제12대 국회의원 선거 당시 해금자의 정당별 출마 및 당선

정당명	지역구			전국구			합계		
	출마자	당선자	당선율	출마자	당선자	당선율	출마자	당선자	당선율
근로농민당	1	0	0.0	-	-	-	1	0	0.0
신민주당	1	1	100.0	-	-	-	1	1	100.0
신정사회당	4	1	25.0	-	-	-	4	1	25.0
민주한국당	20	9	45.0	6	4	66.7	26	13	50.0
한국국민당	10	3	30.0	1	1	100.0	11	4	36.4
신한민주당	48	32	66.7	9	5	55.6	57	37	64.9
무소속	5	2	40.0	-	-	-	5	2	40.0
합계/평균	89	48	53.9	16	10	62.5	105	58	55.2

전국 92개 선거구 가운데 도시형으로 분류될 수 있는 31개(서울 14, 부산 6 대구 3 인천 2, 대전 2, 전주 1, 광주 2, 마산 1) 선거구에서 신한민주당은 21개의 금메달을 땄고 대부분의 지역에서 2위와의 차이가 엄청나게 벌어져 득표율 면에서도 서울 지역의 경우 민정당을 15.7% 앞지른 42.7%를 기록했다. … 특히 서울 지역의 경우 신민당은 14개 지역을 휩쓸었다. …

도시형 선거구와는 달리 45개 정도로 잡을 수 있는 농촌형 선거구에서 민정당이 압도적인 승리를 거두었다는 점도 이번 총선 결과가 나타낸 특징 중의 하나다. 11대 때 45개 농촌형 지역에서 민정당이 금메달을 5개 놓친 것과 비교해도 이번 총선에서는 전북 2개 지역을 제외하고 모두 금메달을 기록함으로써 원내 안정세력을 구축하는 데 '농촌'이 결정적 기여를 했음을 드러냈다. 즉, 70년대 초반 유신과 함께 꼬리를 감췄던 '야도여촌(野都與村)' 현상이 이번 총선에서 부활된 결과가 됐다. … 도시형과 농촌형을 제외하고 도시농촌복합 지역으로 분류할 수 있는 16개 지역에서는 정당 간 의석 분포는 11대 때와 비슷했다(『동아일보』, 1985.2.13).

신한민주당의 돌풍은 그 무엇보다 대도시 지역을 중심으로 한 유권자의 지지를 끌어낼 수 있었기 때문이었다. 4년 전 투표장에 가지 않았던 유권자들이 투표하게 된 까닭도 있지만, 근본적으로는 정치적 지식과 관심이 크고 정보량이나 교육 수준이 높은 대도시 지역 유권자들이 '관제 야당'을 버리고 '선명 야당'을 선택한 결과라고 할 수 있다. 12대 국회의원 선거 결과 신한민주당이라는 "민주화를 추진하려는 강력한 자율적 야당이 출현함으로써 대안 부재 상태에 있던 국민에게 정치적 대안을 제시해 주었다"(임혁백 1994:275).

사회경제적 변화와 중산층

1985년 총선에서의 정치적 재편의 배후에는 주목할 만한 사회경제적 요인이 존재했다. 민주화 과정에서 1985년 총선이 갖는 정치적 의미 가운데 하나는 제도권 정당과 재야 정치세력과 학생 세력이 하나로 결집하게 되었다는 사실이다. 『동아일보』(1985. 2. 13)는 선거 결과를 분석하면서, 1985년 "선거에서 나타난 가장 위협적인 현상은 신당 바람을 주도한 '스튜던트 파워'"였다는 점을 지적했다. 전두환 정권 출범 이래 가장 격렬한 저항 세력이었던 젊은 유권자, 특히 대학생의 정치 참여 역시 신한민주당 부상의 중요한 요인이었다. 1985년 총선을 통해 제도 외부의 저항 세력인 학생과 재야 세력이 신한민주당이라는 제도권 정당과 힘을 합치게 된 것이다.

지난 4년간 장외정치권으로 분류됐던 재야 정치세력과 학생 세력이 유세장이라는 매개 현장에서 하나의 '힘'으로 결집됐고 여기에 일반 야성(野性) 유권자까지 가세해 신민당 지지 세력의 저류를 이룬 것으로 볼 수 있다(『동아일보』, 1985.2.13).

사실 젊은 유권자들의 선거에 대한 높은 관심은 민정당으로서도 신경이 쓰이는 일이었다. 선거일 전날 민정당 권익현 대표위원은 학생을 배려하는 공약을 제시하기도 했다.

"민정당은 총선 후 야당은 물론 각계각층의 지도자들이나 정치활동이 허용된 구정치인 및 학생들과도 폭넓은 대화를 적극 펼쳐나가겠다"고 밝히고 "총선 과정 중 야당들이 제의한 건설적인 대안도 정책에 반영하겠다"고 말했다. 권 대표위원은 특히 당과 대학생과의 대화와 관련, "총선 후에 대학생과의 정기대화를 연 3~4회 갖는 기회를 마련하겠다"고 말하고 "이에 대한 구체적인 구상을 당 차원에서 마련하겠다"고 밝혔다(『동아일보』, 1985.2.11).

그런데 '스튜던트 파워'의 부상의 배경에는 사회경제적 변화가 내재되어 있었다. 1985년 선거에서 주목할 만한 흥미로운 사실은 유권자 연령 분포의 변화이다. 〈자료 26〉은 1985년 12대 총선에서 연령에 따른 유권자의 비율을 정리한 것이다. 전체 유권자 가운데 20세부터 39세까지의 연령층이 58.2%를 차지했다. 특히 20대 유권자만 해도 전체의 3분의 1이 넘는 35.8%를 차지했다. 특히 이 가운데 20~24세 연령층은 19.3%를 차지하는데 이들 중 대다수는 4년 전에는 투표할 수 없었고, 1985년 총선에

자료26 제12대 총선 유권자의 연령별 비율

연령	명(천 명)	비율(%)
20~24	4,521	19.3
25~29	3,848	16.5
30~34	2,836	12.1
35~39	2,411	10.3
40~44	2,268	9.7
45~49	2,072	8.9
50~54	1,592	6.8
55~59	1,213	5.2
60~64	996	4.2
65~69	693	2.9
70~74	473	2.0
75~	457	1.9
합계	23,380	100.0

출처: 『동아일보』, 1985.1.8

서 처음으로 투표권을 행사하는 유권자들이었다. 전체 유권자의 거의 20%나 차지하는 많은 수의 새로운 유권자가 1985년 총선에서 그들의 첫 투표권을 행사했다. 이처럼 1985년 총선에서는 연령 분포상 젊은 유권자의 영향력이 클 수밖에 없었다.

젊은 유권자의 비율의 증대와 함께 또 하나 주목할 변화는 대학생 수의 변화이다. 이는 부분적으로는 전두환 정권이 스스로 만들어낸 결과이기도 하다. 1980년 7월 30일 국가보위비상대책위원회는 이른바 '7·30 교육개혁 조치'를 발표했는데, 대학입시 본고사 폐지, 과외 금지 조치와 함께 '대학 졸업 정원 제도'를 도입했다. 앞서 본 대로, 졸업정원제는 대학의 졸업 정원보다 처음에는 30%, 이듬해는 50% 정도의 신입생을 더 뽑는 대신, 졸업 때까지 그 추가 비율만큼을 중도 탈락시키도록 한 제도이다. 대학 입학 후 성적에 따라 탈락자를 만들어내는 제도로서 반정부 시위 등에 관심을 두지 말고 공부에만 전념하게 만들겠다는 의도에서 도입된 정책이다. 이처럼 졸업정원제는 전두환 정권에 대한 대학생들의 저항을 막기 위한 조치였는데, 시행 후 얼마 지나지 않아 사실상 유명무실한 제도가 되었다. 그러나 졸업정원제 실시로 대학생 수가 그 조치 시행 이전보다 최소한 30% 늘어났다. 또한 7·30 교육개혁 조치에서는 대입 정원도 확대했다.

81년도 대학 입학 인원은 대학 신설 및 종합대학 승격 등으로 1만 명, 학과 증설, 영세 학과 증원 등으로 1만 5천 명, 전일(全日) 수업제로 1만 명, 그리고 졸업정원제로 인한 증원 7만 명을 합쳐 올해보다 10만 5천 명이 많은 31만 1천 명으로 대폭 증원하되 구체적인 증원 규모는 각 대학의 시설 여건과 교수 확보 상황을 고려해서 결정키로 했다(『동아일보』, 1980.7.30).

이처럼 졸업정원제 실시 첫해인 1981년 대학 입학 인원은 1980년보다 10만 5000명이 더 늘어났다. 이러한 증가에 따라 〈자료 27〉에서 보듯이, 1980년에 61만여 명이던 대학생 수는 1985년에는 136만 명을 넘었다. 1980년과 비교할 때 1985년의 대학생 수는 두 배 넘게 늘어난 것이다. 이러한 대학 입학 정원의 확대 조치로 젊은 고학력의 유권자가 제5공화국 기간 크게

자료 27 연도별 고등교육기관 학생 수

연도	1945	1960	1970	1980	1985	1990	1995	2000
학생 수(천 명)	16	108	192	611	1,366	1,581	2,213	3,130

출처: 사단법인 대학교육연구소
대학, 전문대학, 산업대학, 교육대학, 방송통신대학 포함

늘어나게 되었다. 1985년 총선을 앞둔 상황에서 이러한 변화는 신한민주당 돌풍에 유리한 조건을 마련해주었다.

12대 국회의원 선거가 실시된 그해 10월 박동서, 김광웅 교수가 실시한 서베이 연구 결과에 의하면, 우리 국민의 민주 의식과 관련성이 높은 요인은 교육 수준이었다. 이와 함께 연령 변수도 관련도가 컸다. 즉, 교육 수준이 높을수록, 그리고 젊을수록 민주 의식이 강하게 나타났다(박동서·김광웅 1987:82-89).

또한 앞서 살펴본, 권위주의 시절 한국의 정치문화가 묵종형과 수용형이 강하다는 점을 밝혔던 한배호, 어수영의 연구(1987:323-324)에서는 결론적으로 교육 요인의 중요성을 다음과 같이 정리하고 있다.

정치 참여에 가장 크게 영향을 미치는 변수가 교육이고 그다음이 묵종 성향으로 나타난 바 있다. 그러나 교육과 묵종 성향은 밀접한 관계를 맺는 것으로 교육 수준이 높아질수록 묵종 성향은 줄어든다. 그러나 묵종 성향이 한국인의 정치 참여 행태에 커다란 영향을 미쳐왔음을 강조하지 않을 수 없다.

이러한 포괄적인 관찰에 비추어 한국에 있어서 민주 정치의 미래

를 전망할 때 한 가지 분명한 사실은 '교육'이 무엇보다 중요한 변수 요인으로 간주되어야 한다는 점이다. 민주 정치의 구현이 민주적인 정치 참여 행태에 달려 있다고 가정한다면 정치 참여의 질(質)을 좌우하는 것은 교육 수준이라 할 수 있다. 국민 전체의 교육 수준이 향상되면 될수록 정치문화의 '질'에도 변화가 따르게 마련이다.

한편, 지역별로 보면 대도시에서 신한민주당이 큰 지지를 얻었는데, 전두환 정권 기간 중 한국의 도시화 비율이 크게 높아졌다. 〈자료 28〉은 1955년 이후 한국의 도시화 비율의 추이를 보여준다. 제5공화국이 출범한 1980년의 도시화 비율은 69.4%였는데 1985년에 그 비율은 77.3%로 높아졌다. 즉, 1981년에서 1985년의 기간 동안 한국 사회는 급속한 도시화의 경향을 이어 갔고 그런 만큼 1985년 총선에서 도시 지역 유권자 수는 4년 전 1981년 총선 때보다 크게 늘어났다.

이처럼 1985년 총선에서 나타난 정치적 변화 뒤에는 당시의 사회적 변화도 중요한 요인이 되었다. 도시화의 진전, 젊은 유권자의 정치적 비중의 확대, 대학생 등 고학력 유권자의 배가 등 민주 정치로의 변화를 갈망하는 유권자들이 이전에 비해서 크게 늘어났다. 권위주의 정권에 도전하는 '체제 저항적 선명 야당'인 신한민주당의 창당은 권위주의 체제에 불만을 느낄 이러한 유권자들이 제도권 정치를 통해 정치적 의사를 표출할 수 있는 기회를 제공해주었다. 이런 사회적 배경은 신한민주당의 총선 돌풍뿐만 아니라, 신한민주당이 1년 후 전국 주요 도시를 돌며 추진한 '천만

자료 28 연도별 도시화율 변화

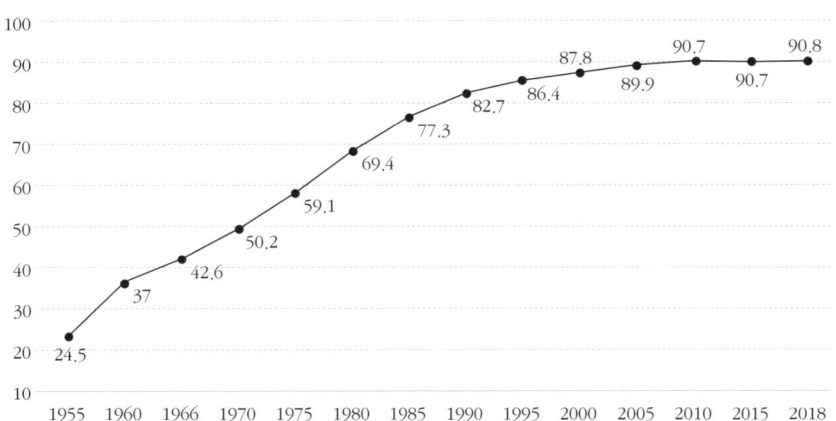

출처: 국토교통부 국토지리정보원, 「3-1 국토의 변화」, 『대한민국 국가지도집 1』, 2019
행정구역 기준 읍급 이상 지역

인 개헌 서명 운동'을 성공적으로 전개하게 한 원동력이 되었다.

립셋(Lipset 1959)은 민주주의가 경제발전과 관련이 깊다고 한 민주화에 대한 '근대화론자'의 시각을 대표한다. 그는 "보다 잘사는 나라일수록 민주주의가 유지될 기회가 더욱 커진다(the more well-to-do a nation, the greater the chances that it will sustain democracy)"(Lipset 1959:75)고 주장했다. 산업화의 진전, 소득의 증대, 커뮤니케이션의 확충, 교육의 증대, 도시화 등과 같은 경제발전의 결과물이 민주적인 정치문화를 낳고 민주적 규범에 대한 신념을 만들어내고 유지하는 데 도움을 준다고 보았다. 특히 민주 정치문화 형성에 대한 교육의 중요성을 강조했다. 교육의 증대로 민주적인 정치문화를 갖게 되며, 시민들은 민주주의를 중요한 가치로 생각하게 되며, 정치와 정치적 반대에 대해 관용적이고 온건하며 자제하고 합리적인 특성을 보이게 된다는 것이다(Lipset 1959:39-40).

립셋의 이러한 주장에 대해 여러 가지 비판이 있었고, 오도넬(O'Donnell 1973)은 남미의 사례 분석을 통해, 립셋의 주장과 반대로, 경제발전이 민주주의가 아니라 관료적 권위주의로 귀결되었다고 주장했다. 하지만 1970년대 중반 이후 이른바 민주화의 '제3의 물결(the third wave of democratization)'(Huntington 1991)이 일어난 이후 립셋의 주장이 재조명되고 있다. 헌팅턴(1991:62-63)은 1976년에 1인당 GNP가 1,000~3,000달러 수준에 도달했던 비민주적 정부를 가졌던 26개의 국가 가운데 76%인 21개국이 1989년까지 민주화되었거나 자유화를 이뤘다는 점을 지적했다. 그리고 1974년 남부 유럽에서 시작된 민주화의 제3의 물결은 그 이전 20년간 경제성장의 산물(the product of economic development)이라고 보았다(Huntington 1991:61). 한국도 여기에 포함된다. 다이아몬드(Diamond 2002:466-468) 역시 민주화의 '제3의 물결'에 대한 분석을 통해 사회경제적 발전이 민주주의를 촉진한다는 립셋의 주장을 재확인했다. 다이아몬드는 1인당 소득, 물질적 부로 측정한 사회경제적 발전과 민주주의 사이는 강한 긍정의 관계가 존재하고, 경제발전 수준이 높을수록 민주 정부가 등장하고 지속될 가능성이 상당한 정도로 더 커진다고 보았다. 물론 경제발전만이 유일한 결정변수라고 할 수는 없지만 정치적 민주주의를 결정하는 가장 중요한(dominant) 설명변수(Bollen and Jackman 1985:42)라는 것이다. 다이아몬드(Diamond 2002)나 립셋(Lipset 1994) 모두 한국과 대만의 민주화를 경제발전과 관련되어 있다고 보았다.

앞서 살펴본 대로, 1985년 총선 무렵 한국은 립셋이 지적한 지표들에서 모두 큰 변화를 겪었다. 1인당 소득은 1980년 1,698.5달러에서 2,426.5달러로 1.43배 늘었고, 고등교육을 받는 학생의 수는 1980년 61만 1,000명에서 136만 6,000명으로 2.24배 늘어났다. 도시화율도 1980년 59.1%에서 1985년에는 69.4%로 10.3%나 늘어났다. 경제성장률 또한 1980년 -1.6%에서 1981년 7.32%, 1982년 8.3%, 1983년 13.4%, 1984년 8.4%, 그리고 1985년에는 7.8%의 고성장을 기록했다. 이러한 부의 증가는 중산층의 정치적 역할을 강화시킨다.

> 부의 증가(Increased wealth)는 노동자의 사회적 조건을 변화시킴으로써 민주주의 발전이라는 결과에 관련되기도 한다. 하지만 이뿐만 아니라 부의 증가는 다수의 하위 계층이 밑바닥을 차지하는 길쭉한 피라미드형 구조로부터 중산층이 증대된 다이아몬드형 구조로의 계층구조 변화를 통해 중산층의 정치적 역할에 영향을 미친다. 대규모 중산층은 온건하고 민주적인 정당을 지원하고 극단적인 집단을 불리하게 만들어서 갈등을 완화하는 역할을 한다(Lipset 1959:83).

1985년 총선에서 도시화의 증대, 교육 수준의 제고와 함께 고려되어야 할 점은 '중산층'이다. 1985년 국회의원 선거 과정을 거치면서 중산층이 정치적으로 움직이기 시작했다. 총선에서 신한민주당이 내건 제1의 공약은 대통령 직선제였다. 이 공약은 기존 체제에 대한 급격한 변혁 없이 제도정치 내에서 해결할 수 있는 '과격하지 않은 어젠다'였다. 또한 그것을 주도해갈 대안 정치세력 역시 '제도권 정당'이었다. 1985년 총선에서 신한민주당의 부상은 기존 질서로부터의 급격한 이탈과 같은 불확실성이나 불안감을 줄 수 있는 과격한 변혁 없이도 중산층이 원하는 정치적 자유화가 가능하다는 희망을 갖게 만들었다. 즉, 대통령 직선제 개헌의 공약은 "차후의 민주화 전략을 사회경제적인 구조적인 개혁을 건드리지 않고 정권 형태나 최고 권력의 제도화에 한정시키는 것"(임혁백 1994:275)을 의미했고, 이 때문에 중산층을 비롯한 다수 국민의 지지를 받을 수 있었다.

실제로 제5공화국 시기에 스스로 중산층이라고 생각하는 이들의 비율이 높아졌다. 1987년 6월에 한 전두환 대통령의 말이다.

> 황선필 MBC 사장이 통계를 가져왔는데 재미있어. 83년 한국일보 갤럽 여론조사 때 자신이 중산층이라고 답변한 사람이 63%였는데 85년 『조선일보』 조사에서는 70%, 86년 『동아일보』 조사에서는 77%라는 거야. 한 나라에 중산층이라고 생각하는 사람이 80%가 넘으면 그건 안정된 사회야(김성익 1992:388).

여론조사 결과가 보여주듯 전두환 집권 기간에 스스로 중산층이라고 생각하는 이들의 비율이 높아졌다. 경제성장, 도시화, 고등교육 확대 등의 결과일 것이다. 전두환은 중산층이 늘어나면 '안정된 사회'가 될 것으로 생각했지만, 성장한 중산층은 정치적 억압이 불편했다. 그러나 이들은 기존 질서로부터의 급격한 변화를 두려워한다는 점에서 '안정'을 선호하는 이들이기도 했다. 한국 민주화는 이들이 원하는 지점에서 이뤄졌다. 다이아몬드(Diamond 2002:480)도 대만과 함께 한국 민주화에서 중산층의 역할을 중요하게 보았다.

> 사실 이 두 나라(한국과 대만)에서 민주화를 촉발한 중요한 유인은 단지 도시 중산 계급이 서구의 민주주의 가치에 접하는 일이 늘어났기 때문만은 아니다. 대외 수출이 산업화를 비중 있게 이끌어온 이들 국가에서 민주화는 선진국(advanced nations) 클럽의 회원이 되기 위해서는 마땅히 필요한 것이라는 인식이 있었기 때문이다.

그런 점에서 한국의 민주화를 학생운동과 노동운동을 중심으로 하는 민중운동이 결합해 만들어낸 '운동에 의한 민주화'(최장집 2010:118)라고 보기는 어렵다. 학생운동과 노동운동이 민주화 운동에서 중요한 역할을 한 것은 사실이지만, 자유화된 정치 질서에서의 잠재적 대안 세력으로서, 최대 다수의 지지를 이끌어낼 수 있는 정치적 어젠다를 제시하고, 그것을 통해 민주화를 향한 힘을 결집한 중심체는 제도권 야당인 신한민주당이었다. 제도권 야당이 중요한 것은 그들이 정치 변동의 핵심이 되는 중산층을 정치적으로 동원해낼 뿐만 아니라, 정치제도를 통해 실제 변화를 도출해낼 수 있기 때문이다.

사회운동 세력은 전두환 정권에 맞서 치열한 투쟁을 전개해왔지만, 현실적으로 그들은 "일반 대중에게 대체 세력으로 인식되고 있지 않았고 따라서 독자적으로 (선거에) 참여한다는 것은 실현 가능한 대안이 아니었"다(임혁백 1994 : 275). 이 때문에 사회운동 세력은 1985년 총선 이후 신한민주당이 설정한 민주화의 어젠다에 동참하는 방식으로 민주화운동을 추구해야 했다.

제도권 야당의 민주화 전략이 가져올 정치적 결과가 사회운동 세력이 추구하는 실질적 민주주의의 실현에 근접하고 있지 않음에도 불구하고 사회운동 세력들이 신(한)민(주)당의 선거 운동에 적극 동참했다는 것은 제도권 야당이 추진하는 민주화 방법론이 국민적 지지를 획득하고 있음을 의미한다(임혁백 1994 : 275-276).

물론 1986년 5월 3일의 인천 사태처럼 사회운동 세력은 제도권 야당에 대한 불신을 드러내고 독자적인, 그러나 매우 과격한 어젠다를 제시해보기도 했지만, 이는 많은 국민의 공감을 얻지 못했다. 1987년 6월 항쟁으로 가는 길까지 사회운동 세력은 대통령 직선제 개헌 운동이라는 어젠다를 중심으로 제도권 야당과 대체로 협력했다. 그리고 한국의 민주화는 최대 다수의 지지를 얻어낸 바로 그 어젠다, 대통령 직선제 개헌 요구가 받아들여지면서 실현되었다.

이처럼 한국 민주화의 실현 혹은 제5공화국의 몰락은 '운동의 정치'에 의해서가 아니라 중산층의 지지에 기반한 제도권 정치의 주도에 의해 이뤄졌다. 이 때문에 6·29 선언을 통한 권위주의 세력과 민주화운동 세력 간의 타협이 가능했다. 그런 점에서 1985년 총선은 한국 사회가 민주화를 향해 나아가는 매우 중요한 사건이었다.

한국 민주화 이행 과정에서 두드러진 특징 가운데 하나로, 중간층의 양면적 태도를 꼽을 수 있다. 80년과 달리 87년 6월의 경우 이들은 반독재 민주화 투쟁의 대오에 합류했다는 사실과, 그러나 그 직후 전개된 7~8월 노동자 대투쟁에 대해서는 보수적 태도로의 돌변과 노동운동에 대한 적대적 자세로의 급속한 변화를 보였다는 사실이 그것을 입증한다. 중산층이 6월 항쟁에 참여하거나 지지를 보낼 수 있었던 것은 '군부독재 타도', '민주쟁취'라는 구호 속에 나타난 민주주의의 의미를, 고전적 자유주의의 원리에 입각한 국가의 억압적 폭력의 배제와 시민의 기본적 자유와 권리가 보장될 수 있는 자유민주주의 또는 시민민주주의 수준의 그 어떤 것으로 받아들였기 때문이다. 그러나 시민민주주의, 그 최소 수준을 넘어서는 계급적 이슈와 계급 정치의 등장에 대한 중간층의 일차적 반응은 자본주의 질서와 지배적 사회관계의 변화를 추구하는 '급진주의'에 대한 심각한 불안과 공포였다(손호철 1999: 39-40).

1987년의 민주화가 1960년 4·19 혁명이나 1979년 10·26 사건과 달랐던 것은 새로운 정치 질서를 이끌고 나갈 대안 세력이 존재했다는 점이다. 학생이 주축이 되었던 4·19나 궁정 내부의 폭발로 체제가 붕괴된 10·26과는 이 점에 분명한 차이가 존재했다. 1985년의 2·12 총선은 국회의원 선거라는 정치 공간을 통해 도시화의 확산, 고등교육의 증대, 중산층의 성장, 젊은 세대의 부상 등 민주화를 이끌어나가는 데 중요한 정치적 자원이 신한민주당이라는 대안 세력을 중심으로 한데 모이게 하는 기회를 마련했다.

결론적으로 2·12 총선은 한국민들이 제도권 야당을 중심으로 권위주의 정권과의 타협을 통해 선거를 통한 제도 개혁이라는 민주화의 전략을 선택하게 하는 데 결정적 역할을 한 것으로 요약된다. 제도 개혁의 핵심은 직선제 개헌이었다(임혁백 1994:277).

광주항쟁이 권위주의 체제의 물리적 강제력의 기반을 약화시켰다면, 1985년 총선은 민주화를 향한 국민적 요구를 하나로 결집해가는 계기를 마련했다. 비유컨대, 광주항쟁이 권위주의 체제의 창과 칼을 무디게 만들었다면, 1985년 2·12 총선은 권위주의 체제를 겨냥한 저항의 창과 칼을 벼리게 했다.

2·12 총선은 한국 정치사에서 선거 정치의 역동성을 다시금 확인시켜주었다. 앞서 지적한 대로, 1956년의 정부통령 선거가 1960년 제1공화국 몰락의 서곡이었던 것처럼, 그리고 1978년 국회의원 선거가 그 이듬해 일어난 정치적 격변의 출발점이 되었던 것처럼, 1985년의 국회의원 선거는 한국 민주화를 향한 중

요한 모멘텀을 제공했다.

그러나 중산층이 2·12 총선을 계기로 본격적으로 민주화 투쟁에 합류했다고 보기는 어렵다. 투표에는 참여했지만 1987년 초까지 중산층은 여전히 정치적으로 관망하는 자세를 취하고 있었다. 『월간조선』 1987년 1월호에 실린 신동호 주필의 시론 제목은 "중산층이여 침묵을 깨라"였다.

> 안정과 발전을 동시에 성취하면서 민주화까지 이룩하자면 좀 더 합리적이고 실용적인 지름길을 찾아야 한다. 그것은 바로 시계추가 양극을 왕복하는 진폭의 과정에서 광대한 중간층을 발견하는 것과 같은 것이다. … 우리 사회의 주도적 계층인 중간층이 이제 발언하고 행동으로 성숙된 민주화의 가르침을 보여줄 때다(신동호 1987: 106).

이 글이 시사해주듯, 당시 중산층은 적극적으로 정치에 참여하기보다 관망하고 있었다. 『월간조선』 1987년 2월호에는 "중산층의 보수화가 문제"라는 진덕규 교수의 글이 실렸고, 1987년 4월호에는 최재현 교수의 "한국의 중산층, 왜 비겁한가"라는 제목의 글이 실렸다. 제목이 시사하듯이, 두 글 모두 당시 중산층의 정치적 역할에 대한 비판적 평가를 담고 있다.

제3의 개량인식이 주로 중산층적인 발상이라고 말할 수 있다면 과연 현실적인 면에서 중산층은 형성되어 있으며, 그들의 가치적 지향성이나 능력이 극단화되어가는 갈등의 상황을 통합할 수 있다고 단언해도 좋을까? 아마도 이 물음에 대한 가장 일반적인 응답은 부정적인 견해로 기울어지고 말 것이다(진덕규 1987:117).

대중이 정치적 무력감과 빈곤 속에서도 중산층 의식을 갖고, 지배집단은 여전히 부와 권력을 독점하고 살아갈 때 그러한 중산층 사회란 것은 실상이기보다는 허상일 공산이 크다. … 중산층은 그 속성상 침묵하기 쉽고, 조직화하기는 어려운 계층이다. 자유 분위기에서 선거가 진행된다면 투표 행위를 통해서 자신의 의사를 표출할 따름이다(최재현 1987:360-361).

이 글들에서 보듯이 1987년 초까지도 중산층은 민주화 운동에 적극적으로 참여하고 있지 않았다. 1985년 총선을 통해 '투표 행위를 통해서 자신의 의사를 표출'했을 뿐이다. 그러나 2·12 총선은 정치적 변화에 대한 희망과 가능성을 중산층에게도 보여 주었다. '침묵하던' 중산층이 움직이게 한 것은 1987년에 발생한 일련의 사건들이었다. 대학생 박종철의 물고문 치사 사건, 그리고 그 사건의 축소 왜곡 시도는 전두환 정권의 도덕적 기반을 송두리째 무너뜨렸고 중산층의 공분을 샀다. 이와 함께 직선제 개헌 요구를 전면으로 거부한 전두환 대통령의 4·13 호헌 선언 역시, 침묵하고 있었지만 2·12 총선 이후 직선제 개헌이라는 정치 변화에 대한 분명한 기대감을 갖고 있었던 중산층을 정치적으로 자극했다.

분노의 폭발과
요구의 타결

신한민주당은 선거 때 공약한 대로 직선제 개헌 운동을 본격화했다(이하 강원택 2017a; 강원택 2015). 신한민주당은 직선제 개헌에 대한 국민적 공감대를 높이고 전두환 정권을 압박하기 위해 2·12 총선 1년 후인 1986년 2월부터 '천만 명 개헌 서명 운동'을 시작했다 신한민주당이 주도한 개헌 서명 운동은 곧 학생운동권을 포함한 사회운동 세력과의 연대를 이뤄내게 된다. 1986년 3월 17일 이민우 신한민주당 총재, 김영삼·김대중 민추협 공동의장이 문익환 민주통일민중운동연합 의장, 박형규 한국기독교교회협의회 소속 목사, 이돈명 가톨릭정의평화위원회 회장 등 재야인사를 만나 '민주화를 위한 국민연락기구(민국연)'를 조직하기로 했다(『동아일보』, 1986. 3. 18).

　2·12 총선을 통해 제도권 정당이 제기한 대통령 직선제 개헌이라는 어젠다가 개헌 서명 운동을 통해 '운동의 정치'로 이어지게 되었다. 개헌 서명 운동은 곧 많은 국민으로부터 커다란 지지

를 이끌어냈다. 1986년 3월 8일 헌법개정추진위원회 서울시지부 현판식을 필두로 부산과 광주를 비롯한 각 지방에서 열린 개헌 촉구 집회에 대한 반응은 매우 뜨거웠다. 부산에는 4만, 광주 10만, 그리고 대구에 2만 명이 넘게 모였다(김대중 2010a : 499). 이와 같은 개헌에 대한 높은 지지는 전두환 정권에 상당한 정치적 압력으로 작용했다.

전두환 정권은 직선제 개헌에 부정적이었으며, 개헌 논의는 평화적 정권교체와 서울 올림픽 개최 이후에나 가능하다는 입장이었다. 하지만 개헌 서명 운동에 대한 뜨거운 열기 속에 전두환 정권 역시 이 어젠다에 반응했다. 어떤 의도였건 개헌 어젠다에 한 발을 걸치게 된 것이다. 전두환 대통령은 1986년 4월 30일 민정당 노태우, 신한민주당 이민우, 국민당 이만섭 대표와의 정당 대표회담을 통해 '여야가 합의한다면' 임기 중에 헌법 개정 용의가 있음을 밝혔다. 이 회동 이후인 1986년 6월 21일 노태우 민정당 대표와 이민우 신민당 총재가 만나 6월 24일 헌법개정특별위원회를 국회에 설치하기로 합의했다. 이 회동 직후 신한민주당이 국회 헌법개정특별위원회에 참여하기로 결정했고, 참여 조건으로 정부에 민주 인사의 석방, 사면, 복권 문제를 우선적으로 처리해줄 것을 요구했다.

이어 개헌 논의는 한 단계 더 진전되어 1986년 6월 24일 국회에 헌법개정특별위원회가 설치되었다. 그리고 그해 가을의 국회 회기 종료 이전에 새로운 헌법의 초안을 작성하기로 했다. 개헌 어젠다가 제도권 정치에 수용된 것이다. 이에 따라 신한민주당은 '운동의 정치'를 떠나 '제도의 정치'로 돌아갔다. 신한민주당은 1천만 개헌 서명 운동이라는 장외투쟁을 중단하고 개헌특위에 참여했다. 전두환 대통령이 여야 합의라는 조건을 달기는 했지만, 헌법 개정 용의를 밝혔고, 국회에 개헌특위까지 만들어졌기 때문에 개헌에 대한 국민의 기대감은 높아졌다.

각 정당은 개헌안을 마련했는데, 민정당은 의원내각제를, 신한민주당과 국민당은 대통령 직선제를 골자로 하는 개헌안이었다. 민정당이 내각제 개헌안을 내세웠기 때문에 대통령 직선제를 요구해온 신한민주당과 의견의 합의를 보기는 애당초 쉽지 않은 일이었다. 신한민주당은 대통령 직선제와 의원내각제를 국민투표에 부쳐 정부 형태를 국민이 결정하도록 하자고 제안했지만 민정당은 이를 받아들이지 않았다. 결국 여야 간 입장 차이를 줄이지 못하면서 국회를 통한 개헌 논의는 일단 결렬되었다.

이에 따라 1986년 9월 29일 신한민주당은 민정당의 의원내각제 제안은 "수상 중심제 등 영구 집권의 음모"라고 비판하면서 "직선제에 대한 합의만이 오늘의 난국을 타개할 수 있는 유일한 길이라고 확신하기 때문에 이 문제의 해결을 위한 실세 대화 개최를 강력히 촉구하면서 이 문제가 해결될 때까지 개헌특위 활동을 중단하기로" 했다(민주화추진협의회 1988:854). 신한민주당은 대통령 직선제 이외의 대안은 수용할 수 없음을 분명하게 한 것이다.

그런데 이 무렵 권력구조 형태와 관련하여 실시한 흥미로운 조사 결과가 있다. 이는 당시 민추협의 통일문제특별위원장이면서 상임중앙위원이었고 미국 미주리대학에서 정치학 박사학위를 받은 정대철이 주도한 여론조사이다(민주화추진협의회 1988: 914-916). 이 여론조사에서는 선호하는 권력구조의 형태, 대통령 권한의 제한 여부, 국회의원 선거 시기, 그리고 국회의원 선거제도에 대해서 물었다. 이 조사는 전 국민을 대상으로 한 것은 아니고 서울의 종로, 중구만을 대상으로 실시했다는 점에서 한계가 있다. 하지만 당시 종로, 중구는 상대적으로 정치의식이 높아 '정치 1번지'로 불렸던 곳이라는 점에서 새로운 헌법 구조에 대한 당시의 민심을 읽는 데는 도움이 될 것으로 보인다. 조사기간은 1986년 7월 10일부터 8월 5일까지 27일간 우편 조사 및 방문 면담 조사를 통해 1,917명을 대상으로 실시했다. 이 무렵은 1986년 6월 21일 민정당 노태우 대표와 신민당의 이민우 총재가 국회 개헌특위를 구성하기로 합의하고, 이에 따라 6월 24일 국회 헌법개정특별위원회가 구성되었던 직후이다.

조사 결과는 다음과 같이 정리할 수 있다. 첫째, 국민 대다수가 대통령 직선제를 원하는 것으로 나타났다. 응답자의 79.6%가 대통령 직선제를, 6.2%가 대통령 중심제를 원칙으로 하고 내각책임제를 가미한 제도를, 그리고 5.3%가 내각책임제를, 그리고 3.6%가 대통령 간선제를 선호하는 것으로 나타났다. 기존 선출 방식인 선거인단에 의한 대통령 중심제에 대한 지지는 3.4%에 불과했고, 이원정부제에 대한 지지 역시 1.9%에 불과했다. 대통령 직선제에 대한 압도적 선호를 확인할 수 있다. 둘째, 대통령의 권한은 보다 제한되어야 한다는 응답이 많았다. 안보의 필요로 인해 현재와 같이 강력한 권한이 대통령에게 부여되어야 한다는 응답이 20.6%인 데 비해, 독재를 막기 위해서는 당시 대통령의 권력이 제한되어야 한다는 응답이 79.4%였다. 강압적 권위주의 체제에 대한 불만이 상당히 높았음을 알 수 있다. 셋째, 국회의원 선거는 대통령 선거와 다른 시기에 해야 한다는 응답이 높았다. 국회의원 선거 시기를 대통령 선거와 일치시켜야 한다는 응답이 29.0%, 대통령 임기 중간에 실시해야 한다는 응답이 46.8%, 그리고 대통령 선거 후에 실시한다가 23.4%로 나타났다. 넷째, 선거제도는 한 선거구에서 의원 한 명을 선출하는 소선거구 단순다수제가 필요하다는 응답이 53.2%로 가장 높았다. 당시 선거 방식인 한 선거구에서 2인을 선출하고 한 명에게만 투표하도록 하는 방식은 35.5%, 그리고 한 선거구에서 2명에서 5명까지 선출하고 한 명에게만 투표하도록 하는 방식은 11.3%였다. 이 여론조사의 결과는 대통령 직선제 개헌이라는 정치적 어젠다가 2·12 총선 이후 사회적으로 폭넓게 공유되고 있음을 잘 보여주고 있다.

제도 정치권에서의 헌법 개정 논의가 실패로 돌아가면서, 신한민주당은 다시 헌법 개정을 위한 '운동의 정치'로 돌아갔다. 신한민주당은 민추협, 그리고 사회운동 세력과 함께 '영구 집권 음모 분쇄와 직선제 개헌' 관철을 위한 서울에서의 집회를 1986년 11월 29일 개최하기로 했다. 그러나 서울 대회는 대규모 경찰력의 동원으로 봉쇄되어 만족스러운 성과를 얻지 못했다.

그런데 얼마 지나지 않아 이른바 '이민우 구상'이 터져 나왔다. 1986년 12월 24일 신한민주당 총재인 이민우는 지방자치제 실시, 언론 및 집회결사의 자유 등 기본권 보장, 공무원의 정치적 중립, 국민에게 뿌리내린 2개 이상의 정당 제도 정착, 공정한 국회의원 선거법, 용공분자 제외한 구속자 석방, 사면 복권 등 7개 항의 자유화 조치가 선행되면 전두환 정권과 내각제 개헌에 대한 협상을 긍정적으로 검토할 수 있다는 입장을 밝혔다(『동아일보』, 1986.12.24). 이 총재의 입장은 그동안 신한민주당이 내걸었던 '대통령 직선제 개헌' 요구를 포기하고 민정당이 주장한 의원내각제를 대안으로 고려할 수 있다는 것이었다. 당연히 이에 대한 강한 반발이 당 내부에서 나타났다. 김대중(2010: 510)은 "대통령 직선제 개헌 없이 7개 항만 이뤄지면 민주주의가 된다는 것은 어림없는 소리다. 직선제와 민주화 7개 항의 병행 투쟁은 백지화가 마땅하다. 민주화란 어느 시대, 어느 정권에도 당연히 이뤄내야 하는 보편적 가치이며 지금과 같은 개헌 정국에서는 협상 대상이 될 수 없다"고 비판했다. 그러나 신한민주당 내 '비(非)민추협 계열'의 이철승, 김재광, 신도환, 박한상, 박해충, 조연하, 김옥선, 이택희, 이택돈, 당내 비주류 의원 9명은 '민주 연합'을 구성하고 이민우 구상을 지지했다

'대통령 직선제' 어젠다를 계속 추진하기 위해서는 이들과의 결별이 불가피해졌다. 이민우 파동은 결국 신한민주당의 분당으로 이어졌다. 1987년 4월 8일 신한민주당 소속 의원 90명 중 대다수인 74명이 탈당하여, 4월 13일 통일민주당 창당발기인 대회를 열었다. 당시 창당준비위원장이었던 김영삼이 밝힌 통일

민주당 노선의 6개 원칙 중 첫 번째는 "1988년 2월에 평화적 정권교체를 기해 이 땅에 군사독재는 영원히 추방되어야 하며, 정권교체의 방법은 국민의 의사에 따라 대통령 중심 직선제로의 합의 개헌이어야 한다"는 점을 강조했다. '직선제 개헌'이 가장 중요하고 핵심적인 요구임을 분명히 했다. 4월 13일에는 창당취지발기문을 발표하면서 "'선명하고도 강력한 국민적 정당'임을 자임하면서 '대통령 직선제 개헌 추진,' '비폭력 평화적 민주화 투쟁, 근로자와 농어민 그리고 중산층을 포함한 모든 국민의 절대적인 지지와 성원을 받을 수 있는 건전하고도 발전적인 노선을 견지해나갈 것"(『동아일보』, 1987. 4. 13)이라고 밝혔다.

그런데 바로 그날 전두환 대통령은 이른바 '4·13 호헌 조치'를 발표했다. 전두환은 자신의 임기 중 헌법 개정이 불가능하다고 판단되기 때문에 현행 헌법에 따라 차기 대통령을 선출하고, 개헌 논의는 1988년 올림픽 이후까지 중지할 것을 선언한 것이다. 그 가운데 대통령 직선제 거부와 관련된 내용은 다음과 같다.

… 어느 제도나 장단점은 있게 마련입니다만 대통령 직선제는 과거에 우리가 수차 경험한 바 있어 비교적 익숙한 제도인 것이 사실입니다. 그러나 그 경험은 결코 자랑스러운 것도 아니고 바람직한 것은 더욱 아니었습니다. 국민이 원한다는 명분 아래 집권 연장을 위한 개헌이 여러 차례 이루어져 1인 장기집권의 폐해가 누적되었고 결국에는 평화적인 정부 교체에 실패하고 말았던 것입니다. 전국적인 과열 선거로 테러와 폭력이 난무하고 감당할 수 없는 선심

공세와 막대한 자금 살포로 경제 파탄의 어려움을 초래하였으며 더구나 지역감정을 자극하여 나라와 국민을 분열시킨 그 폐단을 우리는 아직도 생생하게 기억하고 있습니다.

특히 지난날 여섯 차례의 직선제에 의한 대통령 선거가 모두 여당의 승리로 끝나 이 제도는 여당에 유리한 것이라고 평가되어온 것이 사실입니다. 그로 인해 선거가 끝난 후에도 선거 결과에 승복하지 않아 그 후유증이 심각하였으며 '전부 아니면 전무'라는 식의 극한투쟁만 되풀이되었습니다. 바로 그러한 과오와 위험 때문에 대통령 직선제는 우리의 불행한 헌정사와 더불어 역사 속에 매몰되어버렸던 것입니다. … 따라서 이왕 헌법을 고치려면 보다 나은 헌법으로 고치자는 것이 당연한 이치일 것입니다. … 이러한 모든 문제를 참작하여 현행 제도에 대한 타협안으로 민정당이 의원내각제를 내놓은 것으로 본인은 이해하고 있습니다. …

야당은 이를 한사코 거부해왔을 뿐 아니라 최근 극심한 내부의 혼란과 갈등 상태를 보임으로써 합의 개헌의 전망을 극히 어둡게 만들고 있습니다. 그들 스스로의 내부 문제조차도 대화와 타협으로 해결하지 못하고 결국은 파국으로 몰아간 그러한 상대와 더불어 합의를 이루어나가는 것이 과연 가능할 것인지 회의를 갖는 국민이 대다수일 것입니다. 오늘의 혼미한 야당의 모습에 비추어 볼 때 이대로 무작정 기다리기만 하다가는 정치 일정의 원만한 진행에 큰 차질이 올 것이라는 사실을 짐작하기 어렵지 않습니다(『동아일보』, 1987. 4. 13).

전두환의 호헌 선언의 표면적 이유는 대통령 직선제가 제도적으로 문제점이 많아서 내각제를 대안으로 했지만, 야당이 이 제안을 거부했다는 것이다. 하지만 보다 중요하게 내세운 명분은 야당의 분열이었다. 야당은 자기 당내 문제도 대화와 타협으로 해결하지 못해서 '결국은 파국으로 몰아간 그러한 상대와 더불어 합의를 이루어나가는 것이 과연 가능할 것인지 회의'가 든다는 것이다. 마지못해 끌려갔던 개헌 논의에서 벗어나기 위해 전두환은 신한민주당의 분열을 이용한 것이다.[44]

하지만 4·13 선언은 엄청난 국민적 분노를 불러왔다. 교수, 종교인, 변호사, 의사, 예술인, 교사, 영화인 등 지식인들이 4·13 호헌 선언에 반대하는 성명을 밝혔고(각종 성명서 내용은 민주화추진협의회 1988:869-873 참조), 일부 종교인들은 단식기도에 들어갔다. 전두환 대통령이 1년 전 임기 중 개헌 용의를 밝히면서 개헌에 대한 국민적 기대감이 크게 높아져 있던 상황에서, 갑작스러운 호헌 선언은 그러한 기대감에 찬물을 끼얹었다. 많은 국민이 상실감과 분노를 느꼈다. 호헌 선언에 대한 『동아일보』(1987.4.13)의 사설 일부이다.

… 문제는 앞으로 집권당의 '신(新)호헌론'이 차질없이 추진될 수 있느냐에 관심이 쏠린다. 애당초 호헌에서 개헌으로 선회한 정치적 동기나 배경이 1년 지난 지금에 와서 크게 바뀌었다고 보기는 어렵기 때문이다. 과연 이대로 정국을 끌고 나갈 수 있을지 걱정하는 까닭도 여기에 있다. … 88년의 평화적 정권교체가 민주 발전

의 큰 발자취임을 부인할 사람은 없다. 그러나 70년대 이래 청산되어야 할 유산 정리를 위해 새로운 헌법 속에 민주화 의지를 담아 다음 시대를 준비하는 것도 중요한 일이다. 그런 점에서 이번 결단은 개헌 논의의 종식을 의미하기보다는 암초에 부닥친 합의 개헌의 항로에 하나의 돌파구가 될 수 있기를 바라는 마음 간절하다. 한국 정치의 비극이 끝날 날은 그 언제일까.

『왜 인간은 항거하는가(Why Men Rebel)』의 저자인 거어(Gurr 1970:37)는 사람들의 행하는 폭력의 주요 원천을 좌절-공격(frustration-aggression)의 메커니즘으로 보았다. 사람들이 느끼는 좌절감이, 언제나 그런 것은 아니지만, 충분히 지속되고 날카롭게 느껴지면 이는 분노로 이어져 결국에는 공격성을 보이게 된다는 것이다. 거어는 좌절-공격의 메커니즘을 중력의 법칙에 비유했다. 물체의 상대적 질량이 크고 거리가 가까워질수록 서로 끌어당기는 힘이 커지고, 그 반대의 경우에 작아지는 것처럼, 좌절감을 느낀 사람들은 그 강도에 비례하여 폭력에 의존하려는 성향을 갖는다고 보았다. 거어(Gurr 1970: 24)는 사람들이 자신이 마땅히 받아야 한다고 기대하는 가치(value expectations)와 실제로 얻을 수 있다고 생각되는 것(value capabilities) 사이의 격차를 "상대적 박탈감(relative deprivation)"의 개념으로 설명하면서, "집단적인 폭력의 가능성은 집단 구성원 간의 상대적 박탈감의 강도와 범위에 따라 크게 달라진다"고 주장했다.

전두환 대통령의 느닷없는 호헌 선언은 여야 간 개헌 논의를 통한 정치적 변화를 기대했던 많은 이들을 좌절시켰고 분노하게 했다. 거어의 주장대로, 기대했던 개헌 논의가 일방적으로 중단되면서 갖게 된 좌절감은 분노를 낳았고, 곧이어 거대한 시민적 저항으로 이어질 토양을 제공했다. 1985년 2·12 총선을 통해 제기된 직선제 개헌 어젠다는 그 이듬해 천만인 서명 운동과 함께 확산되어갔고, 국회 개헌특위 구성과 함께 실현에 대한 기대감을 높였다. 그러나 개헌에 대한 국민적 열망을 강하게 확인시켜준 사건은 아이러니하게도 4·13 호헌 선언이었다. 이 때문에 호헌 선언은 "박종철 고문 사망 사건에 대한 항의 투쟁으로 전개되어온 민주화운동을 일거에 개헌 투쟁으로 전환시켰다"(서중석 2011:171). 호헌 선언은 전두환 정권의 악수(惡手)였다. 호헌 선언은 역설적이게도 전두환 스스로 개헌 이슈를 더욱 중요한 국민적 관심사로 만들어버렸고, "6월 항쟁으로 가는 또 하나의 큰 디딤돌을 마련해준"(서중석 2011:187) 셈이 되었다.

개헌 기대감의 좌절로 인해 전두환 정권에 대한 분노가 높아진 상황에서, 서울대생 박종철 군 고문치사 사건을 축소, 조작했다는 폭로가 터져 나왔다. 박종철은 1987년 1월 14일 치안본부 대공수사단 남영동 분실에서 경찰의 물고문으로 사망했다. 『중앙일보』와 특히 『동아일보』의 용기 있는 보도로 이 사실이 드러났다. 그 결과 2명의 경찰이 구속되었고, 내무부장관과 치안본부장이 교체되었다. 하지만 1987년 5월 18일 천주교정의구현사제단 김승훈 신부는 박종철 군 고문치사 사건의 진상이 조작되었고, 사건을 축소하려는 모의가 있었음을 폭로했다. 구속된 2명의 고문 경찰 이외에 3명의 고문 경찰이 더 있고, 안기부, 내무부, 법무부, 검찰 등 관계기관대책회의에서 범인의 은폐, 축소 조작이 이루어졌다는 것이다. 이 폭로로 정권의 도덕성은 바닥으로 추락했고, 전두환 정권에 대한 시민들의 분노는 극에 달했다.

이 폭로 이후 박처원 치안감을 비롯하여 6명이 더 구속되었다. 전두환 대통령은 5월 26일에는 노신영 국무총리, 장세동 안기부장, 정호용 내무부장관, 김성기 법무부장관, 서동권 검찰총장 등을 교체하는 대규모 개각을 단행했다. 하지만 이러한 추가 구속과 개각으로도 성난 민심을 달랠 수 없었다.

4·13 호헌 선언으로 인한 좌절과 분노가 가득 차 있던 상황에서 터져 나온 고문 사망 사건 축소, 조작은 그 분노를 폭발시킬 뇌관과 같은 것이었다. 호헌 선언으로 인해 생겨난 분노라는 인화성 물질로 가득한 공간에, 고문치사 사건에 대한 축소, 조작 폭로라는 불똥이 튄 것이다. 이제 거어의 주장대로, 시민의 좌절감과 분노는 저항이라는 집단적 행동으로 이어지게 되었다. 시민들이 전두환 정권에 대해 느끼는 박탈감과 분노의 '강도와 범위'는 이 폭로로 인해 급격하게 커졌다. 이 폭로와 함께 "제도권 야당과 사회운동권이 그간의 불화를 치유하고 다시 연합전선을 구축하는 계기를 이루었을 뿐만 아니라 이제까지 방관자적인 자세를 보였던 중산층이 민주화를 향한 대중 동원에 적극 가담하게 되는 계기가 되었다"(임혁백 1994:285). 김영삼(2000b:55)

은 중산층이 6월 항쟁에 적극적으로 참여하게 된 원인을 다음과 같이 분석했다.

이즈음 한국 중산층은 세계의 언론으로부터 각광을 받았다. 세계의 거의 모든 주요 언론들은 이번 사태가 한국 '중산층의 반란'이라고 표현하면서, 왜 중산층이 반정부의 기치하에서 격렬한 저항을 보이게 되었는지를 분석했다. 나는 중산층을 행동파로 변신시킨 3대 원인을 첫째, 박종철 군 고문치사 사건, 둘째, 4·13 호헌조치, 셋째 최루탄 난사로 꼽았다.

후일 6·29 선언을 앞둔 시점에서 전두환 역시 4·13 호헌 선언에 대한 판단 잘못, 그리고 뒤이어 발생한 사건으로 인한 정권의 도덕성 추락 문제를 인정한 바 있다.

이번 담화에서는 4·13도 미안하다. 내가 판단을 잘못했다고 시인해야 돼. … 나를 상대로 정권을 쓰러뜨리려는 게 이번이 처음이다. 4·13, 박종철 사건, 범양 사건,[45] 이상한 사건들이 일어나서 경찰의 부도덕성이 드러나고 국민이 호응할 기회를 주었다. 여기에서 헤어날 길이 없어(김성익 1992: 443-444).

통일민주당, 재야, 종교계 등은 민주헌법 쟁취와 대여 투쟁을 위한 공동 기구를 결성하기로 했다. 이에 따라 1987년 5월 27일 '호헌철폐 민주헌법쟁취 국민운동본부(국본)'라는 민주화 투쟁을 위한 최대 연합조직이 결성되었다. 국본은 6월 10일 '고문 살인 은폐 조작 규탄 및 호헌철폐 민주헌법쟁취 국민대회'를 열기로 했다. 6월 10일은 민정당 전당대회 겸 노태우의 대통령 후보 지명일이었다. 국본은 이날에 맞춰 대규모 저항 시위를 조직한 것이었다. 국본의 항의 집회에는 전국 22개 도시 514곳에서 수십만 명의 시민이 참여했다. 국본의 이 집회는 본격적인 '6월 민주화 항쟁의 시작'(임혁백 1994:472)이었던 것이다. 또한 국본은 6월 9일의 시위 중 최루탄에 맞아 숨진 연세대생 이한열 군을 추모하는 '최루탄 추방의 날' 행사를 6월 18일에 개최했는데 전국에서 150만 명이 시위에 참여했다. 26일에 개최한 민주헌법쟁취 국민평화대행진에도 전국에서 180만 명 넘게 참여했다(김대중 2010a:519-521).

국본의 집회에서는 그동안 민주화 투쟁을 이끌었던 야당, 사회운동 세력뿐만 아니라 '넥타이 부대'로 불린 화이트칼라 신중산층 등 '도시의 교육받은 중산층'(최장집 2010:127)의 참여까지 끌어냈다. 이렇게 많은 이들이 참여하게 된 것은 무엇보다 4·13 호헌 선언과 고문치사 축소, 조작 폭로의 여파로 볼 수 있다. 이 두 사건은 '직선제 개헌'이라는 어젠다가 더욱 부각되고 이에 대한 국민적 공감대를 넓히고 그 열망을 강화하는 계기가 됐다.

이와 관련하여 임혁백(1994:472-473)은 다음과 같이 설명하고 있다. 국본의 목표는 "체제의 본질적 변혁보다 절차적 민주적 권리의 회복에 초점을 맞추었다. '호헌 철폐, 독재 타도'라는 구호에서 볼 수 있듯이 국민운동본부의 민주화 요구는 최소 강령적이었으며, 그 수단은 비폭력적 대중 동원이었다. 절차적 민주주의의 회복에 찬성하고 군부 독재를 반대하는 모든 세력들은 그들 간의 계급적, 직업적, 종교적, 지역적 차이에 관계없이 민주화를 위한 시위 대열에 동참할 수 있게 된 것이다."'호헌 철폐, 독재 타도'라는 구호에서 알 수 있듯이, 호헌은 곧 독재로 이해되었으며, 대통령 직선제 개헌은 독재를 타도하기 위해 반드시 실현해야 할 대안으로 간주되었던 것이다. 직선제 개헌은 이제 우리 사회가 올바르게 나아가기 위해서 반드시 실현해야 할 목표라는 규범적인 의미까지 갖게 되었다.

수세에 몰린 전두환 정권은 6월 24일 김영삼 통일민주당 총재와 정국 상황을 논의하기 위한 영수회담을 가졌다. 김영삼은 4·13 조치 철회, 대통령제-내각제 중 선택을 위한 국민투표, 언론 자유 보장, 구속자 석방 및 사면 복권, 김대중 가택 봉쇄 해제 등을 주장했다. 그러나 전두환은 개헌 논의를 재개하겠다고만 말했을 뿐, 4·13 조치 철회와 직선제 수용 문제에 대해서는 대답을 회피했다. 김영삼은 회담 직후 민추협 사무실에서 내외신 기자회견을 갖고 회담의 결렬을 선언했다. 다만 김대중의 연금은 25일 해제되었다.

6월 29일 노태우 민정당 대표가 기자회견을 열고 '대통령 직선제 개헌'을 수용하겠다고 선언했다. 6·29 선언에서 노태우 대표는 다음과 같이 말했다.

첫째, 여야 합의하에 조속히 대통령 직선제 개헌을 하고 새 헌법에 의한 대통령 선거를 통해 1988년 2월 평화적 정부 이양을 실현해야 하겠습니다. … 둘째, 직선제 개헌이라는 제도의 변경뿐만 아니라 이의 민주적 실천을 위해서 자유로운 출마와 공정한 경쟁이 보장되어 국민의 올바른 심판을 받을 수 있는 내용으로 대통령 선거법을 개정해야 한다고 봅니다. 또한 새로운 법에 따라 선거운동, 투개표 과정 등에 있어서 최대한의 공명정대한 선거관리가 이뤄져야 합니다. … 셋째, 우리 정치권은 물론 모든 분야에 있어서 반목과 대결이 과감히 제거되어 국민적 화해와 대단결을 도모해야 합니다. 그런 의미에서 저는 그 과거가 어떠하였든 간에 김대중 씨도 사면, 복권되어야 한다고 생각합니다. 그리고 우리와 우리들 자손의 존립 기반인 자유민주주의적 기본 질서를 부인한 반국가 사범이나 살상, 방화, 파괴 등으로 국기(國基)를 흔들었던 극소수를 제외한 모든 시국 관련 사범들도 석방되어야 합니다.(노태우 2011:346-348).

6·29 선언과 함께 민주화가 실현되었다. "독재 종식의 대미를 장식한"(김대중 2010a:523) 국민의 승리였다. 6·29 선언의 핵심은 '대통령 직선제 개헌'을 수용하겠다는 것, 그리고 '공명정대한 선거관리' 등 선거의 공정성 확보였다. 한국의 민주화는 체제 변혁이나 혁명이 아니라, 대립했던 두 세력 간의 '타협'을 통해 기존 체제 내에서 이뤄졌다. '타협'의 핵심은 절차적 민주주의의 회복이었다.

전두환 정권하에서 가장 치열하고 지속적인 저항을 해온 것은 사회운동 세력이었다. 폭력과 억압 속에서도 이들은 끊임없이 전두환 정권의 폭압적 성격과 도덕성의 문제를 제기하고 체제 변혁을 주창했다. 사회운동 세력은 비타협적이고 급진적이며 때때로 전투적이었다. 그러나 바로 그런 속성 때문에 사회운동 세력은 민주화 전선의 전면에 서 있었지만, 중산층을 포함한 대중 전반의 지지를 얻지는 못했다. 그러나 6월 항쟁은 "야당, 사회운동 세력, 중산층을 포함하는 최대한의 민주화 연합"(임혁백 1994:285)이 구축된 결과였다. 중산층 역시 민주화운동에 참여했다.

한국의 중간 제 계급은 1980년대 민주화운동의 중심 세력은 아니었지만, 중간 제 계급의 정치적 태도의 중심 경향이 권위주의 체제 개방을 요구하는 친민주 세력 쪽으로 기울어져 체제 전환에 필요한 정치적 긴장, 즉 권위주의 지배 집단에 심각한 정치적 위협을 줄 수 있는 사회의 압력을 고조시킬 수 있었다(마인섭 1995:191).

이렇게 민주화를 향한 사회적 힘이 한데 결집할 수 있었던 것은, '직선제 개헌'이라는 어젠다가 국민적 공감을 끌어낼 수 있었기 때문이다. 즉, 거대한 저항을 가능하게 한 근본적 요인은 "체제의 본질적 변혁보다도 절차적 민주적 권리의 회복"(임혁백 1994:286)이라고 하는 대중적 수용성과 공감대가 높은 어젠다의 제시였다.

카마인즈와 스팀슨(Carmines and Stimson 1980)은 선거 이슈를 속성상 '쉬운 이슈(easy issue)'와 '어려운 이슈(hard issue)'로 구분했다. '쉬운 이슈'는 상징적 목표와 관련된 이슈, 긴 시간 동안 많은 사람의 관심을 끌어온 이슈를 말한다. 반면, 목표를 실현하기 위한 수단과 방법론의 특성을 갖거나, 이슈를 이해하기 위해 전문적 지식이 필요하다면 그것은 '어려운 이슈'라고 보았다. 이들은 유권자의 투표 결정에 영향을 미치는 것은 어려운 이슈가 아니라 쉬운 이슈라고 주장했다. '체육관 선거 대신 내 손으로 대통령을 뽑자'라는 주장은, 예컨대 사회운동권에서 주장한 '파쇼 타도'나 '삼민 헌법 제정'의 주장보다, 그 과격성에 대한 부담은 별도로 하더라도, 훨씬 이해하기 쉽고 직관적이었다.

이처럼 한국의 민주화는 대통령 직선제 개헌 어젠다의 부상과 함께 본격적으로 시작되었고 대중적 지지 기반을 넓혀갔다. 그 본격적인 출발점은 1985년 2월 12일의 12대 국회의원 선거라고 할 수 있다. 이 선거를 통해 대통령 직선제 개헌이라는 정치적 목표가 던져졌을 뿐만 아니라, 선거 결과는 민주화를 원하는 이들에게 현실적인 정치적 대안 세력을 갖게 했다. 한국의 민주화는 대학생과 사회운동 세력뿐만 아니라, 중산층을 포함한 국민 다수의 염원과 행동의 결과이지만, 그 과정을 이끌고 오는 데는 제도권 정당, 특히 신한민주당의 역할이 컸다. 그리고 절차적 민주주의의 복원이라는 민주화의 정치적 성과 역시 이들이 내세웠던 목표였다. 그런 점에서 한국의 민주화는, 사회운동 세력의 관점에서 볼 때는, '보수적으로 귀결'(최장집 2010:138)되었다.

1960년의 민주화와 1987년 민주화의 차이는, 1960년에는 '이승만 하야'의 주장은 있었지만, 그 이후의 정치적 변화에 대한 합의는 국민 사이에 폭넓게 존재하지 않았다는 점이다. 즉, 현상 타파에 저항의 목표가 맞춰졌다. 더욱이 당시 정치적 저항의 주도 세력이었던 학생들은 '이승만 하야' 이후의 정치 질서를 끌고 나갈 대안 세력이 될 수 없었다. 1979년에는 궁정 내부 엘리트 간 갈등에서 비롯된 우발적 사건에 의해 체제가 붕괴했다. 체제 붕괴는 갑작스러운 것이었고, 미래의 방향에 대한 합의는 이뤄지기 어려웠으며, 새로운 질서를 주도할 대안 세력도 존재하지 않았다.

  이에 비해 1987년에는 단순한 '독재 타도'가 아니라 그 이후의 정치 질서 구축을 위한 절차와 방안을 향해 항쟁이 전개되었다. 바로 '대통령 직선제 개헌'이었다. 더욱이 기존 권위주의 체제를 대신할 수 있는 정치적 대안 세력도 1985년 국회의원 선거를 통해 부상했다. 쉽게 공감할 수 있으면서도 당위적이고 미래지향적인 어젠다, 그리고 그 어젠다와 함께 새로운 정치 질서를 이끌고 나갈 대안 세력의 부상이라는 두 가지 요인이 1987년의 민주화를 가능하게 했다.

  1985년 이후 6월 항쟁까지의 정치적 흐름은 다음의 〈자료 29〉와 같이 정리할 수 있다. 1985년 2·12 총선에서 '대통령 직선제' 어젠다가 본격적으로 제기되었고, 그 어젠다를 정치적으로 끌고 나갈 정치세력이 등장했다. 1986년부터 시작한 천만인 개헌 서명 운동은 그 어젠다에 대한 국민적 공감대를 넓혀갔다. 그리

자료29 1985년 2·12 총선부터 1987년 6월 항쟁까지 주요 사건

일시	1985. 2.	1986. 2.	1986. 6.	1987. 4.	1987. 5.	1987. 6.
사건	12대 총선	천만 인 개헌 서명 운동	국회 개헌특위	4·13 호헌 선언	박종철 사건 조작 축소 폭로	6월 항쟁
의미	변혁의 어젠다 제시	어젠다의 확산	기대감의 고조	기대감의 좌절, 분노 → 어젠다의 강화	권력의 도덕성 실추, 분노의 폭발	저항의 확산
주체	신한민주당	신한민주당 + 사회운동권	제도권 정치	신한민주당 + 사회운동권 + 지식인, 종교인, 문화예술계, 중산층	종교계, 사회운동권, 언론	국본 + 시민, 중산층
결과	공감할 수 있는 이슈 제시와 대안 세력의 등장	개헌 공감대의 확산	개헌의 실현 가능성에 대한 기대감 고조	개헌 이슈의 전면화	체제 전환에 대한 요구	저항의 전국화

고 전두환 정권이 그 요구를 일부 수용하여 국회 개헌특위를 구성한 것은 개헌의 실현 가능성에 대한 국민적 기대감을 높였다. 그리고 1987년 전두환 대통령이 돌연 올림픽 이전에는 개헌 불가의 입장으로 돌아선 4·13 호헌 선언은 역설적으로 대통령 직선제 개헌에 대한 국민적 열망을 더욱 뜨겁게 했다. 그리고 개헌 이슈는 정치적 전면에 부상하게 되었다. 이런 상황에서 터진 박종철 사건 축소, 조작의 폭로는 기대감의 좌절로 분노하던 다수를 자극했고 이는 6월 항쟁으로 이어지는 중요한 계기를 마련했다. 호헌 선언으로 인한 좌절과 함께 오히려 그 목표 달성에 대한 절박함은 강해졌고 그 목표에 대한 사회적 공감대도 넓어졌다. 그런 점에서 '대통령 직선제 개헌 쟁취'라는 구체적인 민

주화의 성과를 향해 가는 길에서 가장 중요했던 사건은 2·12 총선과 4·13 호헌 선언이었다.

직선제 개헌의 요구가 받아들여진 만큼 이후의 논의는 제도 정치권을 통해 이뤄지게 되었다.

제8장

'87년 체제'의 확립

6·29 선언 이후 여야의 개헌 협상은 급속하게 이뤄져갔다(이하 논의는 강원택 2017a; 강원택 2015). 7월 24일 민정당과 통일민주당은 개헌 협상 전담기구인 여야 '8인 정치회담' 구성에 합의했고, 7월 31일 첫 회의가 열렸다. 신속하면서도 책임 있게 개헌 협상을 진행하기 위해서 부총재급 인사들로 구성되었고 실질적인 권한을 부여받아 실질적인 협상이 이뤄질 수 있었다 (조지형 2010:26). 민정당에서는 권익현, 윤길중, 최영철, 이한동 의원이, 야당에서는 이중재, 박용만, 김동영, 이용희 의원이 협상 대표로 나섰다. 이 가운데 이용희와 이중재는 김대중계이고 박용만, 김동영은 김영삼계를 대표했다. 8인 정치회담은 헌법 개정을 위한 각종 쟁점 사항에 대해 협상하고 결정하는 역할을 담당했다. 물론 민정당은 통일민주당과의 8인 정치회담과 병행하여 국민당 및 신민당과도 각각 4인 정치회담을 추진했지만, 그것은 형식적인 것이었다. 또한 국회 내 헌법개정특별위원회는 사실상

형식적으로 운영되었고 별다른 영향을 미치지 못했으며, 기껏해야 조문 정리 정도만 담당하는 유명무실한 기관으로 전락했다(조지형 2010:27).

8인 정치회담은 물론 완전히 독자적으로 운영된 것은 아니고 소속 정당뿐만 아니라 국민운동본부와 같은 사회단체 등의 의견도 간헐적으로 청취하면서 협상을 벌였다(조지형 2010:33). 그러나 8인 회담에 대한 외부의 영향은 매우 제한적이었다. "6·29 선언 이후 대한변호사협회와 일부 헌법학 교수가 헌법 시안을 제출하고 민주헌법쟁취국민운동본부, 한국노총, 경제인연합회, 여성단체, 농민 대표 등 시민운동 대표가 개헌과 관련된 의사를 표명하였지만 그들의 목소리는 8인 정치회담에 전달되지 않았다"(김영태 2007). 그런 점에서 이 당시 헌법 개정은 민정당과 통일민주당, 보다 정확하게 말하면 노태우와 김영삼, 김대중 3인을 중심으로 이뤄졌다.

8인 정치회담은 매우 효율적으로 진행되었다. 7월 31일부터 시작된 8인 정치회담은 한 달 뒤인 8월 31일에는 헌법의 시행일과 국회의원 총선 시기 등에 관한 부칙을 제외한 헌법 전문과 본문 130개 조항에 완전한 합의를 이뤘다. 한편, 국회에서는 8인 정치회담의 진행 상황에 맞춰 1986년 구성되었던 개헌특위를 재구성했다. 1987년 8월 14일 채문식 의원을 위원장으로 하는 헌법개정특별위원회가 구성되었고, 8월 31일에는 개헌에 대한 실무 작업을 담당할 헌법개정안기초소위원회를 구성했다. '10인 기초소위원회'로 불린 이 소위원회는 민정당 현경대

의원을 위원장으로 하고 허청일, 류상호, 김종인, 이치호(이상 민정당), 허경만, 김봉호, 박관용(통일민주당), 신경설(신한민주당), 신철균(한국국민당) 등을 위원으로 구성되었다. 10인 소위원회에서 만든 개정안은 9월 17일 개헌 특위안으로 채택되었고, 1987년 10월 12일 국회 본회의를 통과했다. 그리고 보름 뒤 국민투표를 통해 최종 확정되었다. 6·29선언으로부터 국민투표를 통한 개헌안 확정까지 소요된 시간은 넉 달에 불과했다.

이렇게 신속하게 헌법 개정이 이뤄진 데는 여러 가지 이유가 있을 것이다. 가장 중요한 이유는 '대통령 직선제 개헌'이라는 커다란 방향이 이미 잡혀 있었기 때문이다. 민주화의 방향으로서 대통령 직선제에 대한 공감대가 있었기 때문에, 직선 대통령제와 국회와 사법부의 권한 강화, 기본권 강화 등에 대해서는 여야 모두 같은 입장을 취하고 있었다. 당시 김영삼 총재는 "직선제가 이미 합의돼 개헌안의 90%가 사실상 타결된 것이나 마찬가지이므로 사소한 문제에 구애될 것 없이 양보할 것은 양보하겠다"(『중앙일보』, 1987.8.13)고 밝힌 바 있다. 김영수(2000: 686)는 1987년 헌법 개정에서 민정당과 통일민주당의 시각 차이가 크지 않다는 점을 다음과 같이 지적하고 있다.

민정당은 그들이 제시할 개헌안에 대통령 중심 직선제가 초래할 수 있는 권력 집중과 독재 가능성을 배제하기 위하여 권력 분산, 기본권 신장, 사법권 독립 강화, 의회 활성화 등에 역점을 둔다는 방침하에 사법권 독립 강화를 위하여 위헌 심사권을 법원에 되돌려주고 대통령 단임제 고수와 부통령제 신설 반대로 의견이 모아지고 있었다. 이에 대하여 민주당은 3공화국의 헌법을 골격으로 하고 분당(分黨) 전 신민당이 만들었던 안을 참조로 하였는바, 개헌의 방향은 민정당과 비슷하게 권력 분산, 기본권 강화, 사법권 독립 강화, 의회 권능 강화 등에 초점을 맞추었다. 그리고 대통령의 임기를 4년 중임으로 하되 부통령제를 신설하는 쪽으로 의견이 모아지고 있었다.

8인 정치회담에 참가한 대표 중 한 명인 이용희 역시 당시의 상황에 대해 다음과 같이 말하고 있다.

질문 (8인 정치) 회담 분위기는 어떠했습니까. 여당이 야당 요구를 잘 들어주던가요.
답변 회담 구성원들이 여야 중진들이어서 서로 정치적 입장을 잘 이해하고 있어 회의 진행에 큰 어려움은 없었습니다. 회담 기간이 1개월밖에 되지 않는다고 하지만, 개헌의 큰 줄기인 대통령 직선제는 이미 오랜 민주화 투쟁 과정에 국민적 합의가 이루어져 있었다고 할 수 있습니다. 8인 정치회담에서 합의가 되면 야당은 김대중, 김영삼 씨에게 보고한 후 최종 합의문을 만들었지요. 회담 분위기는 야당이 주도했다고 보면 됩니다(이용희 2013).

따라서 개헌 협상은 순조롭게 진행되었다. 8인 정치회담에서 이견이 있었던 부분은 대통령의 임기, 부통령제의 도입, 김대중의 대통령 후보 자격을 둘러싼 대통령 후보의 국내 거주 기간 조항, 유권자의 선거 연령, 전문 총강 부칙 등이었다.

대통령 임기와 관련하여 민정당은 6년 단임제 안을 제시한 반면, 통일민주당은 부통령제의 도입과 함께 4년 1차 중임제를 제시했다. 그런데 협상 중 5년 단임으로 합의가 이뤄졌다.

5년 단임 합의에 대해 임혁백(2008:11)은 "1987년 '헌법 만들기'의 주역들이(노태우, 김영삼, 김대중) 자신들의 집권 가능성을 보장해줄 수 있는 권력구조로서 발견한 것이 5년 단임 대통령제"였으며 "1987년 헌법 만들기의 주역들인 노태우, 김영삼, 김대중이 그 후 모두 차례차례 대통령이 됨으로써 1987년 헌법이 3자 간의 정략적 담합의 산물이라는 것을 보여주고 있다"고 비판했다. 타당한 지적이지만 '87년 체제'의 기초가 대통령 직선제였고 이를 만든 주역들이 노태우, 김영삼, 김대중이라는 점에서 현실 정치적으로 다른 결과를 기대하기는 어려웠을 것이다.

또한 전두환 대통령의 견해도 일부 반영되었다. 당시 8인 정치회담의 민정당 실무를 맡았던 현경대는 다음과 같이 진술했다.[46]

대통령 단임제에 대한 전두환 대통령의 의지는 아주 확고했습니다. "우리 정치 풍토에서 대통령이 표 얻을 생각해서 대통령 짓 하면은 아무것도 못 해. 나는 역사의 심판을 받을 생각이다. 역사의 심판을 받겠다고 생각하고 대통령을 해야 제대로 국가 미래를 위한 프로그램을 가지고 뭐 대통령으로서 일을 할 수가 있지, 4년

후에 대통령 될 생각 해가지고 대통령 하면은 아무 일도 못한다."
그래서 그냥 6년 단임…. 이 부분에 관해서는 저희가 단임제는 어
떻든 양보할 수 없는 최후의 마지노선 같은 거였습니다. 그건 당시
전두환 대통령도 자기가 지금 7년 단임으로 끝내지 않냐, 그러니
까 이 다음도 그래야 된다. … 우리가 끝까지 6년 단임을 주장했는
데 그러다 보니까 결국 8인 정치회담에서 5년 단임으로 1년 줄여
가지고 그렇게 합의가 되어 나오더라고요.

다시 말해, 민정당에서 6년 단임 대통령제를 제안한 데는 전
두환 대통령의 의지가 반영되었다는 것이다. 전두환은 1987년
7월 10일 민정당 총재직에서 사퇴했고, 개헌 논의에 대해 노태
우 후보에게 상당한 권한을 부여했지만, 그는 현직 대통령으로
서 여전히 민정당에 큰 영향력을 갖고 있었다. 민정당의 개헌안
은 전두환의 동의가 필요했다.

헌법 개정 문제 등을 포함해서 입법 조치가 필요한 사항들과 대통
령인 내가 처리해야 할 사항이 아닌 일들은 노태우 후보가 여야 간
의 협의를 통해 주도적으로 처리하도록 일임했지만, 대통령이 해
야 할 일들은 내가 모두 꼼꼼히 챙겼다(전두환 2017b: 646-647).

사실 전두환은 우리 정치 역사상 처음으로 단임으로 임기를
마치고 물러나는 대통령이 된다는 것을 자신이 한국 정치에 기
여하는 중요한 덕목이라고 간주하고 있었다. 따라서 전두환으로

서는 자신의 '후임자'가 단임으로 임기를 마치지 않는 것을 용인할 수 없었을 것이다. 87년 헌법의 중요한 특성 중 하나인 '단임 대통령제'는 전두환 대통령의 의지와도 관련이 있었다.

그런데 김대중 역시 단임제를 선호했다. 김대중은 자신의 자서전에서 "나는 원래 정·부통령제와 대통령의 4년 중임 방식을 주장했다"고 밝혔다. 그러나 김대중계로 국회 개헌특위 10인 소위원회에 참여했던 김봉호는 다음과 같은 사실을 지적한다.[47]

마지막에 5년으로 결정이 되었는데, 청와대에서 공식적으로 제안이 들어온 것이 아니라 비공식적으로 우리들한테 들어온 건 6년 단임제였어요. 그 얘기를 듣고 의논을 했죠. "6년 단임제 하자는 얘기가 나옵니다. 4년 중임제는 어떨까요?" 했더니 DJ가 "6년은 너무 길어. 그리고 연임은 노이로제에 걸려버렸어. 두 번 하면 세 번 하고 싶고, 그러니 무조건 단임으로 끝내"라고 하셨어요. 사람 욕심은 무한정이다, 사람 욕심 때문에 한 번 더 한다 이런 얘기가 나오니까 단임으로 한 번으로 끝내라, 6년은 너무 기니까 5년으로 하라, 그 5년 단임에 대해서는 별로 이의 없이 받아주었어요.

이 진술에 따르면, 통일민주당의 개헌안은 4년 중임이었지만 김대중은 단임제를 더 선호했던 셈이다. 동교동계였던 이중재의 설명 역시 김영삼, 김대중이 왜 단임제를 선호했는지 그 이유를 잘 설명해주고 있다. 8인 회담의 야당 대표였던 이중재 전 의원은 9일 "상식적으로는 4년 연임제가 맞지만 양김씨는 8년 임기로 이어질지 모르는 제도에 의해 상대방이 당선되는 걸 꺼렸다" 고 설명했다. 김영삼 역시 8인 정치회담이 한창 진행 중이던 8월 중순, 언론 인터뷰를 통해 단임제의 수용 가능성을 비치면서 6년 임기도 길다고 지적했다.

> 김영삼 민주당 총재는 오늘 오전 민추협 사무실에서 새 헌법에 의해 선출된 대통령 임기는 6년 단임이 너무 길다는 점을 들면서 5년 단임으로 조정하는 것이 좋겠다고 밝혔습니다. 김영삼 총재는 여야가 대통령 직선제라는 대원칙에 합의한 만큼 대통령 임기 등의 문제를 놓고 정치 일정에 차질이 있으면 안 될 것이라고 이같이 밝히고, 늦어도 11월 초까지는 실시해야 한다고 말해온 대통령 선거 시기도 12월 초까지는 괜찮을 것이라고 말했습니다.[48]

결국 김영삼, 김대중은 개헌 협상을 통해 자신의 집권 가능성을 보장해줄 수 있는 형태의 대통령제를 원했던 것이다. 그래서 4년 중임보다는 단임제가 선호된 것이었고, 여기에 단임 대통령을 자신의 정치적 공적으로 생각하는 전두환의 의지가 합쳐져 87년 체제의 주요 근간인 단임 대통령제가 마련되었다. 처음에 제기된 6년 단임안이 5년으로 줄어든 것도, 다가올 대통령 선거에서 패배할 경우에도 너무 길지 않게 기다릴 수 있는 시간을 고려한 것으로 보인다.

한편, 통일민주당은 4년 중임 대통령제와 함께 부통령제를 주장했다. 그러나 부통령제는 민정당으로서는 받아들이기 어려운 것이었다. 부통령제 주장에 대한 민정당의 반응을 김대중은 다음과 같이 지적했다.

여당은 이를 격렬하게 반대했다. 나와 김영삼 씨가 각각 대통령과 부통령 후보로 나설 것을 우려하고 있었다. 두 사람의 협공만은 필사적으로 막겠다고 하니 야당이 양보할 수밖에 없었다(김대중 2010a: 524).

당시 권위주의 세력이 6·29 선언을 통해 대통령 직선제를 받아들이게 된 주요한 원인 중 하나는 김영삼, 김대중의 분열 가능성이었다. 김영삼, 김대중이 각각 대선 후보로 출마하게 되면 지지표의 분산으로 인해 노태우의 당선 가능성이 높아진다고 보고 있었다.

이미 6·29 선언 전날 전두환 대통령은 다음과 같이 말했다.

김대중은 직선제가 되면 대통령 선거에 안 나가겠다고 했지만 안 나올 리가 없다. 김영삼도 마음을 비웠다고 했지만 그렇지 못할 것이다(김성익 1992: 434).

그런 점에서 김영삼, 김대중 간의 대통령-부통령 러닝메이트를 가능하게 할 수 있는 부통령제는 민정당으로서는 절대 받아들일 수 없는 요구였다. 이는 통일민주당이나 김영삼, 김대중 모두 쉽게 짐작할 수 있는 것이었다. 이 때문에 8인 정치회담에서 부통령제 논의는 그다지 심각한 갈등이나 이견 없이 채택하지 않는 것으로 결정되었다. 그런데 또 한편으로는 대통령을 꿈꿨던 김영삼이나 김대중 모두 자신이 부통령 후보가 되는 경우는 전혀 상정하지 않고 있었다. 이들은 모두 직선제로 대통령 선거가 치러지면 자신이 '당연히' 당선될 수 있으리라고 믿었다. 따라서 부통령제에 커다란 정치적 의미를 부여하며 개헌 논의에 포함시킨 것은 아니었다.

> 원래는 그런 말(부통령제)도 나왔는데, 철저하게 YS는 YS대로 자기가 대통령, DJ는 내가 대통령, 그런 상황에서 바이스(vice president)라는 자리는 필요가 없다. 머릿속에 그렇게 박혀 있는 겁니다. 말은 안 하지만. 유고 그런 건 생각도 안 하는 거야. 다 건강하시고 그러니까. 5년씩 깨끗이 내 책임하에 국정을 끌고 나가겠다는 생각이지(김봉호 2016).

즉, 부통령제는 민정당으로서는 전략적으로 결코 수용할 수 없는 안이었지만, 실제로는 김영삼이나 김대중 역시 별로 선호하지 않는 사안이었다. 대통령 임기 문제와 부통령제 채택 여부가 결정되면서 '가장 중요한 쟁점'은 해결되었다.

협상이 순조롭게 진행되었던 또 다른 이유는 '87년 헌법의 이상형이 제3공화국 헌법'이었기 때문이다. 유신헌법과 함께 이뤄진 독재자에 의한 헌정 중단을 원래의 위치로 돌린다는 의미에서 제3공화국 헌법은 당시 적절한 이상형으로 받아들여진 것이다(조지형 2010:34). 즉 '87년 체제'의 형성을 주도한 이들은 사회운동 세력이 요구한 것처럼 사회경제적인 부분을 포함한 폭넓은 민주화를 의도한 것이 아니라, 유신 이후 왜곡된 헌정 체제를 되돌린다는 제한된 의도만을 가지고 있었다. 1986년 전두환이 임기 중 개헌 검토를 시사한 후 국회 내 헌법개정특위가 구성되었을 때 당시 신민당이 만든 개헌안에도, 다음 기사에서 보듯이, 이러한 특성이 확인된다.

> 신민당의 개헌은 지난 62년 12월에 공포된 제3공화국 헌법과 10대 국회 말인 80년 개헌 특위안의 골자를 거의 그대로 수용하면서 군의 정치적 중립, 기본권, 언론 자유 분야를 보강하고 있는 것을 줄거리로 하고 있다. 신민당 개헌안의 본질적 특징은 권한을 대폭 축소한 대통령 중심제라는 권력구조와 현 헌법의 선거인단에 의한 간선제를 폐지한 직선제 선거 방식에 있다. … 총체적으로 신민당의 개헌안은 대통령 중심 직선제를 기축으로 당면한 현실 정치 상황의 역학 관계와 사회 전반의 '민주화' 욕구를 겨냥한 현실 지향적 의도가 강하게 내포돼 있고 복잡한 현대 산업사회의 추이에 대처하는 데는 그다지 새로운 내용이 포함되지 않고 있다고 할 수 있다. 특히 기본권, 경제 조항에 있어 재야의 의견을 수렴했다는 주장과는 달리 다소 형식에 치우친 느낌이 없지 않다는 평도 있다. 또한 나머지 조항에 대해서는 사실상 10%의 비중도 안 되는 부수적인 의미를 부여하고 있는 실정이다(『경향신문』, 1986.8.5).

그런데 '87년 체제'는 민정당과 통일민주당의 협의에 의해 만들어진 것이지만, 실제로 대부분의 논의는 통일민주당에 의하여 주도되었다. 호헌 선언에서 보듯이 기존의 방식을 고수하고자 했던 것이 원래 민정당의 입장이었다. 통일민주당에 의해 추진된 직선제 개헌에 대한 요구를 6·29 선언으로 받아들인 것이기 때문에 민주화 이후 새로운 정치 질서에 대한 주도권은 통일민주당이 가질 수밖에 없었다. 더욱이 '87년 헌법의 내용을 사실상 결정한 8인 정치회담은 통일민주당의 일방적인 작품'(조지형 2010:26)이었다. 헌법 개정 과정에 대한 노태우의 다음과 같은 회고가 그런 특성을 잘 보여주고 있다.

당과 정부는 바쁘게 돌아갔다. 우선 헌법 개정을 위해 여야가 개헌 협상을 위한 전담기구로 '8인 정치회담'을 구성해 개헌 작업에 들어갔다. 지금 생각하면 아쉬운 점이 한두 가지가 아니지만 당시에는 야당에서 원하는 것은 무엇이든 수용을 해주겠다고 마음먹고 헌법 개정 작업에 들어갔으므로 여야 간에 서로의 이해가 엇갈려 다툴 일은 거의 없었다. 다만 대통령 임기에 대해 '4년 중임' 또는 '6년 단임'이 어떻겠느냐는 의견 냈던 기억은 난다. 다수 불합리한 점이 있긴 해도 여야가 논의한 끝이 '5년 단임'으로 결론을 냈다고 해서 더 이상 언급하지 않았다. 당시 여당은 권익현(權翊鉉) 의원이 8인 정치회담 대표를 맡고 있었는데, 좀 더 토론해서 조정할 수 있었지 않았나 하는 아쉬움이 지금도 남아 있다(노태우 2011:355-356).

조상진(2013:159-160) 역시 이러한 특성을 다음과 같이 서술하고 있다.

1987년 체제가 만들어진 원인과 배경에는 여러 가지 요인으로 설명될 수 있다. 우선 제5공화국 등 군부 정권에서의 정권 연장을 위하여 강행되었던 대통령 간선제에 대한 국민들의 불만이 있었고 그 당시 집권 여당인 민주정의당은 군부 정권을 탄생시키고 유지시켜준 역할을 한 것이 사실이었으므로 민주화를 갈망하는 국민들의 여론과 동조를 얻어내고 지지 확산을 위한 정치 활동에서 당시 제1야당인 통일민주당에 비하여 수세적 위치일 수밖에 없었다. 따라서 이러한 국민적 열망을 진작시키고 국민들의 여망을 수렴하는 데 있어서는 야당의 역할이 클 수밖에 없음을 비추어 보면, 통일민주당이 다른 야당들보다 수의 우위를 앞세워 1987년 체제를 주도한 사실은 충분히 인정될 수 있다. 그러한 상황은 3인의 응답에서도 충분히 확인할 수 있다. 여당의 권익현 대표의 응답 내용에서도 민주정의당이 앞장서서 추진했다는 언급은 없었음이 이를 뒷받침해주고 있다. 반면에 통일민주당의 이용희 대표와 김봉호 위원은 수시로 민주당이 주도했음을 밝히는 응답을 한 것이다.

사실 6·29 선언으로 대통령 직선제에 대한 정치적 합의가 이뤄진 만큼 유신 이전의 상태, 곧 제3공화국의 정치체제 아래서라면 김영삼이든 김대중이든 모두 자신이 대통령으로 당선될 충분한 가능성이 있다고 보았다. 1971년 대통령 선거를 치러본 김대중이나 그 결과를 곁에서 지켜본 김영삼 모두 공정한 선거에서라면 당선 가능성이 높다고 생각했다. 즉, 1987년 헌법 개정 과정에서 김영삼, 김대중의 관심은 선거 정치에 집중되어 있었다. 선거가 공정하게 치러질 수 있다면 자신을 중심으로 한 정권교체의 가능성은 열려 있다고 믿었다.

헌법 개정 과정에서 생겨난 한 가지 '뜻밖의' 결과는 헌법재판소의 신설이었다. 제3공화국 헌법은 헌법재판소를 규정하지 않았다. 오히려 제2공화국 때 설치했던 헌법재판소를 폐지했다. 제3공화국 헌법에서는 대법원에 위헌법률심사권, 위헌정당해산권을 부여했으며, 탄핵심판은 별도의 탄핵심판위원회를 두었다. 탄핵심판위원회는 대법원장을 위원장으로 하고 대법원 판사 3명, 국회의원 5명의 위원으로 구성하도록 했다. 또한 1987년 개헌 협상 당시 헌법 재판에 대한 것은 노태우나 김영삼, 김대중 모두 상대적으로 관심이 소홀했던 사안이다. 야당은 오히려 대법원 구성을 위한 법관추천회의 설치 문제에 관심이 컸다.

8인 정치회담을 앞둔 두 당의 사법부 관련 안을 보면, 민정당은 대법원장과 대법관 선임에 대해서는 대통령이 국회의 동의를 얻어 대법원장을 임명하고 대법관은 대법원장의 제청으로 임명하는 방식의 1안과, 법관추천회의의 제청에 따라 대법원장과 대법관을 대통령이 임명하는 2안을 모두 마련해두고 있었다. 야당은 법관추천회의 방식을 단일안으로 제시하였다. 헌법 재판에 대해서는 위헌법률심사권과 위헌정당해산심판권을 대법원에 주고 탄핵심판은 별도의 탄핵위원회를 두는 안에 대해 민정당이나 통일국민당의 입장에 차이가 없었다.

그런데 헌법재판소 신설에는 전두환 대통령의 의견이 중요하게 작용했다. 민정당 헌법특별위원회에서 작성한 당의 개헌안을 의원총회에서 보고한 직후, 전두환 대통령은 민정당의 개헌안이 궁금했다. 아래는 당시 민정당 내 개헌 작업의 실무를 책임지고 있던 현경대(2016)의 진술이다.

> 7월 (22일) 의총이 끝나고, 그때 김윤환 의원이 정무수석을 하고 있었는데 나한테 연락이 와가지고 "대통령 앞에 좀 보고를 한번 해줘야 될 것 아니냐" (하길래) 내가 아차 싶어서. 청와대에 일체 보고를 안 했거든요. 실무선에서 자료를 보내주고 그런 건 했을 겁니다. "언제든지 내가 보고를 하겠다" 그랬더니 7월 24일 청남대로 오라는 겁니다.

민정당의 개헌안을 보고받은 전두환 대통령은 사법부 구성 및 헌법 재판에 대한 자신의 견해를 제시한다.

> 그럭저럭 우리 원안대로 딱 이렇게 정리를 했는데, 사법 부분에 가서 이제 두 가지가 걸린 겁니다. 첫째, 법관추천회의. "이거 안 된다." 대법관이나 대법원장이 되려고 하는 자들이 독립해서 제대로 재판할 생각은 안 하고 법무부장관, 검찰총장 눈치를 본다 이거에요. 왜냐하면 우리 3공 헌법에 법관추천회의가 그렇게 구성되어 있을 겁니다. "이건 그냥 원래 안대로 대통령이 임명하는 것으

로 해라, 대신 국회 동의를 받는 걸로." 그다음에, 원래 우리가 만들었던 안은 법원에 위헌법률심사권을 주는 것으로 만들어져 있습니다. 위헌법률심사권을 대법원이 가지면 위헌정당해산 결정도 대법원이 해야 합니다. 다만 탄핵 문제만 탄핵심판위원회를 비상설로 구성해서 (맡긴다) 그걸 설명했더니, "야, 안 된다" 이거에요. 위헌법률을 심사하는 건 몰라도 위헌정당해산을 대법원이 하게 되면 대법원이 바로 사법부를 정치권에 끌어들이는 그러한 결과가 되어버린다(현경대 2016).

전두환의 지적에 따라 사법부와 관련된 민정당의 안은 전격적으로 바뀌었다. 7월 29일 개최된 민정당 중앙집행위원회에서 대법원장과 대법관은 대통령이 국회의 동의를 얻어 임명하고, 헌법 재판과 관련해서는 위헌법률심사권, 탄핵심판권, 위헌정당해산심판권, 기관 간 권한쟁의심판권 등을 갖는 헌법재판소를 신설하는 것으로 입장을 변경했다(현경대 2005: 72-73).

전두환의 개입에 더해 대법원 수뇌부의 위헌법률심사권에 대한 부담감 역시 헌법재판소가 설치되는 데 중요한 영향을 미쳤다. 이는 1971년 이른바 사법파동과 관련이 있다. 제3공화국 헌법은 국가배상청구권을 규정하고 있었는데, 군인, 군속 등의 경우에는 국가배상청구권을 제한하도록 했다. 이 규정에 대해 당시 위헌법률심사권을 갖고 있던 대법원이 이를 위헌으로 결정했다. 이는 제3공화국 당시 유일한 위헌법률심사였다. 그런데 이 결정 이후 박정희 정권의 보복 조치가 뒤따랐다. 검찰이 판사와 입회 서기에 대해 구속영장을 신청했다. 이에 대해 100명의 판사가 보복 조치라고 반발하여 집단적으로 사표를 제출하는 등 논란이 이어졌다. 그 이듬해 유신체제가 들어서면서 국가배상법과 관련해서 위헌 의견을 냈던 대법원 판사들은 모두 재임명에서 탈락하였다. 이런 어두운 기억으로 인해 당시 대법원 수뇌부는 헌법 개정 과정에서 대법원이 헌법 심판을 맡는 데 대해 소극적이었으며, 별도의 헌법재판소 설치에도 동의하게 된 것이다.

이후 개헌 협상 과정에서 쟁점이 된 것은 법관추천회의 설치에 대한 것이었다. 야당은 대법원장에 대한 대통령 임명 방식에 반대하며 법관추천회의를 고집했다. 그런데 개헌 협상 막판에 통일민주당은 국민이 직접 위헌 심사를 헌법재판소에 제소할 수 있는 길을 법률로 보장한다면 탄핵심판위원회 신설 및 법원의 위헌심사권 부여안을 철회하고, 민정당 안대로 헌법재판소 신설을 받아들이겠다고 제안했다(『중앙일보』, 1987.8.19). 야당의 제안에 대해 '법률이 정하는'이라는 단서를 달아 민정당에서 헌법소원을 수용하기로 하고, 대신 통일민주당에서 법관추천회의는 양보하는 것으로 합의가 이뤄졌다. 이런 과정을 거쳐 개정 헌법에 헌법재판소 설치에 관한 내용이 신설되었다(헌경대 2005: 73-74).

87년 헌법은 노태우, 김영삼, 김대중을 대표하는 8인 정치회담에서 주요 사안이 결정되었지만, 단임제나 헌법재판소, 대법원장 임명 등 일부 조항은 전두환 대통령의 의견이 개입되었다. 결국 노태우, 김영삼, 김대중이 주요 역할을 하고 전두환이 보조

자료30 헌법의 '대통령' 조항 비교

1962년 헌법	63조 1) 행정권은 대통령을 수반으로 하는 정부에 속한다. 2) 대통령은 외국에 대하여 국가를 대표한다.
유신헌법	43조 1) 대통령은 국가의 원수이며 외국에 대하여 국가를 대표한다. 2) 대통령은 국가의 독립, 영토의 보전, 국가의 계속성과 헌법을 수호할 책무를 진다. 3) 대통령은 조국의 평화적 통일을 위한 성실한 의무를 진다. 4) 행정권은 대통령을 수반으로 하는 정부에 속한다.
제5공화국 헌법	유신헌법과 동일
87년 헌법	5공 헌법과 동일

적인 역할을 한 '3+1'의 형태로 헌법이 개정되었다.

전체적으로 볼 때, 87년 헌법 개정의 핵심은 역시 직선 대통령제, 곧 '절차적 민주주의'의 회복이었다. 하지만 그에 비해 다른 부분에 대한 관심은 상대적으로 소홀했다(이하 강원택 2022). 오랜 권위주의 체제를 통해 역사적으로 축적되어온, 특히 유신체제 수립과 함께 극도로 강화되었고 전두환 체제를 통해 계승된 온 '막강한' 대통령의 권력 기반을 약화시키거나 해체하려는 시도는 거의 이뤄지지 못했다. 물론 대통령의 국회 해산권이나 비상조치권 등 명백한 악법은 헌법 개정 논의 과정에서 삭제되었지만, 권위주의 체제를 거쳐오면서 점진적으로 강화되어온 대통령 권력 집중에 대해서는 헌법 개정 과정에서 충분한 논의가 이뤄지지 못했다.

이에 대한 한 가지 예가 대통령의 지위에 대한 것이다. 〈자료

30〉은 헌법의 대통령 조항의 변화를 정리한 것이다. 1962년 헌법에서 대통령은 '행정권은 대통령을 수반으로 하는 정부에 속한다'고 하여, 행정부의 수장으로의 의미가 강조되고 있다. 또한 "대외적으로 대통령은 외국에 대하여 국가를 대표한다"고 되어 있다. 이는 제헌 헌법에서의 대통령 조항과 일치한다. 그런데 유신헌법에서 대통령은 행정부의 수반일 뿐만 아니라 '국가원수'의 직도 겸하게 되었다. 유신헌법에서 만들어진 이 조항은 제5공화국 헌법과 1987년 헌법 개정에서도 그대로 이어졌다. 국가원수라는 조항은 대통령이 국가의 최고 영도자로서 입법부나 사법부 위에 군림하는 존재라는 의미로 해석될 여지가 있다. 실제로 그런 이유로 유신헌법에 포함되었을 것이다. 오늘날 우리 사회가 겪고 있는 '제왕적' 대통령의 문제도 이 조항과 무관하지 않아 보인다.

1987년의 민주화는 대통령을 '체육관 선거'가 아니라 민주적 절차에 의해 선출하도록 만들었지만, 선출된 대통령과 그것을 뒷받침하는 각종 관료 조직과 관행 속에 내재된 '역사적으로 축적되고 강화된 권력'을 근본적으로 약화시키는 충분한 노력은 하지 못했다. 어쩌면 87년 헌법 개정은 '매우 강하고 제왕적이 된 대통령'을 민주적 절차에 의해 선출하도록 한 것일지도 모른다. 제5공화국을 넘어서 민주화의 시대로 접어들었지만, 이전 시대의 유산에서 완전히 자유롭게 된 것은 아니라고 할 수 있다

하지만 이러한 한계에도 불구하고 87년 헌법 개정의 의미는 크다. 87년 헌법은 그간의 아홉 차례 헌법 개정 중 사실상 최초

의 여야 합의로 이뤄진 것이다. 1960년의 경우에도 자유당, 민주당의 합의에 의해 개헌이 이뤄졌지만, 그때 자유당은 이미 집권당이라고도 할 수 없는 상태였고 그 미래도 불투명했다. 1987년의 개헌은 무엇보다 민주화에 대한 국민적 열망과 공감 속에 개정된 헌법이었다. 12대 국회의원 선거를 통해 제기된 국민적 변혁의 요구를 '제도의 정치'를 통해 헌법의 틀 속에 담아내게 되었다. 이제 한국은 오랜 권위주의의 구속에서 마침내 벗어나게 되었다.

맺는 글

어떻게 평가할 것인가

지금까지 제5공화국의 출범 전후부터 주요 정책, 그리고 소멸의 과정에 대해 살펴보았다. 이제 이 책의 앞머리에서 제기한 질문에 대한 답을 정리해볼 차례이다.

　책의 모두(冒頭)에서 "왜 1979년에는 민주화가 안 이뤄졌고 1987년에는 가능했을까?"라는 질문을 던졌다. 유신체제는 박정희 1인을 위한 종신 지배체제였기 때문에, 그의 죽음은 유신체제의 즉각적인 몰락과 민주적 전환으로 이어질 수 있지 않았을까? 이 질문이 이 연구의 출발점이었다.

　유신체제는 박정희를 정점으로 한 체제였고, 당연히 박정희 없이는 지속될 수 없었다. 유신의 붕괴를 몰고 온 10·26 사건은 권력 내부에서 발생한 파열이었을 뿐, 광범위한 대중의 저항과 체제 도전의 결과로 이뤄진 것은 아니었다. 유신체제에 대한 저항이 대학가와 재야, 그리고 김영삼 총재가 이끄는 신민당을 중심으로 지속되어왔지만, 정작 유신체제의 몰락은 이러한 저항의 직접적 결과물은 아니었다. 유신체제가 몰락했을 때 그 것은 오랜 투쟁의 결실이 아니라 충격과 놀라움으로 받아들여졌다.

　유신체제는 10·26 사건을 통해 부분적으로 손상을 입었지만, 그 체제를 지속하게 했던 역학 관계는 박정희의 죽음에도 불구하고 그대로 유지되었다. 유신체제를 지탱해온 구조적 힘, 즉 관료와 군부는, 구심점을 잃어 잠시 당황하기는 했지만, 여전히 건재했다. 박정희 사후의 질서를 이끌어갈 힘도 일차적으로 여기에 놓여 있었다.

　그들은 김종필조차 거부했다. 박정희 정권 출범의 주역이었던 김종필은 유신체제에서 철저히 배제되어 있었고, 유신체제를 지탱해온 군부와 유신 관료 집단이 김종필을 거부했다. 박정희 사후의 정치 질서를 이끌어갈 힘은 군부와 관료였다. 이 두 집단의 협력 관계가 지속되었다면, 다시 말해 정승화가 이끄는 구군부와 최규하-신현확의 유신 관료 집단의 협력이 유지되었다면, 그들이 선호하는 이원정부제 형태로 헌법을 개정하면서 그들의 기득권을 지키려고 시도했을 것이다.

　시간이 흐르면서 구군부-유신 관료의 연합은 신군부의 도전에 와해되었다. 유신체제가 남긴 기존 구조는 내부적인 격변을 거쳤다. 유신체제의 가장 강력한 기반인 군이 신군부와 구군부로 분열되었고, 12·12 사태를 통해 신군부가 군권을 장악했다. 이와 함께 신군부가 모든 권력을 빨아들였다. 군권 장악 후 신군부는 직접 집권을 도모하기 시작했다. 통치 권력의 최종 탈취까지의 과정에서 전두환은 최규하가 필요했고, 최규하는 전두환과 신군부에 자신의 지위를 의존하고자 했다. 그러나 얼마 지나지 않아 최규하는 내쳐졌고, 전두환의 제5공화국이 출범했다.

'서울의 봄'은 왜 실패했을까? 그 실패 원인을 전두환 한 사람의 집권욕에서만 찾는 것은 올바른 설명 같지는 않다. 이는 '서울의 봄'의 실패에 대한 매우 쉬운 설명이고 또 편리한 책임 전가이지만, 이렇게만 본다면 이 중요한 시기의 정치적 좌절에 대해 우리 사회가 함께 감당해야 할 역사적 책임을 방기하는 것이기도 하다.

일단 그 중요한 시기에 핵심적 역할을 담당했던 주요 인사들에게 실패에 대한 책임을 물어야 한다. 특히 최규하 대통령의 무능과 무리한 욕심은 비판받아 마땅하다. 그가 민주화를 위한 정치 일정을 조속히 밝히고 과도정부의 수반으로서의 역할을 다하고자 했다면 신군부의 권력 장악은 쉽지 않았을 것이다. 또한 김영삼, 김대중의 상황에 대한 지나친 낙관, 그리고 야권의 분열 또한 비판받아야 한다.

> 김영삼, 김대중 두 사람은 권력의 본질에 대한 그릇된 인식에 사로잡혀 공동의 적이 누구인지도 모른 채 상호 소모적 경쟁에 집착하다가 국민들의 민주화 열망을 분산, 소진시키고 말았다. 김종필 씨는 다가오는 태풍을 감지했으나 이에 대비할 힘도, 다른 두 김씨와 손잡고 공동 대처할 정치력도 없었다(조갑제 2005 : 152-153).

그러나 역시 제일 중요한 점은 과연 1979~1980년 한국 사회, 한국 국민은 당시에 얼마나 민주화를 열망했을까 하는 사실이다. 물론 박정희의 공포 정치에서는 벗어나고 싶었지만, 정치적 불확실성과 불안정이 수반될 수 있는 정치 변혁을 국민 다수가 강력하게 희망했다고 보기는 어려울 것 같다. 10·26 사건 이후 한국 사회는 곧 일상을 회복했다. '서울의 봄'을 상징하는 시위나 저항은 대학생들이 주도했고, 사북 사태와 같은 노동자들의 소요도 있었지만, 전반적으로 국민들은 신중하고 조심스러웠다. 5·17 계엄 확대 이후에도 광주를 제외한 다른 지역에서는 시위가 발생하지 않았다. 국민 다수는 유신체제의 긴급조치와 같은 정치 억압을 싫어했고 그런 의미에서의 민주화를 환영했을 것이지만, 동시에 대규모 학생 시위나 정국 불안정에 대해서는 불안해했고 거부감을 가졌다. 당시 미국대사였던 글라이스틴의 관찰이다.

 우리의 영향력이 한층 제한적일 수밖에 없었던 것은 결정적인 정보 부재와 우리가 그의 헌법상 권한을 지켜주기 위해 애쓴 최규하 대통령의 보수적이고 조심스러운 성격, 그리고 무엇보다 한국 국민들의 대대적인 저항이 없었다는 점이다. 학생과 반체제 인사들, 그리고 광주의 분노한 시민들이 있었지만, 한국 국민들은 대체적으로 혁명적 분위기에 젖어 있지 않았다(Gleysteen 1999:274).

 그러나 제5공화국 시기를 거치면서 한국 사회는 변화했다. 제5공화국의 역사적 의미는 여기에서 찾을 수 있다. 민주화에 대한 열망, 군부 지배 종식에 대한 열망이 커졌다. 그러한 변화를 이끌어낸 것은 전두환 정권의 강압적 조치들이었지만, 무엇보다 광주항쟁이 결정적 영향을 미쳤다. 광주에서의 희생이 1961년 이래 지속되어온 군부 지배에 대한 효용성, 정당성, 명분 등 모든 것을 지워버렸다. '광주'를 경험하면서 국민뿐만 아니라 군부 내부에서도 이제는 물리적 강제력에 의한 억압적 통치는 불가능하다는 것을 깨닫게 되었다. 한국의 민주적 전환과 공고화는 이런 배경 위에서 이뤄졌다.

사실 전두환 정권은 출발부터 매우 취약한 정권이었다. 박정희나 전두환 모두 군사력에 의존해서 권력을 잡았지만, 쿠데타 이전의 정치적 배경은 서로 달랐다. 박정희가 1961년 5·16 군사 쿠데타로 무너뜨린 것은 4·19 혁명 후 적법하게 선출된 민주 정부였다. 군사쿠데타로 장면 총리의 민주당 정부를 전복시켰지만, 5·16 세력이 권력을 차지하기 위해서는 절차적 민주주의를 따라야 했다. 5·16 쿠데타 이전의 정치적 환경을 무시할 수 없었다. 1963년 10월 15일 실시된 대통령 선거에서 박정희는 윤보선에 15만 6,026표 차이로 신승했다. 국민 직선의 어려운 경쟁을 통해 이렇게 대통령에 당선된 박정희 정권은 절차적 정통성을 주장할 수 있었다.

그런데 전두환이 군사쿠데타를 했을 때, 그에게 넘겨진 체제는 유신체제였다. 박정희가 사라진 유신체제였다. 전두환은 유신체제에 의해서 대통령이 되었다. 전두환은 '유신의 아들'(Gleysteen 1999:238)이었다. 통일주체국민회의라는 '체육관 선거'에 의해 대통령이 되었고, 제5공화국 출범 후에도 이전과 유사한 성격의 체육관 선거로 다시 대통령이 되었다. 그는 두 차례 대통령이 되었지만, 국민 누구도 그를 대통령으로 선출하지 않았다. 전두환 정권은 국민의 동의를 구하는 과정을 생략했고, 절차적 정당성도 가질 수 없었다. 이는 박정희 정권과 전두환 정권의 근본적인 차이였다. 그런 만큼 전두환 정권은 통치를 위해서 물리적 강제력에 더욱 의존할 수밖에 없었다. 광주에서의 학살이나 삼청교육대, 대학생 녹화사업, 집회와 시위의 억압, 남영동 대공분실에서의 고문 등이 정권 유지를 위해 불가피했다. 또 한편으로는 집권의 명분을 위해 경제성장 등의 가시적 성과를 내야 했다.

그러나 전두환 정권이 의존했던 군의 물리적 강제력은 광주항쟁을 경험한 이후에는 다시 꺼낼 수 없는 '종이호랑이'가 되었다. 6월 항쟁이라는 국민적 저항에 직면했을 때 그 요구를 또다시 군사력으로 누를 수 없게 되었다. 전두환은 단임 실천을 자신의 큰 공으로 생각하지만, 현실적으로 정통성도 없고, 국민의 지지도 낮고, 군의 물리적 강제력에도 의존할 수 없는 상황에서 다른 선택을 생각하기는 어려웠다.

이처럼 제5공화국의 시기는 한국 사회가 군부 권위주의 체제로부터 항구적으로 벗어나는 데 역설적으로 매우 중요한 시간이었다. 1979년 당시 우리는 아직 군부 권위주의로부터 완전한 결별의 준비가 되어 있지 못했다. 민주화를 향한 여정에서 광주에서의 희생이 결정적 사건이었고, 경제 호황 속에서 성장한 중산층의 성장도 또 다른 중요한 요인이었다. 정치적 자유를 갈망하는 중산층의 정치적 욕구가, 대통령 직선제 개헌이라는 다수가 공감할 수 있는 정치 어젠다와 만나면서 민주화를 향한 국민적 저항으로 이어질 수 있었다. 그런 점에서 정치적 저항의 목표와 그것을 주도할 대안 정치세력이 등장한 1985년 12대 국회의원 선거 역시 민주화 과정에서 중요한 사건이었다.

대학생을 필두로 한 사회운동 세력은 극도로 억압적인 상황에서도 전두환 정권에 용기 있게 대항해서 싸웠고 많은 희생자를 냈다. 이들의 투쟁과 희생은 민주화 과정에서 매우 중요한 밑거름이 되었다. 그러나 대중적 지지에 기반한 '운동의 정치'가 민주화운동을 전면에서 이끌었던 것은 1987년 4·13 호헌 선언과 뒤이은 박종철 사망 사건의 축소, 조작 폭로 이후부터 이어진 6월 항쟁 때였다.

하지만 정작 군부 권위주의의 퇴진을 이끈 것은 중산층을 포함한 거대한 국민의 참여와 저항이었다. 그리고 그러한 변혁의 힘을 결집할 수 있는 어젠다와 대안을 제시한 것은 제도권 정당이었다. 1985년 2·12 총선은 그런 정치적 변곡점을 만들어냈다는 점에서, 광주항쟁과 더불어 한국 민주화에서 중요한 사건이었다.

한편, 제5공화국 기간 중 전두환 정권이 행한 억압, 특히 광주에서의 학살은 사회운동권 세력들 중 일부가 극단적인 형태의 반대와 저항으로까지 나아가게 만들기도 했다. 전두환 정권에 대한 증오가 체제 부정으로 이어지고, 이는 또다시 북한 공산주의 체제나 김일성 체제를 대안적 모델로 받아들이거나, 기존 사회질서를 통째로 뒤엎으려는 혁명가의 꿈을 갖게 만들기도 했다. 전두환 체제의 가혹한 억압이 운동권 일부를 극단주의와 체제 이탈로 나아가게 한 것이다. 이는 전두환 정권이 남긴 또 다른 나쁜 유산이다.

제5공화국을 인정하고 싶지 않아도 1979년 말부터 1987년 6월까지, 공식적으로는 1980년 8월부터 1988년 2월까지 이 나라를 통치했던 권력자가 있었고, 그 집권 세력에 의해 한국 사회는 변화해왔다. 또한 그 시기에 행해진 정책과 사건의 유산은 여기저기에 남아 오늘날의 우리에게 영향을 미치고 있다. 규범적이거나 당위적인 시각이 아니라, 보다 현실주의적 관점에서 '서울의 봄'의 좌절과 전두환 정권의 등장, 그리고 민주화로의 전환 과정을 세심히 살펴볼 필요가 있다. 제5공화국을 암흑의 시기, 저항의 시기로만 볼 것이 아니라, 통치 과정, 정책, 사건 등 다양한 관점에서 당시의 현실을 들여다보아야 그 시기에 우리 사회가 민주화를 향해 달려온 숨 가쁜 여정을 제대로 이해할 수 있다. 그것은 바로 오늘의 우리를 올바르게 이해하는 길이기도 하다.

미주

1 "Korea's Generals Said to Agree to Scrap Constitution," *The New York Times* (Nov. 2, 1979).
2 「실록 박정희시대 43: 철권통치… "정치는 낭비 행정이 우선"」, 『중앙일보』, 1997. 12. 18.
3 취임사에서 최규하는 "이 같은 전제에서 헌법 개정 문제에 대한 본인의 소견을 피력하고자 합니다. 첫째는 조국의 분단으로 말미암은 남북한의 대치라는 냉엄한 상황하에서 국가의 계속성을 수호하고 국가 보위를 확고히 할 수 있는 헌법이라야 하겠다는 것입니다"라고 말했다.
4 원문에는 '아버지'로 표기되어 있으나, 여기서는 모두 '신현확'으로 고쳐 표기했다.
5 "박 대통령이 내게 유신이 추진되고 있음을 알려준 건 1972년 5월의 어느 토요일이었다. 청와대에서 전화가 왔다. 박 대통령이 골프를 치자고 했다. 고양의 뉴코리아컨트리 클럽으로 가는 차 안에서 이렇게 말을 꺼냈다. '내가 국가비상관리 체제를 생각하고 있어. 국민 총동원 체제가 필요해. 이대로는 1970년대가 순탄하지 않아. 심한 반대에 부딪힐 수 있겠지만 일단 해놓고 보면 나중에 1970년대를 잘 이겨냈다는 말을 들을 거야. 이 체제는 국가 위기를 극복할 때

까지 한시적으로만 갈 거야.' 박 대통령은 개헌이란 말은 입에 올리지 않았지만 나는 자연스럽게 그런 뜻으로 받아들였다. 대통령도 여러 생각 끝에 나한테 그 말을 하는 것 같았다. 일종의 설득이었다"(김종필 2016a: 404).

6 다만, 잔임 기간이 1년 미만인 때에는 후임자를 선거하지 않고, 대통령 권위로 선출된 후임자는 전임자의 잔임 기간 중 재임하도록 했다(45조 2, 3항).

7 FRUS Document No. 1979SEOUL17994 (1979. 11. 27).

8 11월 22일 김영삼 신민당 총재가 삼청동 총리 공관에서 최규하와 3시간가량 시국 문제 전반에 관해 의견을 교환하면서 한 이야기 속에서도 최규하의 당시 심경을 알 수 있다.

"이날 나는 최규하에게 '시간을 끌면 자꾸 혼란을 일으키는 사태가 온다. 당신의 임무는 3개월 내에 선거를 하는 것'이라고 강력히 주장했다. 나는 11월 10일 최규하의 담화에 대해 유신헌법에 의해 다시 대통령 선거를 치르겠다는 것은 잘못이라는 입장을 이미 밝힌 바 있었다. 최규하는 내 말에 대해 '잘 알겠습니다. 제게 무슨 욕심이 있겠습니까. 저는 그저 권투 경기장에서 심판 노릇이나 하겠습니다' 하고 말했다. 나는 그가 진심이기를 기대했다"(김영삼 2000: 174-175).

9 이와 상이한 견해도 있다. 다음 인용문은 김종필의 대선 출마 가능성이 열려 있었다고 보는 매우 드문 견해이다.

"당시를 지켜본 사람들은 김종필이 마음만 먹으면 공화당을 앞세워서 유신헌법을 유지하거나 연장할 수 있었고 최규하가 아니라 그 자신이 대통령이 될 수도 있었다고 믿고 있었다. 당시 비상시국대책회의를 구성하고 있는 각료들 가운데도 그와 뜻을 함께하는 사람들이 많았기 때문이다. 또 실제로 그렇게 권하는 사람들도 있었다. 그중의 한 사람이 전두환이었다는 것은 참으로 놀랄 만한 일이다. 당시 공화당 의원이었던 박 대통령의 조카 박재홍의 기억에 따르면, 전두환 보안사령관은 '대안은 JP밖에 없다'며 'JP를 도와주라'는 부탁을 했다는 것이다. 대통령의 유고로 대통령 권한대행을 맡고 있던 최규하도 그중의 한 사람이었다. 어느 날 그는 김종필을 만나 자신이 대통령에 나서는 것보다 김종필에게 유신헌법 아래서 대통령에 선출되어 계속 정부를 이어나가는 것이 바람직하다고 설명했다. 그러나 김종필은 거절했다"(고다니 히데지로·김석야 2016: 177-178).

그러나 뒤에서 언급하겠지만, 위 인용문과는 달리 당시 비상시국대책회의를 구성하는 각료들 가운데 핵심적 지위에 있었던 이들은 김종필에 대해 매우 적대적이었다. 전두환의 제안설은 다른 자료에서는 확인할 수 없다. 실제로는 전두환 역시 김종필에 대해 매우 부정적이었다. 전두환을 포함한 육사 11기가 젊은 장교 시절 김종필이 사실상 관련된 '4대 의혹' 등을 두고 친위 쿠데타를 생각하기도 했다. 인용한 이 내용은 사실이 아닌 것으로 생각된다.

10 김종필에 대한 거부는 매우 다양하고 조직적으로 이뤄진 듯하다. 김종필이 공화당 의장이 된 이후에는 사실상 김종필을 겨냥한 '정풍(整風) 운동'이 일어났다.

"게다가 공화당 내부에서는 난데없이 정풍 운동 바람이 불기 시작했다. 오유방, 남재희, 정동성, 이태섭 등 소장파 그룹이 권력의 그늘에서 부패한 자, 정치를 빙자해서 치부(致富)한 자, 도덕적으로 타락한 자 등을 제거해야 한다고 들고 나선 것이다. 결과론적 얘기지만 이들 중 상당수가 나중에 5공화국의 중진으로 전향했다는 사실은 시사하는 바가 적지 않다"(운경재단 2002: 434).

김종필 역시 "정풍파 의원들도 신군부와 연결돼 움직인다"고 말한 바 있다(조갑제 2005: 149).

11 "Seoul Opposition Leader is Expelled from Parliament," *The New York Times* (Oct. 5, 1979).
12 "Korea's Generals Said to Agree to Scrap Constitution," *The New York Times* (Nov. 2, 1979).
13 다음은 사북 사태에 대한 당시 한 신문 기사이다.
"3만여 명의 주민이 살고 있는 광산촌 사북읍(舍北邑)은 광부들의 난동으로 하루아침에 공포의 거리로 변했다. 21일 낮부터 연 4일째 폭도로 변한 광부들에 의해 점거된 광산촌은 곳곳에 바리케이드가 쳐지고 주택이나 상가가 모두 철시, 행정력이 마비된 채 술 냄새를 풍기며 각목 삽 곡괭이를 든 광부들만이 오가는 공포의 거리였다. 저임금에 대한 불만과 어용노조에 대한 불신에서 싹튼 광부들의 집단 의사가 대화를 통해 아무런 진전이 없자 흥분한 광부들은 경찰지서 노조 간부들의 집 등을 닥치는 대로 부쉈고 경찰관들을 각목과 돌로 마구 때렸으며 노조지부장의 부인을 린치까지 했다. 23일 오후 정부의 수습대책위원회가 광부 대표들과 대화를 가지면서 한때 사태가 수습될 기미를 보였으나 광부들이 노조지부장의 인도, 주동자의 형사 책임 면책 등을 고집하는 바람에 난동 4일째를 맞는 24일 오전까지 출동한 경찰과 대치하고 있다. 광부들은 4일 만인 24일 육로의 바리케이드를 철거, 난동은 멈췄으나 협상에 응하자는 측과 거부하자는 측이 맞서 웅성거리고 있다"(『동아일보』, 1980. 4. 24).
14 "당시 보안사령부의 위상과 파워는 최악이었다. 전임 진종채 사령관은 '선비형 장군'으로 1975년부터 4년간 조용히 군 보안업무에 주력했고, 보안사령부의 파워나 권위, 명예를 높이는 일에는 관심이 없었다. 권력기관의 장이 대통령과 자주 만나 특별한 임무를 받곤 하면 막강한 영향력을 행사하게 된다. 차지철은 보안사령관이 대통령에게 직접 하던 정보 보고를 자신에게 하도록 했다. 보안사령

관에게 대통령 대면 기회를 주지 않으니 보안사 파워도 떨어질 수밖에 없었다. 그런데 1977년 10월 20사단의 대대장이 월북하는 사건이 일어나자 김재규는 보안사령관에게 일반 정보업무를 직접 맡지 못하게 압력을 넣으면서 중정의 통제를 받게 했다. 이 때문에 보안사령관은 경호실장과 중정부장 양쪽으로부터 견제를 받는 처지가 됐다. 결국 보안사는 일반 정보업무를 취급하던 정보처를 폐지하고 방산처로 이름을 바꿔 민간인 대상 정보 수집 활동을 전면 금지했다. 민간인은 방위산업 관련 인사만 접촉할 수 있게 됐다. 이런 악조건에서 등용된 전두환은 우선 보안부대에 우수 인재를 보강하면서 하나회 소속 육사 16~18기 중심으로 참모진을 꾸렸다. 보안사에 근무한 경력이 있는 허화평 대령(17기)을 비서실장에, 같은 기수 허삼수 대령을 인사처장에, 대공 수사업무에 정통한 이학봉 대령(18기)을 대공처장에 기용해 '3인방'을 형성하고, 여기에 오랜 심복인 수도경비사령부 30대대장 장세동 대령(16기)과 33대대장 김진영 대령(17기)을 합해 '5인방'을 핵심으로 자기 세력을 확고히 구축했다. 전두환은 보안사령부의 권위와 파워 형성에 신경을 쓰면서 참모들에게는 계엄 선포 시 보안사가 어떻게 정국을 바로잡고 수습할 수 있을지에 대한 '시국 수습방안 연구'를 시켰다. … 전두환은 참모들에게 검토시킨 '계엄 시 보안사의 역할에 관한 연구' 결과를 적절하게 활용했다. 1979년 10월 18일 부산에서 대규모 시위(부마항쟁)가 발생하자 부산 보안부대에 계엄사 합동수사본부를 만들었고, 이어 10·26사건 직후에도 합수부를 설치했으며, 1980년 5월 27일 광주 도청 탈환 직후 국가보위비상대책위원회(국보위)를 출범한 것만 봐도 알 수 있다"(김충립 2016).

15 정승화는 노재현 국방장관에게만 이야기했다고 하는데, 노재현이 김용휴 국방부차관에게 의견을 구했는데 김용휴가 전두환에 그 말

을 전달했다고 알려져 있다(강창성 1991:384). 김용휴는 12·12 사건 직후 발표된 조각에서 총무처장관으로 임명되었다.

16 신현확 역시 5공 수사 관련 참고인 조사에서 전두환이 최규하 대통령 권한대행을 조사한 바 있다고 진술했다(조선일보사 1999:85).

검사: 진술인은 피의자 전두환이 79. 12. 4경 최규하 대통령 권한대행을 10·26 사건과 관련하여 조사한 사실을 아는가요.

신현확: 그 당시에는 몰랐는데, 80. 3경 전두환 보안사령관이 총리실로 찾아와 "제가 최규하 대통령도 10·26 사건과 관련하여 조사한 사실이 있습니다"라고 말을 하여 위와 같은 사실이 있었다는 것을 비로소 알게 되었습니다.

검사: 이에 대하여 진술인은 어떻게 하였나요.

신현확: 저는 그 당시 너무도 기가 막혀서 "당신이 대통령을 조사할 권한이 있다고 생각하느냐, 대통령은 당신의 임명권자인데 무슨 권한으로 대통령을 함부로 조사하느냐"라고 화를 냈습니다.

검사: 진술인은 전두환의 위와 같은 이야기를 듣고 무슨 생각을 하였나요.

신현확: 당시에 제가 전두환에게 화를 냈음에도 불구하고 그는 반성하는 기색도 없이 당당한 표정을 지었기 때문에, 저는 전두환이 10·26 사건과 관련이 있다는 명목으로 누구든지 연행하여 조사할 수도 있다고 느꼈으며, 당시 이러한 대한민국의 현실에 대하여 국무총리로서 매우 걱정스러운 마음이 들었습니다.

17 "Korean Army Ruler Seized In Park Case After A Gun Battle," *The New York Times* (Dec. 13, 1979).

18 "Korean General Filling Key Posts With His Men to Bolster Power," *The New York Times* (Dec. 15, 1979).

한편, 12·12 사태에 대해 위컴 장군은 크게 분노했다. 위컴 사령관은 신군부의 접촉 창구였던 김윤호 1군단장에게 "그날 밤에 한국군 수뇌부가 그런 지리멸렬한 상을 보였는데 인민군이 쳐내려오면 어떻게 싸우겠느냐"고 탄식하더라고 한다. 위컴 사령관 등 주한미군 장성들은 "전선 방어는 미군한테 맡겨놓고서는 안심하고 정치에 기웃거리는 군인답지 않은 군인"이라는 시각으로 전두환 장군 그룹을 보았다. … 위컴 사령관은 전 장군이 군의 지휘부를 초토화시킨 12·12 사태도 미군이 북한의 위협에 대해 울타리를 쳐주고 있다는 것을 믿고 한 짓이라고 생각했으므로 배신감은 더욱 강렬하였다. 실제로 12·12 사태 직후 주한미군은 대북 경계의 강도를 높였다. 조기경보기의 정찰비행이 강화되고 병력이 증강 배치되었으며 미국 정부는 소련과 중국을 통해서 북한에 대해 "오판하지 말라"는 경고를 보내기도 하였다. 위컴 사령관은 이런 불쾌감의 표시로 전 장군을 만나주지 않았다(조갑제 2005:132-133).

19 당시 다수의견에 가담했던 이일규 대법관은 후일 다음과 같이 말했다. "이론적으로는 소수의견이 옳았다", "일반 살인이든 내란 목적 살인이든 어느 쪽으로 해도 사형은 틀림없는데 내란 목적이냐 뭐냐 따져서 시일을 보낼 필요가 없지 않나" 하는 생각에 소수의견에 가담하지 않았다(한홍구 2016:154).

20 최 대통령은 1980년 2월 18일 김영삼 신민당 총재와 회담하는 자리에서 김 총재가 "사회도 평온하고 국민들은 어느 때보다도 인내심을 보이고 있다. 계엄령을 즉시 해제해야 한다"고 하자 이렇게 대답했다(조갑제 2005:145-146).
"그 문제는 당국의 의견을 들어야 한다."
"계엄 선포와 해제의 권한은 대통령이 갖고 있지 않은가. 당국이라니 어디를 말하는가."
"신중히 검토해보겠다."

21 「성공한 쿠데타는 容認」 선례「5·18」 수사의 의미와 배경」,『동아일보』, 1995. 7. 19(www.donga.com/archive/newslibrary/view?ymd=19950719&mode=19950719/0002051936/1).

22 그러나 속마음은 그렇지 않았던 것 같다. 강창성(1991:12)의 회고에 따르면, 1980년 3월 초 당시 보안사령관 전두환을 만난 자리에서 "또다시 전 장군이 군인으로서 정권을 잡는다면 그(박정희) 이상 가는 실패나 불행을 당하지 않는다고 그 누가 보장할 수 있겠습니까"라는 자신의 말에 대해 전두환은 "하지만 최규하 대통령은 참 명청한 인물입니다. 그런 그에게 정권을 맡겨둘 수는 없는 일이오. 그러니만큼 그 사람은 그대로 놔두고, 일본의 '쇼군(將軍)'처럼 군부가 실권을 장악한 뒤에 정국을 주도해가는 것이 어떻겠습니까?"라고 말했다고 한다.

23 신현확의 증언에 따르면, 1981년 가을 김정렬에게 최 대통령의 하야를 권유했다는 소문이 있는데 사실이냐고 묻자 하야를 적극 권유한 사실이 있다고 답했다(조선일보사 1999:98).

24 부칙 제5조 ①이 헌법시행 당시의 국회의원의 임기는 이 헌법시행과 동시에 종료된다. ②이 헌법에 의하여 선거된 최초의 국회의원의 임기는 국회의 최초의 집회일로부터 개시된다.

25 부칙 제7조 새로운 정치질서의 확립을 위하여 이 헌법 시행과 동시에 이 헌법 시행 당시의 정당은 당연히 해산된다. 다만, 늦어도 이 헌법에 의한 최초의 대통령선거일 3월 이전까지는 새로운 정당의 설립이 보장된다.

26 공식 명칭은 신한민주당이었지만 약칭으로 신민당으로 불렀다. 정당법 규정을 피하기 위한 일종의 편법이었다.

27 임혁백(2014:24)은 이를 두고 소위 '2/3 유신체제' 또는 '완화된 유신선거 체제'라고 불렀다.

28 또한 현실적으로 공화당과 신민당 출신들이 자연스럽게 각각 모여 새로운 정당을 만들었기 때문인데(이만섭 2004: 254), 과거 여야로 갈려 활동하던 다른 정당 출신을 하나의 정당으로 묶기 어려운 상황이기도 했다.
29 민정당 대표를 맡게 된 이재형은 자신이 여당으로 간다는 소문을 듣고 불만을 제기한 박범진에게 다음과 같이 말했다. "아, 이 사람아, 지금 여야가 어디 있나, 다 국민을 속이는 일이지"(운경재단 2002: 443).
30 민정당 지역구 공천 후보 중 제주의 변정일, 해남·진도의 임영득 후보 두 명이 낙선했다.
31 시가(Edward Seaga) 자마이카 총리가 레이건 대통령이 만난 첫 외국 정상이었다.
32 「'전두환 장기집권 시나리오'는 이렇다」, 『한겨레신문』, 1988. 11. 13.
33 노태우 정권은 출범과 동시에 전두환이 퇴임 직전에 만들어놓은 군 인사 체계를 조심스럽게 그러나 단계적으로 허물기 시작했다. 그것은 퇴임 직전 전두환의 육군 수뇌부 인사에 대한 노태우의 거부 표시이자 5공 군부와 6공 군부 간의 차별성을 부각시키기 위한 조치였다. 취임 4개월 후인 1988년 6월 임기 6개월을 남겨놓은 육참총장 박희도를 경질하고 자신의 경북고 후배인 이종구를 임명했다. 전두환의 백담사 은둔 후에는 보안사령관 최평욱을 교육사령관으로 좌천시키고 그 자리에 조남풍을 임명했다. 이런 상황에서 육사 교장 민병돈의 직접적인 대정부 비판은 부분적 개편에도 불구하고 골격이 유지되었던 전두환 계열의 1.1 인맥의 군 수뇌 체계를 완전히 바꾸는 계기가 되었다. 그 결과 육사 교장에는 민병돈 대신에 이필섭이, 수방사령관에는 김진영 대신에 구창회가 차지했다. 이러한 군 인사 체계 개편의 핵심은 하나회 전두환 인맥의 퇴진과 노태우의

9.9 인맥의 부각이라 할 수 있다. … 그리고 그것은 그동안 전두환을 중심으로 견고하게 응집되어 있던 하나회가 전두환 계보와 노태우 계보로 분열되는 것이 가시화되는 계기가 되었다(조현연 2007: 64-65).

34 행정안전부 대통령기록관(www.pa.go.kr/research/contents/speech/index.jsp), 새해 국정연설(1981.1.12).

35 정규웅의 문단 뒤안길 1980년대 〈6〉 한수산 필화사건(m.blog.naver.com/k497095/50128915659).

36 「대학 경찰 진입사… 16년만에 또다시 울타리 넘어」, 『한국대학신문』, 2015.3.15(news.unn.net/news/articleView.html?idxno=145405).

37 1985년 5월 23일 서울대, 고려대, 연세대, 서강대, 성균관대, 5개 대학 학생 73명이 서울 미문화원을 점거하고 광주학살에 관한 미국의 사과를 요구하면서 3일간 농성을 하고 5월 26일 자진 해산했다. 경찰은 미문화원 점거사건과 관련하여 서울대 삼민투쟁위원장 함운경 등 25명을 구속했다.

38 이만섭(2004:278-280)은 그때의 영수회담을 다음과 같이 회고했다. "전 대통령께서 오는 9월 유엔총회에 가서 연설을 한다고 들었습니다. 그러나 이처럼 학원에 대해 강경한 조치를 취해놓고 어떻게 유엔에 가서 연설할 수 있겠습니까? 그러니 이 법은 철폐하든가 최소한 보류라도 해야 합니다."

유엔 연설과 연계시키니 대통령의 표정이 다소 누그러지는 느낌이 있었다.

39 당시 이에 대한 판결문의 일부이다.

"한국민주회복통일촉진국민회의 일본본부는 정부를 참칭하고 대한민국을 변란할 목적으로 불법조직된 반국가단체인 북괴 및 반국가단체인 제일조선인 총연합회의 지령에 의거 구성되고 그 자금 지원을 받아 그 목적 수행을 위하여 활동하는 반국가단체라 함이 본원의 견해로 하는 바이요"(대법원 1981.1.23. 선고80도2756 판결, 내란음모·계엄법위반·계엄법위반교사·국가보안법위반·반공법위반·외국환관리법위반).

40 5·18기념재단(518.org/nsub.php?PID=010103).
41 김덕룡, 「김영삼 민주 센터 구술자료」(녹취문).
42 12대 총선 때까지 규제가 해금되지 않은 이들은 김영삼, 김대중, 김종필, 그리고 오치성 전 내무장관, 김창근 전 공화당 정책의장, 이후락 전 중정부장, 이철희 전 중정차장, 성락현 전 공화당의원, 구 야권의 홍영기·김명윤·김윤식·김상현 전 의원과 윤혁표, 박성철, 김덕룡 등이었다. 미해금자 15명 중 10명이 민주화추진협의회 관련자들이었다. 이들 가운데 1979년 '서울의 봄' 당시 김대중 총재 경호실장을 맡은 해병 소장 출신 박성철은 해금 이전인 1985년 1월 사망했고, 그를 제외한 14명은 12대 총선 직후인 1985년 3월 6일 모두 해금되었다.
43 대도시에서 유일하게 당선자를 내지 못한 곳은 대구 동구-북구 선거구로 민정당과 민한당 후보가 당선되었다. 한편 대구 중구-서구에서는 민정당이 당선자를 내지 못하고 신한민주당과 국민당 후보가 당선되었다.
44 전두환 대통령은 1986년 4월 30일 민정당 노태우, 신한민주당 이민우, 국민당 이만섭 대표와의 정당 대표회담을 통해 '여야가 합의한다면' 임기 중에 헌법 개정 용의가 있음을 밝혔지만, 그보다 앞선 1986년 2월 24일 3당 대표들과 회동한 자리에서 "국회와 정부에서 헌법특위를 설치하여 연구하고 1989년에 가서 개헌 문제를 처리하도록 하는 것이 좋겠다"고 말했다. 하지만 1986년 3월 11일에는 수석비서관회의에서 "'1989년에 가서 개헌한다'가 아니고 '개헌을 할

필요성이 있는지를 결정한다'는 말이다"로 말이 바뀐다. 3월 17일에는 기독교 지도자들과 만난 자리에서 "개헌을 하면 86 아시안게임이고 뭐고 안 됩니다. … 직선이든 간선이든 내가 국민에 약속한 것은 평화적 정부 이양을 한다는 것이었으니 그렇게 하고, 86 아시안게임, 88 올림픽의 대사(大事)를 끝내고 그때 개헌하자고 하면 해야지요"라고 말했다. 노태우는 "전(두환) 대통령의 마음이 바뀌고 있었다"고 표현했다(노태우 2011a : 311-312). 국회 개헌특위까지 가동되고 있었지만, 전두환은 개헌 논의를 애당초 원하지 않았다. 호헌 선언에 대한 전두환의 담화문 작성 지시는 1987년 3월 9일 내려졌지만, 그해 1월 14일 국정자문위원들과의 오찬에서 합의 개헌이 안 되면 호헌으로 갈 수밖에 없다는 심중을 밝힌 바 있다. 3월 6일에는 노태우 민정당 대표가 합의 개헌에 실패하면 중대 결단이 불가피하다고 했는데, 3월 초에 호헌 결단 방침이 여권 핵심부에서 결정되었음을 말해준다(김성익 1992 : 309).

45 1987년 4월 19일 국내 최대 선박회사인 범양상선그룹 박건석 회장이 투신자살했다. 국세청은 범양에 대한 세무조사를 통해 1,644만 달러(138억 원)의 외화 유출과 비자금 조성을 확인했다. 박건석 회장과 전문경영인 간의 내분, 외화 유출, 비자금 문제로 이 사건은 당시 사회적으로 큰 파장을 몰고 왔다.

46 현경대 인터뷰,『6·29선언 관련 주요 인사 구술채록』, 대한민국역사박물관, 2016.

47 김봉호 인터뷰,『6·29선언 관련 주요 인사 구술채록』, 대한민국역사박물관, 2016.

48 「김영삼 민주당총재, 대통령 임기 5년 단임제안」, MBC뉴스 1987. 8. 12(imnews.imbc.com/20dbnews/history/1987/1794088_ 19322. html).

참고문헌

강민, 「관료적 권위주의의 한국적 생성」, 『한국정치학회보』 17, 1983, 341-362.
강봉균, 「한국의 경제개발전략과 소득분배」, 『KDI 정책연구자료』 89-06, 1989.
강원택, 『한국정치론』(제3판), 박영사, 2023.
강원택, 「민주화 이후의 '제왕적' 대통령」, 송호근 편, 『시민정치의 시대: 한국 민주화 35년, '대권'에서 '시민권'으로』, 나남, 2022, 65-97.
강원택, 「10·26 이후 정국 전개의 재해석: 전두환과 신군부의 '긴 쿠데타'」, 『역사비평』 124, 2018, 118-157.
강원택, 「87년 헌법의 개헌 과정과 시대적 함의」, 『역사비평』 119, 2017a, 12-37.
강원택, 「군의 탈정치화와 한국의 민주화」, 강원택 편, 『대한민국 민주화 30년의 평가』, 대한민국역사박물관, 2017b, 77-113.
강원택, 「'87년 체제'와 민주화추진협의회」, 강원택·조성대·서복경·이용마, 『한국의 민주화와 민주화추진협의회』, 오름, 2015, 13-48.
강원택, 「제3공화국의 선거」, 한국선거학회 편, 『한국 선거 60년: 이론과 실제』, 오름, 2011, 93-118.
강원택, 「한국 선거 정치의 변화 과정과 개혁과제」, 이정복 편, 『21세기 한국 정치의 발전 방향』, 서울대학교출판부, 2009, 445-465.
강원택·정진욱, 「1985년 제12대 국회의원 선거 연구」, 『한국정치외교사논

총』44(2), 2023, 83-116.

강원택·조성대·서복경·이용마,『한국의 민주화와 민주화추진협의회』, 오름, 2015.

강준만,『한국현대사산책 1980년대편: 광주학살과 서울올림픽』2, 인물과사상사, 2003.

강창성,『일본/한국 군벌정치』, 해동문화사, 1991.

강창희,『열정의 시대: 강창희 정치 에세이』, 중앙북스, 2009.

국회사무처,『대한민국국회 60년사』, 2008.

Gleysteen, William 지음, 황정일 옮김,『알려지지 않은 역사: 전 주한미국대사 글라이스틴 회고록』, 중앙M&B, 1999.

길승흠·김광웅·안병만,『한국선거론』, 다산출판사, 1987.

김기철,『합수부 사람들과 오리발 각서: '80년 신군부의 언론사 통폐합 진상』, 중앙일보사, 1993.

김대영,「박정희 국가동원 메커니즘에 관한 연구: 새마을운동을 중심으로」,『경제와사회』61, 2004, 184-221.

김대중,『김대중 자서전』1, 삼인, 2010a.

김대중,『김대중 자서전』2, 삼인, 2010b.

김민배,「유신헌법과 긴급조치」,『역사비평』30, 1995, 89-103.

김백유,「제5공화국 헌법의 성립 및 헌법발전」,『일감법학』34, 2016, 87-148.

김봉호,『6·29선언 관련 주요 인사 구술 채록』, 대한민국역사박물관, 2016.

김삼웅,「민주화 투쟁과 민주화추진협의회」, 류상영·김삼웅·심지연 편저,『김대중과 한국 야당사』, 연세대학교 대학출판문화원, 2013, 105-140.

김성익,『전두환 육성 증언: 1986. 1. 20-1988. 2. 24』, 조선일보사출판국, 1992.

김수진,「제2공화국의 정당과 정당정치」, 백영철 편,『제2공화국과 한국 민주주의』, 나남, 1996, 157-183.

김순양,「정치적 격변기의 과도정부기구의 구성과 활동에 대한 연구: 국가보위비상대책위원회와 국가보위입법회의를 중심으로」,『한국사회와행정연구』 33(1), 2022, 1-31.

김영명, 『대한민국 정치사: 민주주의의 도입, 좌절, 부활』, 일조각, 2013.

김영명, 『한국의 정치변동』, 을유문화사, 2006.

김영명, 「10·26과 박정희 유신체제의 붕괴」, 동아일보사 편, 『5공 평가 대토론: 현대사를 어떻게 볼 것인가』, 동아일보사, 1994, 9-39.

김영삼, 『김영삼 회고록: 민주주의를 위한 나의 투쟁』 2, 백산서당, 2000a.

김영삼, 『김영삼 회고록: 민주주의를 위한 나의 투쟁』 3, 백산서당, 2000b.

김영수, 『한국헌법사』, 학문사, 2000.

김영순, 「유신체제의 수립 원인에 관한 연구」, 한국산업사회연구회 편, 『오늘의 한국자본주의와 국가』, 한길사, 1998, 23-89.

김영태, 「개헌논의와 정치발전: 정부형태에 관한 논의를 중심으로」, 한국평화연구학회 발표 논문, 2007.

김용호, 『민주공화당 18년, 1962-1980년: 패권정당운동 실패의 원인과 결과』, 아카넷, 2020.

김용환, 『임자, 자네가 사령관 아닌가: 김용환 회고록』, 매일경제신문사, 2002.

김일영, 『한국 현대정치사론』, 논형, 2011.

김일영, 「박정희체제 18년, 어떻게 볼 것인가」, 『한국정치학회보』 29(2), 1995, 181-215.

김일영 외, 『한국정치와 헌정사』, 한울, 2001.

김종필, 『김종필 증언록』 1, 와이즈베리, 2016a.

김종필, 『김종필 증언록』 2, 와이즈베리, 2016b.

김준엽, 『장정(長征) 4: 나의 무직 시절』, 나남, 1990.

김지영, 『피동형 기자들: 객관보도의 적, 피동형과 익명 표현을 고발한다』, 효형출판, 2011.

김충립, 「김충립 前 수경사 보안반장 육필수기 음모와 암투: 전두환 〈보안사령관〉, '보안사령관 교체' 정보에 정승화 〈계엄사령관〉 전격 체포-12·12쿠데타 전말」, 『신동아』 2016년 10월호(shindonga.donga.com/3/all/13/538026/1).

김충식, 『5공 남산의 부장들 1: 권력, 그 치명적 유혹』, 블루엘리펀트, 2022a.
김충식, 『5공 남산의 부장들 2: 권력과 함께 춤을』, 블루엘리펀트, 2022b.
김형아, 『유신과 중화학공업: 박정희의 양날의 선택』, 일조각, 2005.
김호진, 「제5공화국의 정권적 성격」, 동아일보사 편, 『5공 평가 대토론: 현대사를 어떻게 볼 것인가』, 동아일보사, 1994, 94-119.
노신영, 『노신영 회고록』, 고려서적, 2000.
노태우, 『노태우 회고록 상: 국가, 민주화 나의 운명』, 조선뉴스프레스, 2011.
대통령 비서실, 『최규하 대통령 연설문집: 1979년 10월-1980년 8월』, 대통령 비서실, 1981.
대한민국재향군인회, 『12·12, 5·18 실록』, 대한민국재향군인회 호국정신선양운동본부, 1997.
마인섭, 「자본주의적 발전과 민주화: 한국 산업화의 단계, 계급구조와 국가」, 임현진·송호근 편, 『전환의 정치, 전환의 한국사회: 한국의 정치변동과 민주주의』, 사회비평사, 1995, 149-193.
문돈·정진영, 「'발전국가모델'에서 '신자유주의모델'로: '한국발전모델' 논쟁에 대한 비판적 평가」, 『아태연구』, 21(2), 2014, 129-164.
민주화운동기념사업회, 『민주화운동과 한국민주주의』, 2017.
민주화운동기념사업회, 『한국민주화운동사』 1·2·3, 돌베개, 2010.
민주화추진협의회, 『민추사(民推史)』, 1988.
박경미, 「한국 정당조직의 지속성과 변화: 민주정의당과 평화민주당 조직 변화 비교」, 이화여자대학교 대학원 박사학위논문, 2006.
박동서·김광웅, 『한국인의 민주정치의식: 대중과 엘리트』, 서울대학교출판부, 1987.
박장식, 「미얀마 군부 지배의 역사적 고찰: 그 정치 동력의 구조」, 『역사비평』 136, 2021, 255-281.
박정태, 『김영삼의 사람들 2: 10·26 사태에서 13대 대선까지』, 국민일보사, 1996.
박철언, 『바른 역사를 위한 증언』 1, 랜덤하우스중앙, 2005a.

박철언,『바른 역사를 위한 증언』2, 랜덤하우스중앙, 2005b.
박치성,「사회악 정화정책」, 한국행정연구원,『대한민국 역대 정부 주요 정책과 국정 운영 3: 전두환 정부』, 대영문화사, 2014, 101-128.
박해남,「서울올림픽과 1980년대의 사회정치」, 서울대학교 대학원 사회학과 박사학위논문, 2018.
백선엽, 유광종 정리,『백선엽의 6·25 전쟁 징비록 1』, 책방, 2016.
백학순,『박정희정부와 전두환정부의 통일·대북정책 비교』, 세종연구소, 2014.
부마민주항쟁진상규명 및 관련자명예회복심의위원회,『부마민주항쟁 진상보고서(안)』, 2018(www.buma.go.kr/bbs/board.php?bo_table=m41&wr_id=17&page=2).
서중석,「박정희 유신체제는 왜 7년 만에 붕괴되었나」,『내일을 여는 역사』49, 2012, 39-71.
서중석,『6월 항쟁: 1987년 민중운동의 장엄한 파노라마』, 돌베개, 2011.
서중석 외 지음, 민주화운동기념사업회 한국민주주의연구소 엮음,『6월 민주항쟁: 전개와 의의』, 한울, 2017.
서진영,「5공의 성립과정과 그 성격: 토론」, 동아일보사 편,『5공 평가 대토론: 현대사를 어떻게 볼 것인가』, 동아일보사, 1994, 120-145.
손호철,『현대 한국정치: 이론, 역사, 현실, 1945~2011』, 이매진, 2011.
손호철,「한국민주화 실험 비교연구: '1980년의 봄'과 '1987년 6월'을 중심으로」,『한국정치연구』9, 1999, 29-56.
신동호,「중산층이여 침묵을 깨라」,『월간조선』1987년 1월호, 100-106.
신상우,『고독한 증언』, 창민사, 1986.
신종대,「분단체제와 '친북청산': 국가정체성, 민족정체성, '친북청산'의 연관구조와 동학」, 양승함 편,『한국사회의 주요쟁점과 국가관리』, 연세대학교 국가관리연구원, 2005, 97-180.
신철식,『신현확의 증언: 아버지가 말하고 아들이 기록한 현대사의 결정적 순간들』, 메디치, 2017.
심지연,『남북한 통일방안의 전개와 수렴: 1948~2001 자주화·국제화의 관점에서 본 통일방안 연구와 자료』, 돌베개, 2001.
안동일,『나는 김재규의 변호인이었다』, 김영사, 2017.
안병영,「6·25가 미친 국내적 영향」,『현대사를 어떻게 볼 것인가』 2, 동아일보사, 1988, 395-416.
안철현,『한국현대정치사』, 새로운사람들, 2009.
엄기홍,『한국의 선거 60년사 3: 권위주의 체제, 선거 그리고 민주주의-제5공화국의 선거들』, 마인드탭, 2016.
연세대학교 국가관리연구원 편,『한국대통령 통치구술사료집 1: 최규하 대통령』, 선인, 2014.
오재록,「자율화(두발, 교복 자율화, 통금 해제) 정책」, 한국행정연구원,『대한민국 역대 정부 주요 정책과 국정운영 3: 전두환 정부』, 대영문화사, 2014, 75-100.
오창헌,「유신체제 제도화의 실패에 관한 연구: 정치적·제도적 변수를 중심으로」,『한국정치학회보』 28(2), 1995, 191-214.
오효진,「김종필 입을 열다(完). 박 대통령과 김형욱 실종」,『월간조선』 1987년 1월호, 290-323.
운경재단,『정치 이전의 것을 하러 왔소』, 삼신각, 2002.
유재천,「5공과 언론」, 동아일보사 편,『5공 평가 대토론: 현대사를 어떻게 볼 것인가』, 동아일보사, 1994, 276-297.
윤상철,『1980년대 한국의 민주화 이행과정』, 서울대학교출판부, 1997.
윤홍근,「한국 정부의 경제적 역할 변화와 시장제도의 변화: 1980년대 초 '안정화 시책'에 대한 담론제도주의 분석」,『한국정치연구』 22(1), 2013, 163-186.
이갑윤,「제5공화국 국회의원 선거의 분석과 전망」,『한국정치학회보』 19, 1985, 47-58.
이갑윤·문용직,「한국의 민주화: 전개과정과 성격」,『한국정치학회보』 29(2), 1995, 217-232.
이내영,「유신 체제 후반기의 민주화운동과 유신 붕괴의 동학: 긴급조치 9호부터 10·26까지」, 신명순 편, 『한국의 민주화와 민주화운동: 성공과 좌절』, 한울, 2016, 221-273.

이만섭, 『나의 정치 인생 반세기: 이승만에서 노무현까지-파란만장의 가시 밭길 헤치며 50년』, 문학사상사, 2004.

이상록, 「1980년대 중산층 담론과 호모 에코노미쿠스의 확산: 시장은 사회와 인간을 어떻게 바꿨나?」, 『사학연구』 130, 2018, 275-334.

이순자, 『당신은 외롭지 않다』, 자작나무숲, 2017.

이시원·민병익, 「역대정부 장관의 교체사유 분석」, 『한국사회와 행정연구』 21(1), 2010, 49-74.

이완범, 「박정희 군사정부 '5차헌법개정' 과정의 권력구조 논의와 그 성격」, 『한국정치학회보』 34(2), 2000, 171-192.

이용희, 「8인 정치 회담 멤버로 현행헌법 탄생에 자부심」, 『국회보』 2013년 11월호(news.naver.com/main/read.nhn?mode=LSD&mid=sec&sid1=123&oid=358&aid=0000001556).

이장규, 『그런 선거는 져도 좋다: 전두환의 공을 논함』, 기파랑, 2022.

이장규, 『경제는 당신이 대통령이야: 전두환시대 경제비사』(개정증보판), 올림, 2008.

이정복, 「제5공화국의 정치제도」, 민준기·신명순·이정복·윤성이, 『한국의 정치: 제도·과정·발전』(전정판), 나남, 2011, 87-94.

이정복, 「제3공화국의 정치제도」, 민준기·신명순·이정복·윤성이, 『한국의 정치: 제도·과정·발전』, 나남, 2008, 57-72.

이정복, 「관료적 권위주의론과 한국 정치」, 『한국 정치의 분석과 이해』(개정증보판), 서울대학교출판부, 2006, 207-268.

이정복, 「5공은 과연 무엇이었나: 종합토론」, 동아일보사 편, 『5공 평가 대토론: 현대사를 어떻게 볼 것인가』, 동아일보사, 1994, 550-575.

이종원, 「제5공화국의 스포츠 정책 연구」, 서울대학교 대학원 체육교육과 박사학위 논문, 2002.

이종찬, 『숲은 고요하지 않다: 이종찬 회고록』 1, 한울, 2015a.

이종찬, 『숲은 고요하지 않다: 이종찬 회고록』 2, 한울, 2015b.
이한동, 『정치는 중업이다』, 승연사, 2018.
이한동, 『6·29선언 관련 주요 인사 구술채록』, 대한민국역사박물관, 2016.
임혁백, 「전두환 정부의 출범 및 정부 소개」, 한국행정연구원, 『대한민국 역대 정부 주요 정책과 국정운영 3: 전두환 정부』, 대영문화사, 2014, 11-48.
임혁백, 「한국 사회의 정치학적 고찰」, 한국기독교교회협의회 발표논문, 2008.
임혁백, 「유신의 역사적 기원: 박정희의 마키아벨리적인 시간(下)」, 『한국정치연구』 14(1), 2005, 115-146.
임혁백, 「유신의 역사적 기원: 박정희의 마키아벨리적인 시간(上)」, 『한국정치연구』 13(2), 2004, 223-258.
임혁백, 『시장, 국가, 민주주의: 한국민주화와 정치경제이론』, 나남, 1994a.
임혁백, 「5공의 민주화 투쟁과 직선제 개헌」, 동아일보사 편, 『5공 평가 대토론: 현대사를 어떻게 볼 것인가』 5, 동아일보사, 1994b, 454-483.
장달중, 「제3공화국과 권위주의적 근대화」, 한국정치학회 편, 『현대한국정치론』, 법문사, 1986, 225-250.
장세동, 『역사의 빛과 그림자: 버마 아웅산국립묘지 폭탄테러사건』, 맑은샘, 2013.
장세동, 『일해재단』, 한국논단, 1995.
전두환, 『전두환 회고록』 1, 자작나무숲, 2017a.
전두환, 『전두환 회고록』 2, 자작나무숲, 2017b.
전두환, 『전두환 회고록』 3, 자작나무숲, 2017c.
전재호, 『반동적 근대주의자 박정희』, 책세상, 2000.
정근식, 「부마항쟁과 79-80년 레짐」, 『지역사회학』 2(1), 2000, 248-284.
정상우, 「1987년 헌법개정안 형성과정 연구」, 『세계헌법연구』 22(1), 2016, 1-25.
정상호, 「'1980년 봄'을 빼앗아간 신군부와 그 공모자들: 강원택의 '전두환과 신군부의 '긴 쿠데타'에 대한 반론」, 『역사비평』 124, 2018, 158-190.
정승화 저, 조갑제 정리, 『12·12 사건: 정승화는 말한다』, 까치, 1987.

정일준, 「학원안정법파동 연구: 한국 민주화 이행에서 통치와 정치 그리고 사회운동」, 『사회와역사』 91, 2011, 255-290.

정정길, 『대통령의 경제리더십: 박정희·전두환·노태우 정부의 경제정책관리』, 한국경제신문사, 1994.

정주신, 「10월 부마항쟁의 진실과 역사적 성찰: 10·16 부산항쟁과 10·18 마산항쟁의 비교분석」, 『한국과 국제사회』 2(1), 2018, 5-43.

정주신, 「유신체제 시기 박정희 대통령의 집권욕과 폭압성: 통일주체국민회의, 대통령 긴급조치, 부마항쟁」, 『한국과 국제사회』 1(2), 2017, 33-84.

정주신, 『군부 권위주의 체제하의 집권당 연구: 한국의 민주공화당과 민주정의당을 중심으로』, 경희대학교 대학원 정치학 박사학위논문, 1998.

정주영, 『시련은 있어도 실패는 없다』, 제삼기획, 1991.

정진욱, 「1967년 제6대 대통령 선거의 정치사적 의미」, 『한국정치연구』 32(1), 2023, 69-99.

정해구, 『전두환과 80년대 민주화운동: '서울의 봄'에서 군사정권의 종말까지』, 역사비평사, 2011.

정희상, 「관권 부정선거의 촉수, 3대 관변단체」, 『말』 1992년 12월호(통권 78).

조갑제, 『노태우 육성 회고록: 전환기의 대전략』, 조갑제닷컴, 2007.

조갑제, 『김대중의 정체: 한국 현대사의 검은 그림자』, 조갑제닷컴, 2006.

조갑제, 『제5공화국: 전두환의 신군부, 정권을 향해 진격하다』, 월간조선사, 2005.

조갑제, 『군부: 전두환, 총구에서 나온 권력의 심층해부』, 조선일보사, 1988.

조갑제, 『有故』 1, 한길사, 1987a.

조갑제, 『有故』 2, 한길사, 1987b.

조대엽, 「광주항쟁과 80년대의 사회운동문화: 이념 및 가치를 중심으로」, 『민주주의와 인권』 3(1), 2003, 175-210.

조상진, 「대통령 단임제 개헌과정에 관한 입헌론적 고찰」, 경기대학교 정치전문대학원 박사학위논문, 2013.

조선일보사, 「군사쿠데타 일어난 미얀마… 네윈과 박정희와 전두환」, 『월간조선』, 2021. 2(m.monthly.chosun.com/client/mdaily/daily_view.asp?idx=11654&Newsnumb=20210211654).

조선일보사,「총구와 권력: 5·18 수사기록 14만 페이지의 증언」,『월간조선』1999년 1월호 특별부록.

조지형,「1987년 헌법의 역사화와 시대적 소명」, 강원택 편,『헌법 개정의 정치: 무엇을 어떻게 바꿀 것인가』, 인간사랑, 2010, 13-49.

조진만,「제5공화국의 선거」, 한국선거학회 편,『한국 선거 60년: 이론과 실제』, 오름, 2011, 141-173.

조현연,「한국 민주주의와 군부독점의 해체 과정 연구」,『동향과 전망』 69, 2007, 51-81.

조희연,『동원된 근대화: 박정희 개발동원체제의 정치사회적 이중성』, 후마니타스, 2010.

조희연,「한국의 민주주의 이행과정에 관한 연구: 1979년 10·26 사건에서 1993년 김영삼 정권 성립까지를 중심으로」, 임현진·송호근 공편,『전환의 정치, 전환의 한국사회: 한국의 정치변동과 민주주의』, 사회비평사, 1995, 279-317.

진덕규,「중산층의 보수화가 문제」,『월간조선』1987년 2월호, 114-119.

차성환,「유신체제와 부마항쟁: 지배와 저항의 사회심리적 기제를 중심으로」,『역사연구』 23, 2012, 43-80.

최병렬,『보수의 길 소신의 삶』, 기파랑, 2011.

최병효,『그들은 왜 순국해야 했는가: 버마암살폭발사건의 외교적 성찰』, 박영사, 2020.

최장집,「제2공화국 하에서의 민주주의의 등장과 실패」, 백영철 편,『제2공화국과 한국 민주주의』, 나남, 1996, 31-70.

최장집,「해방 40년의 국가, 계급구조와 정치 변화에 관한 서설」, 최장집 편,『한국현대사 I』, 열음사, 1985, 27-63.

최장집·박상훈,『민주화 이후의 민주주의: 한국 민주주의의 보수적 기원과 위기』(개정 2판), 후마니타스, 2010.

최재현, 「한국의 중산층, 왜 비겁한가」, 『월간조선』 1987년 4월호, 1987, 354-363.

하우스만·정일화, 『한국 대통령을 움직인 미군 대위: 하우스만 증언』, 한국문원, 1995.

한배호, 「유신체제는 왜 붕괴했나」, 『자유를 향한 20세기 한국 정치사: 독재와 반민주의 세월을 넘어』, 일조각, 2008.

한배호, 「5공의 민주화 이행과정의 특징과 문제점」, 동아일보사 편, 『5공 평가 대토론: 현대사를 어떻게 볼 것인가』 5, 동아일보사, 1994, 484-523.

한배호·어수영, 『한국정치문화』, 법문사, 1987.

한용원, 『한국의 군부 정치』, 대왕사, 1993.

한홍구, 『사법부: 법을 지배하는 자들의 역사』, 돌베개, 2016.

한홍구, 「'녹화사업'을 용서할 수 있는가」, 『한겨레21』 2002. 7. 24(h21.hani.co.kr/arti/culture/culture_general/5713.html).

허화평, 『나의 생각, 나의 답변』, 새로운사람들, 2020.

헌법재판소, 『헌법재판소 20년사』, 헌법재판소, 2008.

현경대, 『6·29선언 관련 주요 인사 구술채록』, 대한민국역사박물관, 2016.

현경대, 「정략적 개헌 논의를 경계한다: 87년 제9차 개헌과정을 되돌아보며」, 『국회보』 2005년 7월호(통권 464), 67-75.

현대한국사연구회, 『5공 전사(前史)』, 1982.

홍두승, 「5공의 성립과정과 그 성격: 토론」, 동아일보사 편, 『5공 평가 대토론: 현대사를 어떻게 볼 것인가』, 동아일보사, 1994, 120-145.

홍석률, 「전두환, 노태우 정부와 6월 민주항쟁」, 홍석률·박태균·정창현, 『한국현대사 2: 경제성장과 민주주의, 그리고 통일의 과제』, 푸른역사, 2018, 202-267.

홍성태, 「폭압적 근대화와 위험사회」, 이병천 엮음, 『개발독재와 박정희 시대: 우리 시대의 정치경제적 기원』, 창비, 2003, 311-338.

황병주, 「유신체제의 대중인식과 동원 담론」, 『상허학보』 32, 2011, 143-186.

황수익, 「제1공화국의 선거제도와 선거」, 『한국정치연구』 5, 1996, 80-117.

황호택, 『박종철 탐사보도와 6월 항쟁: 30년 만에 진실 밝히는 딥스로트들』, 블루엘리펀트, 2017.

Bollen, K. and R. Jackman, "Political Democracy and the Size Distribution of Income," *American Sociological Review* 50(4), 1985, 438-457.

Carmines, Edward and James Stimson, "The Two Faces of Issue Voting," *American Political Science Review* 74, 1980, 79-91.

Fowler, James, "The United States and South Korean Democratization," *Political Science Quarterly* 114(2), 1999, 265-288

Gurr, Ted, *Why Men Rebel*, Princeton, NJ: Princeton University Press, 1970.

Huntington, Samuel, *The Third Wave: Democratization in the late twentieth century*, Norman: University of Oklahoma Press, 1991.

Kim, Byung Kook, "Chapter Five. The Labyrinth of Solitude: Park and the Exercise of Presidential Power," In Kim, B.K. and Vogel, E.F. eds., *The Park Chung Hee Era: The Transformation of South Korea*, Cambridege: Harvard University Press, 2011, 140-167.

Levi, M., "The who, what, and why of performance-based legitimacy," *Journal of Intervention and Statebuilding* 12(4), 2018, 603-610.

Lipset, Seymour Martin, "The Social Requisites of Democracy Revisited: 1993 Presidential Address," *American Sociological Review* 59(1), 1994, 1-22.

Lipset, Seymour Martin, *Political Man*, London: Mercury Books, 1960.

Lipset, Seymour Martin, "Some Social Requisites of Democracy: Economic Development and Political Legitimacy," *The American Political Science Review* 53(1), 1959, 69-105.

Oberdorfer, Don and Robert Carlin, *The Two Koreas: A Contemporary History*, 2014; 이종길·양은미 옮김, 『두 개의 한국』, 길산, 2014.

O'Donnell, Guillermo, *Modernization and Bureaucratic-Authoritarianism: Studies in South American Politics*, Politics of Modernization Series No.9, Institute of International Studies, University of California, Berkeley, 1973.

Sartori, Giovanni, *Parties and Party Systems: A Framework for Analysis*, Cambridge: Cambridge University Press, 1976.

Shain, Yossi and Juan Linz. (eds.), *Between States: Interim Governments in Democratic Transitions*, Cambridge: Cambridge University Press, 1995.

Woo, Jongseok, 2010, "Crafting democratic control of the military in South Korea and the Philippines: the problem of military factions," *Contemporary Politics* 16(4), 2010, 36-382.

찾아보기

ㄱ

강창성 104~106, 108, 111, 120, 126, 153, 211, 508, 510
거어(Gurr) 460~462
고정훈 270, 271
공화당 24~28, 30, 34, 37~39, 41, 42, 60~63, 66~69, 89, 94, 98, 107, 156, 188, 195, 209, 240, 251~253, 260~263, 282, 294, 504, 505, 511, 513
광주항쟁 201, 360, 361, 368, 369, 374, 379, 381~383, 395, 398, 400, 448, 499~501
국가보위비상대책위원회(국보위) 175, 197~206, 208, 209, 211, 212, 220, 224~232, 241, 242, 247, 248, 258, 259, 278, 294, 339, 340, 342, 349, 350, 414, 437, 507
국가보위입법회의(입법회의) 245~248, 250, 254, 258, 268, 345
국가의 계속성 52, 53, 55, 220, 225, 229, 491, 503
국가재건최고회의 110, 199, 211~213
국고보조금 254, 255, 266
국민투표 54, 228, 245, 421, 453, 465, 476
군사정부 184, 203, 204, 213
권정달 114, 153, 171, 175, 184, 186, 187, 193, 197, 198, 200, 241, 243, 259~262, 289, 297, 342, 362, 364
글라이스틴(Gleysteen) 65, 76, 77, 79, 82, 109, 121, 178, 179, 182, 185, 197, 222, 224, 230, 231, 245, 296, 369, 498
금융실명제 289, 290
긴급조치 32, 82, 125, 192, 196~200, 380, 498
김계원 32, 38, 43~46, 111, 126, 127, 140, 165, 166
김대중 18, 47, 53, 54, 71, 72, 74~77, 87~95, 97, 98, 117, 125, 194, 196, 199, 207, 208, 216, 218, 219, 222, 225, 249, 253, 293~300, 339, 360, 368, 369, 372~379, 381, 401, 402,

408, 411, 451, 452, 456, 464~466,
474, 475, 477, 478, 480~483, 486,
487, 490, 497, 513
김성곤 25, 40, 41, 58
김성익 388~391, 394, 444, 463, 482,
514
김영명 16, 24, 96, 400
김영삼 18, 23, 30, 31, 47, 54, 71~75,
77, 87~95, 97, 98, 151, 182, 194,
196, 216, 218, 222, 225, 249, 253,
320, 339, 347, 360, 364, 367, 368,
374, 400~402, 405, 406, 408, 411,
420, 421, 426, 451, 456, 462, 465,
474~478, 480~483, 486, 487, 490,
495, 497, 504, 509, 513, 514
김재규 29, 32, 34, 38, 43, 44, 46, 74,
111~113, 120, 123~129, 140, 141,
149, 150, 158~166, 168, 170~173,
234, 361, 367, 507
김재익 205, 279~281, 284, 289, 291,
303
김정렬 233, 234, 510
김정렴 44, 45
김종필 25, 27, 28, 40, 42, 44, 45,
47, 58~71, 74, 77, 87, 89~92, 94,
97, 98, 107, 151, 156, 184, 188,
194~196, 199, 207, 209, 215, 216,
218~220, 222, 225, 249, 339, 374,
375, 408, 496, 497, 504, 505, 513
김준엽 329

ㄴ

나카소네 302, 303, 321
남북적십자회담 334
내란 150, 160~162, 164~166, 168~
172, 207, 234, 243, 509, 513
네윈 307~311, 313, 316, 317
노신영 289, 295, 298~300, 302, 304,
322~325, 350, 351, 462
노재현 39, 43, 45, 64, 111, 112, 115,
120, 122, 127, 132, 134, 143, 145,
157, 161, 507
노태우 19, 56, 57, 64, 91, 93, 121,
124, 133, 136, 147, 148~150, 187,
191~193, 202, 203, 205, 233, 236,
242, 260, 297, 318, 320, 324, 342,
343, 355, 356, 390, 392, 394, 411,
414, 424, 452, 454, 464~466,
475, 478, 479, 482, 485, 487, 490,
511~514

ㄷ

도시화 292, 440, 441, 443, 444, 448
동해경비사령관 132

ㄹ

레이건 294, 296~298, 300, 301, 326,
388, 389, 392, 511
립셋(Lipset) 381, 441~443

ㅁ
묵종형(默從型) 문화 86
민병돈 393, 511
민주공화당 24, 26, 27, 44~46, 58,
59, 63, 64, 98, 107, 241, 250~252,
405
민주사회당 270, 271
민주한국당(민한당) 91, 93, 263~265,
269~271, 406~409, 411~420, 422,
425~427, 429~433, 513
민주화추진협의회(민추협) 61, 253,
401, 402, 408, 419~421, 451, 453,
455, 456, 459, 465, 481, 513

ㅂ
박종철 450, 461, 463, 470, 501
박준규 41, 44~46, 67
박철언 241, 243, 355, 356
발전국가 30, 37
보도지침 346
부마항쟁 23, 32, 74, 81, 82, 102, 113,
115, 360~362, 364~368, 373, 374,
379~382, 405, 507
부분 계엄 102, 115, 193
비상시국대책회의 39, 44, 66, 68, 504,
505

ㅅ
4·19 23, 49, 51, 222, 261, 361, 398,
447, 448, 499

4·13 호헌 450, 457, 459, 461~464,
470, 471, 501
4·8 항명 25, 58
30단 124, 133, 136~138, 142, 149
삼청계획 209
삼청교육대 208~211, 500
상대적 박탈감 460
생일집 잔치 133
서울의 봄 15, 83, 96, 99, 398, 401,
497, 498, 502, 513
손기정 79
손호철 16, 97, 389, 447
스토크스(Henry Scott Stokes) 33,
400
시국수습방안 171, 186~188, 190~
192, 196, 197
신군부 15, 35, 69, 81, 94, 96, 97, 99,
107, 109, 121, 124, 125, 128, 130,
132, 135, 138, 143~148, 150, 152,
153, 156, 157, 169, 170, 172, 178,
179, 181, 182, 184, 187~189, 191,
193, 196~200, 211~214, 219~221,
223~225, 230, 232~236, 240~242,
244~248, 250~252, 259, 263,
265~267, 299, 316, 324, 327, 339,
349, 360, 362~364, 373, 374, 382,
383, 394, 406, 496, 497, 505, 509
신민당 23, 24, 26, 30, 73, 89~91,
94, 151, 174, 194, 241, 249, 253,
261~263, 266, 282, 356, 364, 372,

377, 400, 405, 406, 411, 422, 426, 427, 429, 433, 436, 452, 454, 474, 477, 484, 495, 504, 509, 510, 511
신상우 264, 267
신한민주당 91, 93, 253, 282, 356, 402, 405, 406, 414~417, 419, 421~423, 425~435, 439, 440, 444~446, 448, 451~453, 455, 456, 459, 468, 470, 476, 510, 513
신현확 29, 30, 31, 36, 39, 42~44, 46, 47, 54~57, 62, 66~69, 89, 98, 142, 145, 151, 157, 173, 176~178, 180, 183, 189, 191, 192, 219~221, 225, 232, 233, 236, 279, 496, 503, 508, 510
12·12 사건(12·12 군사 반란) 121, 135, 144, 145, 148, 150, 152, 155, 185, 202, 220, 508
10·26 사건 15, 18, 22, 23, 27, 29, 31, 32, 39, 42, 44, 46, 47, 58, 59, 66, 72~74, 77~81, 86, 88, 99, 102~104, 115, 116, 121, 125~127, 131, 133, 140~142, 151, 152, 159, 161, 162, 164, 166, 173, 177, 212, 214, 243, 276, 321, 338, 346, 373, 374, 405, 447, 495, 496, 498, 508

ㅇ
아웅산 303, 313, 328, 332
안종훈 191

양병호 163, 165~167, 169, 170
어수영 85, 439
언론기본법 248, 255, 257, 258, 345, 417
여촌야도 429
예산 동결 281, 282
『5공 전사(5共前史)』 123, 130, 137, 138, 140, 148, 150, 151, 201
5·16 31, 50, 58, 106, 107, 109, 110, 142, 163, 192, 199, 209, 211~213, 240, 380, 383, 384, 499
YWCA 위장 결혼식 72
YH무역 73
위컴(Wickham) 74, 121, 122, 153, 161, 183, 293, 508, 509
유신정우회 26, 28, 241, 254, 405
유신체제 16, 17, 22~25, 27, 28, 32, 34, 37, 46, 47, 57, 59, 68, 71, 72, 74, 77, 82~84, 86, 87, 89, 91, 92, 95, 98, 99, 103, 164, 166, 167, 169, 207, 216, 218, 219, 231, 240~242, 244, 253, 257, 338, 361, 368, 374, 382, 385, 405, 490, 491, 495, 496, 498, 499, 510
유치송 263, 264, 269, 418, 419
유학성 124, 133, 142, 147, 148, 186, 193, 202, 203, 236, 289, 297, 324, 414
육사 11기 64, 104, 105, 107, 122, 129, 157, 200, 233, 505

6·29 선언 406, 447, 463, 465, 466,
　474, 475, 482, 485, 486
윤필용 32, 142, 211
이갑윤 93, 429, 430
이건영 129, 138, 140, 141, 144, 146,
　158
이광표 203, 342, 343
이만섭 63, 67, 250, 253, 264, 265,
　356, 418, 452, 511~513
이민우 356, 402, 451, 452, 454~456,
　513
이원(집)정부제 47, 54, 55, 57, 98,
　217, 226, 230, 454, 496
이재형 262, 511
이종찬 28, 242, 259, 261, 262, 310,
　356, 357
이학봉 124, 133, 165, 171, 172, 186,
　197, 198, 242, 284, 297, 342, 507
이희성 76, 97, 145, 147, 148, 165,
　174, 175, 177, 178, 188, 191, 203,
　221, 226
일해재단 313~315, 318
임지현 84, 85, 385

ㅈ
장세동 124, 134, 137, 310, 313~316,
　318, 335, 355, 462, 507
장영자 사건 287, 288, 289
장태완 129, 130, 131, 138, 141, 144,
　146

전국 계엄 115, 199, 215
정당법 58, 248, 250, 252, 253, 266,
　510
정대철 454
정병주 129, 138, 140, 141, 144, 146,
　158
정승화 35, 39, 44~46, 61~66, 69, 73,
　75, 76, 77, 87, 89, 103, 104, 109,
　116, 118~138, 140~142, 144~146,
　148, 150, 152, 155, 157, 158, 161,
　162, 164, 165, 171, 172, 202, 219,
　220, 236, 374, 496, 507
정주영 269, 315, 324~326
정호용 147, 148, 184, 187, 191, 193,
　202, 203, 205, 236, 296, 297, 362,
　363, 391, 462
조갑제 24, 28, 31, 36, 39, 60, 62,
　63, 71, 75, 81, 90, 98, 103, 108,
　113~118, 132, 142~144, 147, 152,
　154, 156, 174, 180, 186, 198~200,
　221, 235, 236, 244, 276, 320, 324,
　328, 368, 374, 377, 378, 497, 505,
　509
졸업정원제 208, 349, 350, 437, 438
주영복 157, 188~191, 193, 203
중산층 81, 82, 83, 95~98, 277, 286,
　290, 292, 312, 399, 435, 443~445,
　447~450, 457, 462~464, 467, 468,
　470, 500, 501
중앙정보부 25, 26, 28, 29, 34, 37,

38, 43, 44, 58, 76, 108, 110, 111,
113, 117, 145, 165, 167, 173~178,
180~184, 189, 190, 202~205, 221,
232, 236, 249, 261, 263, 264, 287,
367
직선제 개헌 98, 399, 406, 416~419,
421, 423, 425, 444, 446, 448,
450~452, 455~457, 461, 464~471,
476, 485, 501

ㅊ
차규헌 124, 133, 142, 147, 148, 186,
193, 202, 203, 205, 236, 297
차지철 32, 38, 74, 111, 112, 126,
127, 158, 362, 506
체육관 선거 26, 237, 242, 268, 269,
380, 381, 468, 492, 499, 500
최광수 137, 147, 157, 177, 197, 198,
203, 215, 216, 230
최규하 23, 29, 30, 31, 34, 36, 39, 43,
46, 47, 49, 50~57, 59, 62, 64~69,
87, 98, 125~128, 134, 137, 142,
143, 145, 151, 156, 158, 166, 173,
178~181, 183, 187, 189, 190, 193,
195, 197, 203, 204, 214~225,
230~236, 240, 331, 381, 382,
496~498, 503~505, 508, 510
최영희 69, 70, 184
최장집 95, 445, 464, 468

ㅋ
K-공작 338, 339
쿠데타 31, 33, 58, 76, 77, 96, 97,
107, 135, 153, 154, 185, 188, 190,
199, 211~217, 222, 224, 232, 262,
278, 293, 308, 309, 380, 383, 384,
391, 499, 505, 510

ㅌ
통일주체국민회의 25, 26, 47, 59, 61,
63, 64, 66, 67, 73, 77, 125, 151,
156, 236, 240, 242, 268, 269, 295,
381, 499
TK(대구-경북) 39~44, 46, 47, 55~
57, 68, 69, 180

ㅍ
87년 체제 18, 478, 481, 484~486
8인 정치회담 474, 475, 477~479,
481, 482, 485, 487, 490
패권정당제 267

ㅎ
하나회 104, 106, 108, 110, 119, 130,
153, 157, 211, 262, 394, 507, 511,
512
하우스만(James Hausman) 103
학원안정법 353~357
한국국민당(국민당) 91, 253, 263~
266, 269~271, 308, 356, 406, 408,

찾아보기 533

411, 414~419, 422, 425~427, 429, 430~433, 452, 453, 474, 476, 488, 513
한민통 374, 375, 378
한배호 85, 439
한수산 347, 512
한용원 32, 60, 112, 120, 130, 132, 138, 143, 144, 146, 176, 202, 212, 213, 259~262, 294, 297, 368
합동수사본부 103, 104, 113, 114, 116~119, 133, 140, 157, 159, 162, 173, 176, 181, 507
합동연설회 422, 423
허문도 242, 307, 342, 343, 353~355
허삼수 124, 134, 137, 143, 179, 184, 186, 187, 197, 242, 260, 284, 288, 289, 297, 342, 507
허화평 124, 152, 153, 184, 186, 187, 197, 213, 242, 284, 288, 289, 297, 324, 342, 507
헌법연구반 51, 221
헌법재판소 487~490
황영시 121, 124, 132, 133, 136, 142, 147, 148, 186, 193, 202, 203, 236, 297, 362, 363